丰登嘉苑

业主入住手册

OWNER LIVING MANUAL

宁夏利鑫物业服务有限公司丰登分公司

鄂托克前旗年鉴

（2020）

鄂托克前旗档案局　鄂托克前旗档案史志馆　编

方志出版社
Publishing House of Local Records

图书在版编目(CIP)数据

鄂托克前旗年鉴. 2020 / 鄂托克前旗档案局，鄂托克前旗档案史志馆编. -- 北京：方志出版社，2020. 12
ISBN 978-7-5144-4680-7

Ⅰ. ①鄂… Ⅱ. ①鄂… ②鄂… Ⅲ. ①鄂托克前旗—年鉴—2020 Ⅳ. ①Z522. 64

中国版本图书馆 CIP 数据核字(2021)第 008736 号

鄂托克前旗年鉴（2020）

编　　者：鄂托克前旗档案局、鄂托克前旗档案史志馆
责任编辑：王　俊

出 版 者：方志出版社
地址　北京市朝阳区潘家园东里 9 号（国家方志馆 4 层）
邮编　100021
网址　http：//www. fzph. orp
发　　行：方志出版社图书经销中心
电话（010）67110500
经　　销：各地新华书店
印　　刷：银川银选印刷有限公司

开　　本：889 × 1194　1/16
印　　张：19.375
字　　数：558 千字
版　　次：2020 年 12 月第 1 版　2020 年 12 月第 1 次印刷
印　　数：0001~1000 册

ISBN 978-7-5144-4680-7　**定价**：298.00 元

鄂托克前旗名片

全国文明县城
国家卫生县城
国家园林县城
国家生态文明建设示范旗
全国民族团结示范旗
全国首批科普示范旗
全国科技进步先进旗
全国义务教育发展基本均衡旗
全国首批社会治理创新优秀地区
全国社会治理创新典范旗
全国节水型社会建设达标旗
国家级生态工业(煤化工)示范园区创建旗

自治区双拥模范旗
自治区平安建设先进旗
自治区法治政府建设示范旗
自治区民族团结进步创建示范旗
自治区国防教育基地
自治区中共党史教育 民族团结教育基地
自治区新时代文明实践中心建设试点旗
自治区农畜产品全产业追溯体系试点旗
自治区首家草原“三权分置”试点旗
自治区畜牧业全程机械化试点旗
自治区数字乡村试点旗
自治区蒙中医药先进旗
自治区首批“医养结合”示范基地
自治区第一批众创空间示范基地

古河套人发祥地
自治区民间文化艺术之乡
中国鄂尔多斯文化之乡
中国蒙古族三弦文化之乡
中国蒙古族筷子舞艺术之乡
中国鄂尔多斯博克(摔跤)之乡
中国鄂尔多斯婚礼文化传承基地
中国马文化保护基地
中国微电影拍摄基地
中国西部摄影家创作基地
中国绿色名旗
中国最佳休闲旅游目的地

城川民族干部学院名片

中组部干部党性教育基地备案目录
全国民族团结进步教育基地
中央社会主义学院教学基地
中央民族大学城川学院
中央民族大学学生实训基地
中央民族大学新生实训基地
上海交通大学社会实践基地

内蒙古社会主义学院城川分院
自治区民族理论与政策研究基地
自治区统一战线教育培训基地
自治区干部教育培训基地
自治区直属机关工委党性教育基地
自治区公务员特色实践教育培训基地
自治区非公有制经济人士理想信念教育实践活动基地
自治区团干部教育培训基地

市党性教育基地
市直属机关工委党性教育基地
市公务员特色培训基地
市民族干部教育培训基地

《鄂托克前旗年鉴(2020)》编审委员会

主　　任　布仁其木格

常务副主任　吴　云

副 主 任　崔景翔　张　铭　罗建勋　张永清　于国强

委　　员　(以姓名笔画为序)

尤建兵　尤建庆　史卫东　白浩军　卢建飞　布音都仁

布仁巴雅尔　冯玉庭　达布希拉图　关　平　那音太

刘树国　何富云　阿有希　张　剑　杨占军　思宝东

柳天云　柳天才　顾云午　海　英　哈斯木仁　热　希

赛音吉日嘎拉　燕世荣

《鄂托克前旗年鉴(2020)》编辑部

主　　编　史卫东

主　　审　何富云　达布希拉图　杨永晨

执行编辑　李玉奇　田　军　晓　亮

编　　辑　娜日素　张凌虎　马冬梅　通格拉格　郭海英　新吉勒图

娜仁其其格　塔　拉　赛音毕力格　萨如拉

编辑说明

一、《鄂托克前旗年鉴(2020)》是由鄂托克前旗档案局、鄂托克前旗档案史志馆组织编纂的地方综合性年鉴。

二、《鄂托克前旗年鉴(2020)》的编纂宗旨是以马克思列宁主义、毛泽东思想、邓小平理论、"三个代表"重要思想、科学发展观和习近平新时代中国特色社会主义思想为指导,坚持辩证唯物主义和历史唯物主义的立场、观点和方法,全面、系统、准确地记载鄂托克前旗自然、政治、经济、社会、文化和生态文明等领域的基本情况和发展变化,为各级党委政府的正确决策提供参考借鉴,为社会各界群众了解、建设鄂托克前旗提供翔实准确的地情资料。

三、《鄂托克前旗年鉴(2020)》记述时间为2019年1月1日至2019年12月31日,部分内容适当上溯或下延。本年鉴采用分类编辑法,基本结构分"类目""分目""副分目""条目"四个层次。类目框架主要以经济、政治、文化、社会、生态文明"五位一体"和"美丽乡村"6个方面的建设发展为基本类目,加以"专题综合"和"附录"2个辅助类目共8大类构成。

四、"视觉鄂前旗"以图片彩页的形式,形象反映鄂托克前旗统筹推进"五位一体""美丽乡村" 建设以及提升人民生活水平等方面取得的显著成就和发生的巨大变化。

五、"特别报道"主要刊载部分主流媒体宣传报道鄂托克前旗的稿件。

六、本年鉴行文所使用的标点符号、数字用法、计量单位均遵循国家相关规定。

七、本年鉴中的资料、数据均由各部门、镇和部分企事业单位提供,并经单位主要领导审核确认。同类数据若有出入,则以法定统计数据为准。

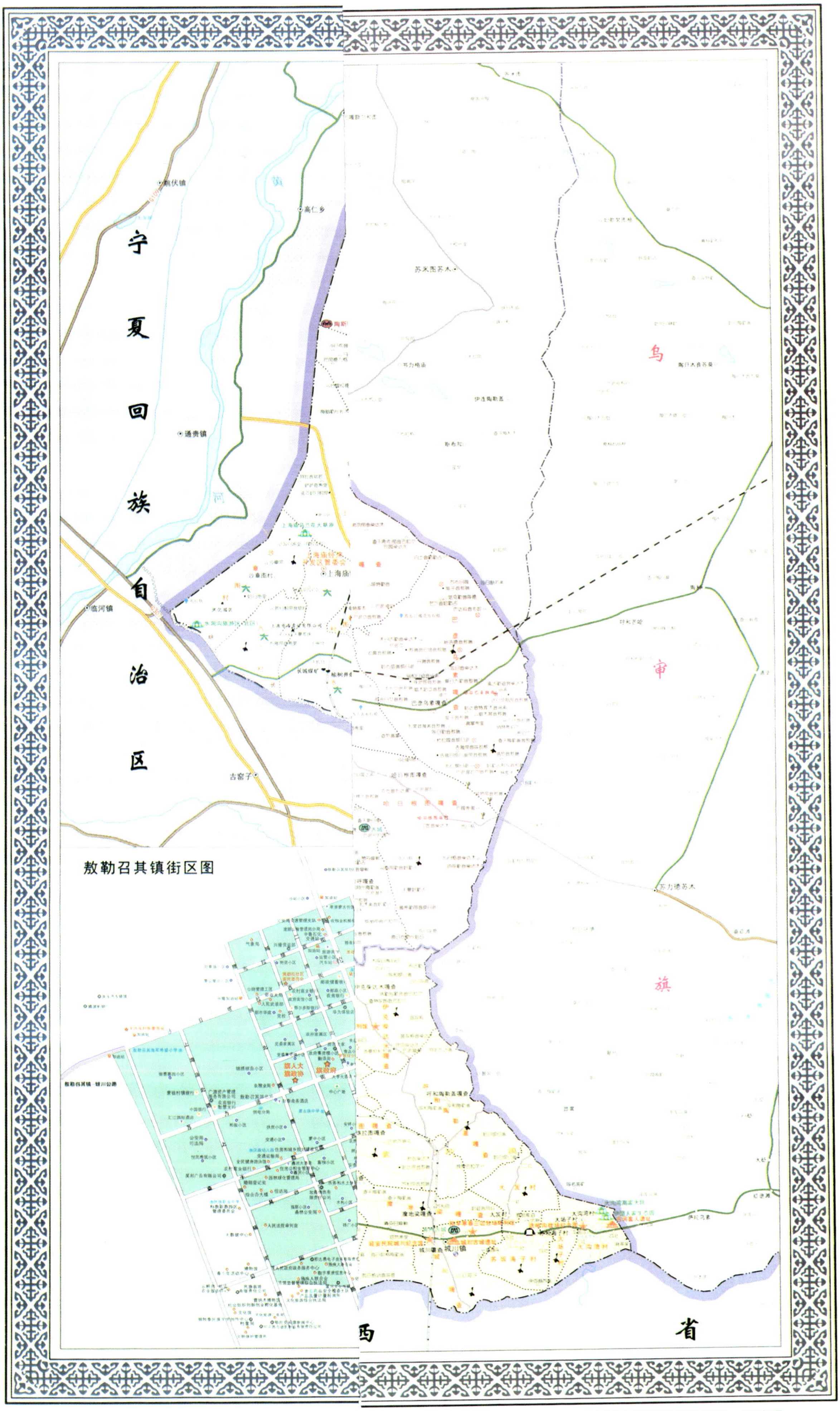

图号：蒙S（2019）25号　鄂托克前旗民政局　内蒙古盛图测绘科技有限公司联合编制　2018年7月

△ 11 月 25 日，自治区政协主席李秀领（右三）在鄂前旗考察调研。图为参观延安民院城川纪念馆，市政协主席王建国（右二），旗委书记辛晓瑞（右一）、政协主席高荣堂（右四），城川民院院长高鹏（右五）陪同　（融媒体中心　摄）

△ 11 月 17 日，自治区党委副书记、政法委书记林少春（前右二）在鄂前旗考察调研。图为城川民族干部学院现场，市委副书记、政法委书记于新芳（前左三）陪同　（融媒体中心　摄）

△ 8 月 6—7 日，自治区人大常委会副主任廉素（前中）率驻自治区部分全国人大代表深入鄂前旗就“坚持生态优先、绿色发展，走好内蒙古现代能源经济高质量发展新路子”开展专题调研。市人大常委会主任祁毕西勒图（右四），旗人大常委会主任刘渊（右五）陪同 （融媒体中心　摄）

△ 7 月 24 日，国家鼠疫防控工作调研组到鄂前旗调研 （融媒体中心　摄）

△6月3日，市委书记牛俊雁（前左二）到鄂前旗调研。图为在旗政法机关调研，旗委书记辛晓瑞（前左三），旗委副书记、政府旗长布仁其木格（左一）陪同　　（融媒体中心　摄）

△6月6日鄂尔多斯市委副书记、市长斯琴毕力格（前中）深入鄂前旗上海庙镇肉牛养殖大户调研　　（融媒体中心　摄）

▷7月5日9时，中国第十四届冬季运动会火炬传递鄂尔多斯站启动仪式，在鄂前旗城川镇民族团结广场举行

（融媒体中心　摄）

◁护送火炬火种入场

（融媒体中心　摄）

▷鄂尔多斯市人大常委会主任祁毕西勒图（前右）传递火炬　（融媒体中心　摄）

◁ 9 月 17 日，全自治区红色旅游创新发展现场会在鄂前旗举行
（文旅局　摄）

▷ 4 月 26 日，全市“追寻红色印记、传承革命精神”研学活动启动仪式在城川盛大举行。市委常委、宣传部部长苏翠芳（前中），市政协副主席吉日嘎拉图（前左三）出席
（融媒体中心　摄）

△ 来自全市及陕西、宁夏周边地区 1000 余名青少年学生走进红色基地，在学中研、研中践、践中悟、悟中得中接受“红色课堂”教育
（融媒体中心　摄）

△8月13日，全市基层社会治理暨人民调解工作现场观摩会在鄂前旗举行，自治区副书记、政法委书记林少春（左二）亲临指导。图为与会人员在旗司法局公共法律服务中心观摩点参观 （政法委 摄）

△12月5日，全市智慧党建工作现场会在鄂前旗举办。图为旗大数据中心现场（旗委组织部 摄）

△ 12 月 10 日，全市纪委监委现场会在鄂前旗举办。图为旗审计局观摩点　　（纪委监委　摄）

△ 11 月 13 日，全市信访系统现场观摩会在鄂前旗举办　　（信访局　摄）

◁1月2日，全市文化科技卫生“三下乡”集中示范暨乌兰牧骑+基层综合服务活动启动

（融媒体中心　摄）

▷3月6日，全市2019鄂尔多斯首届文化旅游产品设计大赛在鄂前旗举办。图为颁奖典礼现场

（文旅局　摄）

△9月17日，“全国科普日”鄂尔多斯主场启动仪式在鄂前旗敖镇马兰花广场举行

（工信和科技局　摄）

◁ 9月19日，鄂前旗2019年中国农民丰收节暨那达慕大会在城川镇巴彦希泊日草原开幕

（赛音毕力格　摄）

▷ 丰收节大会现场

（赛音毕力格　摄）

◁ 身着盛装的农牧民步入会场。

（赛音毕力格　摄）

▷7月18日，康巴什首航机成功降落敖勒召其机场，实现鄂尔多斯市康巴什至鄂托克前旗敖勒召其航线首航

（融媒体中心　摄）

◁鄂尔多斯市委副书记、市长斯琴毕力格（中）等市旗领导乘首航机从康巴什抵达敖勒召其机场。

（融媒体中心　摄）

▷首航任务圆满完成，标志着鄂前旗架构起公路、铁路、航空运输的立体交通网络

（融媒体中心　摄）

△ 9 月 30 日，鄂前旗社会各界代表在敖镇马兰花广场隆重集会，举行迎国庆、升国旗、唱红歌大型群众活动

（融媒体中心　摄）

△ 6 月 30 日，全旗离退休干部在旗文化馆举办庆祝建党 98 周年、祖国华诞 70 周年“忆初心、话使命、再前行”文艺演出暨表彰大会

（旗委组织部　摄）

▷ 10 月 14 日，内蒙古农业大学与鄂前旗共建来华留学生“感知内蒙古”实践实习基地揭牌暨签约仪式在旗大数据中心举行

（农牧局　摄）

△ 5 月 27 日，内蒙古民族幼儿师范高等专科学校思政研学实践基地挂牌仪式在鄂前旗城川红色培训教育基地举行

（教体局　摄）

△10月12日,"红领巾心向党、争做新时代好队员"鄂前旗纪念中国少年先锋队建队70周年表彰大会在敖镇涛龙宫隆重举行 （教体局　摄）

△8月3日,旗教体局在旗红色培训教育基地开展"不忘初心、传承红色基因,牢记使命、争做育人先锋"主题实践活动 （教体局　摄）

△ 9 月 12 日，旗监察委员会特聘第一届特约监察员　　（监察委　摄）

△ 坐落在城川镇苏坝海子村的红色拓展基地　　（红培中心　摄）

△ 9月19日，鄂前旗2019年农商洽谈会暨鄂尔多斯高原冷菜发售仪式在旗大数据中心举行

（工信局　摄）

△ 高原冷菜——采摘发售

△ 昂素镇牧民孟克巴雅尔集种、养、游为一体的现代新型农庄产业 （赛音毕力格　摄）

△ 蒙陕宁交界地区交易规模最大的敖镇三段地活畜交易市场 （赛音毕力格　摄）

△ 上海庙能化基地建设即将竣工的山东能源内蒙古盛鲁 2×1000 兆瓦电厂 （史卫东 摄）

△ 上海庙能化基地在建的国电双维 2×1000 兆瓦电厂 （上海庙开发区 摄）

△ 上海庙能化基地至山东±800千伏特高压输电工程投运 （文联 摄）

△ 特高压输电工程换流站 （文联 摄）

△ 上海庙能化基地矿区在建的长城3号煤矿 （史卫东 摄）

△ 坐落在上海庙能化基地的西北地区规模最大的煤机装备制造厂　（赛音毕力格　摄）

△ 北大池盐湖生产的原盐　（文联　摄）

△ 8 月 30 日，全旗“百企帮百村”脱贫攻坚推进会暨表彰帮扶先进企业会召开 （工商联 摄）

△ 11 月 7—11 日，全旗非公经济人士 30 余人赴浙江中共一大会址、银江智慧科技园、娃哈哈集团、杭州万事利集团等地考察学习 （工商联 摄）

△ 4 月 26 日，鄂前旗举行“i 前旗”智慧平台及乡村振兴战略指挥平台上线仪式　（融媒体中心　摄）

△ 5 月 5 日，鄂尔多斯市职工疗休养基地在旗阿吉泰建康养生园揭牌　（总工会　摄）

△ 4 月 29 日，全旗启动烈属、军属、退役军人等家庭授挂光荣牌工作。图为敖镇授牌现场

（退伍军人事务局　摄）

△ 9 月 11—12 日，旗妇联举办“家家幸福安康工程”启动暨 2019 年妇女干部综合能力提升培训班

（妇联　摄）

△ 4 月 29 日，隆重表彰全旗劳动模范 （总工会 摄）

△ 4 月 30 日，隆重表彰全旗“五四”青年 （团旗委 摄）

▷ S216 线敖勒召其至掌高图（蒙陕界）公路建成通车
（交通局　摄）

◁ 城川镇苏坝海子农村公路硬化工程。
（交通局　摄）

▷ 上海庙能源化工基地至鄂托克旗棋盘井一级重载公路水泉则至新上海庙段建成通车
（交通局　摄）

△6月13日，旗就业局在昂素镇举办就业扶贫技能培训班 （就业局 摄）

△3月28日，全旗网络技术服务暨电商运营培训会在旗大数据中心举办 （工商联 摄）

△ 4 月 1 日，旗税务局启动“落实减税降费、促进经济高质量发展”全国第 28 个税收宣传月活动

（税务局　摄）

△ 6 月 5 日，旗能源局联合全旗能源企业启动安全生产月活动　（能源局　摄）

△ 10 月 1 日，鄂前旗在敖镇马兰花广场举办庆国庆大型群众文艺晚会　（文旅局　摄）

△ 1 月 28 日，《农牧民春晚》在敖镇涛龙宫演出　（融媒体中心　摄）

△ 12 月 7 日，旗乌兰牧骑以延安民院在城川办学期间发生的各民族革命团结故事为背景编排的大型红色音乐剧《石榴红了》在人民大会堂倾情上演 （融媒体中心 摄）

△ 昂素镇哈日根图嘎查孟根珠拉的草原乌兰牧骑之家 （昂素镇 摄）

△ 4 月 23 日，鄂前旗在敖镇马兰花广场举行庆祝新中国成立 70 周年"4·23"世界读书日暨鄂前旗首届马兰花读书节全民阅读启动仪式 （赛音毕力格　摄）

△ 8 月 31 日，八省区首届阿拉腾嘎达苏诗歌那达慕在鄂前旗举行。图为颁奖晚会现场（文联　摄）

△ 1 月 12 日，鄂前旗第四届圣火文化节暨冰雪那达慕在大沙头文化旅游区开幕　　（文旅局　摄）

△ 7 月 27 日，鄂前旗第九届“大沙头杯”汽车、摩托车沙漠挑战赛在大沙头生态文化旅游区举行

（赛音毕力格　摄）

△ 10 月 29 日，上海庙水洞沟旅游景区正式投运 （文旅局　摄）

△ 坐落在旗民族文化博览园的民间民俗文化博物馆 （文旅局　摄）

△7月9日，旗人民政府与内蒙古师范大学附属中学签订合作办学协议，旗蒙古族中学正式成为内蒙古师范大学附中“联盟校”
（教体局　摄）

△7月10—12日，全市第三届义务教育阶段蒙古语授课中小学生蒙古文正字大赛在鄂前旗敖镇涛龙宫举办
（教体局　摄）

△ 8 月 29 日，旗文化旅游综合执法局联合旗关工委成立全市首支保护未成年人健康成长的“护苗”志愿服务队，由 20 位退休老干部组成 （文旅局 摄）

△ 4 月 8 日，旗老年大学举办民族乐器马头琴培训 （文旅局 摄）

△8月8日，“可汗苏力迪乳业杯”全国青少年手球训练营暨全国业余体校和后备人才基地手球锦标赛及沙滩手球锦标赛在鄂前旗蒙古族中学举办 （教体局 摄）

△8月15日，昂素镇举办农牧民那达慕 （昂素镇 摄）

△ 旗委副书记、旗长布仁其木格（右一）督查在建的敖镇城区乡土植物园工程　（园林绿化局　摄）

△ 毛乌素沙地生态林建设　（赛音毕力格　摄）

△ 敖勒召其镇城区中心马兰花广场 （赛音毕力格　摄）

△ 敖勒召其镇城区街景 （赛音毕力格　摄）

△ 上海庙能化基地现代生态矿区 （赛音毕力格　摄）

△ 上海庙镇藏锦鸡儿自然保护区 （赛音毕力格　摄）

△ 上海庙镇马兰花草原　　（赛音毕力格　摄）

△ 昂素镇牧民生态林建设　　（赛音毕力格　摄）

△ 昂素镇毛乌素沙地植被恢复区林地建设 （史卫东　摄）

△ 昂素镇毛乌素沙地牧民家庭林草场建设 （史卫东　摄）

△ 城川镇巴彦希泊日湿地 （文联　摄）

△ 城川镇盐碱地修复 （赛音毕力格　摄）

△ 城川镇无定河(萨拉乌素河)流域大沟湾水土保持库区 (文联 摄)

△ 城川镇农区种植、养殖结合产业 (文联 摄)

目 录

CONTENTS

专题综合

政治建设

中共地方委员会

党性教育

纪检监察审计

国防军事

人民代表大会

人民政府

人民政协

经济建设

重点项目建设

经济开发

工业

农牧业

社会建设

法治社会

社会应急保障

社会监督管理

文化广播电视

文化旅游

教育体育

科学技术

档案方志

生态文明建设

水

森林草原

生态环境

人居环境

美丽乡村建设

脱贫攻坚

昂素镇

附　录

重要文献

荣　誉

索　引

特别报道

鄂托克前旗·艾基木儿童合唱团2019年新专辑新闻发布会暨新年音乐会圆满举办

人民网　2019年1月31日13:42

冬日的暖阳携卷着寒风而来，鄂托克前旗·艾基木儿童合唱团2019年新专辑新闻发布会暨新年音乐会震撼来袭，以其深刻的蕴含及妙不可言的旋律，汇成了一条永远流淌不息、闪闪发光的音乐长河，使众人为之倾倒和沉醉。

此次专辑发布会，是艾基木儿童合唱团带着时隔两年之久，由北京艾基木音乐制作团队及蒙古国著名合唱指挥家U.Munkhjarga（孟克吉日嘎拉）悉心指导、精心创作的最新专辑作品，也是艾基木合唱团的一次汇报演出。演出在一曲鄂尔多斯民歌《骏马》中拉开序幕。

此次发布会共演绎了《布如莱》《靴子赞》《鄂尔多斯》等十首曲目，孟克吉日嘎拉老师为大家一一讲述每一首曲目的选曲缘由、创作理念、改编灵感以及希望通过歌曲所要传达的教育意义。曲目融合了童声音乐的天真明亮，以及蒙古族音乐的悠远热烈，不仅为观众们带来更多视听体验，也将音乐细胞根植在这座爱乐之城。艾基木儿童合唱团的品牌，越加深入人心，已成为鄂前旗的文化名片，让音乐的魅力在鄂前旗扎根，也展示了文明鄂前旗的形象。

让农牧民抱上“金鸡”还能捡上“金蛋”

人民网　2019年1月29日11:03

室外寒风凛冽，而鄂托克前旗敖勒召其镇雅什木都精准脱贫产业园活动室内却暖意融融。三五成群的农牧民你一言我一语地围绕“产业发展与精准脱贫”话题展开讨论，原来这里正在召开一场别开生面的

"算账会"——敖勒召其镇精准扶贫"农企合"利益联结座谈会。

会上，内蒙古人人益清真食品有限责任公司养殖场场长杨振福详细介绍了家庭牧场科学养殖模式，帮大家算科学养羊的投入产出账，怎样降低养殖成本实现利润最大化，并围绕有关技术问题进行解答。

企业进村入户，与嘎查村结对子、与贫困户接链子，给合作社搭台子、为农牧民引路子，敖勒召其镇探索"镇有龙头企业带动、村有特色产业支撑、户有合作机制联结"的多元共赢模式，鼓励引导企业"带着干起来"、贫困户"跟着动起来"，构建多元主体参与、多方利益联结、多点合力攻坚的社会化大脱贫格局。

政府搭台，易地搬迁"挪穷窝"。1月23日，记者随同镇人大主席薛承河走进雅什木都易地扶贫搬迁居民点。总面积为2150亩的居民点规划整齐有序，240亩住宅区、210亩养殖区、1700亩种植区合理布局。他说："敖镇易地扶贫搬迁项目是镇里组织实施的重点项目之一。该项目由马场井居民点和雅什木都居民点组成，实施年限为3年，对马场井村、漫水塘村两个村的贫困户202户515人实施易地搬迁。目前项目已全部完成，马场井居民点转移贫困户95户227人，雅什木都居民点转移贫困户107户288人，每个居民点配套了天然气、自来水、宽带入户、广播电视户户通工程，配套完善街巷硬化、便民超市、公共厕所、环卫设施等基础设施。"

始终坚持"抓党建、促脱贫"理念，积极创新基层党组织设置，成立扶贫产业党支部，探索实施"党支部＋企业＋合作社＋基地＋贫困户"社会化扶贫模式，推动抓基层打基础与调结构促民生同向发力、同频共振，实现"党支部建在产业链上、党员聚在产业链上、群众富在产业链上"。

"在产业配套方面，结合立地条件，每户分配占地350平方米的养殖棚圈1处，在马场井居民点每人分配占地面积0.5亩的小拱棚1处，在雅什木都居民点每户配套经济林30株、每人分配饲草料基地3亩。在民生保障方面，实施扶贫就业技能培训工程，力争让每个农牧民掌握1～2门农业实用技术，努力实现培训一人、脱贫一户，同时积极开展助学、助医、送温暖等关爱行动，支持贫困户参与新农合、新农保。"薛承河说。

企业唱戏，多点发力"拔穷根"。进入雅什木都精准脱贫产业园，展现在眼前的是一座座标准化养殖棚圈，一条条宽阔平整的水泥路、自动化养殖设备、饲草料库等一应俱全。

在推进产业扶贫过程中，敖勒召其镇找准"靶向"，精准发力，突出贫困群众有股可入、有事可做、有利可获的导向，企业、合作社通过吸纳贫困户，把贫困户没能力经营的土地和棚圈资源整合起来，既解决了基础设施和产业工人短缺问题，降低了投入和生产成本，又可以规模化发展，有效对接大市场；贫困户通过企业、合作社带动，在家门口就可稳定就业，实现"低成本"创业目标，改变了面对市场小打小闹的局面，增强了抵御市场风险的能力，与企业、合作社建立紧密的可持续型利益联结机制。

"雅什木都精准脱贫产业园为公司发展标准化规模化养殖创造了有利条件，我们采取'公司＋合作社＋基地＋农牧户（贫困户）'经营合作模式，2018年9月开始陆续投放肉羊进行养殖，目前园区内存栏肉羊1000多只，计划投资1500万元建设标准化养殖示范区，投放精品羔羊1万只，预计年出栏3万只、销售收入3000万元，可带动贫困户200户脱贫致富。"内蒙古人人益清真食品公司执行董事呼兵介绍说，结合居民点群众劳动技能和发展意向，他们与贫困户签订共建协议，聘请专职人员进行科学养殖，完善农企利益联结机制，引领辐射带动农牧户增收致富奔小康。

"在党支部的帮助下，居民点已有25户农牧民和企业签订5年的养殖棚圈租赁合同，企业每年给农牧民支付租金。"扶贫产业党支部书记周子贤说，党支部发挥桥梁和纽带作用，主要是协调企业和农牧民的关系，既要引导群众算好账、理好财，又要帮助企业管好人、谋好业，尽可能让企业带动更多贫困户增收致富。

栽下梧桐树，引来金凤凰。"百企帮百村"行动开展以来，内蒙古人人益清真食品公司发挥企业带嘎查村、带合作社、带贫困户、带资金"四带"模式，与漫水塘村、马场井村202户建档立卡贫困户签订资产租用和资金入股协议，为贫困户户均提供基础母羊30只，开展合作繁育、技术培训，形成长效增收渠道；

积极申请免抵押贴息贷款300万元，吸纳贫困户贴息贷款1000万元作为股金，切实让贫困户资源资产化、资金股份化、身份股东化；农牧民、企业、合作社共用“亦禾”羊品牌和“人人益”肉品牌，深化产加销一体化现代农牧业产业链，将贫困户联结在产业链上，组成“你中有我、我中有你”的利益联结共同体。

百姓受益，广拓渠道促增收。敖勒召其镇本土企业宏野农牧业公司，采取“企业＋基地＋贫困户”的经营模式，对搬迁户的110个拱棚进行资源整合、规范化管理、规模化种植，并优先返聘搬迁户到拱棚务工，帮助解决就业问题的同时又能学习种植技术。一租一聘间，农民就有了两份收入。目前，宏野农牧业公司先后返聘贫困户192名，年人均工资收入2.1万元，公司每年为搬迁户发放拱棚租赁费9.6万元。敖勒召其镇坚持借助外力和引导激发内生动力并举，输血与造血并重，精准扶贫与乡村振兴相结合，将“百企帮百村”打造为互利共赢的长效机制，大力开拓农牧民增收渠道，让农牧民群众既能抱上“金鸡”又能捡上“金蛋”，走出一条创新发展的脱贫致富之路。

（记者 王玉琢　实习生 李彦军）

【圣火祭祀】熊熊圣火点燃新年祈福之旅

人民网　2019年1月29日 19:31

数九天气，乍暖还寒。清晨，一列马队迎着朝阳，庄严起行，农历腊月二十四是蒙古族一年一度的圣火祭祀节，来自全国各地的蒙古族群众齐聚鄂托克前旗敖勒召其镇圣火文化主题公园，举行盛大的传统圣火祭祀活动。

人们身着盛装，带上祭祀用品在圣火文化主题公园进行圣火祭祀，祈求来年风调雨顺，幸福安康。

上午11点整，祭火仪式正式开始。取火人在牧民马队的护送下，进入了圣火文化广场，身着民族盛装的草原儿女手捧蓝色哈达，用蒙古族最传统、最尊贵的方式迎接圣火火种的到来。在祝颂人向《玛尼宏》火盆里放入阿日查，众人跪拜《玛尼宏》，念诵优美的《伊金桑》后，祝颂人用火种点燃火炬，向嘉宾代表传递了火炬。祭坛圣火点燃，所有人都沉浸在这隆重的民族盛宴中，熊熊燃烧的圣火寓意将温暖和光明带给人们。仪式后，来自青海、新疆、甘肃、宁夏及自治区十三个盟市的蒙古族同胞及游客向分散在周围的火盆祭献了贡品，祈求在新的一年里万事如意，吉祥幸福。

圣火祭祀，俗称祭灶，蒙古人认为炉灶是火神居所，是家道兴旺的象征，是神圣不可侵犯的神明，逢年过节、迁居或婚礼时，都要祭拜火神。在圣火祭祀中，最大的祭火用锅直径达11米，祭品羊胸叉168个，火撑子27个，99名伊金桑诵读者齐诵《伊金桑》，99个白螺号相继吹响了草原儿女对鄂托克前旗经济快速发展的美好企盼。

（文 吴江　图 胡杰 付佳敏）

音乐剧《石榴红了》演绎民族团结与红色文化

中国作者网　《人民日报海外版》2019年12月11日第7版

“石榴红，石榴圆，石榴生来握成拳，民族团结像石榴，你靠着我，我靠着你，紧紧相抱力无边……”伴随着动听的歌声，12月7日晚，由内蒙古鄂尔多斯鄂托克前旗乌兰牧骑编创的大型音乐剧《石榴红了》在人民大会堂落下帷幕，精彩的演出博得现场观众阵阵掌声。

音乐剧《石榴红了》深度挖掘鄂托克前旗红色文化，以石榴籽紧密团结在一起为寓意，用现代音乐剧的形式将本土文化和民族团结精神带上舞台。该剧以1941年9月18日延安民族学院正式成立为主线，讲述了在党的抗日民族统一战线感召下，来自汉、满、蒙、回、藏、苗、彝等各民族的优秀青年来到学院，同吃、同住、同学习、同劳动、同成长的感人故事。演出中，演员们用心、用情将人物的喜怒哀乐、彷徨犹豫、坚韧决绝等情绪一一展现舞台之上，刻画出不同民族的革命儿女为打破旧世界、建设新中国而努力奋斗的形象，生动演绎了关于理想和信仰的动人篇章，给观众带来了心灵的震撼和灵魂的洗涤。

鄂托克前旗是中国共产党在民族地区开辟的第一个根据地，是陕甘宁革命根据地的重要组成部分，也是革命年代党培养少数民族干部的摇篮、党的民族政策的发源地和“试验田”。1941年9月，中共中央西北局在延安创办了民族学院。1945年3月，延安民族学院迁往鄂托克前旗城川镇，不少学员在校期间在内蒙古地区开展地下工作，成为当地革命的主要力量。《石榴红了》全面展现了鄂托克前旗城川民族干部学院对全国解放事业、民族干部培养、民族团结教育以及中国实施民族区域自治制度所作出的历史贡献。

《石榴红了》是鄂托克前旗大力发展红色文化旅游产业的一个缩影。近年来，鄂托克前旗依托独特厚重的红色文化资源，以红色旅游带动全域旅游，着力建设内蒙古西部红色旅游集散中心、打造全国红色培训教育基地，基础设施配套、要素齐备、业态完整的全域文化旅游发展新格局正在逐步形成。（裴飞雄）

小城故事多　文明花万朵

《中国城市报》2019年5月13日第07版

位于内蒙古自治区鄂尔多斯市西南部的鄂托克前旗是一座西部小城。说它小，是因为鄂托克前旗的城市总人口不过七万多人，国内某些地区的镇可能都比这里的人口多。

然而就是这样一个城市规模小、基础条件差的小城，却不甘平庸。2011年开始，鄂托克前旗迈开了追求城市外在美与内在美有机融合的坚定步伐。2017年11月，鄂托克前旗成功迈入全国县级文明城市。这座“蝶变”的西部小城通过不懈努力，让文明之花盛开不败。

1
财政支出的80%用于保障民生
文明创建让老百姓享受实惠

“一座城市是所有市民的共同家园。我们不仅要把这个家园建设得漂漂亮亮，让老百姓生活得富足美满，更要让这座城市沐浴着文明之风。只有处处彰显文明，才能让每一位市民感受到幸福。”鄂托克前旗旗委书记辛晓瑞谈起文明城市时说。

“前两年放假回来没有这么多的体育场所，这次回来让我眼前一亮，体育馆、游泳馆、全民健身中心……运动环境特别好，鄂前旗的变化太大了！”正在体育场打篮球的鄂托克前旗籍大学生唐克斯自豪地说。

唐克斯说出了大多数鄂托克前旗市民的心声。在文明城市的荣誉背后，是老百姓得到的实实在在的好处。

近年来，鄂托克前旗的城市基础设施建设大踏步式地飞跃，众多民生工程让老百姓的生活环境更加便捷高效、优美整洁：建设全民健身中心羽乒馆和游泳馆；开通覆盖镇区和镇郊结合部的4条公交线路；改建水冲式厕所123座；通用机场具备通航条件；敖镇镇区7个社区全部配齐标准化便民服务大厅、卫生室、阅览室等硬件设施……

连续三年，鄂托克前旗财政支出的80%用于保障民生。不遗忘一个百姓，不漏掉一个百姓，真正让老百姓得实惠，成为鄂托克前旗文明城市创建的最好注脚。

2
志愿活动延伸至城市各个角落
“文明基因”根植每个人的血液

“2014年毕业后，我开了一家面包店。从那时起，我一直都在为环卫工人提供免费的早餐、热水和休息场所。后来为了帮助更多人，我成立了马兰花志愿者协会，带动更多人加入志愿活动，目前志愿者已达到近百人。”内蒙古自治区道德模范、“中国好人榜”上榜好人白羽高兴地说。

树立一个先进典型，就树起了一面旗帜，确立了一种导向。鄂托克前旗开展了“星级文明户”“美丽庭院”“好婆婆”“好媳妇”“文明农牧民”等系列评选表彰活动，选树各类文明典型1200多例，其中有3人荣登“中国好人榜”，200多人被评为自治区、市、旗道德模范。

一个人带动一个群体，辐射一个行业，更能影响整个社会。

鄂托克前旗围绕提升城乡居民整体素质和文明素养，创新实施了“农牧民素质提升”工程、“德善草原·大美前旗”社会治理工程和“智慧党建”工程，开展了乡风文明大行动、全民阅读活动等主题活动；在84个嘎查村（社区）全部建立了善行义举榜、村规民约，成立了村民议事会、红白理事会、道德评议会、禁毒禁赌会。

自创立文明城市工作开展以来，鄂托克前旗市民的文明素质显著提升，横穿马路、跨越护栏、随地吐痰、乱扔垃圾等不文明行为已很少见。街道斑马线上礼让行人的文明之举蔚然成风，文明行车逐渐实现了从他律到自律的良性转变。

在鄂托克前旗城区，一支头戴红帽、身穿红马甲的志愿者队伍，成为了一道风景线。他们每天坚持在各个红绿灯路口当交通劝导员，与交警一起对不遵守交通秩序的车辆和行人进行劝导。

“加入志愿者队伍，不仅能帮助他人，还让我结识了许多优秀的义工朋友。我将继续在公益慈善之路上前行，影响更多的人加入到公益事业中来。”志愿者李巍说。

志愿者是创建文明城市的宣传员和推动者。他们纷纷走进社区，义务打扫卫生；走进敬老院，为孤寡老人送去温暖；走进大街小巷，开展文明宣传活动……他们自觉践行“奉献、友爱、互助、进步”的志愿服务精神，成为鄂托克前旗精神文明建设的一个闪亮品牌。

目前，鄂托克前旗成立了志愿者协会，建设了10个志愿服务站点，组建了35支、总人数超6000人的志愿者服务队，深入大街小巷开展文明劝导、入户宣传等活动，发放各类宣传品4.2万个。

鄂托克前旗人用不同方式参与创建文明城市活动，在此过程中，每一个人的生活方式和思想观念也在悄然发生着变化。细微之处见文明。在鄂托克前旗，“文明”已不再局限于道路的整洁，村庄的秀美，而是辐射到方方面面，从一件文明事向文明户、文明社区、文明街道、文明城市延伸。在这里，文明基因已植入每一个人的血脉。

3

文明延续历史传承

让创城成为永不竣工的民心工程

文明更是对历史传承的延续。

鄂托克前旗是中国共产党在内蒙古最早建立红色政权的地方，是革命战争年代党培养少数民族干部的摇篮，是党的民族政策的发源地和“试验田”。立足独特厚重的红色资源和民族特色，鄂托克前旗不断创新实物、实景、实例、实事载体，构筑了集课堂教学、现场教学、体验教学、实践教学于一体的“四段式”培训体系，将政策理论、理想信念、民族团结教育贯穿于培训的全过程。2017年以来，鄂托克前旗累计培训了来自8个省市的22万余名学员。一个广大党员干部“补钙充电”的新阵地、一张红色信仰的“新名片”、一条红色文化与三次产业融合发展的新路子，正从鄂前旗走向全国。

在毛乌素沙地深处的一个牧民家里，有一位八十多岁的老太太，她的名字叫斯琴花，曾是全国“三八”红旗手，一生爱党爱国。她的儿子杨丹碧把妈妈一生的红色收藏品做了一个展厅，展厅的名字就叫做“信仰”。“文明是一种传承。我要把党领导人民奋斗的历史记录下来，告诉后来人，他们才会更加珍惜现在的生活，更会爱护美丽的家园。”杨丹碧说。

2017年，鄂托克前旗制定出台了《鄂托克前旗创建全国县级文明城市常态化管理办法》，严格落实了督查通报制度、责任追究制度，创城指挥部、纪检、组织、党政督查室等多部门对创城工作进行了常态化督查。

文明创建是一个永不停步、永无止境的过程。获得“全国文明城市”这一荣誉至关重要，但并不是鄂托克前旗的最终目的。形成系统的创建管理长效机制，让文明创建工作始终保持精细化、常态化，才是鄂托克前旗不懈的奋斗目标。

（本报记者 宋浩　通讯员 张桂福）

“大数据+”为乡村振兴装上“智慧芯”

——内蒙古鄂托克前旗“乡村振兴战略指挥平台”发展纪实

农民日报 2019年6月17日

农民该怎么发展产业?“乡村振兴”中的“产业振兴”如何深入推进?内蒙古自治区鄂托克前旗依托信息化、智慧化应用,把互联网、大数据与“乡村振兴”深度融合,创新式启动了鄂托克前旗“乡村振兴战略指挥平台”(“i前旗”APP),这也是内蒙古首个“乡村振兴战略指挥平台”。

目前,该平台已上线运行。平台以农牧民产业需求为导向,以农村牧区基础信息为根本,以产业分析指导与综合决策为目标,通过前端政策、科普、农技、价格、农商的全程化便捷服务及农村牧区农牧民基础数据采集,构建惠农服务数字化、产业指导精准化、乡村振兴可视化的综合指挥调度平台。

“通过这个平台,我们就是以‘数字乡村’平台建设,推进农村牧区信息化建设,推动乡村振兴高质量发展。”鄂托克前旗委书记辛晓瑞说。

“你来问我来答”架起农牧民增收桥梁

“叮铃铃……叮铃铃……”

上午9点刚上班,鄂托克前旗农牧局农技员刘星的电话响了。原来是在刘星手机上下载的“i前旗”APP上,有人通过“乡村振兴”的“我要求助”功能向他发起了视频通话。

“专家您好,种植玉米不上底肥,出苗后施肥,可以吗?”“哪些玉米种子抗病性强?”“羊绒的品质如何看?什么样的算好羊绒?”……

在“i前旗”APP的“我要求助”栏目下,农牧民可以在线进行提问、咨询和追问,专家线上解答农牧民各类问题。记者发现,平台上已有数十条农牧民咨询的问题,而对应的每个问题下面则是刘星和他的同事们给予的准确答复。

“每个镇都组建了专家服务队,专家在第一时间回应农牧民的问题。此外,社会上持有相关有效资格证书的‘土专家’‘田秀才’也可以参与到专家队伍中来,集聚各方力量帮助农牧解决问题。”刘星说,如果没有专家回复,系统会自动提醒相关领域的专家及时回复。

“各种农作物的播种到收获,各种牲畜的养殖和繁育,这个平台可以全过程进行指导,并可以通过平台及时向农牧民发布气象灾害预警、病虫害预警、疫情预警等信息,从而提升标准化生产水平,提高质量和产量。”辛晓瑞说。

进入“i前旗”APP的“乡村振兴”界面,政策宣传、供需对接、常见病虫害、益农信息、农技指导等十多个栏目依次排开。“政策宣传”栏目下有全旗近年来在涉农涉牧、脱贫攻坚等各项政策文件;“益农信息”栏目下提供全旗各乡镇农资销售商的信息,包括企业名称、电话、经营范围、详细地址……

搭建合作桥梁助推产业发展

杨忠霞是鄂托克前旗敖镇大沙头四社的村民,她靠着种植辣椒、土豆、西瓜等经济作物,年收入达30余万元,是全旗典型的种植示范户。

杨忠霞说自己的辣椒优质高产,田间精细管理,合理轮作换茬种植,通风好并且只施有机磷、钾肥,精耕细作提早上市,从而实现增产又增收。

但是杨忠霞坦言,为了让好产品卖上好价钱,几年来他没少跑。“种出来后卖到哪?怎么运过去?能卖多少钱?这几年可是没少跑。今年就不一样了,在手机上一点,就可以对接到市场,市场需要什么我们就种什么、卖什么,轻松搞定。”

这个变化来自于“i前旗”APP中的“供需对接”栏目。这里可以为老百姓、经纪人、旗内各大规模企业、合作社及客商发布供求信息,构建线上的供需对接模式。另一方面,平台在新型经营主体中,整合全旗各大企业、合作社(协会)、家庭农牧场、新型职业农牧民等信息，展现鄂托克前旗的特色优质农畜产品。同时，提供特色优质农畜产品的区域布局、年产量和上市时间，供客商进行选择。

种植辣椒让杨忠霞“辣”出了甜头，她也通过“平台”开始调优种植结构，按照市场需求把100多亩水浇地分别种植了玉米、辣椒、南瓜、土豆、西瓜和秋白菜。

“我们的平台所有的费用都由政府买单，农牧民不用花一分钱，而且在平台上供需对接和产业指导，让农牧民和产业跟市场形成紧密对接，从而增加农民收入，让产业做大做强。”鄂托克前旗旗委副书记、政府旗长布仁其木格告诉记者。

目前，鄂托克前旗“乡村振兴战略指挥平台”正在为全旗每位农牧民提供个性化的产业发展规划，该平台已经成为农牧民手中的新农具。

为乡村振兴释放“数字红利”

在“乡村振兴战略指挥平台”如此方便、快捷、实用的背后，离不开大数据、信息化的支撑。

在被称为平台“一线指挥部”的200多平方米的阶梯办公室内，硕大的电子屏幕不停地闪烁，10多名工作人员每天都要严谨认真录入各种信息。目前，全旗68个嘎查村正在开展数据采集工作，基础数据已达11.3万余条，预计今年11月底，全旗各项数据将高质量完成录入。

通过平台，记者可以清楚地看到该旗每个镇、每个嘎查村、每个农牧户的家庭情况和产业发展情况。同时，农牧业人口分布、从事产业结构、林地草原、水浇地等资源分布等情况也通过矢量图清晰可见。在充分调动农牧民发展现代农牧业积极性的同时，该旗还注重对产业发展的跟踪和管控。

在平台大屏幕的首页，可以清楚的看到该旗上海庙镇现已完成全镇2300户农牧户的信息采集任务。上海庙镇党委书记柳天云表示，除了旗里的指挥平台，镇里还有二级指挥平台，围绕全旗的产业调整，上海庙镇已组建起农牧农技人员、企业技术人员、执法人员三支队伍，对农牧民进行全方位的指导和服务。“目前，全镇96%的农户下载了这个APP，大家的反映特别好。上海庙镇的面积比较大，有些农牧户住的比较偏远，网络信号不是很好，下一步我们将把网络全覆盖，充分发挥这个平台的作用。”

记者了解到，该平台作为数据采集的终端，提供个人填报数据功能，涵盖与农牧民生产生活相关的数据60多项，通过网格员、农牧民、村、镇逐级采集、审核的方式，健全全旗农牧业数据库，建设覆盖旗、镇、村、户四级的数据采集、管理和指挥平台。

“今后，我旗将继续以调整产业结构为重点，按照‘乡村振兴’的总要求，通过乡村振兴战略指挥平台，加快推进农牧业农村牧区现代化，构建形成农村牧区一二三产业跨界融合、新产业新业态蓬勃发展新局面。”辛晓瑞表示。

（李昊 本报记者 马晓刚）

鄂托克前旗构建全国首家“智慧宣传”移动平台

人民网 2019年4月11日 16:54

今年，内蒙古鄂托克前旗以守正创新、实干实效为指导，依托大数据发展优势，贯彻落实移动优先战略，扎实推进媒体融合发展和新时代文明实践中心建设，创新基层意识形态工作手段，编织出“宣传、服务、管理”三张网，率先构建起全国首家“智慧宣传”移动平台。

以建设旗融媒体中心为契机，打造宣传教育新路径，以移动客户端APP和微信小程序为传播手段，开通内容丰富精彩的宣传栏目，增强移动传播力。美丽前旗：选萃大气、巧妙的旗情介绍，展示地方名片与改革荣誉，厚植当地干部群众自豪感，激发干事创业心气；好人好事：大力宣传道德模范的先进事迹，身边人讲身边事，用身边事贴近身边人、感染身边人；同时，以手机视频直播等群众喜闻乐见的形式，及时宣传党委政府决策部署，深度解读各项惠民政策，创新理论宣讲模式，让正能量更强劲、主旋律更高昂。

以建设新时代文明实践中心为引领，搭建为民服务移动新平台，打通联系群众最后一公里。将各项惠民服务活动搬到手机上，实现网上随时申请、线下及时办理，特别是在平台上开展“红色故事进基层”、农牧业“技术到户”、传承好家风、拍摄全家福、“暖心到家门”等22项特色服务和197项常规服务，实现群众点单、中心（站所）配单、服务队送单、群众评单，着力完善志愿服务运行机制，推动文明实践活动常态化、服务精准化，真正把干部群众的积极性主动性调动起来，把网上和网下统筹起来，面对面、心贴心地宣传群众服务群众。扎实推进深化文明县城创建工作，平台集合文明城市创建、文明单位创建、文明村镇创建、文明社区创建、文明家庭创建等五大模块，夯实基础、集中落实，以改善环境、推动转型为目标，彰显鄂前旗独特魅力，展现市民精神风貌，促进城市经济发展、城市治理、惠民利民，打造建设鄂前旗文明新形象。

在平台的建设过程中，鄂托克前旗始终把守正创新作为重要原则，科学有效地推动宣传思想文化工作各项重要决策部署落地生根、见实见效，将“智慧宣传”平台打造成宣传、管理、服务一体化的协同工作平台，充分发挥基层宣传工作人员的积极主动性，整合各方力量资源，在倾听百姓呼声，回应百姓关切中，宣传服务群众，推动基层宣传思想文化工作开创新局面。

（陈立庚）

特 载

旗委工作报告（摘编）

——在旗委九届十二次全会暨全旗经济工作会议上

旗委书记 辛晓瑞

（2019年1月17日）

一、2018年工作回顾

预计2018年地区生产总值完成133.4亿元，同比增长5%；固定资产投资完成55.9亿元，增幅位居全市前列；公共财政预算收入完成10.6亿元，同比增长31.9%；社会消费品零售总额完成24.5亿元，同比增长6.9%；城乡居民人均可支配收入分别达到44818元和18529元，同比增长7.9%和9.5%，经济社会各项事业呈现出稳中向好、稳中有进的良好态势，上榜2018中国西部百强县市名单。

坚持统揽全局与集思广益，为今后的发展谋定了壮美蓝图。旗委牢牢把握经济发展主动权，建立了县级领导包镇、包重点项目、包重点工作责任制，深入开展“下基层、访民情、办实事、保稳定、促发展”活动。梳理确定156个项目作为支撑保障，完成投资113亿元；承办全市秋季重大项目集中开工仪式，总投资168亿元的9个重点项目集中开工，为经济高质量发展提供了坚实保障。

坚持不忘初心与砥砺前行，为夯实发展根基积累了宝贵经验。深入学习宣传贯彻习近平新时代中国特色社会主义思想和党的十九大精神，教育广大党员干部树牢“四个意识”、坚定“四个自信”、践行“两个维护”，做到时时处处事事向总书记和党中央看齐。认真学习贯彻习近平总书记参加十三届全国人大一次会议内蒙古代表团审议时的重要讲话精神，召开全会专题研究部署，出台贯彻落实意见。新时代文明实践中心挂牌成立，统战工作“四个纳入”有效落实，全区首个旗县级党务政务服务中心挂牌投用，嘎查村社区“两委”换届“一肩挑”占比全市最高、达到48.5%。制定出台廉政风险提醒、常态化约谈等制度办法，扎实开展“清风干部”评选活动，深入推进“3+5”专项治理，中央、自治区巡视整改全部完成，高质量完成4轮旗委巡察，全旗政治生态和社会风气持续向好。

坚持精益求精与破题攻坚，为全面小康建设凝聚了强大能量。始终把打好打赢三大攻坚战作为重大政治任务，各项攻坚任务走在了全市前列。风险防控成绩斐然。全覆盖审计精准锁定债务总量、一锤定音，科学制定债务化解3年实施方案和9个子方案，确定7种化债举措，率先在全市完成了“十个全覆盖”工程类债务化解，累计化解政府债务17.2亿元，完成年度化债目标的137.3%。脱贫攻坚成果丰硕。创新推行精准识别“三类人”、精准帮扶“三步走”、精准记好“三本账”、精准管理“三配套”扶贫举措，累计投入5900多万元精准落实扶贫措施，“百企帮百村”行动中建立的10种农企利益联结模式日渐成熟，贫困发生率下降到0.03%以下。污染防治成效显著。中央环保督察“回头看”信访件全市最少并全部整改完成，环评执行率达100%，完成国土绿化19.5万亩、水土保持治理27万亩，空气质量优良率达93.6%，饮用水水源地水质达标率为100%。

坚持转型升级与提质增效，为高质量发展奠定了坚实基础。始终坚持发展第一要务不动摇，在加快转型、创新发展的道路上大胆尝试、阔步前行。工业引擎作用显著增强。积极推进煤炭分级分质利用，举办鄂尔多斯西部煤炭战略合作洽谈会，上海庙煤炭储配交易中心效益初显，电厂项目有序推进，华星煤制气项目二次环评上报生态环境部。全年煤炭、煤化工、天然气产量分别达1430万吨、120万吨、35亿立方米，以煤为基、延长链条、多元转化的发展格局正在形成。农牧业发展势头持续强劲。聚焦科学保护利用土地，组建多支科技服务队，逐户转变农牧民思想观念，全程标准化服务引导。粮经饲比例优化为49：20：31，优质牲畜出栏量和蔬果年产量分别达140万头只和20万吨，"鄂尔多斯高原冷菜"农商洽谈会的举办形成与全国市场高效对接的产品供销格局。现代服务业后发优势凸显。红色培训教育基地功能不断完善，红色研学丰富多样，培训学员近2万人，城川红色文化旅游区成功申报国家AAAA级景区。电子商务、健康养生等新兴业态全面兴起，阿吉泰健康养生园获评第一批国家中医药健康旅游示范基地。全年游客达到百万人次，实现旅游收入36亿元，现代服务业已经成为助推发展的新动能。

坚持补齐短板与共建共享，为福祉民生赢得了广泛共鸣。始终坚持织密网、兜底线、促和谐，财政支出的80%以上用于民生领域，发展成果更好地惠及各族群众。社会事业欣欣向荣。医疗卫生体系不断健全，42个科技项目申报推广，引进北京衡越公司与旗中学和上海庙学校合作办学，旗图书馆被评为国家县级一级公共图书馆，《石榴红了》获自治区草原文化节金奖，群众的生活品质不断提升。社会保障全面覆盖。深入实施"创业鄂前旗"行动，实现就业1500多人，城镇登记失业率降低至2.09%，农牧民养老保险和合作医疗基本实现全覆盖，"智慧救助"三级联动便民服务平台办结服务事项300多项，城乡低保标准和优抚补助标准适度提高，群众的幸福感显著增强。社会大局安全稳定。在全区率先建成旗级法务服务中心和信息化综治中心，荣膺自治区首届"法治政府建设示范旗县"称号，扎实开展扫黑除恶专项斗争，安全隐患整改率达99%，非洲猪瘟疫情防控稳定，信访批次和人次分别下降4.6%和7.5%，群众的安全感持续增强。

坚持改革创新与基础护航，为加快发展创造了更好平台。紧紧围绕高质量发展需要，蹄疾步稳攻改革、千方百计夯基础、综合施策优环境，地区发展动力活力竞争力全面释放。改革创新多点突破。年初确定的102项改革任务全部完成，形成改革成果81个、典型经验24个，2项改革成果在全市推广运用。基层法治政府建设大部制改革获得第五届"中国法治政府奖"，智慧"芯"喇叭云广播荣获全国"智慧警务"创新案例，全区首家旗县级融媒体中心组建成立，全区首个"互联网+文化旅游综合执法"平台建成投用。城乡融合多元发展。结合全国县级文明城市测评，打造精品节点景观20多处，新增改造绿地42万平方米。乡村振兴战略稳步推进，三道泉子村被评为自治区级美丽乡村示范村。首条高速公路通车运营，首个通用机场即将建成投用，2条旅游公路主体完工，内外通达、陆空衔接的立体化交通网络正在形成。营商环境多方优化。不断深化"放管服"改革，创新开展民族地区"四区四办"模式，构建起旗、镇、嘎查村社区三级网上审批系统，全力为行政审批"瘦身"，审批事项承诺办结时限压缩率为33.9%，即时办结数量占35.6%。

二、做好2019年经济工作的意见

要充分认识新形势下经济工作的规律性。自觉把习近平总书记提出的"五个必须"作为推动经济工作的重要遵循，准确把握中央宏观调控政策，深入分析全旗经济发展现状，找准自身发展规律，从三大攻坚、产业发展、社会事业、民生改善等方面入手，调动全旗各方力量推动发展。

要认真把握我国发展处于重要战略机遇期的重要论述。认真分析运用好习近平总书记提出的"五个新机遇"，重点围绕中央关于巩固、增强、提升、畅通的重大方针，围绕产业布局规划，全力以赴抓投资、抓项目、抓转型，壮大实体经济，延长产业链条，增强新动能对经济发展的支撑作用，切实让新机遇成为发展的新动力。

要全力以赴落实好提升党领导经济工作能力和水平的要求。不断强化党员干部对经济工作的学习应用，加强对新形势下经济发展规律的认知和研判，完善知识结构、培养专业能力、补齐能力“短板”，准确把握做好经济工作的时度效，转变思维观念、创新工作举措，增强斗争精神，全力推动经济发展健康向前。

(一)承接大好来势，把握发展机遇，坚定赶超跨越、争进前列的信心不动摇

2019年是新中国成立70周年，是全面建成小康社会的关键之年，也是鄂前旗推进高质量发展承前启后的重要之年。机遇前所未有，但问题仍然不容忽视。客观分析，我旗发展矛盾复杂多变，支撑转型发展的大项目、好项目还不多，经济持续增长的动力还不强，三次产业的发展层次和水平还不够高，民生领域供需与群众期盼仍有差距，干部推进工作的办法措施和思想观念还比较守旧。问题和差距不可怕，只要我们坚守发展理念不变，盯紧盯牢符合客观实际、发展预期和政策规范的工作，集全民之智，汇全民之力，干好干成干出实效，就一定能够战胜艰难险阻、实现后发赶超。

做好今年的经济工作，要坚持以习近平新时代中国特色社会主义思想为指导，全面贯彻落实党的十九大以及十九届二中、三中全会精神，认真贯彻习近平总书记参加十三届全国人大一次会议内蒙古代表团审议时的重要讲话精神，紧紧围绕中央和自治区、市重大决策部署，以推进高质量发展为主线，以满足人民美好生活向往为导向，坚定不移打好“三大攻坚”战，集中精力稳增长、促统筹、惠民生、夯基础、保稳定，全力推动经济社会高质量发展，以优异成绩庆祝中华人民共和国成立70周年。

主要预期目标是：地区生产总值增长5%左右；固定资产投资增长15%左右；公共财政预算收入增长13.5%左右；社会消费品零售总额增长7%左右；城乡居民人均可支配收入分别增长7.5%和8%左右。

(二)跳起来构筑、跑起来追赶，举全旗之力推进鄂前旗经济社会各项事业全面高质量发展

聚焦打好三大攻坚战，坚决守牢高质量发展的根本底线。习近平总书记指出，去年的三大攻坚战初战告捷，今年要针对突出问题，打好重点战役，全力攻坚务求实效。一要咬定目标打好防范化解重大风险攻坚战。我旗的风险主要还是政府债务，重点集中在隐性债务，我们一定要在保运转的前提下，持续用好厚植财源、资本转化、压减支出等举措，保质保量完成年度化债任务。同时，还要稳控新债，严格规范政府投资项目、举债融资和政府购买公共服务行为，决不能再出现负债搞建设的事情，防止一任政绩、几任包袱。要严厉打击非法集资、高利转贷等违法违规行为，有序处置债权违约风险，切实加强对重点行业、重点领域、重点区域风险的管控，坚决守住不发生系统性金融风险的底线。二要决战决胜打好精准脱贫攻坚战。始终把打赢脱贫攻坚作为我们当前的头等政治任务和头号民生工程，严格执行书记抓扶贫，落实遍访要求，把“产业扶贫”摆在更加突出的位置，同步落实好健康扶贫等扶贫措施，深度聚焦自主发展干起来、新型经营主体带起来、兜底保障兜起来“三类人”，持续推进“百企帮百村”行动，全力支持新型经营主体与贫困户建立发展共同体，把贫困户紧紧吸附在产业链上，把易地搬迁的产业配套和就业帮扶摆在更加重要的位置，多渠道增加困难群众收入。要严格执行精准退出标准和程序，协调好建档立卡贫困户和“边缘户”的政策支持，全面激发困难群众自主脱贫致富的决心和信心，强化扶贫领域资金的监管，确保所有建档立卡贫困人口全部精准退出。三要凝心聚力打好污染防治攻坚战。始终把绿色作为发展的“底色”，坚守阵地、巩固成果，坚决打好大气、水、土壤污染防治“三大战役”，深化巩固重点环境问题整改，建立智慧环保系统，深化对煤炭、煤化工、油气开发等重点行业企业的监管，构建源头管理、过程监督、结果反馈的高效管控机制，杜绝环境污染事件发生。要强化生态文明制度改革成果运用，加大生态建设保护力度，实施好土壤污染治理与修复工程，严厉打击非法开垦、毁林毁草等违法行为，加大水源地保护力度，从源头上减少生态破坏现象发生，像保护眼睛一样保护生态环境，让鄂前旗的天更蓝、草更绿、水更清、空气更清新、人民更开心。

全力以赴抓项目扩投资，不断增强高质量发展的强势启动。旗委、政府决定实施“重大项目三年攻坚行动”，目的就是要通过强有力的项目攻坚，补齐短板、解决问题、推动发展。一要抓项目招引补短板。投资乏力，项目数量不足、质量不高是制约我们发展的突出短板。当前，自治区正在致力于稳投资，明确要围绕重点产业、基础设施、生态环保、社会民生等领域加快项目储备，加大新材料、生物医药、电子信息、节能环保等特色产业集群的培育，推动先进制造业和现代服务业深度融合。我们要紧紧抓住这一机遇，结合产业布局，千方百计加大项目资金争取力度，加快“僵尸企业”“僵尸项目”处置，下大力气引进一批国家支持、具有比较优势、带动能力强劲的三次产业项目，着力补齐教育、医疗、文化、育幼、养老等民生领域短板，全力推进机场、铁路、公路及园区基础设施建设。二要抓项目服务强产业。要按照“规划项目抓储备、新建项目抓开工、在建项目抓进度、建成项目抓运行”的要求，坚持“一企一策”精准对接服务，加强对全旗项目的总体调控，实行一个项目、一名县级领导负责、一支团队服务、一系列措施保障，以清单化、台账式的管理，明确责任、时限、措施和具体要求，对所有项目盯紧盯牢、跟踪跟进、搞好服务，形成从项目引进到落地见效的全过程规范化、高效化服务保障体系，让企业选择在鄂前旗、让投资稳定在鄂前旗、让项目落户在鄂前旗。三要抓营商环境促发展。要认真抓好“放管服”改革，全面推进“一网、一门、一次”改革，认真落实自治区促进民营经济高质量发展26条意见，不断优化“亲”“清”新型政商关系，营造宽松便捷、公平有序的市场竞争环境，多措并举降低企业用能、用气、用电、用地、用网、用工等要素成本，同步推进金融改革，全力打造更加开放公平的市场环境，以更优惠的政策、更务实的举措支持企业发展。

倾力构筑三大产业体系，持续强化高质量发展的优势支撑。要坚持从实际出发，根据资源优势、产业基础，准确定位发展的突破口与制高点，建设“三个中心”、打造“三大基地”，做大做强实体经济，构建多点产业支撑、多元优势互补、多极市场承载的产业体系。打好“工业循环发展”牌，建设鄂尔多斯西部煤炭储配交易中心、打造全国清洁能源输出基地。工业是我旗的支柱产业，要下气力构建以煤气资源为基础、多元转化增值、多向联动发展的现代能源产业体系。要做精做优煤炭主业，突出煤炭产品分级分质利用，加大煤炭储配交易力度，全力推进长城1、3、5、6号和巴愣煤矿审批建设，全面释放煤炭产能。要立足能源清洁化利用，延长产业链条，加快推进4大电厂建设，盛鲁电厂并网发电，打造煤电产业群；紧盯国家现代煤化工产业示范区规划布局，抓实抓紧华星煤制气和煤制烯烃项目审批建设进度，推进清洁能源化工产业集群化发展。要科学开发利用油气资源，加强常规天然气采气能力和天然气液化项目建设，推进油气产业规模化发展。要注重发展战略性新兴产业，大力开发利用风能、太阳能资源，积极引进新材料、装备制造、生物科技等产业，推动新兴产业多点开花、集聚增效。打好“农牧业绿色发展”牌，建设面向全国的优质农畜产品交易中心、打造内蒙古西部优质有机果蔬生产基地。农牧业是我旗的基础产业，资源条件好、发展空间大，要立足绿色、高效、现代要求，构建覆盖所有农牧民、联动结构调整、标准服务、品牌规模、市场销售的农牧产业体系、服务体系、生产体系和经营体系。要把产业振兴作为乡村振兴的根本，坚守科学利用和保护土地的初心，覆盖全域开展种养结构优化调整，推进一二三产业融合发展，支持新产业新业态，大力培育新型经营主体，建设乡村振兴战略指挥平台，用信息化手段武装农牧业，提升农牧民组织化程度，把所有农牧民全部吸附在产业链条上，产业精准到户、技术服务到户、市场销售到户，推进北纬37度优质果蔬经济带和优质绒山羊种源基地建设，打造可占领高端市场的优质特色品牌，加快以三段地为中心、覆盖全旗的农牧业物流配送体系建设，延伸拓展销售渠道，实现资源高质量配置、产业高质量发展、产品高质量供给，创建自治区农畜产品质量安全旗。打好“红色文化产业全域发展”牌，建设内蒙古西部红色旅游集散中心、打造全国红色培训教育基地。“红色资源”是我旗最大的发展优势。要把红色培训教育作为发展的新引擎，以培训教育促进红色研学、带动全域旅游，构建以研学为核心、联动基地建设、文创产品、旅游文化互融的文化产业体系。要乘势而上放大红色研学效益，坚持把“红色研学”作为盘活资源、带动全域的重点来抓，不断丰富红色研学菜单，延伸红色研学产业链，更加突出实践功能，加快红色延伸项目和红色研学点建设，让鄂前旗的红色研学走向全国。要扎实推进以“红色”为核心的全域旅游建设，提升景区景点的承载服务能力，把地产食品、民族手工艺品全部链接到产业链上，打造“城川寨子”品牌，构筑“产学研销”的全产业链条。要统筹推进传统产业与新兴业态的发展，利用大数据产业，建设涵盖经济社会各领域的大数据指挥平台，积极培育跨区跨境、线上线下、体验分享等消费模式，让便捷、高效、务实的现代产业引领地方发展、普惠广大百姓。

牢牢抓住改革创新驱动，全面催生高质量发展的全新动能。要深入学习贯彻习近平总书记在庆祝改革开放40周年大会上的重要讲话精神，增强改革牵引，克服层层弊端，为实现转型跨越发展释放新活力。一要以重点领域改革增强发展活力。加强对各领域改革的全面评估，把具有四梁八柱性质的改革明确标注出来，把产业发展、土地制度、国资国企改革、公共服务均等化等具有牵引作用的改革牢牢抓在手上，全面巩固提升“去降补”成果，有效破除观念藩篱、利益羁绊、机制障碍，全面激发市场活力、释放改革动力，特别针对各项改革任务，要发扬钉钉子精神，一项一项推动、一个一个攻破，一件一件见效。二要以区域合作共赢激活发展动力。拓宽区域合作空间，是我们加快发展必须要攻坚的方向。要充分发挥好毗邻陕宁的区位优势，围绕开辟产品终端市场、扩大清洁能源外送、促进绿色有机农畜产品占领高端市场，积极投身“一带一路”建设，主动融入呼包鄂协同发展，重点加强与银川、宁东和榆林的互融合作，努力在基础设施、产业发展、商贸物流等方面形成协作链条，强化教育、科技、医疗、旅游等领域的深度合作，打造区域合作共融典范。三要以良好社会环境提升发展竞争力。和谐稳定的社会环境是发展的根本基础。要强化民族团结进步教育宣传，建设集民族团结和民族政策理论教育为内容的教学场所，巩固发展最广泛的统一战线，画出共同团结奋斗的最大同心圆。要深入推进“法治鄂前旗”建设，持续加强扫黑除恶专项斗争，完善矛盾纠纷多元化解机制，提升信访工作法治化水平，维护好群众合法权益。要更加主动积极地落实安全生产责任制，加大对重点区域、重点行业、重点领域的监管，强化食品安全监管体系建设，确保安全生产形势持续稳定，全力提高社会民众的安全感。

深入实施乡村振兴战略，着力夯实高质量发展的基础根基。实施乡村振兴战略，是党中央从党和国家事业全局出发、着眼于实现“两个一百年”奋斗目标、顺应亿万农民对美好生活向往作出的重大决策，也是我们做好“三农三牧”工作的核心和重点。一要全面加强人居环境整治。持续加大生态建设力度，分类推进草牧场环境治理，突出抓好垃圾污水处理、厕所革命和村容村貌整治提升，坚持建管并重，建设好农村牧区“学习讲堂”，从乡风文明抓起、从群众习惯改起，建立激励与惩治并举的长效管理机制，引导农牧民践行绿色发展方式和生活方式，全面补齐影响农牧民生活品质的短板，真正让生态美起来、环境靓起来、农牧民文明起来。二要持续强化乡村建设。因地制宜推进乡村振兴，是摆在我们面前的现实问题，必须要坚持规划先行、由易到难、分类指导，科学研判各地发展实际，合理确定乡村建设的路径、方法和标准，分类制定差异化的扶持鼓励推进政策，科学摆布生产空间、生活空间、生态空间，管好用好“十个全覆盖”工程已建成的各类设施，避免重复建设，打造一批主题鲜明、带动强劲的乡村振兴示范嘎查村。三要积极推动要素自由流动。更加注重人才培养，通过培训提高、发展培育以及各方力量鼓励支持，培养一批本土田秀才、土专家、致富带头人，深化农村土地制度、集体产权制度等改革，发展壮大嘎查村集体经济，积极培育社会组织和产业化联合体，让资本、智力、技术、管理等更多要素向农村牧区集聚，推动农村牧区全面发展。四要扎实推动城镇建设。坚持以“绣花”功夫推进城镇建设和精细化管理，加快推进智慧城市建设，加强保障住房、市政管网、水电气暖、绿化亮化、网络通讯建设，提升城镇宜居宜业水平。因地制宜推进特色小镇建设，按照“敖镇聚焦商贸物流、上海庙聚焦加工制造、城川聚焦红色旅游、昂素聚焦民族文化”，精准定位优化城镇布局和品质，打造功能完备、整洁有序、舒展大气的新型品质城镇。

多策并用增进民生福祉，丰富提升高质量发展的核心内涵。带领群众创造美好生活，是我们始终不渝的奋斗目标。要围绕群众最关心、最直接、最现实的需求，用好新时代文明实践中心，实施“温暖最后一公里”工程，配套开展“六大行动”，让群众获得感、幸福感更加充实、更有保障。一要开展“文化惠民”行动。不断完善现代公共文化服务体系建设，广泛开展群众文化活动，积极发展乌兰牧骑事业，支持民间力量和社团组织积极开展红色文艺和影视作品创作，依托赛马场、红色教育集训中心积极争取市级以上文体赛事活动的举办，不断满足群众日益增长的精神文化需求。二要开展“医疗便民”行动。持续推进“健康鄂前旗”工程，深化医疗卫生体制改革，加强卫生健康的服务保障能力，建设康养产业发展基地，加大与宁夏及银川市医疗机构的合作力度，多批次组织医务人员进行培训深造，努力为群众提供更加便利、更为优质的医疗健康服务。三要开展“教育利民”行动。大力推进教育强旗战略，实现学前教育普惠发展、义务教育均衡发展、高中教育优质发展、职业教育特色发展，加快第三实验小学建设，深化与北京衡越公司的办学合作，分期分批组织教职人员到托管学校培训，提高教育教学质量，努力办好人民满意的教育。四要开展“科技助民”行动。注重提升全民科学素质，发挥科技在推进产业、改善民生、服务基层的支撑作用，强化科技服务团队的培育，加强科技创新成果转化应用，提高科技对经济增长的贡献率。五要开展“创业就业富民”行动。坚持以“大众创业、万众创新”为引领，全面落实更加积极的就业政策，多层面、多批次组织召开人才推介会，鼓励创业带动就业，加强职业技能培训，统筹抓好高校毕业生、转移农牧民、城镇居民的就业工作，努力实现更加充分的就业。六要开展“社会保障为民”行动。不断完善社会保障体系，把兜底保障工作重点向弱势群体和农村牧区倾斜，推进养老、医疗保险从制度全覆盖向人员全覆盖转变，建设两个互助院，切实解决好困难群体的各类保障，形成广覆盖、保基本、多层次、可持续的社会保障体系。

（三）全面加强和改善党对经济工作的领导，为全旗经济工作注入新引力和新动力

大道至简，实干为要。加强和改进党对经济工作的领导，是责任，也是担当。我们要深入贯彻落实新时代党的建设总要求，咬定青山不放松，扭住目标干到底，以全面从严治党的新成效推动各项事业取得新进步。

要用“讲政治的态度”抓好上级决策部署的落实。坚持把党的政治建设体现在党总揽全局、协调各方的职责使命上，严守政治纪律和政治规矩，牢固树立“四个意识”，坚定“四个自信”，践行“两个维护”，严格遵守党章和党内政治生活准则，自觉在思想上政治上行动上同以习近平同志为核心的党中央保持高度一致。深学笃行习近平新时代中国特色社会主义思想，坚决贯彻以习近平同志为核心的党中央各项决策部署，不讲条件、不打折扣、不搞变通，不空喊政治口号，不做表面文章，不断加强学习和实践，转变思想认识、创新工作举措，克服思维定势、行为惯性和路径依赖，培育想干事、真干事的思想自觉，历练会干事、干成事的实践本领，真正把中央、自治区和市精神转化为具体的工作思路和举措，体现在实实在在的发展成效上。

要用“讲实绩的导向”推进全面从严治党延伸拓展。要聚焦主责主业，积极应对风险挑战，以改革的精神加强和完善自己，压紧压实意识形态工作责任，不断强化党风廉政建设，认真落实中央八项规定及其实施细则精神和自治区、市、旗配套办法，扎实开展好整治“四官”问题净化机关政治生态行动和“四风”问题整治，坚决纠正不担当、不作为、慢作为、假作为等问题，确保政治生态和社会环境风清气正。要深入践行新时代党的组织路线，以“党建质量提升、党建效能提升”为抓手，坚持问题导向、目标导向，深入推进“两学一做”学习教育常态化制度化，扎实开展“不忘初心、牢记使命”主题教育，强化制度建党，找准找实提升基层党组织组织力的制约因素，统筹推进各领域基层党建工作，不断拓宽智慧党建服务路径，扎实推进党务、政务深度融合，全面提升党组织引领发展、服务群众的能力和水平。

要用“讲担当的实效”努力在高质量发展中建功立业。习近平总书记强调，干部敢于担当作为，既是政治品格，也是从政本分。要把一抓到底的执行力作为讲担当的重要表现，大力弘扬雷厉风行的作风，强化时间观念和效率意识，对旗委、政府作出的决策、部署的工作、定下的事情，主动研究、立言立行、紧抓快办，把各项工作落细落准、落小落实，破除坐而论道、知行不一，真正把会上定的、纸上写的、嘴上说的变成具体行动和实际效果。充分信任、关心、爱护干部，紧扣想干事、敢干事两个关键点，严格落实“三个区分开来”的要求，对那些想干事、能干事、干成事的干部给位子、压担子，对那些有冲劲、敢负责、勇担当的干部给平台、创机会，旗帜鲜明撑腰鼓劲，实打实地关心关爱，努力让干部安心、安身、安业，真正让崇尚实干、恪尽职守、敢于担当、乐于奉献成为党员干部的自觉行动。

要用“讲奋斗的精神”凝聚奋进新征程的磅礴之力。习近平总书记强调“幸福都是奋斗出来的”“奋斗本身就是一种幸福”“新时代是奋斗者的时代”。我们每个人都有自己的梦想，鄂前旗也有鄂前旗的发展梦想，而实现这个梦想，不是少数人能完成的，需要每个人响应奋斗号召。要广泛发动社会各界，紧紧团结在“爱我鄂前旗、建设鄂前旗、发展鄂前旗”的旗帜下，在大力培育弘扬社会主义核心价值观的基础上，动员和号召全旗各族干部群众坚守“奋斗”，思发展之策、谋发展之道、干发展之事，真正让鄂前旗的发展历程，成为鄂前旗人相互支持、共同发展的过程，形成全旗上下同时发力、同向发力的“动车效应”，汇聚起全旗上下同心同德、同心同向、共谋发展的强大发展合力。

政府工作报告（摘编）

——在旗十届人大三次会议上

旗长　布仁其木格

（2019 年 1 月 23 日）

一、2018 年工作回顾

全旗经济社会发展总体平稳、稳中有进、稳中提质。经济运行处于合理区间，预计全旗地区生产总值完成 133.4 亿元，增长 5%；一般公共预算收入完成 10.56 亿元，增长 31.8%；固定资产投资完成 55.9 亿元，社会消费品零售总额增长 6.9%，城镇登记失业率控制在 2.5% 以下。产业结构调整实现新突破，三次产业比例优化为 9.8 ∶ 57.7 ∶ 32.5，规模以上工业增加值增长 4.9%，大工业用电量达到 6.75 亿千瓦时。发展的质量和效益稳步提升，城乡居民人均可支配收入达到 44652 元和 18283 元，分别增长 7.5%和 8%，高于经济增速，贫困发生率下降到 0.03%，重点环境问题得到有效解决。

（一）聚焦重点守底线，三大攻坚战扎实推进。始终把打好打赢三大攻坚战作为重大政治任务。债务化解年度任务超额完成，综合采取多种方式，累计化解政府债务 17.2 亿元，完成年度任务的 137%，“十个全覆盖”相关债务全部化解。脱贫攻坚精准推进，“五方联动”产业脱贫模式在央视新闻频道播出，易地扶贫搬迁产业配套全部到位，67 户 171 人实现稳定脱贫。污染防治成效明显，各级督察检查反馈问题全部按进度整改，全面推行油污泥废弃物闭环管理“五联单”制度，重点项目环评执行率 100%，集中式饮用水水源地水质达标率 100%，年度污染防治工作综合考评位居全市第一。

（二）聚焦产业优布局，三次产业提质增效。工业大项目快速推进，盛鲁电厂完成土建工程总任务的 90%以上，全面转入设备安装阶段；国电双维、长城电厂启动建设，鄂西煤炭物流园一期工程基本建成，煤炭销售额达到 5000 万元；华星 40 亿立方米煤制气项目环评已上报至生态环境部，60 万吨煤制烯烃项目列入鄂尔多斯现代煤化工示范基地规划。农牧业供给侧结构性改革持续深化，粮经饲比例优化为 49 ∶ 20 ∶ 31，申报认证“三品一标”11 个、自治区级龙头企业 2 家、市级龙头企业 3 家，培育农牧民合作社 59 家，成功举办“鄂尔多斯高原冷菜”农商洽谈会，将我旗优质农畜产品推向全国市场。“红色 + 旅游”全域铺开，城川红色拓展基地、红色教育集训中心等 7 个红色研学项目前期工作基本完成，城川红色文化旅游区被评为国家 AAAA 级旅游景区，旗蒙医医院和阿吉泰健康养生园被认定为国家中医药健康旅游示范基地创建单位。全旗年度游客数量突破 100 万人次，实现旅游综合收入 36.1 亿元。

（三）聚焦品质抓提升，人居环境更加优越。城镇面貌持续改善，实施 21 项重点市政项目，完成立面改造 6 万平方米，城镇绿化面积超过 300 万平方米，顺利通过全国县级文明城市复检。城乡基础配套日益完善，通用机场具备通航条件，敖东高速、通史至城川二级旅游公路等全部建成通车，省道 216 线扩建工程完工，两条旅游公路和陶利至昂素一级公路开工建设；开展“四好农村路”创建，县道优良路率达到 79.8%，乡村道路畅通率 100%。美丽乡村建设深入推进，启动实施农村牧区人居环境整治三年行动，建成市级示范嘎查村2个、自治区级示范嘎查村1个，城川镇污水处理厂建成投用，完成农牧区户厕改造600户。生态建设成果巩固提升，严格执行禁休牧政策和草畜平衡制度，完成草原建设任务50万亩、国土绿化19.5万亩、水土保持治理28.3万亩，植被覆盖度达到46%，森林覆盖率达到23.9%以上。

（四）聚焦短板惠民生，发展成果全民共享。坚持在发展中保障和改善民生，公共财政预算支出的80%以上用于民生事业。深入开展“创业鄂前旗”行动，招录安置各类工作人员238人，为34名自主就业退役士兵发放补助金266.8万元，新增城镇就业1500余人，城镇登记失业率始终低于全市平均水平。教育教学质量稳步提升，招聘教师134人，引进北京衡越教育公司开展合作办学，建成蒙古族幼儿园，蒙古族希望实验小学被评选为全国航天特色学校，成功举办2018年全国智慧教育促进区域教育均衡发展现场会。医疗卫生服务进一步改善，妇女儿童医院挂牌成立，蒙医综合医院基建工程完工，家庭医生签约覆盖率达到66%，城乡居民健康档案实现全覆盖。社会保障扩面提标，医保异地就医实时结算全面推开，“智慧救助”三级联动便民服务平台被评为全区民政系统创新创优项目，全年发放社会救助资金1392万元，惠及群众4000多人。文化事业日益繁荣，累计开展惠民文化活动1400余场次，红色音乐剧《石榴红了》荣获第15届中国·内蒙古草原文化节优秀剧目金奖。扎实开展扫黑除恶专项斗争，从严打击各类违法犯罪行为，群众安全感持续提升。

（五）聚焦改革抓创新，发展动力全面增强。持续推进重点领域和关键环节改革，全区首家旗县级融媒体中心获批成立，“互联网+文化执法”典型经验在全区推广，“智慧鄂前旗”云计算平台上线运营。“放管服”改革深入推进，全区首家党务政务服务中心挂牌成立，111项行政审批服务事项实现了“最多跑一次”。法治政府建设取得突破性进展，基层法治政府“大部制”改革荣获第五届“中国法治政府奖”，成为全区唯一获此奖项的旗县。

（六）聚焦落实提效能，自身建设持续加强。牢固树立“四个意识”，坚决服从旗委领导，自觉接受旗人大依法监督和政协民主监督，广泛听取各方面的意见和建议，累计办理人大代表建议、政协委员提案145件，办结率100%。深入推进“两学一做”学习教育常态化制度化，严格落实中央八项规定精神及实施细则和自治区、市、旗配套规定，全面加强行政监察、审计监督和执纪问责，政府抓落实能力和治理能力显著增强。

国防动员、民主法制、民族宗教、统计、档案、人防、气象、妇女儿童、老龄事业等工作均取得明显进步。

2018年，我们的步子迈得坚实、变化令人振奋、成绩鼓舞人心。但对照高质量发展的要求，我旗经济社会发展仍面临较为严峻的形势，工作中还存在一些问题亟待解决。主要表现在：产业优势发挥不充分，尚未完全转化为经济优势，构建现代产业体系任重道远；支撑发展的大项目、好项目还不多，经济持续增长动力不强；城乡功能布局和宜居品质尚需优化，公共服务的精准化水平与多样化的民生需求还有差距；少数公务员抓项目、促发展，抓落实、解难题的主动意识、专业能力还不足，等等。对于这些问题，我们将本着对党、对人民、对鄂前旗发展高度负责的态度和实干担当的精神，在今后的工作中切实加以解决。

二、2019年工作安排

今年是新中国成立70周年，是决胜全面建成小康社会的关键之年，也是我旗抢抓战略新机遇，构筑发展新优势，在更高层次、更高水平上推进高质量发展的攻坚之年，做好今年政府工作意义重大。

政府工作总体思路是：坚持以习近平新时代中国特色社会主义思想为统领，全面贯彻党的十九大和十九届二中、三中全会精神，统筹推进“五位一体”总体布局，协调推进“四个全面”战略布局，坚持以人民为中心，坚持新发展理念，以推动高质量发展为重点，加快构筑产业新体系，稳步推进三大攻坚战，着力优化城乡环境，纵深推进改革创新，持续改善民生福祉，为全面建成小康社会收官打下决定性基础，以优异成绩庆祝中华人民共和国成立70周年。

发展的主要预期目标是：地区生产总值增长5%左右，公共财政预算收入增长13.5%左右，固定资产投资增长15%左右，规模以上工业增加值增长6%左右，社会消费品零售总额增长7%左右，城乡居民人均可支配收入分别增长7.5%和8%左右。实现上述目标，重点从以下六个方面精准发力，全力突破：

（一）坚持产业集聚，构筑现代产业体系。按照存量优化、增量扩张、集聚集群的发展思路，引导各类要素向实体经济集中，建设“三个中心”、打造“三大基地”，构筑现代产业发展新体系。

*推动工业扩量升级，构筑“以煤为基、多元转化”的绿色循环型工业体系。*以上海庙能源化工基地为主战场，启动实施“重大项目三年攻坚行动”，推动产业化大项目落地见效。着力提高煤炭供给质量和效益，加快长城3、5、6号煤矿和巴愣煤矿核准进度，年内煤炭产能突破2000万吨；加快推进鄂西煤炭物流园扩建工程，细化落实煤炭供应战略协议，年内煤炭吞吐量突破1000万吨，初步建成鄂尔多斯西部煤炭储配交易中心。推动煤炭产业向中高端精细化延伸，完成盛鲁电厂及送出工程建设，200万千瓦火电机组年底前全线投产；倒排工期推进国电双维、长城电厂项目建设，集中力量攻坚神华国能电厂、华星煤制气项目核准手续，争取年内落地开工；同步加快华星60万吨煤制烯烃项目前期手续办理。推动天然气绿色化、环保型开采，鼓励发展LNG等天然气加工产业，年内实现天然气产量45亿立方米以上。积极谋划布局一批战略性新兴产业项目，加快推进生物医药、碳基材料等项目前期，不断开辟结构性增长新路径。全面推进园区振兴发展，完善上海庙能源化工基地基础配套，提升园区承载能力，打造全国清洁能源输出基地。

*推动农牧业固本增效，构筑“标准统一、供需匹配”的现代集约型农牧业体系。*大力实施乡村振兴战略，加快推动农牧业由“增产导向”向“提质导向”转变，不断提高农牧业综合效益和竞争力。建设标准化生产基地，促进生产要素向特色产业和优势区域集中。推进高标准农田和补充耕地库建设，加快建设北纬37度优质果蔬经济带，开展绿色设施果蔬示范种植，推广绿色栽培模式，制定完善企业生产标准和生产技术规范，鼓励农牧户复制企业标准、联户规模化生产，新建塑料拱棚500栋，新增蔬菜种植面积2万亩，发展经济林面积2万亩、订单农业面积2万亩以上，加快建设内蒙古西部优质有机果蔬生产基地。培育产业化联合体，构建完整的产业链条和产业经营组织体系。以龙头企业为引领、农牧民合作社为纽带、家庭农牧场为基础，全面启动农牧业产业化联合体培育评定工作，根据特色果蔬、肉羊肉牛、绒山羊、地产食品等产业状况，年内培育市级以上农牧业产业化联合体3个，发展市级以上龙头企业4家、拥有统一标识的专业合作社200家，整合家庭农牧场500家，完善订单保底收购、二次利润返还、股份分红等利益联结机制，加快建立分工明确、链条完整、优势互补、利益共享的联合体内部经营体系。打造绿色化区域公用品牌，认证一批有市场影响力的商标品牌集群。实施农牧业品牌塑造行动，完善农畜产品全产业追溯体系建设，进一步清理整合农牧业零散品牌，建立农牧业品牌储备库，集中力量打造“鄂尔多斯高原冷菜”“鄂前旗牛羊肉”区域公用品牌，强化品牌质量管控，提升品牌“含金量”。建设专业化农畜产品交易市场，建成集市场信息收集与发布、货物交易与配送为一体的市场体系。加快改造提升农畜产品交易市场，建设畜产品加工园区、农产品育苗产业园区、脱贫攻坚产业园区，配套包装、冷库等基础设施，提高产品档次和附加值，提升市场调配能力。建立经纪人、电商、技术服务和执法保障团队。年内举办农商订货会，设立农畜产品展厅，扩大鄂前旗地区知名度和影响力，建设面向全国的优质农畜产品交易中心。

*推动服务业融合提质，构筑“红色引领、全域联动”的消费体验型现代服务业体系。*以红色资源为基础、红色研学为核心、红色体验为抓手，全域发展红色产业，走出一条具有鄂前旗特色的红色旅游融合发展新路子。加快推进红色研学旅游项目建设，3月底开工建设红色教育集训中心，7月底前建成城川红色拓展基地，年内开工建设群众文化活动中心，统筹摆布一批红色研学体验户和实践点；成立红色培训教育中心，制定具体红色研学线路、产品，编制红色研学课程，对接启动全市中小学生研学旅行活动，开展青少年社会实践、民兵军事训练、大学

生学前军训等拓展训练活动，打造全国红色培训教育基地。全力推进“红色旅游+”发展，加快推进红色旅游产品开发公司进入实体运营阶段，打响“城川寨子”品牌，举办全市文创大赛，研发具有本土特色的旅游产品，鼓励各镇发展以红色商品为主的专业合作社，带动农牧民融入红色产业链，实现稳定增收；推动红色旅游与生态游、乡村游、养生游等相融合，提升鄂前旗红色旅游吸引力和竞争力，建设内蒙古西部红色旅游集散中心。

（二）坚持底线思维，持续打好三大攻坚战。针对突出问题，采取更有力度的政策举措，打好重点战役。

打好防范化解重大风险攻坚战。按照“坚定、可控、有序、适度”的总要求，始终绷紧防范化解重大风险这根弦，加强政府性债务风险管控，主动承接上级化债政策，强化预算安排、综合治税、培植财源力度，配套推进经营性资产处置、推动融资平台公司市场化转型等举措，确保完成6.07亿元化债任务。严堵违规举债的“后门”，严格规范政府购买服务、政府和社会资本合作行为，严禁违法违规融资担保、变相举债。坚决防范金融风险，加大对民间借贷、非法融资风险的预警排查，严厉打击违法违规金融活动，确保各类风险可防可控可化解。

打好精准脱贫攻坚战。紧盯脱贫攻坚目标，一鼓作气、扎实推进。着力解决“两不愁三保障”面临的突出问题，坚持发展短平快项目与培育特色产业相结合，优先落实产业扶贫政策，强化易地扶贫搬迁后续扶持，确保贫困群众通过发展产业实现稳定脱贫。深入推进健康扶贫，完善“六重”保障体系，提高贫困人口医疗保障和救助水平，有效解决因病致贫、因病返贫问题。加强脱贫攻坚与乡村振兴统筹衔接，协调好建档立卡贫困户和“边缘户”政策支持，防止返贫和产生新的贫困。全面抓好中央扶贫专项巡视反馈问题整改，统筹做好百企帮百村、驻村帮扶、教育扶贫、生态扶贫、基础设施完善、内生动力提升等工作，严格执行贫困退出标准和程序，确保脱贫成果经得起历史检验。

打好污染防治攻坚战。聚焦解决突出生态环境问题，高质量完成上级环保督察检查反馈问题整改，加快推进上海庙能源化工基地渣场项目。依法严厉打击开荒扩灌、毁林毁草等生态环境违法违规行为，突出抓好水源地保护、地下水超采、农牧区面源污染、重金属和土壤污染、油气开采污染等领域综合治理，确保不发生大的生态环境事件。全面巩固生态建设成果，坚持以水定开发和以草定畜不动摇，修订完善农牧业经济“三区”发展规划，落实新一轮草原生态补奖政策，增强生态自然修复能力。落实河湖长责任制，实行“一河一策、一湖一策”综合治理，确保河湖水质全面改善。继续实施好京津风沙源治理、国家水土保持治理、天然林保护等重点生态项目，年内完成造林任务12万亩、水土保持治理10万亩、草原保护80万亩，增加生态供给，确保鄂前旗天蓝、地绿、水清。

（三）坚持城乡联动，着力拓宽发展空间。推动城乡建设从“基础全覆盖”向“服务一体化”转变，提升城镇品质，打造特色乡村，强化基础保障，让城乡发展颜值更靓、内涵更深、布局更优。

城镇拓展功能、宜居宜业。加快推进多规合一，加强对城镇空间立体性、平面协调性等方面的规划和管控，塑造品位精致的城镇风貌。巩固拓展全国县级文明城市、国家园林县城创建成果。提升城镇宜居水平，以民生需求为导向推进市政改造和景观提升工程，推进物业管理、社区服务标准化全覆盖，为居民营造舒心舒适的生活环境。突出抓好上海庙镇酒店、金融、通讯、物流等公共服务设施配套，丰富城镇功能、提升承载能力，切实为大项目落地提供基础保障。加快智慧城市建设，提升城镇智能化、精细化、品质化管理水平。

乡村注重特色、全域美丽。按照“产业兴旺、生态宜居、乡风文明、治理有效、生活富裕”总要求，引导和鼓励各镇立足自身优势、资源禀赋和产业基础开展特色小镇项目建设，打造集产业链、投资链、创新链、人才链、服务链于一体的发展新空间。认真学习借鉴浙江“千村示范、万村整治”工程经验，扎实开展农村牧区人居环境整治，深入实施“厕所革命”，完成全旗16个集中居民点137座旱厕改造工程，实施农村牧区户厕改造4692户，建设昂素镇污水处理站、城川镇垃圾填埋场。坚持建管并重，探索建立符合农村牧区实际的环境改善长效机制，从乡风文明抓起，从群众习惯改起，发动农牧民自己动手建设美丽家园，管好用好既有公共服务设施，推动城乡资源要素双向流动，促进农村牧区社会风尚进一步提升。

基础设施全面配套、强化保障。大数据智慧平台方面，启动建设集便民服务、乡村振兴、红色研学＋旅游、煤炭交易等于一体的“i 前旗”智慧移动平台，实现数据互通共享，产业统筹调度、精准到户，产品线上销售，为群众提供更加便捷高效的“掌上”办事平台，3 月底具备上线运行条件。铁路方面，开工建设陶上铁路鄂上段，加快敖宁铁路前期手续办理，力争年内具备开工条件。公路方面，加快 S317 陶利至昂素公路、昂素至城川红色旅游公路、城川至三段地红色旅游公路建设进度，年内建成通车；加快办理敖镇北出口至敖东高速连接线、S317 敖镇至昂素公路前期手续，全力完善上海庙能源化工基地配套道路网络建设；持续推进“四好农村路”建设，落实农村牧区公路“路长制”，适度补齐乡村公路短板，不断满足农牧民出行需求。

（四）坚持改革创新，全面激发内生动力。以改革的思维、开放的理念谋划和推动发展，着力破解制约发展的深层次问题。

推进重点领域改革。深化“放管服”改革，全面推广“互联网＋政务服务”，行政审批事项全部进入大厅，实现“让群众最多跑一次”、进一个窗口办一揽子事的目标。深化财政改革，全面实施预算绩效管理，盘活财政存量资金，提高财政资金使用效率。深化商事制度改革，扎实推进“多证合一”，降低市场准入门槛和成本，进一步激发市场活力。充分利用好农村牧区确权成果，加快推进集体产权制度改革，建立产权交易平台，严格规范土地草牧场流转。

持续扩大开放。主动融入“一带一路”建设，充分利用宁夏中阿博览会、内陆开放型经济试验区等重要平台，落实好呼包鄂协同发展战略，加强在产业转移、科技创新、人才引进等方面的对接协作，实现互利共赢。坚定不移地鼓励、支持、引导非公有制经济发展，认真落实促进民营经济高质量发展政策措施，优化营商环境，实行领导干部定点联系民营企业工作制度，鼓励本土企业家、返乡创业人员、合作经济组织等发展实体经济，不断扩大非公企业规模，切实增强全社会的实体支撑力。大力弘扬企业家精神，构建“亲”“清”新型政商关系。坚持引资、引技、引智并重，加大精准招商力度，全面落实已签订的合作协议，提高项目履约率、资金到位率和投产达效率。

（五）坚持以人民为中心，大力发展社会事业。始终把人民对美好生活的向往作为我们工作的出发点和落脚点，集中财力办好事关群众切身利益的实事好事。

办好人民满意教育。开展“教育质量提升年”行动，制定《教育教学质量奖励办法》，启动建设第三实验小学，加快推进教师周转宿舍建设进度，促进义务教育资源统筹、均衡配置、共建共享。加大对普惠性幼儿园的扶持力度，积极鼓励社会团体或个人兴办学前教育机构，保障“二孩”政策实施后的就学需求。

推进健康鄂前旗建设。继续深化医药卫生体制改革，建设覆盖所有基层卫生院的医共体，6 月底完成医共体资源整合运行。加快妇幼保健院项目建设，深化与银川市妇幼保健院医疗合作，创建国家计划生育优质服务先进旗。加强爱国卫生工作，确保顺利通过国家卫生县城复审。

繁荣发展文化事业。积极培育和践行社会主义核心价值观，广泛开展群众性精神文明创建活动。支持乌兰牧骑发展壮大，立足特色文化资源，创作一批精品剧目，全年“送戏下乡”300 场次以上，着力丰富群众文化生活。广泛开展全民健身运动，定期举办各类体育竞技活动，全面增强群众身体素质。

加强社会保障体系建设。大力促进就业创业，统筹做好高校毕业生、就业困难群体、退役士兵等重点群体的就业再就业工作，城镇新增就业 950 人，城镇登记失业率持续下降。完善社会救助体系，配套建设日间照料中心、幸福互助院等服务设施，最大限度保障困难群众基本生活。推行惠民殡葬服务，年内建成殡仪馆。全面落实好关心离退休干部各项政策，按要求逐步解决“文革”致残离退休人员最关心的历史遗留问题。

深化社会治理创新。持续开展扫黑除恶专项斗争，严厉打击各类违法犯罪，深化平安鄂前旗建设。全面落实党的民族政策，积极创建全国民族团结进步示范旗。进一步提升国防动员能力，加快推进民兵编制体制改革，广泛开展爱国教育主题活动。狠抓公共安全监管，坚决防止重特大责任事故，筑牢鄂前旗安全生产防线。完善食品药品监管体系，确保群众饮食用药安全，营造安全放心的生活消费环境。加快信访制度改革，持续推进矛盾纠纷排查化解，维护群众合法权益，确保社会大局和谐稳定。

（六）坚持实干兴政，强化政府自身建设。重任千钧唯担当。我们要珍惜人民的信任，谨记肩负的使命，把牢政治方向、树牢“四个意识”，坚定“四个自信”，把既定的目标落实好、把作出的承诺兑现好，为人民提供优质高效服务。

*建设敢担善谋的政府。*坚持以人民为中心的发展思想，问政于民、问需于民，从群众最期盼的事情做起，从群众不满意的问题改起，甩开膀子、一往无前、勇开新局，做到与群众感情上“心连心”、工作上“面对面”、办事上“实打实”。牢固树立标杆意识，眼睛向外、脚步向下，用心想事、用智谋事、用力干事，做到高起点定位、高标准要求、高质量推进。

*建设敢做善成的政府。*增强争先意识、创新意识、责任意识、精品意识和团队意识，越是面对“硬骨头”和“拦路虎”，越要拿出破釜沉舟的决心和革故鼎新的实招，敢想敢抓，借势借力，把棘手的事干成功，把复杂的事干漂亮。完善干事创业激励机制、创新容错免责机制，全力破除“推诿扯皮、逃避执行”“不推不动、被动执行”等现象，让乡镇、部门更有信心、更有空间、更有动力推动发展，交出群众满意的答卷。

*建设敢为善治的政府。*强化依法决策、依法行政、公正执法，自觉接受人大依法监督、政协民主监督和监察监督、司法监督，主动接受社会监督，落实重大事项向人大报告和向政协通报制度，广泛听取各方面意见建议，提高议案和建议办理质量。将全面从严治党要求贯彻落实到政府自身建设各方面，自觉落实主体责任和一岗双责，以最严格的制度破除“潜规则”，以最坚决的态度纠“四风”。加强国有资产监管，严格控制和压缩政府一般性支出，把有限的资金和资源更多地用在改善民生、保障发展上。

名词解释

1.三个扎实：习近平总书记在参加十三届全国人大一次会议内蒙古代表团审议时强调，要锐意创新、埋头苦干，守望相助、团结奋斗，扎实推动经济高质量发展，扎实推进脱贫攻坚，扎实推进民族团结和边疆稳固，把祖国北部边疆这道风景线打造得更加亮丽。

2.三大攻坚战：是指防范化解重大风险、精准脱贫、污染防治三项攻坚任务。

3.“五方联动”产业脱贫模式：是我旗探索形成的符合旗情实际的产业脱贫模式，具体指通过企业带动、合作社带动、家庭牧场带动、党员示范带动、贫困群众自立发展，实现稳定脱贫。

4.油污泥废弃物闭环管理“五联单”制度：指天然气开采过程中产生的油污泥废弃物，从产生、贮存、运输到最终处置或综合利用，通过5份责任联单，实现各环节闭环管理的高标准管理制度。

5.高原冷菜：又叫错季蔬菜和反季节蔬菜，是指适宜在气候冷凉地区夏季生产的蔬菜，此类蔬菜具备病虫害少、营养丰富、品质好、产量高的优势。

6.“放管服”改革：是简政放权、放管结合、优化服务的简称，“放”即简政放权，降低准入门槛；“管”即公正监管，促进公平竞争；“服”即高效服务，营造便利环境。

7.一带一路：是“丝绸之路经济带”和“21世纪海上丝绸之路”的简称。旨在借用古代丝绸之路的历史符号，高举和平发展的旗帜，积极发展与沿线国家的经济合作伙伴关系，共同打造政治互信、经济融合、文化包容的利益共同体、命运共同体和责任共同体。

8.三个中心、三大基地：旗委九届十二次全会暨全旗经济工作会议正式提出，要加快建设“三个中心”、打造“三大基地”。具体指：建设鄂尔多斯西部煤炭储配交易中心、打造全国清洁能源输出基地，建设面向全国的优质农畜产品交易中心、打造内蒙古西部优质有机果蔬生产基地，建设内蒙古西部红色旅游集散中心、打造全国红色培训教育基地。

9.LNG：指液化天然气的英文(Liquefied Natural Gas)缩写。

10.区域公用品牌：指一个区域内相关机构、企业、个人等共同使用一个品牌，向社会提供商品或服务，以此来提高消费者对该区域形象和区域品牌的评价。

11.两不愁三保障：是国家“十三五”期间脱贫攻坚的目标，即到2020年稳定实现农村牧区贫困人口不愁吃、不愁穿，农村牧区贫困人口义务教育、基本医疗、住房安全有保障。

12.“六重”保障体系：指包含基本医保、大病保险、医疗救助、健康商业补充保险、医疗兜底、社会救助6个方面的健康扶贫保障体系。

13.边缘户：指收入水平略高于建档立卡贫困户的群体。

14.四好农村路：即把农村公路建好、管好、护好、运营好。

注：名词解释排序依据《政府工作报告》中该词出现的先后次序而排列。

特 辑

鄂托克前旗林业和草原局荣获“全国生态建设突出贡献先进集体”

国家林业和草原局公布的231家“全国生态建设突出贡献先进集体”中，鄂托克前旗林业和草原局光荣上榜。

鄂托克前旗地处蒙陕宁三省交界处的毛乌素沙地腹部，素有自治区“南大门”之称。境内土地总面积12180平方公里，总人口8万余人。上世纪，这里是“春天一场风，连秋刮到冬，十年逢九旱，人畜难生存”的生态环境艰苦地方，从而也成为国家生态建设重点区域。

取得的成效

数十年来，鄂托克前旗干部群众始终矢志不渝、初心不改，顽强地与恶劣的自然环境展开艰苦卓绝的斗争，取得了沙退“绿”进的骄人业绩，成功实现了由毛乌素沙地生态脆弱典型地区向自治区西南窗口生态绿色屏障的靓丽转身。鄂前旗以“三区”规划为指导，坚持绿色发展，以划区轮牧、禁牧、天然林保护、人工造林为抓手，全力投入生态建设，坚定不移实施京津风沙源治理、天然林保护、退耕还林、退牧还草、村村绿化、户种百树等一系列等重点生态工程和全民绿化行动。2000年以来，累计完成营造林任务268万亩，全旗森林覆盖率由2000年的7%提高到2019年的23.9%，基本形成了乔灌草、带网片相结合的东南部防护林体系和以原生植被恢复为主的西北部自然生态屏障，生态环境明显改善。鄂前旗林草局多次被旗委、政府和上级林业部门授予实绩考核突出奖及行业建设单项奖。20余名优秀的干部职工被评为市级以上造林种草先进工作者和先进个人，13名技术骨干和10余项技术成果荣获自治区级以上科技奖励。

主要做法

整体布局，分区治理。鄂前旗处于干旱半干旱荒漠草原地带，鄂前旗精心谋划以水为中心的造林种草大文章，绘就了“三区分划、突出重点、整体跟进”的生态建设蓝图。在禁止开发区对农牧民进行整体或部分搬迁转移的同时，采取以封为主，以造为辅，灌、草结合的措施，重点通过天然林保护飞播造林、封沙育林、退耕还林、退牧还草、防沙治沙工程，建设以柠条、杨柴等为主的西北部生态屏障，打造生态恢复区654万亩，转移生态恶化区农牧民3116户、10272人。优势发展区和限制发展区严格执行禁牧、休牧、划区轮牧和以草定畜政策，建设樟子松、沙柳、旱柳、柠条等为主的防护林体系438万亩。

产业同步，逆向拉动。积极探索实施产业拉动，促进资源增长、效益增加，从产业联动发展上促进生态进步。坚持用产业化的思路逆向拉动生态建设。依托舍饲畜牧业发展，深入开展柠条、杨柴等灌木资源加工利用技术研究和推广，建成一批生物质颗粒燃料厂、饲料厂，不仅拓宽了林草资源转化增值的长效路子，而且带动了柠条、杨紫、沙柳、旱柳、杨树等林沙产业基地建设，成功走出了一条以生态产业加工推动生态发展良性循环的新路子。围绕乡村振兴，支持农牧民发展经济林，推动林以“要绿”向“以绿促富”转变，着力构建“南部果树、西部葡萄、全域枣树”的经济林发展格局，2019年发展经济林面积2万亩，计划5年内达到10万亩。同步拉动建设一批加工、储存运输企业，形成新的产业集群，构筑全产业链，进一步拓宽广大农牧民增收新渠道。

机制调动，政策引领。在《鄂托

克前旗禁牧、休牧、划区轮牧实施办法》《鄂托克前旗生态建设奖励办法》的基础上，进一步明确“谁投资、谁治理、谁开发、谁受益”的生态建设政策。设立生态奖励基金，每年预算100万元对生态建设中有突出贡献的单位和个人进行奖励，极大地调动了社会各界参与生态建设的主动性和积极性。提出“千家万户种百树”等地方工程，创新实施“掏钱买活树”机制，涌现出一批以曹扎娃、冯治庭、米启旺、杭占海、乌力吉德力格尔为代表并受到国家和自治区奖励的造林大户。政策的正确引导，使广大人民群众成为生态建设的主力军，在扶贫攻坚中，按照生态扶贫的要求，通过成立26个扶贫造林专业合作社的形式，让贫困人口参与生态建设，不仅解决了贫困人口的基本生活保障，而且为他们提供了阶段性就业岗位，切实加快了脱贫攻坚步伐，得到新闻媒体的广泛宣传报道并被列为深化改革试点。引导社会资本的投入，完成蚂蚁森林造林4万亩和中日绿化交流基金造林0.5亩。

注重创新，科技支撑。鄂前旗一直注重技术应用和技术创新。在造林中，大力推广使用生根粉、保水剂、种子包衣，苗条截根去头等常规技术措施，总结应用前挡后拉、逐步推进的沙地治理技术，改进旱柳高杆造林方式，创新沙柳注水造林、柠条苗冷藏造林技术，引进滴灌系统，独创渗灌柠条密植。一系列新技术、新成果的应用有效地提高了造林成活率和保存率。在资源管理中，培养地理信息专门人才，购置设备组建林草数字信息中心，使用“3S”技术，通过无人机采集林草信息，构建起全国领先的林草资源数字信息系统，实现资源管理现代化。

加强监管，依法保护。“一分种植、九分管理”，管护就是“内涵性林业生产”。在不断加强森林公安、林草监督等执法力量的同时，在各镇设立护林护草大队，人数达200余人，建立起以林草局牵头、各镇和嘎查村参与配合的三级管护体系，明晰责任、考核监督，使全旗林草资源得到有效保护。在林业执法中，严厉打击涉林犯罪行为，从根本上遏制毁林毁草开垦的违法现象，至2018年，全旗共查处涉林案件121起，判决77人。2018年国家林草局启动森林资源督查后，借助这一契机，鄂前旗下定决心、未雨绸缪，开展全面自查整改，共调查图斑4626个，核实立案176起，判决8起8人，共恢复林地植被12.8万亩，收到良好的社会效应，成为林地整改的典型。

七十年风雨造绿，几代人勠力同心。新时代，新任务，新举措，鄂托克前旗林业和草原局全体干部职工和全旗干部群众一起，在习近平新时代生态文明建设思想指导下，不忘初心、牢记使命，以踏石留印、抓铁有痕的干劲，努力走好“生态优先、绿色发展”的新路子，以百倍的干劲推动新一轮生态建设更好、更快地发展，为建设内蒙古北疆生态屏障和亮丽的风景线交上一份满意的答卷。

鄂托克前旗民族职业高中
凸显职教特色　创办职教名校

鄂托克前旗民族职业高中创建于1987年，是一所集民族教育、专业技能教育、劳动就业培训于一体的综合性职业高中，也是集蒙汉双语教学的民族学校。沿袭少数民族文化的优良传统，形成独具特色的办学理念和办学模式。建校以来，学校以“立足当地、面向市场、服务社会，培养经济建设实用人才”为目标，全力打造精品特色专业，着力为当地培养一批高素质、专业技术强的初中级技能型人才。办学三十多年来，历届领导班子开拓进取，克服资金短缺、生源紧张等重重困难，通过不断凸显特色，强化专业建设，使办学规模不断扩大，现有在校生1300多名，在籍生3200多名。学校先后荣获自治区职业教育先进集体、自治区重点职业高中、自治区教育先进集体、全区中等职业学校德育工作先进集体、首批100个全国职业院校民族文化传承与创新示范点、全国职业教育先进集体、全国首批“1+X”证书制度试点院校、全国教育系统先进集体等称号。学校依托“一带一路”倡议和习近平总书记考察内蒙古讲话精神，加快现代职业教育制度改革步伐，探索出一条以精品专业设置围绕产业需求为支点，以打造民族手工艺制作等精品专业为突破口，以特色办学求发展，学研产联一体化的办学道路。通过校企联动、校校联办机制，多元化整合资源、共享资源，实现产教深度融合，走出一条依靠市场化运作的办学路子，为全旗经济社会发展注入新的活力。

主要做法

实施两联，通过校企联动、校校联办，形成市场化、专业化、集团化的办学机制。以民族工艺品、民族食品加工为主体专业，努力打造示范特色专业，通过实施校企联动，协同育人机制，引进敖包民族文化艺术品公司和玛拉沁食品加工厂、蒙根花民族服饰等12家企业，进驻旗民族职业高中实习实训区，为在籍学生和农牧民及社区居民拓宽专业实践空间，形成“有校有企、校企合一”的办学实体。通过“订单式”委培和“3+2”“2+3”“3+4”等分段式联合培养方式，既提高当地技能型人才学历层次，又有效解决企业的人才需求。

探索四融，通过市场化运作，校企合作，构建了“学、研、产、销”一体化融合办学模式。“学”，注重“双师型”教师培养和学员培训，在本校教师专业教学的基础上，邀请高职院校名师和企业一线高级技师来校讲学。“研”，将产品研发贯穿于教学和实习实训中，在沙雕、布雕、骨雕等专业教学中，创新研制模型和样品，总结提炼制作工艺流程，为学生课堂和社区手工艺作坊提供示例。“产”，将学生消耗性实训变为生产性、盈利性实训。学生实习实训时，企业将教学中研发的新产品，推向市场，组织学生订单生产或来料加工。“销”，在订单线下销售的基础上，企业与e游牧电子商务平台、那达慕农牧区电商平台达成合作协议，利用实体店铺的展示销售和线上平台推广、销售民族工艺品、各类民族食品。

主动开放，与蒙俄开展国际合作交流，提升办学层次。加强与蒙俄等国交流合作，先后与俄罗斯乌拉尔联邦大学和蒙古国国立大学、师范大学达成合作办学协议，开展合作交流活动，先后派出2名教师赴蒙古国国立师范大学进修博士学位，引进蒙古国知名教育专家开展服装设计、民族食品等研发教学、职业技能培训。开设蒙古国留学生教学班，教授商务汉语、民族手工艺制作等课程，74名蒙古国学生慕名到此学习，实现资源共建共享，促进职业教育共同发展。

主动作为，科学有序组织开展劳动力转移培训，社会效益凸显。劳动力转移培训主要开设有民族乐器制作、刺绣、汽车驾驶技术、装载机挖掘机操作、车内装饰、暖气工等30多个工种。学校先后培训全旗各类剩余劳动力14700多人次。

取得成效

办学机制进一步优化。通过校企联动、校校联办，进一步延伸“专业+产业”“教学+研发”“培养+就业”“基地+孵化”等办学链条，实现资源优化和功能整合，促进市场化、社会化、产业化及教育效益、经济效益、人才效益的最优化，形成“共建、共享、共赢、共长”的办学新机制。

办学水平进一步提升。依托校企联动、校校联办，以“工学结合”和市场化运作为导向，优化专业设置，深化产教融合，形成“学、研、产、销”一体化职业教育办学模式，切实提升办学水平。

传统民族文化得到进一步保护、传承、发扬。依托当地传统民族文化，开设民族服饰、民族饰品、民族食品、民族手工艺、民族乐器等民族特色专业，将“授业”与“育人”有效结合，推动民族文化融入到职业教育的全过程，进一步培养本土民族文化专业人才，使民族文化在传承中得到保护，在保护中得到创新发展。学校推行校企合作、校校联办，走市场化运作办学道路，实现职业教育资源共享，优势互补，互利共赢的有效探索，对职业教育的改革和发展具有积极推动作用，为建设地方经济提供坚实的专业人才保障。

大事记

1月

12日　“中国·鄂托克前旗第四届圣火文化节暨冰雪那达慕”在大沙头生态文化旅游区开幕。

鄂托克前旗首届残疾人春晚在敖镇涛龙宫倾情演绎。

14日　鄂托克前旗融媒体中心评为“自治区旗县级融媒体中心建设先进单位”。

17日　中共鄂托克前旗委九届十二次全会暨全旗经济工作会议召开，提出建设“三个中心”打造“三大基地”高质量发展目标。

22—23日　鄂托克前旗人民代表大会第十届委员会第三次会议召开。

鄂托克前旗政协第十届委员会第三次会议召开。

24日　鄂托克前旗大学生春晚在敖镇涛龙宫演出。

28日　鄂托克前旗游客集散中心启动运行。

29日　鄂托克前旗新年音乐会在敖镇涛龙宫举行。

鄂托克前旗青少年科技创新作品在全自治区第34届青少年科技创新大赛中荣获1金7银。

艾基木儿童合唱团2019年新专辑新闻发布会暨新年音乐会在敖镇涛龙宫举行。

30日　鄂托克前旗启动烈属、军属、退役军人等家庭悬挂“光荣牌”仪式。

鄂托克前旗少儿春晚在敖镇涛龙宫上演。

31日　鄂托克前旗农牧民春晚在敖镇涛龙宫倾情上演。

鄂托克前旗政务服务局、卫生健康委员会、林业和草原局等17家行政机构改革单位相继挂牌成立。

2月

19日　鄂托克前旗《欢乐闹元宵》晚会在敖镇涛龙宫举行。

3月

1日　鄂托克前旗巾帼英才创新创业基地荣获“全国巾帼文明岗”荣誉称号。

6日　“2019鄂尔多斯首届文化旅游产品设计大赛”在鄂托克前旗敖镇成功举办。赛事由鄂尔多斯市委宣传部、市贸促会、市民族事务委员会、市文化和旅游局、市文旅集团和鄂托克前旗人民政府主办。

8日　鄂托克前旗长城5号、6号煤矿获得国家能源局核准。

18日　鄂托克前旗长城1号煤矿改扩建工程获得国家能源局核准。

4月

3日　鄂托克前旗文学艺术界联合会成立音乐家协会和舞蹈家协会。

21日　鄂托克前旗蒙古族希望实验小学艾基木儿童合唱团声乐节目参加全国第六届中小学生艺术展演活动，获得小学组“一等奖”，旗教育体育局被教育部评选为“优秀组织奖”。

23日　庆祝新中国成立70周年“4·23”世界读书日暨鄂托克前旗首届“马兰花读书节”全民阅读推广活动在敖镇马兰花广场启动。

鄂托克前旗“护苗·绿书签行动”在敖勒召其海军希望小学启动。

26日　鄂尔多斯市“追寻红色印迹、传承革命精神”研学活动启动仪式在鄂托克前旗城川镇青少年研学实践教育基地举行。

鄂尔多斯市“追寻红色印迹、传承革命精神”研学活动启动仪式在鄂托克前旗城川镇红色教育基地举行。

鄂托克前旗通用机场成功试飞，标志着鄂尔多斯市首个县级通用机场建成并具备航运条件。

鄂托克前旗“i前旗”智慧平台和乡村振兴战略智慧平台正式上线运行。

5月

6日　鄂托克前旗“医养结合”创新创业基地、残疾人康复中心、阿吉泰蒙医医院揭牌仪式在阿吉泰健康养生园举行。

7日　鄂托克前旗巴愣煤矿获得国家能源局核准。

7—8日　内蒙古军区政委王炳跃到鄂托克前旗调研。

10日　鄂托克前旗纪念“5·12国际护士节”暨第26个“国际家庭日”表彰大会在敖镇涛龙宫举行。表彰奖励全旗优秀护士10名、“健康家庭·幸福家庭”示范户20户。

12日　鄂托克前旗艾基木儿童合唱团受邀参加央视戏曲和音乐频道《民歌·中国》栏目组合唱歌曲录制。

21—22日　鄂托克前旗“恒鑫杯”首届非公经济运动会在敖勒召

其镇举办。

24日　鄂托克前旗第十届“我创造·我快乐”青少年科技创新大赛开幕。

27日　鄂托克前旗民间艺术团体乌仁堂乃艺术协会舞蹈《顶碗舞》参加厦门全国优秀节目评选大赛荣获金奖。

6月

3日　鄂尔多斯市委书记牛俊雁深入鄂托克前旗调研。

4日　内蒙古自治区首家投资项目“鄂托克前旗‘一站式’服务中心”成立运行，涉及投资项目审批的13个部门、71个事项全部进驻到位。

鄂尔多斯市委副书记、市长斯琴毕力格一行深入鄂托克前旗调研农牧业产业化发展情况。

5—6日　鄂尔多斯市委副书记、市长斯琴毕力格一行深入鄂托克前旗调研乡村振兴和重大项目建设等工作。

6日　鄂托克前旗2019年上半年重点项目集中开工仪式在上海庙经济开发区举行。集中启动建设涉及能源经济、乡村振兴、红色旅游、基础设施、公共服务等领域项目19个、总投资108亿元。市委副书记、市长斯琴毕力格宣布项目开工。

10日　鄂托克前旗政法委、公安局自主研发的“智慧网格警务助手”APP评为全国政法智能化建设优秀创新案例。

14日　“鄂托克前旗羊肉”地理标志证明商标成功注册。

18日　鄂托克前旗民族职业高中被教育部评为“全国首批1+X证书制度试点院校”，在老年照护专业开展试点工作。

22日　鄂托克前旗民族职业高中参加鄂尔多斯市第十六届“腾格尔－蒙古人”杯中学生技能大赛暨蒙古族中学传统体育艺术比赛，获得高中体育竞赛团体二等奖。

26日　鄂托克前旗民族职业中学参加自治区“主席杯”校园足球中职中专女子足球比赛获得第五名。

7月

1日　鄂托克前旗长城3号煤矿获得国家能源局核准。

3日　鄂托克前旗民间艺术团体巴彦浩来艺术团赴香港参加“盛世夕阳红”庆祝新中国成立70周年文艺盛典荣获金奖。

5日　中华人民共和国第十四届冬季运动会火炬传递鄂尔多斯站启动仪式在城川民族团结广场举行。

“鄂尔多斯市中小学生研学实践教育基地”揭牌仪式在鄂托克前旗城川镇举行。

6日　鄂托克前旗国家卫生县城和上海庙镇国家卫生镇通过国家卫生县城（乡镇）复审组复审。

内蒙古自治区党委副书记、政法委书记林少春到鄂托克前旗调研扫黑除恶、基层社会治理工作。

9日　鄂托克前旗蒙古族中学与内蒙古师范大学附属中学签订蒙授合作办学协议，旗蒙中正式成为内师大附中“联盟校”。

鄂托克前旗民间艺术团体鄂尔多斯之韵合唱团受邀参加2019“丝绸之路”国际汽车拉力赛俄罗斯赛段终点暨“草原的旋律”国际民族文化节并荣获突出贡献奖。

10—12日　全市第三届义务教育阶段蒙古语授课中小学生蒙古文正字大赛在鄂托克前旗举办。

12日　“阿木塔”文化旅游美食节在鄂托克前旗民族文化博览园开幕。

18日　鄂托克前旗通用机场举行首航仪式。鄂尔多斯市委副书记、市长斯琴毕力格宣布机场正式通航。

21日　鄂托克前旗青年音乐人呼戈创作、艾基木儿童合唱团演绎的歌曲《唱吧、跳吧》荣获自治区第十四届精神文明建设“五个一”工程奖。

23日　鄂托克前旗人民法院白文斌书画作品荣获“2019第十三届全国书画家‘书画名人杯’书画大赛”金奖。

24日　中国疾控中心鼠布基地副主任邵奎东一行到鄂托克前旗调研鼠疫防控工作并召开座谈会。

30日　庆中华人民共和国成立70周年全旗大型合唱比赛在敖镇马兰花广场举办。

鄂托克前旗承办全自治区深化警保合作推进农村牧区“两站两员”建设现场会。

8月

6—7日　内蒙古自治区人大常委会副主任廉素率驻区部分全国人大代表深入鄂托克前旗就现代能源经济、红色培训教育等方面进行专题调研。

8日　中国延安精神研究会副会长兼秘书长苏希胜，中国延安精神研究会副秘书长王海珠一行来鄂托克前旗调研。

2019年“可汗苏力迪乳业杯”

全国青少年手球训练营暨全国业余体校和后备人才基地手球锦标赛及沙滩手球锦标赛开幕式在鄂托克前旗乒羽馆举行。

12日 内蒙古自治区党委副书记、人民政府主席布小林实地考察鄂托克前旗红色研学产业发展情况。强调指出，要科学规划、因地制宜布局拓展项目，丰富教学功能，更好地发挥红色教育基地的示范功能和辐射作用，进一步推动红色文化与旅游产业融合发展。

13日 全市基层社会治理暨人民调解工作现场观摩会在鄂托克前旗召开。内蒙古自治区党委副书记、政法委书记林少春出席指导观摩会。

14日 鄂尔多斯市委副书记、政法委书记于新芳到鄂托克前旗调研市级乡村振兴示范嘎查村建设、村户厕改造、无定河流域综合治理和扫黑除恶等情况。

20—21日 全市政协系统第五届职工运动会在鄂托克前旗举办。

20日 内蒙古自治区人大常委会副主任吴团英一行到鄂托克前旗就革命遗址遗迹保护条例进行立法调研。

鄂托克前旗举办庆祝第二个中国医师节暨优秀医师、最美乡村医生表彰大会。会议表彰全旗优秀医生26名、最美乡村医生9名。

鄂托克前旗举办居民电子健康卡发放启动仪式。标志着旗卫生健康“互联网＋医疗健康”信息化建设迈上新的台阶。

21日 鄂尔多斯市政协党组书记、主席王建国一行到鄂托克前旗就“转变畜牧业经营方式，加强草原生态保护”开展专题调研。

28日 鄂托克前旗民族职业高中被内蒙古自治区教育厅确定为“自治区第三批中小学知识产权教育试点学校”。

29日 中共鄂托克前旗委统战部荣获“2019年度中国统一战线宣传工作先进单位”荣誉称号，并作为自治区代表在交流会上作发言。

31日 鄂托克前旗成功举办八省区首届《阿拉腾嘎达苏》杯蒙文原创诗歌大奖赛暨诗歌那达慕。

9月

1日 鄂托克前旗第三幼儿园投用。

2日 自治区级鄂尔多斯蒙古刺绣传承人姚凤琴作为内蒙古自治区代表之一赴蒙古国参加“感知中国·蒙古行”纪念中蒙建交70周年系列文化活动。

5日 鄂托克前旗林业和草原局被国家林业和草原局授予“全国生态建设突出贡献先进集体”荣誉称号。

6日 鄂托克前旗华星煤制气项目环评报告获得生态环境部批复。

8日 鄂托克前旗通过全国基层中医药工作先进单位复审专家组复审。

9日 全旗教育大会暨庆祝第35个教师节表彰大会召开。

12日 鄂托克前旗监察委员会第一届特约监察员聘请会召开，一批聘请特约监察员6名。

15日 鄂托克前旗民族职业高中被教育部、人力资源和社会保障部评为全国教育系统先进集体。

17日 全自治区红色旅游创新发展现场会在鄂托克前旗召开。

全市“全国科普日”启动仪式在鄂托克前旗敖镇举行。科普日开展科普宣传、科技创新作品展示、无人机演示、专家义诊、农牧业实用技术讲座等活动。

18日 博盟“百家旅行社走进鄂前旗”旅游推介会在鄂托克前旗举行，来自全国32个省区市的150家企业代表参加。

19日 鄂托克前旗“2019中国农民丰收节暨那达慕”在城川镇巴彦希泊尔草原召开，同时举行2019农商洽谈会暨鄂尔多斯高原冷菜发售仪式。

21日 鄂托克前旗庆祝中华人民共和国成立70周年主题演讲比赛在敖镇涛龙宫举办。

24日 昂素镇哈日根图嘎查牧民斯仁塔日娃被国务院授予“全国民族团结进步模范个人”荣誉称号。

上海庙矿业公司科研团队获得中国创新创业大赛内蒙古赛区三等奖。

28日 《高压输水水锤防护分析》《煤炭疏干水综合利用探究》和《牧区分散式饮水工程管理方式调查分析》《“井电双控装置”在牧区节水灌溉中的应用》4个研究课题分别荣获国家科技成果一等奖和国家科技进步一等奖。

30日 庆祝中华人民共和国成立70周年升国旗仪式在敖镇马兰花广场隆重举行。全旗5000多名社会各界代表相聚马兰花广场，齐声《歌唱祖国》，祝福伟大祖国繁荣昌盛。

10 月

1 日　庆祝中华人民共和国成立 70 周年国庆节专场晚会在敖镇涛龙宫隆重上演。

14 日　内蒙古农业大学与鄂托克前旗共建来华留学生“感知内蒙古”实践实习基地揭牌和签约仪式在旗大数据中心举行。

鄂托克前旗融媒体中心成为内蒙古自治区旗县级媒体融合发展联席会议成员单位。

16 日　第三届全国研学旅行户外教育培训暨交流研讨活动开幕式在鄂托克前旗举行。

29 日　鄂托克前旗水洞沟旅游景区启动运营。

11 月

6 日　内蒙古大学法学院基层法学教育实践基地在鄂托克前旗人民法院挂牌成立。

8 日　鄂托克前旗被内蒙古自治区网信办、发改委、工信厅、大数据发展管理局选为“自治区数字乡村试点旗”。

全国畜牧总站纪委书记聂善明一行到鄂托克前旗督查农牧民补助奖励政策落实情况，并召开座谈会。

12 日　鄂托克前旗艾基木儿童合唱团受邀参加中央电视台《赞歌》栏目组合唱歌曲录制。

17 日　内蒙古自治区党委副书记、政法委书记林少春在鄂托克前旗城川民族干部学院、上海庙盛鲁电厂调研。

19 日　国家鼠布基地办公室主任段天一、主任医师王忠惠等专家组一行，在上海庙镇实地查看国家级鼠疫监测点鄂尔多斯鼠疫监测与应急培训基地、公乌素嘎查草原鼠害防治情况。

25 日　内蒙古自治区政协主席李秀领到鄂托克前旗调研。

正蓝旗政协党组书记、主席斯琴一行来鄂托克前旗考察学习农牧业、红色文化、医疗卫生等建设发展情况。

26 日　鄂托克前旗召开法学会成立大会暨第一次会员代表大会。

鄂托克前旗首届民族文化产业高质量发展暨中小微企业家成长论坛在敖镇召开。

29 日　城川红色教育培训基地入选内蒙古第四批自治区级国防教育基地。

12 月

1 日　鄂托克前旗民族职业高中获得第十六届全国高中信息技术与教学融合创新大赛活动优秀组织奖。

2 日　城川红色教育培训基地入选内蒙古自治区党委组织部干部党性教育基地备案目录。

3 日　内蒙古自治区精神文明建设委员会印发《关于深化拓展新时代文明实践中心试点工作的实施方案》，确定鄂托克前旗为自治区级新时代文明实践中心建设试点旗县。

4 日　全市智慧党建工作现场会在鄂托克前旗召开。

6-7 日　鄂托克前旗乌兰牧骑编创的反映延安民族学院在城川办学期间各民族同胞团结友爱、积极进取的大型红色音乐剧《石榴红了》在北京人民大会堂隆重演出。

10 日　鄂尔多斯市纪检监察工作现场推进会在鄂托克前旗召开。

12 日　鄂托克前旗多元矛盾纠纷人民调解委员会荣获鄂尔多斯市“十大人民调解先进集体”。

17 日　“鄂托克前旗辣椒”入选全国名特优新农产品名录。

24 日　“鄂托克前旗牛羊肉”地标产品被评定为第四届中国农业(博鳌)论坛指定用品。

25 日　鄂托克前旗城川镇巴彦希里嘎查被国家林业和草原局评定为国家森林乡村。

27 日　敖勒召其镇巴音社区在全国创建综合减灾示范社区活动中被国家减灾委员会、应急管理部、中国气象局、中国地震局授予“2019 年度全国综合减灾示范社区”荣誉称号。

29 日　鄂托克前旗在全国第五届加强和创新社会治理成果交流会上官宣为“2019 社会治理创新典范县”，“泰稳和德”社会治理模式成功入选全国第五届加强和创新社会治理成果交流案例，旗政法委被评为优秀单位。

30 日　国家能源上海庙电厂获得内蒙古自治区能源局核准。

31 日　鄂托克前旗城川镇大沟湾村被国家林业和草原局评定为国家森林乡村。

旗情概况

区划建制

【行政区划与人口】 鄂托克前旗隶属内蒙古自治区鄂尔多斯市管辖，旗府驻地敖勒召其镇。至2019年，旗辖鄂尔多斯市上海庙经济开发区1个自治区级重点开发区和敖勒召其镇、上海庙镇、城川镇、昂素镇4个镇，镇辖68个嘎查村和16个社区。土地总面积12220.87平方千米。户籍总人口81386人，其中城镇人口24266人、占29.82%，农村人口57120人、占70.18%；男性占50.26%、女性占49.74%；少数民族人口占29.79%；人口自然增长率2.77‰。常住人口72700人，城镇化率62.21%。

【建制沿革】 “鄂托克”系蒙古语，汉意“营”或“部”，是元、明两代蒙古“万户”下设的行政建制，称千户。17世纪中叶，清朝政府以拥有军事权力的“和硕”(旗)取代了“鄂托克”，称鄂尔多斯右翼中旗，但“鄂托克”的俗称被保留下来。中华人民共和国成立后正式成为行政区划名称。鄂托克前旗属鄂托克旗南境，于1980年8月12日经国务院批准，从鄂托克旗分设成立，旗府所在地为敖勒召其镇。

据考古考证及文献记载，鄂托克前旗地区早在旧石器时代就有人类活动，旗南境城川镇的莎拉乌苏河流域就是古“河套人”的发祥地，并在这里繁衍生息。新石器时代，旗境内古人类活动遗址分布较广，各

表1 全旗行政区划面积情况表

全旗地区	辖区面积（平方千米）	社区（个）	嘎查村（个）	嘎查村、社区名称
总计	12220.87	16	68	
敖勒召其镇	1604.87	7	12	嘎查村：敖勒召其嘎查、塔班陶勒盖嘎查、乌兰道崩嘎查、伊克乌素嘎查、查干巴拉嘎苏嘎查、巴郎庙村、大沙头村、洪山塘村、马场井村、漫水塘村、三道泉子村、三段地村 社区：乌兰社区、春苑社区、育才社区、巴音社区、赛罕社区、满都拉社区、三段地社区
城川镇	2430.81	3	29	嘎查村：城川嘎查、阿日勒嘎查、巴彦希里嘎查、敦达图嘎查、哈日色日嘎查、呼和陶勒盖嘎查、克泊日嘎查、克珠日嘎查、糜地梁嘎查、乌定布泊日嘎查、希里嘎查、新寨子嘎查、伊克柴达木嘎查、珠拉图嘎查、巴彦布泊日嘎查、呼芦素淖日村、马鞍桥村、大场子村、大池村、大发村、大沟湾村、二道川村、高潮畔村、黄海子村、克珠日村、麻黄套村、苏坝海子村、羊场壕村、章昂希里村 社区：城川社区、珠和社区、二道川社区
上海庙镇	3892.32	3	11	嘎查村：拜图嘎查、哈沙图嘎查、陶利嘎查、乌提嘎查、芒哈图嘎查、公乌素嘎查、特布德嘎查、阿勒台嘎查、八一村、沙章图村、水泉子村 社区：布拉格社区、上海庙社区、长城花园社区
昂素镇	4292.87	3	16	嘎查村：阿日赖嘎查、昂素嘎查、巴彦柴达木嘎查、巴彦呼日呼嘎查、巴彦乌素嘎查、巴彦乌珠日嘎查、巴彦希里嘎查、哈日根图嘎查、克仁格图嘎查、囫囵嘎查、玛拉迪嘎查、毛盖图嘎查、明盖嘎查、沙日胡舒嘎查、苏力迪嘎查、乌兰胡舒嘎查 社区：昂素社区、毛盖图社区、玛拉迪社区

镇均有发现，主要有布拉格巴彦查干遗址、二道川林场南沙遗址、二道川敖包梁遗址、珠和巴音希里保日陶勒亥遗址等。

夏商时期，旗地多数时期为戎狄部落居地，期间先后有荤粥、鬼方、羌方、熏育、猃狁等匈奴先祖在此游牧。旗境内四大盐湖出产的食盐时称“戎盐”。

西周时期，中原为防止北方猃狁部族入侵，在河套设立朔方，周宣王曾派南仲驻兵朔方，旗地属朔方境。东周至春秋时期朐衍戎族依托旗境南部盐湖游牧于此。

战国时期，林胡、楼烦等部族移居此地并融入新崛起的匈奴。此后在很长的历史时期内，旗地成为匈奴民族重要的活动地区。

秦置北地郡，朐衍戎之地（旗地大部）为北地郡“朐衍县”辖制。

汉袭秦制。旗地西南部属北地郡“朐衍县”；东南部为上郡“奢延县”辖区，城川镇的萨拉乌苏河时称“奢延水”、东西向滩地是汉代古“奢延泽”；北部为朔方郡管辖。东汉建武二十六年（50 年）后，南匈奴等部众入居河套，旗地逐渐成为匈奴、鲜卑的领地。

五胡十六国旗地先后被纳入后赵、前秦和后秦国的范围。

东晋时南匈奴贵族赫连勃勃建立大夏国（国都为夏州统万城，今陕西靖边县城北白城子），旗地隶属大夏国夏州。南北朝时期北魏灭大夏国，旗地分属西安州大兴郡和夏州阐熙郡（城川）辖区，在阐熙郡置长泽县。

隋炀帝大业元年至三年（605—607 年）改郡为州，原设在长泽县的阐熙郡和下辖的山鹿、新冈二县全部并入长泽县（城川）归夏州管辖，其他区域地区分属灵州、盐州管辖。并在旗南境修筑隋长城。

唐初旗地分属灵州、夏州和盐州管辖，均属关内道。唐调露元年（679 年）为安置内附突厥人在旗境内设鲁、丽、含、塞、依、契六州安置突厥部落中的昭武九姓粟特人，时称“六胡州”，后并为匡、长二州。唐中宗神龙三年（707 年）在盐州白池县（今二道川北大池古城）北八十里的灵州辖境内置兰池都护府（今敖勒召其镇辖区古城之一）。唐开元九年（721 年），兰池都督康待宾反叛，史称“康待宾之乱”。昭武九姓粟特人的三州（匡、长、兰池）复分为鲁、丽、契、塞四州。

唐开元二十六年（738 年）置宥州（今敖勒召其镇查干巴拉嘎苏城址），辖延恩、归仁、怀德三县。唐天宝元年（742 年），将宥州寄置于经略军（今鄂托克旗境内），原宥州改名宁朔郡。唐至德二年（757 年），宁朔郡改为怀德郡都督府，唐乾元元年（758 年）又改回宥州之名。宝应二年后（763 年）宥州废。

唐元和十五年（820 年），为管理党项游牧部落建置新“宥州”，并将在经略军复置的新宥州移置夏州的长泽县（今城川城址），下辖延恩、长泽二县。唐末黄巢起义攻克长安，至半年，宥州（一说夏州，治所统万城）刺史党项首领拓跋思恭（李思恭，姓为唐赐）带领党项人兵临城下击败起义军，党项人用生命报答大唐，唐僖宗赐拓跋思恭为“定难军节度使”，统辖北疆四州（宥州、夏州、银州、绥州），旗地属之。五代十国时期，党项族拓拔思恭后裔历任定难军节度使，旗地分属定难节度使和灵盐节度使。

北宋宝元元年（1038 年），党项族李元昊（改姓嵬名）建立大白高国，史称西夏，在旗境城川城设宥州嘉宁监军司，成为西夏时期丝绸之路进入西夏的“国信驿路”终点站。西夏建 22 州，旗地分属夏州、宥州、盐州、怀州、定州所辖。

南宋宝庆三年（1227 年），蒙古灭西夏（蒙古人时称“唐古特”），党项族灭亡，西夏国宥州嘉宁司城川城址被焚毁，旗地成为蒙古汗国领地。元代，除旗境西部划属甘肃行省宁夏府路外，余为察罕脑尔皇室封地。

明洪武六年（1376 年）旗地分属宁夏卫和东胜卫，隶属陕西行都司。明天顺六年（1462 年）蒙古部落入居鄂尔多斯，明弘治十三年（1500 年）巴图孟克达延汗恢复万户组织，旗地属右翼三万户济农巴尔斯博罗特所辖鄂尔多斯万户之地，后直属巴尔斯博罗特之孙拜桑固尔及其后裔的领地。

清顺治六年（1649 年）清廷蒙古鄂尔多斯万户分为 6 个札萨克旗，置伊克昭盟。原拜桑固尔诺延及后裔所据克扣特、锡布沁、乌喇特、唐古特等部落组成鄂尔多斯右翼中旗（今鄂托克旗和鄂托克前旗），下设 15 哈喇（参领区）83 个苏木（佐领）。

民国仍实行盟旗制度，称鄂尔多斯右翼中旗。

1949 年 8 月 23 日，鄂托克旗和平解放，9 月 7 日成立临时自治政府，1950 年 2 月成立鄂托克旗人民政府。

1980 年 8 月 12 日，经国务院批准，鄂托克前旗从鄂托克旗分设。

（于国强　史卫东）

自然地理

【地理】 鄂托克前旗位于内蒙古自治区西南部，北纬 37°44′～38°44′、东经 106°26′～108°26′之间，地处鄂尔多斯盆地西缘、毛乌素沙地腹地。位于内蒙古、陕西、宁夏三省区交界，北与鄂托克旗相依，东与乌审旗相邻，南与陕西定边、靖边两县及宁夏盐池县毗连，西与宁夏灵武、陶乐县接壤。东西长 156 千米，南北宽 80 千米，面积 12220.87 平方千米。

旗全境属荒漠草原地带，主要由毛乌素沙地和鄂尔多斯梁地两大地貌构成。地势从布拉格到三段地呈南北脊型，分别沿东南—西北倾斜，海拔最高点在布拉格与三段地交界处达 1564 米，最低点在与宁夏陶乐县交界处为 1160 米，境内海拔一般在 1300～1400 米之间。地貌类型分梁、滩、沙 3 种，梁地占全旗总面积的 31.64%，主要分布在西北部，地下水埋藏较深，多数地区在 50 米以下，个别地区超过 70 米；滩地、沙地分别占全旗总面积的 7.94%和 60.42%，主要分布在东南部毛乌素沙地腹地，地下水位 2～3 米。东南流沙呈西北—东南条带状并与滩地相间分布。（自然资源局）

【水文】 鄂托克前旗平均水资源总量 24732 万立方米（地表水与地下水之间重复计算量 553 万立方米），其中地下水水资源量 21607 万立方米，地表水资源量 3125 万立方米。水资源可利用总量 14302 万立方米（可利用量重复计算 35 万立方米），其中地下水资源可利用量 13579 万立方米，地表水资源可利用量 723 万立方米。

地下水　鄂前旗境内地下水主要为第四系上更新统冲积湖积层萨拉乌苏组孔隙潜水、第三系渐新统砂岩裂隙孔隙水和白垩系下统志丹群砂岩裂隙孔隙水。

第四系上更新统冲积湖积层萨拉乌苏组潜水含水层（$Q3S^{al+l}$）分布于城川、珠和、二道川等地。岩性下部为黄褐色砂砾石层及细至粗砂层，上部为土黄灰褐灰绿色中细砂、粉细砂。厚度 40～60 米，ZK141 号钻孔揭露该层最厚为 125.85 米。水位埋深小于 10 米，一般为 2～5 米，矿化度 0.5 克／升左右，降深 5 米的单井涌水量为 20～1400 立方米／日，一般为 600 立方米／日。

第三系渐新统砂岩裂隙孔隙潜水承压水含水岩组（E3）分布在上海庙、陶利、公乌素等地。岩性下部为棕红色、土黄色砂砾岩，上部为棕红色砂岩、粉砂岩及泥岩。厚度 60～300 米，由北往南、由东往西逐渐增厚。潜水不连续，水位埋深 9～17 米，单井涌水量为 160～630 立方米／日，矿化度 1.48～3.0 克／升。承压水水位埋深 32～+19.85 米，单井涌水量 50～760 立方米／日，矿化度为 1.65～4.61 克／升。

白垩系下统志丹群碎屑岩裂隙孔隙潜水承压水含水岩组第六岩段（k1zh6）分布在陶利、公乌素等地。岩性下部为黄灰色、青灰色、棕紫红色细砂岩与泥岩，上部为棕红色、灰绿色钙质细砂岩、粉砂岩、泥岩组成的韵律层。厚度 150～300 米，由北往南逐渐变薄。表层潜水水量微弱，单井涌水量 10～20 立方米／日。承压水水位埋深 88.62～+26.32 米，矿化度 1～2 克／升，单井涌水量一般为 360～600 立方米／日。

第五岩段（$k1zh^5$）分布在毛盖图、伊克乌素、乌堤、大池等地。岩性下部为紫红、砖红色细至中砂岩、砂质泥岩、粉砂岩组成的韵律层，上部为灰绿色、黄褐色含砾砂岩、粗中砂岩、粉砂岩组成的韵律层，多为钙质胶结，特别坚硬，地表风化后形成岛状山及假喀斯特地形。潜水水量贫弱，水位埋深 4～50 米，单井涌水量 3～25.6 立方米／日，矿化度小于 1 克／升。承压水水位埋深 109.16～+3.19 米，单井涌水量 242.6 立方米／日，矿化度小于 1 克／升。由北往南粒度变细，厚度减小，富水性相应减弱。

第三、四岩段（$k1zh^{3+4}$）含水岩组是区内最重要的承压水含水岩组，分布面积大，水量丰富，水质良好。岩性下部以棕红色、浅红色钙质长石砂岩为主，上部为青灰色、黄绿色长石砂岩、长石石英砂岩组成的粒度韵律层。普遍含潜水，水位埋深 1.28～40 米，单井涌水量一般为 20～400 立方米／日，个别可达 1104 立方米／日，矿化度小于 1 克／升。承压水水位埋深 157.68～

+14.62 米，一般多为 1.5～40 米，单位涌水量为 8.6～500 立方米 / 日，降深 25m8″口径的单井涌水量为 261.3～14280 立方米 / 日，矿化度小于 1 克 / 升。

地表水 鄂前旗境内共有河流 13 条，总长度 342.87 千米，流域面积 34755 平方千米，其中黄河流域 6 条，一级支流 5 条，二级支流 1 条，鄂尔多斯闭流区主沟 7 条；常年有水的河流 2 条，分别是西部的水洞沟和东部的无定河（萨拉乌素河），其余全部是季节性河流。水域面积在 0.5 平方千米以上湖泊 6 个，水面面积约 8.74 平方千米。常年有水的 2 条河流分别为东部的无定河（萨拉乌素河）发源于陕西省定边县白于山北麓，迂回流经鄂前旗城川镇大沟湾村后进入乌审旗境内，鄂前旗旗境内河段长 12.15 千米，流域面积 1634 平方千米，多年平均径流量 1602.5 万立方米。正常流量 0.4 立方米 / 秒，为清水河流，河道深切弯曲，切深 40～60 米。河段内建有小（一）型水库（大沟湾水库）1 座，总库容 784 万立方米，有效库容 481.2 万立方米，最大泄洪流量 21.3 立方米 / 秒。西部的水洞沟发源于宁夏自治区灵武市与盐池县的交界处（宝塔），流经上海庙镇沙章图村，鄂前旗境内河段长 69 千米，流域面积 970 平方千米，多年平均径流量 62.94 万立方米。正常流量 0.017 立方米 / 秒，常有断流出现。

（水利局）

【气候】 鄂托克前旗属于中温带温暖型干旱、半干旱大陆性气候，其主要特点是干旱、风多、日照长、辐射强、冬寒长、春暖快、夏热短、秋凉早。

气温 2019 年，平均气温 9.0℃，较历年偏高 1.1℃，年最高气温 34.6℃，出现在 8 月 15 日，最低气温零下 22.8℃，出现在 1 月 1 日。2019 年终霜冻出现在 5 月 20 日，较常年相比推迟约 22 天，初霜冻出现在 10 月 8 日，较常年偏晚 16 天，年无霜期 140 天。年最大冻土深度为 109 厘米；年日照总时数 2986.5 小时，年日照百分率为 67%。

降水 全旗各地年总降水量在 189.6 毫米至 339.8 毫米之间，敖镇降水量为 321.4 毫米，较历年（254.3 毫米）偏多 26%（67.1 毫米）。生长季（4—9 月）降水量在 162.4 至 301.6 毫米之间，其中敖镇降水量为 289.8 毫米，较历年同期（223.5 毫米）偏多 66.3 毫米。最长连续无降水日数 88 天，出现在 2018 年 11 月 4 日到 2019 年 1 月 30 日，最长连续降水日数 6 天，出现在 8 月 2 日到 7 日，一日最大降水量为 46.8 毫米，出现在 8 月 3 日；年平均相对湿度 49%。

风霾 年平均风速 2.1 米 / 秒，年最多风向为西风；全年出现大风 6 次，较历年偏少 10.7 次；扬沙 22 次、浮尘 3 次、雾 16 次、霾 5 次。

表 2　　2019 年全旗气象情况表

指标名称	单位	数量	指标名称	单位	数量
全旗气候			年平均风速	米 / 秒	2.2
年平均气温	℃	9.0	全年最大风速	米 / 秒	11.5
全年最高气温	℃	34.6	全年大风日数	天	6
全年最低气温	℃	-22.8	**分地区降水量**		
相对湿度	%	49	敖勒召其镇	毫米	321.4
降水量	毫米	321.4	三段地	毫米	254.9
全年下雨日数	天	88	上海庙	毫米	189.6
全年下雪日数	天	11	布拉格	毫米	220.4
全年积雪日数	天	7	城川镇	毫米	339.8
全年结冰日数	天	157	珠和	毫米	295.8
扬沙日数	天	22	二道川	毫米	288.7
无霜日数	天	179	昂素镇	毫米	324.7
霜日数	天	65	毛盖图	毫米	291.2

（气象局）

生态环境

【概况】 至2019年，全旗土地总面积为122.2万公顷，其中耕地、园地、林地、草地等生态植被面积102.7万公顷，占土地总面积的84.08%；全旗累计植树造林21.2万公顷，森林总面积29.2万公顷，森林覆盖率23.91%。城镇建成区绿地面积313公顷，绿地率37.53%，绿化覆盖率42.09%，人均公园绿地面积23.89平方米。

【自然保护区】 自治区级自然保护区西鄂尔多斯毛盖图藏锦鸡儿自然保护区位于鄂托克前旗上海庙镇布拉格和昂素镇毛盖图境内，设立于2003年，总面积832.46平方千米。保护区保护对象主要是西鄂尔多斯藏锦鸡儿半灌木草原化荒漠植被类群、旱生禾草草原化荒漠植被类群、草原化荒漠生境中栖息的野生动物类群。2019年，安装高空视频探头两处，实现自然保护区实时监控。

【环境质量】

地表水质量　在大沟湾水库库区设置1个地表水监测断面，全年取样分析2次，每次分析常规指标29项。按《地表水环境质量标准》GB3838-2002评价标准，大沟湾流域水质达到Ⅲ类水质标准。大沟湾水库位于城川镇东南，由发源于陕西省定边县白于山北麓的黄河一级支流无定河流经毛乌素沙漠南缘注入。

饮用水质量　全旗有集中式饮用水水源地3处，分布在敖勒召其镇、上海庙镇和城川镇。全年采样分析6次，每次分析常规指标23项。全旗集中式饮用水源地水质达标率100%。

环境空气质量　鄂托克前旗环境空气自动监测站分别在敖勒召其镇和上海庙镇各设立1个监测点，于2016年1月投入运行，实时监测全旗大气环境中的二氧化硫(SO_2)、二氧化氮(NO_2)、臭氧(O_3)、一氧化碳（CO)、PM10、PM2.5等六个参数。2019年，鄂托克前旗空气质量共监测365天，有效天数为352天，其中空气质量评价为优的有42天，评价为良的有264天，评价为轻度污染的有38天，评价为中度污染的有4天，评价为重度污染的有3天，评价为严重污染的有1天。空气质量优良以上天数比例为86.9%，PM2.5平均浓度为28微克/立方米。（环保局）

自然资源

【土地资源】 鄂托克前旗土地总面积为122.21万公顷。其中耕地2.23万公顷,占比1.82%;水域及水利设施0.26万公顷，占比0.21%；林地25.41万公顷、占比20.79%，草地75.07万公顷、占比61.5%;城镇村及工矿用地0.5万公顷、占比0.41%，交通运输用地0.75万公顷、占比0.61%;其他土地17.98万公顷,占比14.71%。

按照第三次全国国土调查数据库统计，鄂前旗境内的地类性质划分为：1.湿地（包括沼泽草地、盐田、内陆滩涂）；2.种植园用地（包括其他园地）；3. 耕地（包括水浇地、旱地）；4.林地（包括乔木林地、灌木林地、其他林地）；5.草地（包括天然牧草地、人工牧草地、其他草地）；6.商业服务用地（包括商业服务业设施用地、物流仓储用地）；7.工矿用地（包括工业用地、采矿用地）；8.住宅用地（包括城镇住宅用地、农村宅基地）；9. 公共管理与公共服务用地（包括机关团体新闻出版用地、科教文卫用地、公共设施用地、公园与绿地）；10.特殊用地；11.交通运输用地（包括铁路用地、公路用地、城镇村道路用地、交通服务场站用地、农村道路、机场用地、管道运输用地）；12.水域及水利设施用地（包括河流水面、湖泊水面、水库水面、坑塘水面、水工建筑用地）；13. 其他土地（包括空闲地、设施农用地、盐碱地、沙地、裸土地）。（自然资源局）

【煤炭资源】 鄂托克前旗煤田集中分布于上海庙镇境内，与宁夏宁东煤田属同一煤系，煤种以肥煤、长焰煤、不粘煤为主，石炭—二叠纪和侏罗纪两种含煤地层同处一地，分布面积4000多平方千米，已探明储量142亿吨，远景储量500亿吨以上。上海庙煤田共划分井田14块，涉及14座煤矿，已取得探矿权24宗，采矿权3宗。井田面积1154平方千米，设计总生产能力6160万吨/年。2010年完成上海庙矿区14家企业24个矿业权的整合，开发主体为新矿内蒙古能源有限责任公司、内蒙古上海庙矿业有限责任公司、内蒙古维华矿业有限责任公司和山西晋煤集团。煤田建成煤矿 6 座，分别是上海庙矿业公司榆树井煤矿 300 万吨 / 年、新上海 1 号煤矿 400 万吨 / 年和山东能源新矿内蒙能源公司长城 1 号煤矿 300 万吨 / 年（一期 60 万吨 / 年技改 180 万吨 / 年）、长城 2 号煤矿 400 万吨 / 年（一期 120 万吨 / 年）、长城 3 号煤矿 500 万吨 / 年、长城 5 号煤矿 180 万吨 / 年；在建煤矿 1 座，为长城 6 号煤矿 150 万吨 / 年；开展前期工作的煤矿 2 座，分别是恒源投资实业有限责任公司巴愣矿井 800 万吨 / 年和维华矿业公司鹰骏 3 号煤矿 600 万吨 / 年。（能源局）

【油气资源】 鄂托克前旗是全市三大矿产资源并存的旗区之一，天然气、石油资源得天独厚。2006 年，天然气资源开始大规模勘探开发，已探明天然气基本储量 8620 亿立方米（其中长庆采气三厂各区块储量 5640 亿立方米，苏南区块储量 2980 亿立方米），约占世界级苏里格整装天然气田的 22%，该气田具有低渗、低压、低孔、低丰度的特点。旗境内共划分苏 14、苏 20、苏 47、苏 48、苏 59、苏 120 以及苏南 7 个天然气勘探开发区块，其中苏 14、苏 47、苏 48、苏 120 四个区块由长庆油田分公司第三采气厂开发建设，苏 20 区块由渤海钻探苏里格分公司开发建设，苏 59 区块由川庆钻探苏里格项目经理部部开发建设，苏南区块由长庆油田苏里格南作业分公司开发建设。

鄂托克前旗石油分布面积 2800 平方千米，已探明石油储量 0.8 亿吨，预计远景储量 1.8 亿吨，主要分布在城川镇羊场壕村、章昂希里村、大池村、巴彦希里嘎查等地，属于胡尖山油田区块外围，由长庆油田分公司第四采油厂天赐湾作业区生产开发。（能源局）

【其他矿产资源】 石盐、芒硝、石膏、方沸石、优质紫砂陶土等储量丰富，石盐、芒硝主要分布在二道川乡北大池村，两种矿产为共生组合。石盐保有储量 11.44 万吨，品味为 62% ~ 94%，年产清浪盐 5 万吨；芒硝保有储量为 245.73 万吨，矿床面积约 28 平方千米，品位为 24% ~ 64%；石膏集中分布于旗北部上海庙布拉格境内，总资源量达 1.29 亿吨。至 2019 年，全旗有非煤矿山企业 15 个，矿区面积 31.59 平方千米，均办理采矿权许可证，其中石盐生产企业 1 家，石膏生产企业 7 家，砖瓦用粘土生产企业 7 家。（自然资源局）

旅游景观

【概况】 鄂托克前旗地处蒙、陕、宁三省区交界，西邻宁夏，南接陕西，地理位置独特、区位优势明显、立体交通便捷，是内蒙古重要的西南门户。

鄂前旗历史悠久，民族文化深厚，旅游资源丰富。已形成从旧石器时代文化遗址水洞沟经马兰花草原大舞台、大汗行宫、大沙头国家沙漠公园到鄂尔多斯沙漠大峡谷之古人类遗址大沟湾的鄂尔多斯旅游风景道，从三段地中央红军革命根据地经红色国际交通站、杨早寒春三边牧场到延安民族学院城川旧址的红色文化旅游长廊。

鄂前旗是旧石器时代晚期“河套人发祥地”，是“中国绿色名旗”“中国最佳休闲旅游目的地”，也是“中国鄂尔多斯婚礼文化传承基地”“中国马文化保护基地”，还是“中国西部摄影家创作基地”“中国微电影拍摄基地”。这里有风景如画的世界奇观“鄂尔多斯沙漠大峡谷”，位于蒙陕交界处乌定河（萨拉乌素河）流域，素有“塞外小江南”的美誉，既是古“河套人”的发祥地，又是国家水利风景名胜区。唐宥州古城遗址内含丰富的“古钱币”文化，列入国家级历史文物重点保护区。西控朔方大漠咽喉要道之险的明长城“河东边墙”始建于明朝成化八年（1472 年），高三丈、宽两丈，墙顶五马并驱，历经数百年风雨沧桑仍雄风犹在。国家沙漠公园大沙头是著名的毛乌素沙漠源头，沙海浩瀚，绵延起伏，主峰突兀，地貌奇特，配以朝阳落日更显漠海奇观。成吉思汗的旗帜阿拉格苏勒德民间祭祀，是蒙古族三大纛毛之第二大纛“花纛”祭祀活动，已有 300 多年历史。这里还有鄂尔多斯民族风情旅游区大汗行宫和民族民俗“牧家乐”，有马兰花草原和巴音希泊日草原风景区，古老的鄂尔多斯民歌《六十颗榆树》把“榆树壕”的神奇传唱至今。

【景观名录】 鄂前旗有国家 AAAA 级景区 3 家，AAA 级景区 1 家；国家水利风景名胜区 1 处；其他景区景点 10 余处；中国传统村落 1 个，中国少数民族特色村寨 1 个，全国特色景观旅游名镇村 2 个，自治区级特色景观旅游名镇村 3 个，市级乡村旅游示范村 9 个；自治区星级农牧家乐接待户 13 户，市级农家乐典型示范户 26 户，旗级农牧家乐近 200 家；旅行社 3 家。

表 3　鄂托克前旗旅游景区名录

序	等级	景区名称	地址	隶属单位
1	国家	鄂尔多斯沙漠大峡谷（水利风景名胜区）	城川镇大沟湾村	鄂前旗文旅集团
2	AAAA	大沙头国家沙漠公园	敖勒召其镇大沙头村	内蒙兴宇旅游文化投资公司
3	AAAA	马兰花草原旅游区	上海庙镇区	内蒙古上海庙旅游开发公司
4	AAAA	鄂尔多斯文化旅游村	上海庙镇特布德嘎查	鄂尔多斯草原风情旅游公司
5	AAA	大汗行宫生态旅游区	上海庙镇上海庙社区	上海庙生态旅游公司
6	AAA	延安民院城川纪念馆	城川镇区	鄂前旗文旅集团

表 4　鄂托克前旗民族传统特色景观名镇村名录

序	等级	冠名	名称	颁授部门
1	国家	全国特色景观旅游名镇村	上海庙镇	住房和城乡建设部、国家旅游局
2	国家	全国特色景观旅游名镇村	城川镇	住房和城乡建设部、国家旅游局
3	国家	中国传统村落	城川大沟湾村	住房和城乡建设部、文化部、旅游局等七部
4	国家	中国少数民族特色村寨	昂素阿日赖嘎查	国家民委
5	省级	内蒙古特色景观旅游名镇村	上海庙镇	内蒙古自治区住建厅、旅游局
6	省级	内蒙古特色景观旅游名镇村	城川镇	内蒙古自治区住建厅、旅游局
7	省级	内蒙古特色景观旅游名镇村	城川大沟湾村	内蒙古自治区住建厅、旅游局
8	市级	鄂尔多斯市乡村旅游示范村	城川巴音希泊日嘎查	鄂尔多斯市旅游发展委员会
9	市级	鄂尔多斯市乡村旅游示范村	城川大沟湾村	鄂尔多斯市旅游发展委员会
10	市级	鄂尔多斯市乡村旅游示范村	城川呼和陶勒盖嘎查	鄂尔多斯市旅游发展委员会
11	市级	鄂尔多斯市乡村旅游示范村	敖勒召其三道泉子村	鄂尔多斯市旅游发展委员会

表 5　鄂托克前旗省市级“农牧家乐”名录

序	等级	冠名	名称	地址
1	省级	内蒙古星级农牧家乐	佳日湾婚礼文化城	敖靖线 16.8 千米 南 1 千米
2	省级	内蒙古星级农牧家乐	塞上行生态园	城川镇新寨子
3	省级	内蒙古星级农牧家乐	南迪娜牧家乐	敖昂线 43 千米 南 3 千米
4	省级	内蒙古星级农牧家乐	温都尔塔拉丰情园	昂敖线 42 千米
5	省级	内蒙古星级农牧家乐	草原情歌牧家乐	敖昂线 8 千米
6	省级	内蒙古星级农牧家乐	鑫汗牧家乐	敖银线 50 千米 南 7 千米

续表 5

序	等级	冠名	名称	地址
7	省级	内蒙古星级农牧家乐	尚氏天骄生态园	敖镇大沙头村四社
8	省级	内蒙古星级农牧家乐	新蒙古牧家乐	昂素镇玛拉迪嘎查
9	省级	内蒙古星级农牧家乐	全氏绿源蒙古风情园	城川呼和陶勒盖嘎查
10	省级	内蒙古星级农牧家乐	温暖的毡包	距离敖镇 32 千米
11	省级	内蒙古星级农牧家乐	龙赢牧家乐	上海庙镇开发区
12	省级	内蒙古星级农牧家乐	希拉登牧家乐	城川阿日勒嘎查 4 社
13	省级	内蒙古星级农牧家乐	呼舒努图格饮食文化俱乐部	上海庙镇阿勒台嘎查
14	市级	农牧家乐典型示范户	阿都亥希里牧人斋	敖镇伊克乌素嘎查
15	市级	农牧家乐典型示范户	欢乐牧人传统文化园	敖昂线 0.5 千米
16	市级	农牧家乐典型示范户	绿色呼德旅游度假村	敖镇至毛盖图 22 千米
17	市级	农牧家乐典型示范户	亦禾苑	昂素镇阿日赖嘎查
18	市级	农牧家乐典型示范户	斯庆图雅蒙餐营	昂素嘎查新农村
19	市级	农牧家乐典型示范户	哈日色日革命牧家乐	察靖线 15 千米南
20	市级	农牧家乐典型示范户	巴雅力格牧家乐	城川镇珠拉图嘎查
21	市级	农牧家乐典型示范户	吴日德萨矗立牧家乐	距离昂素镇 5 千米
22	市级	农牧家乐典型示范户	草原人家蒙餐城	上海庙哈沙图嘎查
23	市级	农牧家乐典型示范户	伊盟人家生态休闲采摘园	城川镇城川嘎查
24	市级	农牧家乐典型示范户	吉祥草原文华苑	昂素镇
25	市级	农牧家乐典型示范户	牧人之家牧家乐	距离城川 30 千米
26	市级	农牧家乐典型示范户	野性草原牧家乐	上海庙镇水洞沟内
27	市级	农牧家乐典型示范户	巴伊古德牧家乐	敖勒召其镇
28	市级	农牧家乐典型示范户	宏江苑生态农庄	敖勒召其镇大沙头村
29	市级	农牧家乐典型示范户	绿草滩牧家乐生态园	昂素镇
30	市级	农牧家乐典型示范户	温德思牧家乐	距离敖镇 42 千米
31	市级	农牧家乐典型示范户	大沟湾生态鱼馆	距离城川 27 千米
32	市级	农牧家乐典型示范户	聚秀星村农家宴	距离城川 20 千米
33	市级	农牧家乐典型示范户	都布兴牧家乐	距离昂素镇 10 千米
34	市级	农牧家乐典型示范户	杨家湾农家乐	距离城川 25 千米
35	市级	农牧家乐典型示范户	草原红色驿站牧家乐	距离城川 15 千米
36	市级	农牧家乐典型示范户	智迎休闲度假美食园	距离城川 10 千米
37	市级	农牧家乐典型示范户	绿野牧家乐	昂素镇阿日赖嘎查
38	市级	农牧家乐典型示范户	草原蒙古人家	距离昂素镇 27 千米
39	市级	农牧家乐典型示范户	宏野生态园	距敖镇 13 千米

历史文化

【历史文化遗存】 鄂托克前旗历史悠久，民族文化底蕴深厚，数千年来北方各民族交汇融合，多种文化交相辉映，共同创造了独具特色的地域文化。距今大约14万至7万年的旧石器时代晚期，古“河套人”就在鄂前旗城川的萨拉乌素河（无定河）流域（大沟湾）繁衍生息，创造的文化被称为“河套文化”或“萨拉乌素文化”。萨拉乌素遗址不仅发现有珍贵的古人类化石，还发现有更新世晚期偏早时期的一个哺乳动物群化石遗迹。新石器时代仰韶、龙山文化时期的遗迹在上海庙、城川等地区被大量发现。昂素镇玛拉迪境存有新石器时代其巴嘎图砖窑梁遗址；敖勒召其镇三段地境早在1986年就发现一处汉代墓群；始建于唐元和十五年（820年）的宥州古城至今仍兀立于城川镇东草原之上，并以历史悠久、内涵丰富的“古钱币文化”而受到海内外收藏爱好者的青睐。

鄂前旗历史文化遗存丰富，有国家级重点文物保护单位3处、自治区级8处、市级9处、旗级28处，文物遗址113处。文化馆藏文物3694件。全旗存有各类古建筑7处，古墓葬4处，古建筑类主要以喇嘛庙为主，如阿日赖庙、土克图庙、哈日根图庙等。隋长城、宥州古城、明长城3处古遗址为国家级重点文物保护单位。隋长城修筑于隋文帝时期，为防御突厥，由大臣崔中文主持修筑，是隋朝第三次修筑的长城，上海庙镇特布德境残存约6.8千米；明长城是中国历史上费时最久、工程最大、结构最为完善的防御工程，遗址长58千米，位于上海庙镇西部。城川宥州古城是唐置又经党项人经略数百年的故城，成为党项族建立西夏王国的发祥地。

【红色文化传承】 鄂托克前旗是中央西征红军在内蒙古创建的最早的革命老区，是陕甘宁革命根据地的北方门户和重要屏障，也是中国共产党开展蒙古民族统一战线工作的桥头堡。城川地区是延安民族学院的最后落脚点，也是中国共产党在延安时期实践民族区域自治的试验区和培养民族干部的实践地。鄂前旗作为陕甘宁革命老区的重要组成部分，留存的红色文化革命旧址遗址20多处，有着特殊的红色记忆和光荣的革命传统，传承着由中国共产党人宏伟的“红色基因”孕育出的民族革命精神和独特的红色文化。

1936年7月，中央西征红军进入内蒙古西南边区，在鄂前旗三段地开辟了内蒙古唯一的一块革命根据地，之后建立的三段地、二道川苏维埃政府也是中国共产党在内蒙古创建的最早的人民政权，这对党的民族政策的探索实践和民族地区统一战线的形成都发挥了重要作用，为内蒙古自治区的建立和发展做出了卓越贡献，是中国革命史上不可或缺的重要组成部分。

1941年9月，中国共产党在延安创办了第一所专门培养少数民族干部、研究党的民族理论、制定和实践民族政策的机构——延安民族学院（中央民族大学前身）。1945年3月，为适应内蒙古民族工作和革命形势蓬勃发展的需要，迎接抗战的全面胜利，培养更多的少数民族革命干部，中共中央西北局决定将延安民族学院再次从陕西定边迁徙到内蒙古城川地区。在城川办学期间，习仲勋、乌兰夫等老一辈无产阶级革命家开展了一系列民族理论研究和民族统战工作，为党的民族政策的形成、实践、完善做出了重要贡献，为国家解放事业输送了大批民族干部，成为中国共产党培养民族干部的摇篮，被誉为党的民族政策的“试验田”。

红色延安时期，美国国际友人杨早、寒春更是把一生义无反顾追随中国共产党的红色精神信仰，撒播在这片热烈而深情的蒙古草原，世代生根发芽。

2017年，为更好地继承和发扬习仲勋、乌兰夫等老一辈无产阶级革命家的革命精神和民族情怀，充分利用好珍贵的革命历史资源，不忘初心、牢记使命，努力建设“面向全国的民族干部培训教育基地”和“西部一流的党性培训教育基地”。鄂前旗在自治区党委政府和市委政府的主持下，布局建设“1+6”红色培训教育基地，即延安民族学院城川纪念馆和城川民族干部学院1个中心，三段地革命历史纪念馆、城川红色国际秘密交通站陈列馆、阳早寒春三边牧场陈列馆、王震井纪念园、马良诚顾寿山烈士纪念陵园和滴哨沟战场纪念园6个现场教学参观点。

【非物质文化遗产】 依傍在明长城脚下，黄河边的鄂托克前旗，是鄂尔多斯传统民族文化的重要组成部分。在漫长的历史长河中，鄂前旗不仅蕴育出灿烂的“河套文化”“萨拉乌素文化”，更创造了鄂尔多斯婚礼文化、马文化、阿拉格苏勒德祭祀文化、鄂尔多斯博克文化和鄂尔多斯民间歌舞文化等一系列光彩夺目的民族文化。这些独具特色的文化与西夏文化、朱开沟文化、鄂尔多斯青铜文化、河套匈奴文化相互辉映、共同交织，它们在鄂尔多斯文化的生成、发展与繁荣中都发挥着不可替代的作用，被誉为“中国鄂尔多斯文化之乡”“中国蒙古族筷子舞艺术之乡”“中国蒙古族三弦文化之乡”“中国鄂尔多斯博克(摔跤)文化之乡”“鄂尔多斯婚礼文化之乡”“鄂尔多斯民间马文化之乡”“圣火祭祀民间文化之乡”。

非物质文化遗产是鄂前旗历史传统文化的重要组成部分。至2019年，拥有旗级非物质文化遗产项目76项，其中自治区级8项、市级20项，包含民间文学4项、传统音乐2项、传统美术4项、传统舞蹈4项、传统戏剧曲艺0项、传统体育游艺杂技5项、传统手工技艺14项、传统医药1项、民俗等多个类别42项；全旗共有非物质文化遗产代表性传承人117人，其中国家级2人、自治区级14人、市级31人。

表6 鄂前旗非物质文化遗产保护项目名录

序号	级别	数量	名称
1	区级	8	《阿拉格苏勒德祭祀》《六十棵榆树祭》《祭火》《鄂尔多斯秀斯》《蒙古族刺绣（鄂尔多斯刺绣）》《蒙古族马具制作技艺(鄂尔多斯马具制作技艺)》《成吉思汗阿拉腾嘎达苏(金马桩)祭祀》《祝赞词》
2	市级	20	《阿拉格苏勒德祭祀》《六十棵榆树祭》《鄂托克前旗蒙古族民歌》《鄂尔多斯马文化》《鄂尔多斯西部蒙古族服饰及制作工艺》《鄂尔多斯西部头饰及制作工艺》《查玛舞》《酪蛋子制作工艺》《鄂托克前旗筷子舞》《鄂尔多斯蒙古族刺绣》《鄂尔多斯蒙古族马具制作技艺》《鄂尔多斯蒙古族炒米制作技艺》《鄂尔多斯秀斯》《风干牛肉沙葱包子制作技艺》《成吉思汗阿拉腾嘎达苏(金马桩)祭祀》《祝赞词》《鄂尔多斯博克》《祭敖包》、传统医药(嘎拉塔尔尼治疗法)、《鄂尔多斯蒙古族(沙嘎)游戏》
3	旗级	76	民间文学(共计4项):《鄂尔多斯民间故事》《鄂尔多斯蒙古族对联》《祝赞词》《阿尔扎波尔扎罕》 民间音乐(共计2项):《鄂托克前旗短调民歌》《鄂托克前旗长调民歌》 民间舞蹈(共计3项):《筷子舞》《顶碗舞》《盅子舞》 传统医药(共计1项):嘎拉塔尔尼治疗法 传统戏剧(共计1项):《查玛舞》 杂技与竞技(共计5项):《鄂尔多斯式蒙古族搏克(摔跤)》《跑马竞技》《走马赛》《蒙古鹿棋》《鄂尔多斯蒙古族(沙嘎)游戏》 民间美术(共计4项):《鄂尔多斯蒙古族刺绣》《剪纸》《蒙古文书法》《蒙古族传统绘画技艺》 传统手工技艺(共计13项):《鄂托克前旗奶酪制作技艺》《鄂尔多斯马靴(马海)制作技艺》《鄂尔多斯西部头饰(达如拉嘎)制作技艺》《鄂尔多斯西部服饰制作技艺》《鄂尔多斯马具制作技艺》《鄂尔多斯熟皮制作技艺》《鄂托克前旗炒炒米技艺》《鄂尔多斯制奶酒技艺》《沙蒿围子技艺》《编芨芨草技艺》《编沙柳技艺》《蒙古族木雕技艺》《马头琴制作》 民俗(共计42项):《阿拉克苏勒德祭祀》《鄂托克祭灶》《鄂尔多斯全羊宴》《蒙古族祭树(六十棵榆树)》《鄂尔多斯婚礼》《“那达慕”大会》《风马祭祀》《祭敖包》《蒙古族春节（白节)》《鄂尔多斯马文化》《鄂尔多斯乃日》《达拉根巴亚尔(蒙古族招财文化)》《博热沁唐古特祭祀》《鄂尔多斯蒙古族天灯祭祀》《鄂托克德吉》《庙会》《祭祀北斗七星》《拴马金桩祭祀》《哈布图合撒儿祭祀》《蒙古族生活习俗》《沙日阿木文化》《蒙古族妇女坐月子》《蒙古族满月礼节》《蒙古族周岁剃头礼节》《蒙古族老人过寿礼节》《蒙古族接客礼节》《蒙古族送礼礼节》《蒙古族穿戴习俗》《蒙古族禁忌文化》《蒙古族敬老爱幼文化》《蒙古族奶茶文化》《蒙古族游牧（敖特尔)文化》《蒙古族詈语文化》《蒙古族放牧文化》《蒙古族正月初四祭灶》《农历二月二祭驼节》《蒙古族葬礼》《蒙古族居住文化》《牲畜阉搴(去势)习俗》《小儿招魂术》《比吉塔塔胡(治小儿腹泻病)》《剪秋季羊毛(绵羊)》

表 7　　鄂托克前旗非物质文化遗产代表性传承人名录

序号	级别	数量	名称
1	国级	2	曹纳木——鄂尔多斯婚礼传承人(2018 年公布) 哈拉珍——《鄂尔多斯短调民歌》
2	省级	14	哈拉珍——鄂尔多斯短调民歌;曹纳木——鄂尔多斯婚礼;赛音吉日嘎拉——祝赞词;青锁——鄂尔多斯蒙古族传说故事;宝音乌乐吉——鄂尔多斯蒙古族马具制作技艺; 热西脑日布(已故)——阿拉格苏勒德祭祀;孟根陶古斯——鄂尔多斯西部蒙古族头饰及制作工艺;姚凤琴——鄂尔多斯蒙古族刺绣;张嘎——筷子舞;巴图:阿拉格苏勒德祭祀传承人;布日尼亚:六十颗榆树祭祀传承人;道日布:阿拉格苏勒德祭祀传承人; 朝格吉勒:成吉思汗阿拉腾嘎达苏(金马桩)祭祀传承人;额仁其其格:鄂尔多斯蒙古族刺绣传承人
3	市级	31	哈拉珍、乌东花——鄂尔多斯短调民歌;曹纳木——鄂尔多斯婚礼;青锁、郝比斯哈拉图——鄂尔多斯蒙古族传说故事;阿·赛音吉日嘎拉——祝赞词;苏那木道尔吉、葛巴图、满都毕力格——鄂尔多斯马文化;杨道劳、布音达来——鄂尔多斯搏克;苏雅拉其劳——走马驯养技艺;孟根花——鄂尔多斯西部蒙古族服饰制作技艺;孟根陶古斯——鄂尔多斯西部蒙古族头饰及制作工艺;宝音乌乐吉——鄂尔多斯蒙古族马具制作技艺;热西脑日布(已故)、巴图、道日布——阿拉格苏勒德祭祀;布日尼——六十棵榆树祭;张嘎——《筷子舞》;姚凤琴、额仁其其格、德庆茹鲁玛——鄂尔多斯蒙古族刺绣;苏龙嘎——鄂尔多斯蒙古族炒米制作技艺;明庆苏都——酪蛋子制作工艺;巴德玛——马海制作技艺;乌东巴乐——风干牛肉沙葱包子制作技艺;吉仁其其格(达旗):鄂尔多斯蒙古族刺绣传承人;苏木亚:六十颗榆树祭祀传承人;达楞太:阿拉克苏勒德祭祀传承人;朝格吉勒:成吉思汗阿拉腾嘎达苏(金马桩)祭祀传承人
4	县级	117	第一批:2010 年 6 月 12 日鄂托克前旗籍非物质文化遗产项目代表性传承人 65 名给予公布,名单如下: 民间文学: 1.民间故事传承人(2 人)　张青锁(上海庙镇)、郝比斯哈拉图(昂素镇); 2.鄂尔多斯蒙古对联传承人(1 人)　奇龙巴图(敖勒召其镇); 3.传统祝颂传承人(3 人)　阿·赛音吉日嘎拉(敖勒召其镇)、乌日图那顺(敖勒召其镇)、阿尔查(敖勒召其镇); 4.民间书法传承人(1 人)　傲特根其尔(昂素镇)。 民间音乐: 1.鄂尔多斯短调民歌传承人(6 人)　哈拉珍(昂素镇)、唐·朝格图(敖勒召其镇)、乌东花(昂素镇)、旺楚格(昂素镇)、巴音吉日嘎拉(上海庙镇)、阿拉腾其劳(敖勒召其镇); 2.鄂尔多斯长调民歌传承人(2 人)　莲花(上海庙镇)、那音吉日嘎拉(上海庙镇)。 传统戏剧: 1.查玛舞传承人(3 人)　扎木苏(上海庙镇)、康傲斯尔(上海庙镇)(已故)、朝音森(昂素镇)。 杂技与竞技: 1.鄂尔多斯式搏克传承人(3 人)　杨道劳(昂素镇)、达楞太(昂素镇)(已故)、宝音达来(敖勒召其镇); 2.跑马竞技传承人(2 人)　满都毕力格(城川镇)、巴图吉亚(敖勒召其镇); 3.走马竞技传承人(1 人)　苏亚拉其劳(上海庙镇)。 民间美术: 1.鄂尔多斯蒙古族刺绣传承人(1 人)　查嘎岱(上海庙镇); 2.剪纸传承人(1 人)　冬季(城川镇)。 传统手工技艺: 1.鄂托克前旗奶酪制作技艺传承人(3 人)　苏龙嘎(敖勒召其镇)、巴达玛(城川镇)林花(敖勒召其镇);

续表 7

序号	级别	数量	名　　称
4	县级	117	2.鄂尔多斯马靴(马海)制作技艺传承人(2人)　宝锁尔(昂素镇)斯庆格日乐(昂素镇); 3.鄂尔多斯西部头饰制作技艺传承人(1人)　娜仁其木格(敖勒召其镇); 4.鄂尔多斯西部蒙古族服饰制作技艺传承人(2人)　孟根花(敖勒召其镇)、东吉玛(敖勒召其镇); 5.鄂尔多斯马具制作技艺传承人(2人)　宝音乌勒吉(上海庙镇)、苏瓦迪(昂素镇); 6.鄂托克前旗炒炒米技艺传承人(2人)　宝音伊布格勒(城川镇)、巴拉木(昂素镇); 7.鄂托克前旗刺绣技艺传承人(4人)　龙腾稍(敖勒召其镇)、娜仁花(上海庙镇)、巴音高娃(上海庙镇)、巴图珠拉(敖勒召其镇); 8.蒙古族木雕技艺传承人(1人)　达来巴雅尔(敖勒召其镇); 9.民间乐器制作传承人(1人)　阿拉达尔都仁(敖勒召其镇); 10.金匠手工制作传承人(1人)　阿拉腾巴日斯(敖勒召其镇)。 传统医药: 1.蒙医药传承人(3人)　巴音格西格(敖勒召其镇)、阿尔斯楞(敖勒召其镇)、巴德玛吉雅(敖勒召其镇); 民俗: 1.阿拉格苏勒德祭祀传承人(7人)　热西脑日布(上海庙镇)(已故)、巴音道格道胡(上海庙镇)、斯仁道日布(上海庙镇)、阿南达(昂素镇)、达楞太(昂素镇)、巴图(上海庙镇)、巴德玛傲其尔(昂素镇); 2.六十棵榆树祭传承人(3人)　布日尼(城川镇)、苏木亚(城川镇)、金龙(城川镇); 3.鄂尔多斯婚礼传承人(4人)　曹纳木(敖勒召其镇)、达来(敖勒召其镇)、张嘎(敖勒召其镇)、傲特根其劳(敖勒召其镇); 4.鄂尔多斯马文化传承人(2人)　曹纳木道尔吉(昂素镇)、葛·巴图(敖勒召其镇); 5.鄂尔多斯蒙古族天灯祭祀传承人(1人)　虹·宝音(敖勒召其镇)(已故)。 第二批:2016年3月9日鄂托克前旗籍非物质文化遗产项目代表性传承人48名给予公布(鄂前政发[2016]3号),名单如下: 民间文学: 1.祝赞词传承人(1人)　达日玛扎布(昂素镇)。 民间音乐: 1.鄂尔多斯民歌传承人(5人)　阿拉腾其木格(敖勒召其镇)、乌日娜斯庆(昂素镇)、苏都格日乐(昂素镇)、玛.萨日娜(敖勒召其镇)、钢花(敖勒召其镇)。 游艺与竞技: 1.鄂尔多斯式蒙古族搏克传承人(3人)　莫日根布和(昂素镇)、敖特根毕力格(敖勒召其镇)、乌力吉巴达日呼(昂素镇)。 民间美术: 1.蒙古绘画传承人(1人)　阿拉腾巴嘎那(昂素镇)。 传统手工技艺: 1.鄂托克前旗炒炒米手工技艺传承人(3人)　娜仁高娃(昂素镇)、达楞陶古斯(上海庙镇)、呼毕斯哈拉图(昂素镇); 2.蒙古族木雕技艺传承人(1人)　巴图巴根(敖勒召其镇); 3.鄂尔多斯西部头饰(达如拉嘎)制作技艺传承人(2人)　娜布其(上海庙镇)、乌仁陶格素(城川镇); 4.鄂尔多斯马靴(马海)制作技艺传承人(1人)　巴德玛(昂素镇); 5.鄂托克前旗奶酪制作技艺传承人(4人)　斯庆高娃(上海庙镇)、希吉日图雅(上海庙镇)、明庆苏都(城川镇)、青克乐苏都(敖勒召其镇); 6.鄂尔多斯蒙古族刺绣技艺传承人(7人)　举林花(昂素镇)、苏都(敖勒召其镇)、阿拉腾花(上海庙镇)、道格陶(上海庙镇)、阿木日斯庆(上海庙镇)、陶日嘎(上海庙镇)(2018.1.9去世)、道格同其木格(城川镇);

续表 7

序号	级别	数量	名称
4	县级	117	7.鄂尔多斯熟皮制作技艺传承人(2人) 斯仁那木扎拉(上海庙镇)、那顺乌力吉(上海庙镇); 8.毛毡制作技艺传承人(1人) 赛新宝(昂素镇); 9.鄂尔多斯蒙古族马具制作技艺传承人(1人) 查汉东(城川镇); 10.风干牛肉沙葱包子制作技艺传承人(1人) 乌东巴拉(昂素镇)。 传统医药: 1.蒙医药传承人(1人) 额尔登傲其尔(昂素镇)。 民俗: 1.成吉思汗阿拉腾嘎达苏(金马桩)祭祀传承人(6人) 阿拉腾达来(昂素镇)、朝格吉勒(昂素镇)、都玺(昂素镇)、额尔德尼(昂素镇)、呼木吉勒(昂素镇)、金巴图(昂素镇); 2.阿拉格苏勒德祭祀传承人(3人) 巴音特古斯(昂素镇)、达仁巴拉(昂素镇)、苏娃迪(昂素镇); 3.禄马祭祀传承人(1人) 那仁满都胡(昂素镇); 4.鄂托克祭灶传承人(2人) 查干娜(敖勒召其镇)、斯旺道尔吉(敖勒召其镇); 5.蒙古族萨满传承人(1人) 热西(上海庙镇); 6.鄂尔多斯马文化传承人(1人) 乌宁嘎日迪(昂素镇)。 第三批:鄂托克前旗籍非物质文化遗产项目代表性传承人4名给予公布(鄂前政发【2018】38号),名单如下: 民俗:蒙古族居住文化传承人(1人) 召日格图 传统舞蹈:顶碗舞传承人(1人) 金花 传统美术:剪纸传承人(1人) 娜仁图嘎拉 传统体育:鄂尔多斯蒙古族沙嘎游戏传承人(1人) 阿日宾巴雅尔

民族宗教

【民族构成】 2019年鄂托克前旗户籍总人口81386人。其中蒙古族人口为24101人，占总人口的29.61%;回族、满族、苗族、土家族、鄂温克族、达斡尔族等其他少数民族148人,占总人口的0.18%。

【宗教】 鄂托克前旗信教群众有20864人，主要为藏传佛教信教群众14300人，天主教信教群众6564人;宗教教职人员92人。全旗宗教活动场所8处，即昂素镇的阿日赖庙、哈日根图庙和马兴布日都庙,上海庙镇的特布德庙、哈日哈腾庙和新上海庙,城川镇的天主教堂、敖镇的天主教弥撒点。　（民委）

经济社会发展

【综述】 年末全旗常住人口为7.27万人,增长1.25%。其中,城镇人口为4.45万人，乡村人口2.82万人。常住人口城镇化率为62.21%,自然增长率为2.77‰。

年末户籍人口为81386人,城镇人口为24266人，农村人口为57120人。其中:男性人口为40907人，占总人口的比重为50.26%;女性人口为40479人，占总人口的比重为49.74%。汉族人口为57137人,占总人口的比重为70.20%;蒙古族人口为24101人，占总人口的比重为29.61%;其他少数民族148人,占总人口的比重为0.18%。

初步核算，全旗实现地区生产总值135.3亿元,按可比价格计算,增长4.7%。其中,第一产业增加值14.1亿元,增长1.6%;第二产业增加值80.4亿元,增长4.6%;第三产业增加值40.8亿元,增长5.9%。三次产业的结构比例为 10.4 ∶ 59.4 ∶ 30.2。第一、二、三产业对生产总值增长的贡献率分别为 8.9%、59.6%、31.5%。人均地区生产总值为 18.7 万元，同比增长 3.8%。

全旗公共财政预算收入累计完成 11.9 亿元，同比增长 12.5%。其中，税收收入完成 8.8 亿元；非税收入 3.1 亿元。全旗公共财政预算支出累计完成 32.6 亿元，增长 6.6%。

【农牧业】 年农作物总播面积 56835 公顷，比上年降低 14%。其中，粮食作物播种面积 27479.5 公顷，增长 10.85%；经济作物播种面积 6891.1 公顷，增长 20.6%。粮食总产量达 112464 吨，比上年增长 13.56%；油料产量 1668 吨，下降 15.11%；蔬菜产量 93000 吨，增长 81.5%；水果（含果用瓜）产量 253000 吨，增长 21.63%。

牲畜存栏头数达 125.8 万头（只），比上年增长 13.7%。其中，生猪存栏 1.3 万头，牛存栏 3.3 万头，羊存栏 121 万只。

年末全旗农牧业机械总动力 24.41 万千瓦时，同口径增长 4.63%；全旗拥有大中型拖拉机 3764 台，增长 3.83%。

【工业和建筑业】 全旗规模以上工业企业完成工业总产值 69.94 亿元，同比增长 10.6%；按可比价计算完成工业增加值 32.83 亿元，同比增长 7.2%。全社会用电量 10.8 亿度，同比增长 13.6%，其中规模以上工业用电量 7.4 亿度，同比增长 27.7%。

工业企业效益增长质量提高。全旗规模以上工业企业资产总计 219.95 亿元，同比增长 7.5%；负债合计 142.92 亿元，同比增长 1.4%；资产负债率 64.9%，处于工业企业资产负债率合理区间范围内；营业收入达到 68.88 亿元，同比增长 8.8%，利润总额达到 5.97 亿元，同比下降 14.5%；每百元主营业务收入成本 70.5 元，较同期上涨 1.6 元。

工业主要行业贡献拉动明显。全旗煤炭行业完成工业产值 40.92 亿元，同比增长 19.3%，按可比价计算完成工业增加值 26.60 亿元，同比增长 18.8%，拉动规模以上工业

表 8　　2019 年年末户籍人口及其构成情况表

指标	年末数（人）	比重（%）
全旗总人口	81386	100
其中：农业人口	57120	70.18
非农业人口	24266	29.82
其中：汉族	57137	70.20
蒙古族	24101	29.61
其他少数民族	148	0.18
0–17 岁	16835	20.69
18–34 岁	18480	22.71
35–59 岁	33611	41.30
60 岁以上	12460	15.31

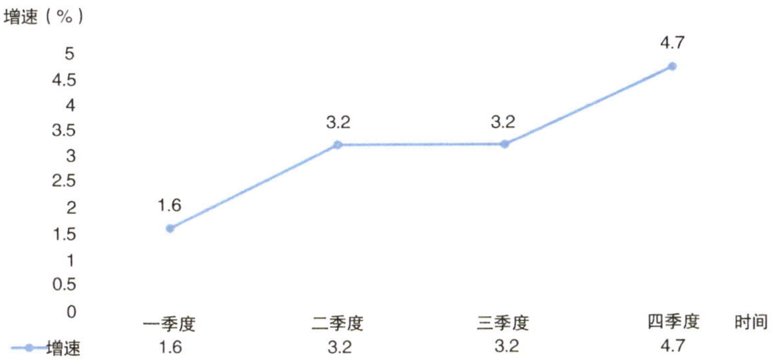

2019 年全旗地区生产总值季度累计增速情况

表 9　　2019 年主要农产品产量及增长速度情况表

指标	2019 年	比上年增长（%）
粮食（吨）	112464	13.56
玉米（吨）	94400	15.14
薯类（吨）	18033	6.17
油料（吨）	1668	-15.1
水果（含用瓜）（吨）	253000	21.6

增加值增长 13.6%，贡献率达到 97.9%；天然气供应业完成工业产值 15.49 亿元，同比增长 18.1%，按可比价计算完成工业增加值 3.87 亿元，同比增长 18.1%，拉动规模以上工业增加值增长 1.9%，贡献率达到 13.8%；焦化行业完成工业产值 11.97 亿元，同比下降 7.5%，按可比价计算完成工业增加值 4.5 亿元，同比下降 7.4%，下拉规模以上工业增加值 1.2%。

从主要工业产品产品看，全旗原煤产量达 1448.5 万吨，增长 19.8%；焦炭产量 96.7 万吨，增长 2.6%；液化天然气产量 45.9 亿立方米，增长 31.5%。

年末全旗具有资质等级的建筑企业 9 个，建筑业总产值同比下降 23.95%。建筑企业房屋施工面积 67035 平方米，与去年同期相比增长 54.23%。竣工面积 5000 平方米，同比下降 68.75%。

【固定资产投资】 全旗 500 万元以上固定资产投资同比增长 4.8%。其中民间投资同比增长 49.3%。从三次产业投资看，第一产业投资同比增长 67.8%；第二产业投资同比下降 5.3%；第三产业投资同比增长 104.7%。在三次产业投资中，农林牧渔业、交通运输仓储和邮政业增长较快，分别增长 67.8%和 65.1%。下降幅度较大的为采矿业，下降 39.4%。

【国内贸易】 全年社会消费品零售总额 25.4 亿元，比上年增长 4.8%。按经营单位所在地划分，城镇消费品零售额 14.7 亿元，占社会消费品零售总额的 57.6%，增长 4.2%；乡村消费品零售额 10.8 亿元，占社会消费品零售总额的 42.4%，增长 5.6%。按消费类型，商品零售额 20.85 亿元，增长 4.6%；餐饮收入额 4.59 亿元，增长 5.5%。

在限额以上企业商品零售额中，粮油、食品类零售额比上年降低 12.4%；中西药品类零售额增长 18.5%；石油及制品类零售额增长 41.3%；文化办公用品类零售额下降 58.2%。

【交通邮电和旅游业】 全旗公路总里程 3825.1 公里，同比增长 6.5%。其中，高速公路 86.5 公里，一级公路 130.9 公里，二级公路 387.9 公里，三级公里 542.2 公里，四级公路 2542.1 公里，等外公路 135.5 公里。铁路通车里程 66 公里。全年各种运输方式完成货运量 1984.2 万吨，比上年增长 13.4%。其中，铁路发送货物 989.0 万吨，增长 29.5%；公路货运量 995.2 万吨，增长 0.9%。全年各种运输方式完成客运量 7.3 万人，同比下降 17.2%。全年完成货物运输周转量 346857.9 万吨公里，同比增长 5.7%。其中，铁路 100200 万吨公里，同比增长 22.6%，公路 246657.9 万吨公里，同比增长 0.02%。全旗营运性机动车拥有量 1047 辆。其中，客车 39 辆；出租车 176 辆；危险货物运输车辆 309 辆；普通货物运输车辆 523 辆。

全年实现邮电业务收入 9038.4 万元。其中，邮政业务收入完成 450.7 万元；电信业务收入 8587.7 万元。年末本地网固定电话用户 4926 户，联通、电信、移动手机电话用户 11.3 万户，宽带用户 2.1 万户。

全旗 A 级旅游景区 4 个，其中，国家 AAAA 级旅游景区 3 个，3A 级

表 10　2019 年鄂托克前旗主要工业产品产量及增速情况表

品种	产量	同比增长(%)
原煤(万吨)	1448.5	19.8
焦炭(万吨)	96.7	2.6
液化天然气(万吨)	45.9	31.5
塑料制品(吨)	1352.0	-50.9
冷冻肉(吨)	114.0	2.2

表 11　2019 年鄂托克前旗社会消费品零售总额及其增长速度

指标	金额(亿元)	比上年增长(%)
社会消费品零售总额	25.4	4.8
城镇	14.7	4.2
乡村	10.8	5.6

旅游景区 1 个。全年接待游客 125.0 万人次，同比增长 14.1%，实现旅游总收入 38.5 亿元，同比增长 6.7%。

【金融保险】 全旗有各类银行业金融机构 6 家，其中国有商业银行 3 家（中国农业银行、中国银行、中国邮政储蓄银行），地方法人金融机构 3 家（鄂尔多斯银行、农村商业银行、蒙银村镇银行），设立营业服务网点 29 个，ATM 机 61 台，银行业从业人员 447 人。截至 2019 年 12 月末，各项存款余额 62.86 亿元，较年初增加 2.45 亿元，增幅 4.06%。贷款余额 39.11 亿元，较年初增加 4.75 亿元，增幅 13.81%。其中，不良贷款余额 0.58 亿元，较年初下降 0.05 亿元，不良贷款占比 1.48%，占比较年初下降 0.34%。

全旗现有保险市场主体 10 家。截至 2019 年 12 月末，各项保费总额 16122.78 万元，理赔总额 4432.23 万元。

【人民生活和社会保障】 全年全体居民人均可支配收入 35946 元，比上年名义增长 8.3%。全体居民人均生活消费性支出 24288 元，名义增长 5.6%。

按常住地分，城镇常住居民可支配收入 47855 元，同比增长 6.8%。从主要收入构成看，工资性收入为 22866 元，增长 7.5%；经营净收入 21163 元，增长 5.1%。财产净收入 1139 元，同比增长 10.0%；转移净收入 2687 元，增长 12.9%。城镇常住居民人均消费支出 29857 元，增长 4.1%。农村牧区常住居民人均可支配收入 20519 元，增长 10.7%。从主要收入构成看，工资性收入 3399 元，增长 2.9%；经营净收入 14656 元，增长 18.0%；转移净收入 1882 元，下降 1.9%；财产净收入 582 元，下降 34.7%。农村牧区常住居民人均消费性支出 16278 元，增长 8.7%。城镇居民家庭恩格尔系数为 25.9%，农村牧区家庭恩格尔系数为 22.7%。

年末参加城乡居民社会养老保险人数 29216 人。参加城镇职工基本养老保险人数 11818 人，其中，参加基本养老的离退休人员 4403 人。参加城镇职工基本医疗保险人数 12840 人，参加城乡居民基本医疗保险人数 58734 人。城镇登记失业人员 595 人，登记失业率 3.5%，养老金社会化发放率 100%。

全旗享受城市最低生活保障户数 300 户，462 人；享受农村最低生活保障 1090 户，1751 人。全旗公办社会福利机构 1 家，床位 190 张。

【教育文化科学技术】 全旗拥有各类学校 9 所（不含学前和幼儿教育），在校学生人数 9753 人，同比增长 4.3%。其中，高中在校学生 884 人，初中在校学生 2270 人；职业中学 1 所，在校学生 1270 人；完全小学 6 所，在校学生 5329 人；公办幼儿园 9 所、民办幼儿园 6 所，在园幼儿 3566 人。

全旗拥有文化馆（群众艺术馆）、图书馆各 1 个，综合文化站 4 个，嘎查村文化室 55 个；规模性民间文艺组织 47 个，示范文化户 184 户，草原书屋 86 个；国家级文物保护单位 3 个，文物遗址 113 处。

至年底，全旗共有各类专利

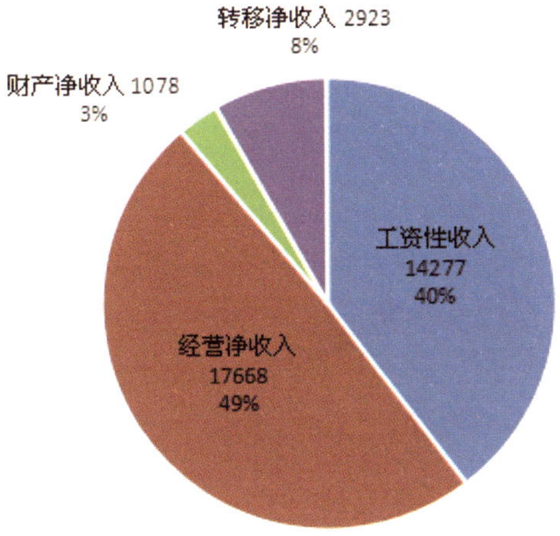

2019 年按收入构成分的全体居民人均可支配收入及占比

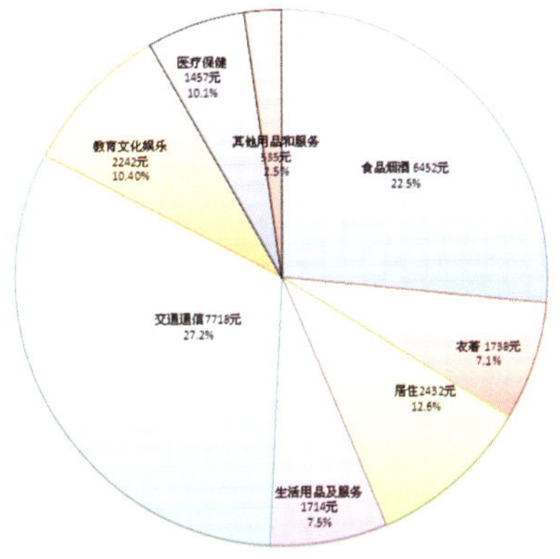

2019 年全体居民人均消费支出及其构成

401件，其中，发明专利121件（有效的40件，在审的54件，无效的27件），占专利总数的30.2%；实用新型专利258件（有效的158件，无效的100件），占专利总数的64.3；外观设计专利22件（有效的15件，无效的7件）占专利总数的5.5%。

【卫生】 全旗共有卫生机构94个。医院4个，基层医疗卫生机构87个（社区卫生服务中心（站）6个、乡镇卫生院7个、村卫生室43个、综合门诊部1个、诊所卫生所医务室30个），专业公共卫生机构3个（疾病预防控制中心1个、妇幼保健院1个、卫生监督所（中心）1个）。医疗卫生机构实有床位538张。其中医院实有床位428张，基层医疗卫生机构实有床位88张，专业公共卫生机构实有床位22张。卫生技术人员达630人，执业（助理）医师243人、注册护士180人、药师（士）50人、技师（士）44人、其他113人。

【环境资源】 初步统计，全年完成营造林面积16625公顷。其中，人工造林面积9825公顷，退化林修复面积4133公顷；森林抚育面积2667公顷。

说明

1.本公报为初步统计数据。

2.地区生产总值、增加值绝对数均按现价计算，增长速度按可比价格计算。

3.规模以上工业企业是指年主营业务收入2000万元及以上的全部法人工业企业；限额以上批发零售企业是指年末从业人员20人以上，年主营业务收入2000万元及以上的批发企业和年末从业人员60人以上，年主营业务收入500万元及以上的零售企业。

4. 部分数据因四舍五入的原因，存在与分项合计不等的情况。

5.公报中的部门数据，源自于部门年底统计报表、工作总结。

（统计局）

组织机构及负责人名录

【县级机构】

中国共产党鄂托克前旗委员会

领导机构

书　记　辛晓瑞

副书记　布仁其木格(女,蒙古族)

崔景翔(2019.4—)

常　委　(其他)都日斯哈拉(蒙古族)、陶迪(女,蒙古族)、张铭、白永峰、李伟、罗建勋(2019.4—)、乔智平(2019.4—)、杨勇(—2019.3)

委　员　(其他,按姓名笔画为序)

王琳(女)、尤建庆、尤俊宝、乌阳戈(蒙古族)、布仁巴雅尔(蒙古族)、白旭升、冯春花(女)、边杰、刘渊、刘树禄、孙有君、张世富、张布仁(蒙古族)、阿拉腾乌拉(蒙古族)、哈达(蒙古族)、贺永东(蒙古族)、热希(蒙古族)、高荣堂

候补委员　(按姓名笔画为序)

乌云娜(女,蒙古族)、边子文、吉日木图(蒙古族)、阿有希(蒙古族)、柳天才、柳天云

中共鄂托克前旗委员会办公室

简介　旗委办公室是旗委的综合办事机构，内设督查室、常委办、信息室、综合室、秘书室、档案行政室、改革协调室和法规文电室8个股室。所属事业单位3个,分别为:接待办(副科级)、党史研究室(副科级)和旗委政策研究中心(股级)。核定编制40名,其中行政16名、事业24名。实有在职职工59人,其中在编在岗34人、辅助性岗位17人、雇佣工5人、临时工3人,研究生7人。党支部中共党员41人。

领导机构

行　政

主　任　罗建勋(2019.3—)

副主任　何富云、莫日根苏都(女,蒙古族,2019.3—)、马学良(2019.3—)、黄彬(2019.3—)、顾云午(—2019.2)、石斌(—2019.3)

党支部

书　记　何富云(2019.5—)　李林军(—2019.5)

副书记　李思佳(女,蒙古族 2019.5—)

科级事业单位

接待办

主　任　戴艳龙(2019.4—)

党史研究室

主　任　李思佳(2019.10—)　郭逸文(女,—2019.10)

鄂托克前旗人民代表大会常务委员会

领导名录

党　组

书　记　刘　渊

成　员　阿拉腾宝(蒙古族)　白旭升　王　琳(女)

谢志亮

常委会

主　任　刘　渊

副主任　阿拉腾宝　张永清　白旭升　王　琳

委　员　(按姓名笔画为序)

王丽霞(女)、乌拉(蒙古族)、叶锋雄、边杰、边晓亮、刘占荣、祁金鹏、李海云、张布仁(蒙古族)、张志卿、张剑、张海钢、其米斯仁(蒙古族)、思宝东、敖特根斯仁(蒙古族)、特日格乐(女,蒙古族)、盛良玉(女)、谢志亮、缪飞云、薛承河、薛海军(—2019.12)

机关党组

书　记　谢志亮

成　员　那仁满都胡(蒙古族)　罗　浩(2019.4—)

于迎春(女,蒙古族,2019.4—)

李海云(—2019.4)　袁飞雄(—2019.4)

朱毅宁(—2019.4)

工作委员会

民族宗教选举代表联络工作委员会

主　任　李海云(—2019.4)

内务司法工作委员会

主　任　其米斯仁(蒙古族)

副主任　王小燕(女)

科教文卫工作委员会

主　任　张　剑

副主任　娜仁花(女,蒙古族,—2019.9)

财政经济工作委员会

主　任　缪飞云

副主任　陈发明

农牧业工作委员会

主　任　慕斌武(2019.4—)　刘占荣(—2019.1)

鄂托克前旗人民代表大会常务委员会办公室

简介　2019年，旗人民代表大会常务委员会办公室内设鄂托克前旗人大机关事务服务中心,2019年7月更名为鄂托克前旗人大政策研究中心。核定编制14名,其中事业编14名;实有在职职工25名,中共党员9名。

领导机构

党支部

书　记　谢志亮

行　政

主　任　谢志亮

副主任　那仁满都胡(蒙古族)　罗　浩(2019.4—)

武　秀(2019.4—)　朱毅宁(—2019.4)

王　真(蒙古族,—2019.4)

鄂托克前旗人民政府

领导机构

党　组

书　记　布仁其木格(女,蒙古族)

成　员　都日斯哈拉(蒙古族)　张　铭　白　同

贺永东(蒙古族)　孙有君　崔景翔(—2019.4)

行　政

旗　长　布仁其木格

副旗长　都日斯哈拉　白　同　张　铭　贺永东

孙有君　吕耀峰　崔景翔(—2019.4)

鄂托克前旗人民政府办公室

简介　旗人民政府办公室内设行政室、政务室(金融管理股)、常务室、督查室、文电室(翻译室)、机关党建和信息宣传室、改革和考核室、机关事务和财务室、外事管理股。核定编制53名,其中行政编22名、事业编31名;实有在职职工57人,中共党员28名。

领导机构

党　组

书　记　尤建兵

成　员　王双喜　阿希达(蒙古族,2019.4—)

冯玉庭(2019.4—)　陈希杰(—2019.4)

柳　鹏(—2019.1)

行　政

主　任　尤建兵

副主任　陈晓慧(女,蒙古族,—2019.11)

王双喜　阿希达(2019.4—)

冯玉庭(2019.4—)　陈希杰(—2019.4)

柳　鹏(兼,—2019.1)

中国人民政治协商会议鄂托克前旗委员会

简介　旗政协委员会内设一办三委，分别是办公室、提案及经济委员会、社会事业委员会、文化文史和学习委员会。核定编制30名,其中行政14名、事业16名;实有在职职工44人,中共党员22名。

领导机构

党　组

书　记　高荣堂

副书记　陶　迪(女,蒙古族)

成　员　图　娅　石吉日木图　白浩军

委员会

主　席　高荣堂

副主席　图　娅(女,蒙古族)　石吉日木图(蒙古族)
　　　　蔡　成　于国强(蒙古族)

常　委　(其他)左生荣、盛子荣、马海、韦雪飞、水晶花(女,蒙古族)、白呼吉图(蒙古族)、白浩军、达来(蒙古族)、李海燕(女)、杨伊拉图(蒙古族)、吴振祥、阿拉腾托娅(女,蒙古族)、金达楞太(蒙古族)、郭娜(女)、营文祥、斯仁旺吉拉(蒙古族)

副县级　盛子荣　巴图门克(蒙古族)　张艳阳(女)

工作委员会

提案及经济委员会

主　任　李海燕

副主任　李永峰

文化文史和学习委员会

主　任　金达楞太

副主任　娜仁图雅(女,蒙古族)

社会事业委员会

主　任　额尔登图(蒙古族)

副主任　孙　琴(女)

政协鄂托克前旗委员会办公室

简介　2019 年,旗政协办公室核定编制 24 名,其中行政编 10 名,事业编 14 名;实有在职职工 21 人,中共党员 13 名。

领导机构

党支部

书　记　白浩军

行　政

主　任　白浩军

副主任　巴音吉日嘎拉(蒙古族)

中共鄂托克前旗纪律检查委员会 鄂托克前旗监察委员会

简介　旗纪律检查委员会与旗监察委员会合署办公。内设办公室、组织部、宣传部、党风政风监督室、信访室、案件监督管理室、第一纪检监察室、第二纪检监察室、第三纪检监察室、第四纪检监察室、第五纪检监察室、第六纪检监察室、案件审理室 13 个部室。旗监察委员会下设鄂托克前旗廉政教育管理中心。核定编制 86 名,其中行政 41 名、事业 45 名;实有在职职工 82 人(中共党员 69 人),其中机关干部职工 52 人、派驻纪检监察组干部职工 30 人。

领导机构

纪检委

书　记　乔智平(2019.3—)　杨　勇(—2019.3)

副书记　张雪瑛(女)　陈晓东(蒙古族,2019.7—)
　　　　吉日木图(蒙古族,—2019.7)

常　委　(其他)昭日格图(蒙古族)
　　　　曹建成(2019.12—)　杨增德(—2019.10)
　　　　通嘎拉格(女,蒙古族,—2019.3)

委　员　(其他,以姓名笔画为序)
　　　　韦世海、伊拉图(蒙古族)、那森德力格尔(蒙古族)、邵思全、张海军、呼吉乐图(蒙古族)、罗鹏彦、贺晓明、高社国、薛照森

监察委

主　任　乔智平(代理,2019.4—)　杨　勇(—2019.4)

副主任　张雪瑛(女)　陈晓东(蒙古族,2019.9—)
　　　　吉日木图(蒙古族,—2019.9)

委　员　(其他)脑明其劳(蒙古族)　关　林(—2019.4)
　　　　通嘎拉格(女,蒙古族,—2019.4)

内设机构

办公室

主　任　杨增德

组织部

部　长　查　那

宣传部

部　长　高　睿

党风政风监督室

负责人　康占锋

信访室

主　任　刘紫翔

案件监督管理室

主　任　李　敏

第一纪检监察室

主　任　高雨龙

第三纪检监察室

主　任　李　靖

案件审理室

负责人　王　娟

派驻纪检监察组

上海庙经济开发区纪检监察组

组　长　通嘎拉格

旗公安局纪检监察组

组　长　王新芳

旗人民检察院纪检监察组

组　长　肖　诚

旗人民法院纪检监察组

组　长　布仁朝格图

旗教体局纪检监察组

组　长　浪　腾

旗卫健委纪检监察组

组　长　乌苏花

旗委办纪检监察组

组　长　特古斯

旗人大机关纪检监察组

组　长　于迎春

旗政府办纪检监察组

组　长　毕力格达来

旗政协机关纪检监察组

组　长　李秋人

旗委组织部纪检监察组

组　长　王鹏程

旗委宣传部纪检监察组

组　长　达布希拉图

旗发改委纪检监察组

组　长　额尔登格日乐

旗民政局纪检监察组

组　长　万文英

旗市场监督管理局纪检监察组

组　长　阿拉塔

旗农牧局纪检监察组

组　长　纪　念

旗林草局纪检监察组

组　长　马啸林

旗财政局纪检监察组

组　长　袁飞雄

旗住建局纪检监察组

组　长　巴图张嘎

鄂托克前旗人民武装部

简介　旗人民武装部是隶属鄂尔多斯军分区和旗委双重领导的军事领导指挥机关。内设军事科、政工科、保障科三个科室，设民兵武器装备仓库和民兵训练基地。

领导机构

政　委　张红军

部　长　李　伟

鄂托克前旗人民法院

简介　旗人民法院是国家审判机关，依法行使审判权，对鄂托克前旗人民代表大会及其常务委员会负责并报告工作，审判工作受鄂尔多斯市中级人民法院的监督和指导。内设立案庭(诉讼服务中心)、刑事审判庭、民事审判庭、行政审判庭、政治部、执行局、综合办公室、审判管理办公室(研究室)8个机构，下设司法警察大队，以及上海庙法庭、城川法庭、昂素法庭3个基层人民法庭。实有干警176人，党员50名。

领导机构

党　组

书　记　乌阳戈(蒙古族)

副书记　朝　宝(蒙古族)

成　员　其格勒乐(蒙古族)　郝　渊　白文斌　布仁朝格图(蒙古族)

行　政

院　长　乌阳戈

副院长　朝　宝　刘占彪　其格勒乐　郝　渊

内设机构

政治部

主　任　白文斌

审判管理办公室

主　任　潘美玲

综合办公室

负责人　苏小龙

立案庭

庭　长　马图雅

刑事审判庭

庭　长　边子仙

民事审判庭

庭　长　李勇忠

行政审判庭

庭　长　沙如拉

执行局

局　长　马智超

司法警察大队

队　长　达来巴雅尔

上海庙法庭

庭　长　哈斯牧仁

城川法庭

庭　长　纠凌云

昂素法庭

庭　长　水晶花

鄂托克前旗人民检察院

简介　旗人民检察院内设第一检察部、第二检察部、第三检察部、司法警察大队、政治部、办公室等6个股级部门。实有干警59人，中共党员25名，其中专项编人员25人、工勤编1人、文职人员20人、书记员5人、临聘人员3人、借调人员5人。

领导机构

党　组

书　记　折　峰

成　员　宝音达来（蒙古族）　郭鹏翔　高社国

行　政

检察长　折　峰

副检察长　宝音达来　郭鹏翔　高社国

鄂托克前旗公安局

简介　旗公安局属旗人民政府组成部门。内设政工警务部、合成作战指挥部、国内安全保卫大队、治安管理大队、刑事案件侦查大队、执法执纪监督大队、行政拘留所7个机构；下设看守所；派出敖勒召其、上海庙、城川、昂素4个镇派出所。实有警力400余人。

领导机构

党　委

书　记　贺永东（蒙古族）

副书记　郝占国（2019.1—）

斯庆达来（蒙古族，—2019.1）

委　员　刘小平　李建斌　贾拥军　赵永军（蒙古族）

王新芳（女，2019.7—）　姬晨光（—2019.7）

行　政

局　长　贺永东

政　委　郝占国（2019.1—）　斯庆达来（—2019.1）

副局长　刘小平　李建斌　贾拥军

杨　栋（2019.3—）

副政委　刘小平（—2019.3）

二级单位

政工警务部

部　长　石晓燕

教导员　智富才

合成作战指挥部

部　长　高士岗

教导员　郝占海

国内安全保卫大队

大队长　吴金鹰

教导员　那仁达来

治安管理大队

大队长　刘志宏（2019.2—）　李林文（—2019.2）

教导员　热西脑日布

刑事案件侦查大队

大队长　陈　林（2019.2—）　杨　栋（—2019.2）

教导员　段世成（2019.9—）　慕彦斌（—2019.9）

执法执纪监督大队

大队长　慕彦斌(2019.9—)　李　敏(—2019.9)

教导员　杨永生

看守所

所　长　高锦文

教导员　高　飞(2019.9—)　吉日木图(—2019.9)

行政拘留所

所　长　高锦文

教导员　阿木吉拉图

敖镇派出所

所　长　高建文(2019.2—)　陈　林(—2019.2)

教导员　刘世富

上海庙派出所

所　长　刘国涛(2019.2—)　刘志宏(—2019.2)

教导员　徐永斌

城川派出所

所　长　梁　勇(2019.2—)　刘国涛(—2019.2)

教导员　布　和(2019.2—)　梁　勇(—2019.2)

昂素派出所

所　长　乔振东(2019.2—)　高建文(—2019.2)

教导员　叶·阿拉腾乌拉

中共内蒙古鄂尔多斯上海庙经济开发区工作委员会
内蒙古鄂尔多斯上海庙经济开发区管委会

简介　上海庙经济开发区工作委员会、上海庙经济开发区管理委员会为旗委、政府派出机构，合署办公，副处级建制。内设党政办公室、党群工作部、经济发展局、财政局、建设局、安全生产监督管理局、环保局、人力资源和社会保障局、城镇公共事业管理局等9个正科级建制职能部门。核定编制60名，其中事业编45名、工勤编5名；实有在职职工107人，中共党员34名。

领导机构

党工委

书　记　刘树禄

副书记　尤俊宝　左生荣(挂职)　柳天云

委　员　石　君　李林茂　闫树成

　　　　通嘎拉格(女，蒙古族)

管委会

主　任　尤俊宝

副主任　何钧业　石　君　巴音孟克(蒙古族)

内设机构

党政办公室

主　任　闫树成

副主任　高家兴　赵　帅

党群工作部

部　长　李林茂

副部长　郝莫仁　鲁淑娟

经济发展局

局　长　杜志忠

副局长　刘晓燕　格西格尼木胡

财政局

局　长　毛宝林

副局长　旭荣花　邱　虎

建设局

局　长　李红保

副局长　曹二军

安全生产监督管理局

局　长　刘占军

副局长　宋万生　白晓宏

环境保护局

局　长　李海峰

副局长　朝木尔乐格　蒋世国

人力资源和社会保障局

局　长　陈希杰

副局长　罗慧娟

城镇公共事业管理局

局　长　刘鸿博

中共鄂托克前旗委员会组织部

简介　旗委组织部挂中共鄂托克前旗直属机关工作委员会、中共鄂托克前旗非公有制经济组织和社会组织工作委员会、中共鄂托克前旗委老干部局、鄂托克前旗公务员局牌子。内设办公室、研究室、党建办秘书室、组织室、干部一室、干部二室、教育培训室、干部监督室、考评工作室、人才工作室等10个室办。核定行政编制15名，下设人才研究中心核定事业编制13名；实有在职职工28人（中共党员27人），其中雇佣工2人、人才引进1人。

领导机构

行　政

部　长　白永峰

副部长　薛照森　思宝东　姜国强（—2019.10）
　　　　贺希格吉雅（蒙古族，2019.3—）

党支部

书　记　思宝东

中共鄂托克前旗委员会老干部局

简介　2019年3月，旗委老干部局挂牌旗委组织部，取消编制。下设离退休干部党工委、老年大学和老干部活动中心3个机构，设关心下一代工作委员会、老年人体育协会和老年人科学技术协会3个涉老组织，组建乌仁唐乃老年艺术团、中老年喜乐传统文艺协会和中老年大琴协会3个社团组织。有中共党员7名。

领导机构

党支部

书　记　满德日娃（女，蒙古族）

行　政

副局长　王铁军（蒙古族）

下设机构

离退休干部党工委

书　记　满德日娃

副书记　刘　冬

老年大学

常务校长　满德日娃

关心下一代工作委员会

常务主任　马树旺

老年人体育协会

主　席　郝永红

老年人科学技术协会

会　长　乌日图那顺

乌仁唐乃老年艺术团

团　长　莫德格

中老年喜乐传统文艺协会

会　长　李树海

中老年大琴协会

会　长　王国庆

中共鄂托克前旗直属机关工作委员会

简介　旗机关工委属旗委派出工作机构，同旗委组织部合署办公。实有工作人员2人、党员2名。

领导机构

书　记　张永瑞

中共鄂托克前旗委员会宣传部

简介　宣传部是旗委主管宣传思想文化和意识形态工作的综合职能部门。下设网信办1个二级单位，内设办公室、党建理论室、新闻宣传室、宣传教育室、文艺文资室、新闻出版广电室，文明创建室、意识形态管理室、网信管理室9个股室。核定编制19名，其中行政编制9名、事业编制10名；实有在职职工37人，中共党员14名。

领导机构

行　政

部　长　张　铭

副部长　布音都仁　康世平　张红艳　焦玉柱

党支部

书　记　布音都仁（蒙古族）

二级单位

网信办

主　任　康世平（2019.3—）

副主任　吴　俊（2019.3—）

鄂托克前旗精神文明建设委员会办公室

简介　旗文明办隶属旗委宣传部管理，主要职责是开展文明城市、文明单位、文明村镇、文明家庭、文明社区创建，身边好人、道德模范、文明家庭、文明农牧民评选表彰，未成年人思想道德建设和志愿服务工作。实有在职工作人员7人，党员3名。

领导机构

主　任　焦玉柱（2019.3—）

鄂托克前旗融媒体中心

简介　旗融媒体中心属旗委直属正科级事业单位，归口旗委宣传部管理，挂牌鄂托克前旗广播电视台。内设策划调度室、记者采访室、编辑制作室、蒙古语工作室、影视节目监审室、办公室、技术运维室、广播电视发射台 8 个股室。核定事业编制 39 名；实有在职职工 85 人（中共党员 18 人），其中在编在岗 30 人、同工同酬 8 人、辅助性岗位 3 人、“三支一扶”1 人、政府雇用工 16 人、见习生 5 人、聘用人员 22 人；副高职称 3 人、中级 12 人、初级 8 人。

领导机构

党支部

书　记　柳天才（2019.3—）　王云山（—2019.1）

行　政

主　任　柳天才（2019.1—）　王云山（—2019.1）

副主任　娜日素（女，蒙古族，2019.3—）

　　　　张有林（2019.3—）　宋俊宝（—2019.3）

中共鄂托克前旗委政法委员会

简介　旗政法委内设办公室、政治部、执法督查室、依法治旗办 4 个股室，合署办公有综治办、维稳办及社会治理信息中心 3 个机构。核定编制 18 名，其中行政编 5 名、事业编 10 名、工勤编 3 名；实有在职职工 17 人，中共党员 8 名。

领导机构

行　政

书　记　崔景翔（2019.4—）

副书记　梁四杰（常务）　杨占军　周世财

党支部

书　记　周世财

合署办公机构

社会治理信息中心

主　任　杨志海

中共鄂托克前旗委员会统一战线工作部

简介　旗委统战部，是旗委主管统一战线工作的职能部门。内设综合业务室和民族宗教股 2 个股室。核定编制 11 名，其中行政编 6 名、事业编 5 名；实有在职职工 19 人（中共党员 11 名），其中行政占编 6 人、事业占编 4 人、辅助性岗位 3 人、雇用工 3 人、见习生 1 人、不占编 2 人。

领导机构

行　政

部　长　陶　迪（女，蒙古族）

副部长　海　英（蒙古族）　马西巴雅尔（蒙古族）

　　　　苏　媛（女）

党支部

书　记　海　英

【旗委部门】

鄂托克前旗党委巡察工作领导小组

简介　2017 年 6 月，正式建立旗委巡察机构，成立由旗委常委、纪委书记任组长，旗委常委、组织部长任副组长，旗纪委 1 名副书记、旗委组织部 1 名副部长和旗委巡察办主任为成员的旗委巡察工作领导小组，下设“一办两组”，旗委巡察工作领导小组办公室和 2 个旗委巡察组。核定编制 14 名，领导职数 7 名（3 正 4 副），实有在职职工 17 人，中共党员 13 名。

领导机构

鄂托克前旗委巡察工作领导小组办公室

党支部

书　记　郜　伟

行　政

主　任　郜　伟

副主任　达楞塔布（蒙古族）　陈树林

第一巡察组

组　长　郭　飞（2019.1—）　李建荣（—2019.1）

副组长　哈斯达古拉(女,蒙古族)

第二巡察组

组　长　乌东格日乐(女,蒙古族,2019.1—)
　　　　赵巴音(蒙古族,—2019.1)

副组长　高雨龙(—2019.11)

中共鄂托克前旗委全面深化改革领导小组办公室

简介　旗委改革办是旗委全面深化改革委员办事机构,负责处理委员会日常事务工作。本轮党政机构改革中,划入旗委办,按股级建制运行,实有在职职工5人,中共党员5名。

领导机构

主　任　罗建勋(兼)

副主任　李林军(常务副主任)

鄂托克前旗档案史志馆

简介　旗档案局(馆)是参照公务员法管理的事业单位,局、馆一套人马、两块牌子;2017年7月,旗方志办机构改革挂牌旗档案局。2019年完成机构改革中职能并转工作,单位名称由档案局(馆)更名为档案史志馆,理顺了工作职能;8月份,旗档案史志馆党支部与旗委办党支部合并;改选了单位工会组织。核定编制8名、借编2名,其中行政编7名、事业编2名、工勤编1名;人员转隶1人、提拔调任1人,至年底实有在职职工17人,中共党员3名。

领导机构

馆　长　达布希拉图(蒙古族)

副馆长　史卫东(—2019.10)　李玉奇

鄂托克前旗机构编制委员会办公室

简介　旗机构编制委员会办公室是旗编委会的常设办事机构,属于党政合一机构,挂牌鄂托克前旗事业单位登记管理局。内设股室综合办公室等3个,下设旗机构编制电子政务中心1个副科级事业单位。核定编制14名,其中行政7名、事业6名、工勤1名,实有在职职工19人,中共党员12名。

领导机构

党支部

书　记　卢建飞

行　政

主　任　卢建飞

副主任　通格拉(女,蒙古族)　冬　梅(女,蒙古族)
　　　　刘究维

二级单位

机构编制电子政务中心

主　任　张　薇(2019.12—)　颉鹏霞(—2019.12)

挂牌单位

事业单位登记管理局

局　长　卢建飞

城川红色教育培训中心

简介　2018年12月20日鄂托克前旗红色教育基地管理中心更名为鄂托克前旗红色教育培训中心;2019年8月1日鄂托克前旗红色教育培训中心更名为城川红色教育培训中心。城川红色教育培训中心属旗委直属正科级事业单位,下设综合协调室、外联接待室、建设管理室、宣传研究室,核定事业编制15名,实有工作人员9人,中共党员4名。

领导机构

党支部

书　记　薛照幸(2019.2—)　顾云午(—2019.2)

行　政

主　任　薛照幸(2019.2—)　顾云午(—2019.2)

副主任　赵永智(2019.3—)　王永飞(2019.3—)
　　　　查干巴日斯(蒙古族,—2019.2)
　　　　韩　帅(—2019.2)

鄂托克前旗推进现代服务业发展中心

简介　旗推进现代服务业发展中心属于旗委直属的正科级公益一类事业单位,承担推进全旗现代服务业发展的重要任务。内设综合协调室、项目调度室、政策法规室。核定事业编制 6 名，占编 5 名，实有在职职工 9 人，党员 5 名。

领导机构

党支部

书　记　秦冬梅（女，2019.4—）　王凤琴（女，—2019.1）

行　政

主　任　秦冬梅（2019.1—）　王凤琴（—2019.1）

副主任　王　真（2019.3—）　那仁满都胡（2019.3—）

　　　　黄　彬（—2019.3）　武　秀（—2019.3）

中共鄂托克前旗委员会党校

简介　旗委党校为中共鄂托克前旗委员会直属事业单位。始建于 1982 年 4 月，校园总占地面积 6000 平方米，建筑面积 1100 平方米。内设办公室、党史党建室、教务处、教研科研室、培训部、行政室 6 个股室。核定事业编制 17 名；实有在编在岗 16 人、雇佣工 24 人（中共党员 21 人），其中科级实职 4 人、教师 10 人、现场教学教师 21 人。

领导机构

党支部

书　记　顾云午

副书记　李星宇

行　政

副校长　顾云午（常务，2019.1—）　梅　刚（2019.3—）

　　　　李星宇　希　妮（女，蒙古族，2019.3—）

【群团组织】

鄂托克前旗总工会

简介　旗总工会内设办公室和综合业务室 2 个股室，下设职工服务中心 1 个二级事业单位，设立劳动模范协会和职工技术协会。核定编制 7 名，其中行政编 5 名、事业编 2 名；实有在职职工 20 人，中共党员 6 名。

领导机构

党　组

书　记　张布仁（蒙古族）

成　员　王永良（2019.3—）

　　　　阿明布和（蒙古族，2019.3—）

　　　　莫日根苏都（女，蒙古族，—2019.3）

　　　　杨文峰（—2019.3）

行　政

主　席　白旭升（2019.7—）

副主席　王永良（2019.3—）　阿明布和（2019.3—）

　　　　莫日根苏都（—2019.3）　杨文峰（—2019.3）

二级单位

职工服务中心

主　任　李　昕

协会

劳动模范协会

会　长　李建荣

职工技术协会

会　长　莫日根苏都

共青团鄂托克前旗委员会

简介　共青团鄂托克前旗委员会隶属中共鄂托克前旗委员会。内设办公室、组织部、宣传部、学少部、青年发展部、志工部 6 个部室。核定行政编制 6 名，实有在职职工 15 人，中共党员 4 名，其中在编在岗 6 人、西部计划 9 人。

领导机构

党支部

书　记　娜　亚（女，蒙古族，2019.8—）

　　　　边　杰（—2019.1）

副书记　娜木恒（女，蒙古族，2019.8—）

　　　　赵永智（—2019.3）

行　政

书　记　娜　亚（2019.1—）　边　杰（—2019.1）

副书记　娜木恒（2019.3—）　苏　荣（2019.10—）

　　　　额尔敦尼（挂职，蒙古族，—2019.9）

　　　　白　雨（兼，女）　格希格都仁（兼，蒙古族）

　　　　赵永智（—2019.3）　贺晓宇（—2019.3）

鄂托克前旗妇女联合会

简介　旗妇联是旗委领导的全旗妇女群众组织。内设办公室、组宣部(网络信息传播中心)、妇女发展联络部、权益部、家庭和儿童工作部、妇女儿童工作委员会办公室、妇女儿童培训中心(党建办公室)等7个部室。核定编制7名,其中行政编5名、事业编2名;实有在职职工8人(中共党员7名),其中在编6人、辅助性岗位1人、雇佣工1人。

领导机构

党支部

书　记　白英兰(女,蒙古族)

行　政

主　席　白英兰

副主席　折　睿(女)　格日乐(女,蒙古族)
魏文娟(兼,女)　萨如拉(兼,女,蒙古族)
苏雅拉其木格(兼,女,蒙古族)
陈　霞(兼,女)

协　会

妇联妇女民族手工艺协会联合党支部

书　记　白英兰

女企业家协会

会　长　叶俊梅(女)

鄂托克前旗残疾人联合会

简介　旗残疾人联合会隶属旗委管理的残疾人事业团体。内设办公室、康复部、教育就业部、组织联络部4个部室,下设残疾人康复中心和残疾人劳动就业服务所。核定编制8名,其中行政编8名(预借2名),事业编2名;实有在职职工14人,中共党员6名。

领导机构

党　组

书　记　呼吉图(蒙古族,2019.1—)

成　员　崔海青(2019.3—)　花　尔(女,蒙古族)

行　政

理事长　呼吉图(2019.1—)

副理事长　崔海青(2019.3—)　花　尔

鄂托克前旗工商业联合会

简介　旗工商联属旗委统战部管理的工商界组成的人民团体和民间商会。内设办公室、经济部、会员部、党建办4个股室。核定事业编制7名;实有在职职工10人(中共党员3名),其中在编在岗7人、辅助性岗位1人、政府雇佣工2人。

领导机构

党　组

书　记　马西巴雅尔(蒙古族,2019.3—)
千哈斯(蒙古族,—2019.3)

成　员　王云山(2019.3—)　刘　捷

行　政

主　席　王云山(2019.3—)

副主席　刘　捷　高玉梅(女,2019.3—)

鄂托克前旗科学技术协会

简介　旗科协内设办公室,核定事业编制7名,实有在职职工8人,中共党员6名。

领导机构

党支部

书　记　叶锋雄

行　政

主　席　叶锋雄

副主席　伊拉图(蒙古族,2019.3—)　赵敬宁(女)

鄂托克前旗文学艺术界联合会

简介　旗文联是全旗文学艺术工作者的群众组织。内设办公室、杂志编辑部、组联部3个股室。设作家协会、摄影家协会、民间文艺家协会、书法家协会、音乐家协会、舞蹈家协会6个协会。核定行政编制4名,实有在职职工9人,中共党员6名。

领导机构

党支部

书　记　赛音吉日嘎拉(蒙古族)

行　政

主　席　赛音吉日嘎拉

副主席　阿日古娜(女,蒙古族,2019.3—)

王仙丽(女,2019.11—)

协　会

作家协会

会　长　扎·哈达

摄影家协会

会　长　任志堂

民间文艺家协会

会　长　巴音格西格

书法家协会

会　长　阿拉腾斯迪

舞蹈家协会

会　长　祁金鹏

音乐家协会

会　长　宝音满达

鄂托克前旗红十字会

简介　旗红十字会为正科级群团参公事业单位。内设办公室,核定事业编制7名,实有在职职工12人,中共党员5名。

领导机构

党　组

书　记　李建勋(2019.1—)

成　员　曹志刚(2019.3—)

额尔登其其格(女,蒙古族,2019.10—)

党支部

书　记　辛永泉(蒙古族,—2019.1)

曹志刚(2019.3—)

行　政

副会长　李建勋(常务,2019.1—)

辛永泉(常务,—2019.1)

副会长　那仁森格尔(蒙古族,—2019.10)

额尔登其其格(女,2019.10—)

副监事　曹志刚(2019.3—)

【政府部门】

鄂托克前旗发展和改革委员会

简介　旗发展和改革委员会是旗人民政府综合职能部门。于2019年3月机构改革正式更名为鄂托克前旗发展和改革委员会。同时,将原科技职能划出,将粮食监管和应急物资储备、铁路民航管理职能划入。发改委内设综合办公室、国民经济规划股、农村牧区经济工作股、固定资产投资与产业股、价格收费管理与监审认证股、社会事业股、基础产业与铁路民航股、粮食与物资储备股、行政审批股等9个股室,下设社会信用管理中心1个二级单位。核定编制23名,其中行政14名、事业9名;实有在职职工37人,中共党员24人。

领导机构

党　组

书　记　布仁巴雅尔(蒙古族,2019.3—)

罗建勋(—2019.3)

成　员　王治玺　薛彩虹(女)　吕俊祥(2019.11—)

乌云花(女,蒙古族)

赛音毕力格(蒙古族,—2019.11)

额尔登格日乐(女,蒙古族,—2019.11)

行　政

主　任　布仁巴雅尔(2019.3—)　罗建勋(—2019.3)

副主任　王治玺　薛彩虹　吕俊祥(2019.11—)

赛音毕力格(—2019.11)

二级单位

社会信用管理中心

负责人　额尔登图

鄂托克前旗财政局

简介　旗财政局属旗人民政府组成部门。根据全旗机构改革工作方案及财政局"三定"规定,删减"负责全旗农业综合开发管理工作"职责,人员编制及职能职责划转至旗农牧局。下设旗非税收入管理局和旗国库集中支付中心2个副科级二级单位,敖勒召其镇、上海庙镇、城川镇、昂素镇4个基层财政所;内设办公室、预算股、国库股等9个股室。财政系统核定编制82名,其中行政14名、事业68名(财政所专项编制19名);实有干部职工127人(中共党员53名),其中正式职工63人、辅助性岗位5人、雇用工47人,临时工12人。

领导机构

党　组

书　记　阿有希(蒙古族)

成　员　孟金良(蒙古族)　吴宝泉(蒙古族)
叶志强(蒙古族,2019.3—)
袁飞雄(2019.3—)
于迎春(女,蒙古族,—2019.3)

行　政

局　长　阿有希

副局长　孟金良　吴宝泉　叶志强(2019.4—)

二级单位

国库支付中心

主　任　高　丽(女,2019.3—)
巴音孟克(蒙古族,—2019.3)

非税收入管理局

局　长　德力格玛(女,蒙古族)

鄂托克前旗农牧业局

简介　旗农牧局是旗人民政府组成部门。挂牌鄂托克前旗扶贫开发办公室1个单位,内设办公室、种植业股、养殖业股、产业发展与经济合作股、人居环境工作股、兽医股、法规股(行政审批股)、农畜产品质量安全监管股、现代农牧业建设管理股、农牧信息管理股10个股室。下设鄂托克前旗农牧和水务综合执法局、鄂托克前旗动物疫病预防控制中心、鄂托克前旗扶贫开发中心、鄂托克前旗农牧业综合开发中心、鄂托克前旗农机服务中心、鄂托克前旗农村牧区人居环境工作站、鄂托克前旗农村牧区合作经济和产业发展站、鄂托克前旗经济作物工作站、鄂托克前旗农畜产品质量安全检测站、鄂托克前旗农业农机技术推广站、鄂托克前旗畜牧和水产工作站、鄂托克前旗农业种子管理站12个二级单位。全局核定编制118名,其中行政编14名、事业编104名;实有在职职工146人(中共党员48名),其中正式职工102人、辅助性岗位9人、政府雇佣工35人,具有中级以上职称47人、占总人数的42%。

领导机构

党总支

书　记　奇阿日并(蒙古族)

副书记　冒万胜

委　员　斯　旺(蒙古族)　娜顺其木格(女,蒙古族)
孟克巴雅尔(蒙古族)　伊利其(女,蒙古族)
杜美荣(女)

党　组

书　记　奇阿日并

成　员　白俊峰(2019.1—)　庞晓敏(女,2019.3—)
冒万胜(2019.3—)
纪　念(蒙古族,2019.3—)
杨　飞(—2019.3)

行　政

局　长　奇阿日并(2019.1—)

副局长　白俊峰(2019.1—)　庞晓敏(2019.3—)
冒万胜(2019.3—)　杨　飞(—2019.3)

挂牌单位

鄂托克前旗扶贫开发办公室

主　任　白俊峰(2019.1—)

二级单位

扶贫开发中心

主　任　冯　宇(2019.11—)

动物疫病预防控制中心

主　任　娜顺其木格(2019.3—)

农牧业综合开发中心

主　任　陈晓慧

畜牧和水产工作站

站　长　孟克巴雅尔

农业农机技术推广站

站　长　鲁金辉

农业种子管理站

站　长　李莲香

经济作物工作站

站　长　高树海

农畜产品质量安全检测站

站　长　刘向东

农村牧区合作经济和产业发展站

站　长　布拉格

农村牧区人居环境工作站

站　长　李莲香

鄂托克前旗农机服务中心

简介　旗农机服务中心隶属旗农牧局。核定事业编制 8 名,实有在职职工 5 人,中共党员 2 人。

领导机构

主　任　梁挨贵

鄂托克前旗农牧和水务综合执法局

简介　旗农牧和水务综合执法为旗农牧业局所属相当正科级公益一类事业单位,核定事业编制 15 名,实有职工 14 人,中共党员 7 名。

领导机构

党支部

书　记　崔淑栋

行　政

局　长　崔淑栋

副局长　沙如拉(女)　张继宁(2019.4—)
张广斌(2019.4—)　王新芳(—2019.4)
李　明(—2019.4)

鄂托克前旗民政局

简介　旗民政局属旗人民政府组成部门。机关内设综合办公室、综合业务一股、综合业务二股 3 个股室,下设城乡低保办(副科建制)、殡葬管理所和中心敬老院 3 个二级事业单位,协管慈善总会办公室 1 个单位。核定编制 19 名,其中行政 6 名、工勤 2 名、事业 11 名(敬老院 4 名、低保办 6 名、殡馆所 1 名);实有在职职工 29 人(中共党员 13 名),其中在编在岗 20 人、同工同酬人员 1 人、辅助性岗位工作人员 1 人、政府雇佣工及三支一扶和西部志愿者 7 人。

领导机构

党　组

书　记　杨生俊

成　员　高　娃(女,蒙古族,2019.4—)　万文英
李树平(—2019.11)

行　政

局　长　杨生俊

副局长　高　娃(2019.4—)　李树平(—2019.11)

二级单位

城乡最低生活保障办公室

主　任　额尔登其其格(—2019.11)

殡葬管理所

所　长　都日雅乐

中心敬老院

院　长　塔　娜

协管单位

鄂托克前旗慈善总会

会　长　孙有君

鄂托克前旗退役军人事务局

简介　旗退役军人事务局于 2019 年 1 月 31 日正式挂牌成立;按照机构改革工作要求,根据市委、市政府批准的《鄂托克前旗机构改革方案》,整合民政局、人社局、人武部等单位相关职责新组建成立,为旗人民政府组成部门。核定行政编制 5 名、事业编制 8 名,设局长 1 名,副局长 2 名,主任科员 1 名,内设办公室、综合业务室两个内设机构,下辖退役军人服务中心 1 个事业单位;实有干部职工 13 人,党员 8 名。

领导机构

党　组

书　记　赵建刚

成　员　杨文峰

行　政

局　长　赵建刚

副局长　阿日贡高娃(女,蒙古族)　杨文峰

鄂托克前旗水利局

简介　旗水利局是鄂托克前旗人民政府工作部门。内设办公室、水利建管股、水资源管理和河湖管理股（行政审批股）、水土保持股。下辖股级建制二级单位4个：水利工程质量监督站、水土保持工作站、大沟湾水库管理所、防汛抗旱服务站。核定编制33名，其中行政编制8名，工勤编1名，事业编制24名；实有在职在编人员33人，中共党员20人。

领导机构

党　组

书　记　边　杰（2019.1—）

成　员　阿拉腾都西（蒙古族）　杨　波（2019.11—）
赛音毕力格（蒙古族，2019.11—）
闫保智（—2019.11）　赵治军（—2019.10）

行　政

局　长　奇　军（蒙古族，2019.1—）

副局长　阿拉腾都西　赛音毕力格（2019.11—）
闫保智（—2019.11）　赵治军（—2019.10）

二级单位

大沟湾水库管理所

所　长　奇子明

防汛抗旱指挥部办公室

主　任　叶　芳

水利工程质量监督站

站　长　傅　华

水土保持工作站

站　长　斯庆格日勒

鄂托克前旗教育体育局

简介　旗教育体育局属旗人民政府组成部门。内设办公室、人事股、计划财务股、教育股、学校安全管理股、教育督导室、资助管理中心、组宣室、招生办、体卫艺股、基建办、德育办、家庭教育指导中心、信息中心、语委办、民教股、幼教股、体育活动中心18个股室。下设二级单位23个（均为事业单位），局直属教研中心和电教中心2个单位。机关核定编制18个，其中行政10个、事业8个，实有在职职工59人，中共党员23名。

领导机构

党　组

书　记　哈　达（蒙古族）

成　员　吉雅图（蒙古族）　浪　腾（女，蒙古族）
李星宇

行　政

局　长　哈　达

副局长　郭翠琴（女）　吉雅图　李星宇

二级单位

教研中心

主　任　敖特根巴雅尔

电教中心

主　任　乌云娜

体育活动中心

负责人　邵思丽

资助中心

主　任　李　军

中　学

校　长　刘文榜

民族职业高中

校　长　闫·纳音太

蒙古族中学

校　长　敖特根斯仁

实验小学

校　长　张彦东

蒙古族希望实验小学

校　长　朝格图

敖勒召其海军希望小学

校　长　高保平

上海庙学校

校　长　孙文成

昂素完全小学

校　长　杨伊拉图

城川完全小学

校　长　邵雪波

汉族幼儿园

园　长　张向红

蒙古族幼儿园

园　长　哈斯其木格

教育幼儿园

园　长　刘永梅

上海庙民族幼儿园

园　长　娜图雅

昂素幼儿园

园　长　哈斯图雅

城川幼儿园

园　长　姬晓艳

第三幼儿园

园　长　徐生梅

三段地幼儿园

园　长　那　顺

青少年学生校外活动中心

主　任　那　顺

青少年学生校外活动中心幼儿园

园　长　那　顺

人口早期教育指导中心

主　任　娜布庆花

鄂托克前旗交通运输局

简介　旗交通运输局属旗人民政府组成部门。内设办公室、规划建设股、行政审批股、安全生产监督管理办公室4个股室。下设公路工程管理站、公路管理段、交通运输综合执法局3个二级单位。机关核定编制11名，其中行政编在编7人、空编1名；工勤编在编2人，空编1名。单位实有在职职工31人（中共党员15名），其中在编在岗17人，辅助性岗位2人，雇用工12人。

领导机构

党　组

书　记　边子文

成　员　杨永晨（蒙古族）　段春生

　　　　吕俊祥（—2019.11）

行　政

局　长　边子文

副局长　段春生　杨永晨　吕俊祥（—2019.11）

二级单位

交通运输综合执法局

局　长　梁建军

公路工程管理站

站　长　刘建军

地方公路管理段

段　长　张　军

鄂托克前旗交通运输综合执法局

简介　旗交通运输综合执法局隶属旗交通运输局。内设办公室、执法大队、执法监察室、财务室4个股室。核定事业编制19人，辅助性岗位1人；实有干部职工34人（其中在编16人、辅助性岗位1人、雇用工17人），中共党员9人。

领导机构

党支部

书　记　梁建军

行　政

局　长　梁建军

鄂托克前旗文化和旅游局

简介　旗文化和旅游局为旗人民政府组成部门。内设办公室、文化事业股、文化产业股、信息宣传中心、计财股、广播影视股、文化遗产保护管理股、市场管理股、创研室、党建室、游客集散中心等11个股室，下设乌兰牧骑、文化馆、图书馆、文管所等4个二级单位。系统核定总编制76名，其中行政编7名、事业编68名、工勤编1名；实有在职职工76人（中共党员41名），其中机关8人、二级单位68人。

领导机构

党　组

书　记　李云龙

成　员　陈崇阳　宋俊宝（2019.3—）

　　　　郭逸文（女 2019.11—）

行　政

局　长　李云龙（2019.1）

副局长　陈崇阳　宋俊宝（2019.3—）

　　　　郭逸文（2019.11—）

查　干（蒙古族 2019.3—）

二级单位

乌兰牧骑

队　长　祁金鹏

文化馆

馆　长　斯日布

图书馆

馆　长　贺希格图

文物保护管理所

所　长　张旭梅

鄂托克前旗文化旅游综合执法局

简介　旗文化旅游综合执法局是在旗文化市场综合执法大队的基础上，整合文化旅游广电局、民族宗教事务局全部执法职能及教育体育局中关于体育方面相关执法职能及执法队伍，为公益一类事业单位。核定事业编制 16 名，实有干部职工 15 人，党员 8 名。

领导机构

党支部

书　记　高治国

行　政

局　长　高治国

副局长　计　凯　辛红霞（女，2019.11—）
　　　　张　蕾（2019.3—）
　　　　塔　娜（女，蒙古族，2019.3—）

鄂托克前旗工信和科技局

简介　旗工信和科技局是旗人民政府综合经济部门，2019 年政府机构改革挂鄂托克前旗商务局牌子。内设办公室、工业经济运行管理股、中小企业管理股、信息化股、科学技术股、商务股等 5 个股室。核定编制 22 名，其中行政编 10 名、事业编（节能监察中心）12 名；实有在职职工 22 人，中共党员 12 名。

领导机构

党　组

书　记　贾向兵

成　员　王仁成　王　庆（蒙古族，2019.4—）

行　政

局　长　贾向兵

副局长　边对成　王仁成　王　庆（2019.4—）

鄂托克前旗能源局

简介　旗能源局于 2019 年 1 月 31 日正式挂牌成立。内设综合办公室、煤炭股、石油天然气股、电力和新能源股、综合管理股 5 个股室，设煤炭安全生产监管综合执法局（副科级建制事业单位）及能源风险防控中心（股级建制事业单位）2 个事业单位。核定机关行政编制 9 名、事业编制 24 名，实有在职职工 88 人，党员 15 名。

领导机构

党　组

书　记　阿拉腾乌拉（蒙古族，2019.1—）

成　员　胡彬山（2019.3—）　王润祥（2019.3—）
　　　　阿日宾朝克图（蒙古族，2019.3—）

行　政

局　长　阿拉腾乌拉（2019.1—）

副局长　胡彬山（2019.3—）　王润祥（2019.3—）
　　　　阿日宾朝克图（蒙古族，2019.3—）

二级单位

能源风险防控中心

主　任　史晓燕（2019.5—）

鄂托克前旗煤炭安全生产监管综合执法局

简介　旗煤炭安全生产监管综合执法局为旗能源局所属副科级事业单位。核定事业编制 8 名，实有干部职工 6 人，中共党员 2 名。

领导机构

局　长　纪彦虎（2019.3—）

鄂托克前旗应急管理局

简介　鄂托克前旗应急管理局属旗人民政府组成部门。下设安全生产监管综合执法局和应急救援中队 2 个副科级事业单位，内设办公室、综合业务股、应急指挥办公室、宣教考务股 4 个股室。核定编制 42 名，其中行政编制 9 名、事业编制 33 名，实有职工 40 人，党员 10 名。

领导机构

党　组

书　记　孙树元（2019.1—）　赵建刚（—2019.1）

成　员　杨增德（2019.10—）

图格莫（蒙古族，2019.10—）

杨红涛（蒙古族，—2019.10）

行　政

局　长　孙树元（2019.1—）　赵建刚（—2019.1）

副局长　吴振祥　杨增德（2019.10—）

图格莫（2019.10—）　杨红涛（—2019.10）

鄂托克前旗安全生产监管综合执法局

简介　按照《鄂托克前旗机构编制委员会关于印发鄂托克前旗安全生产监管综合执法局机构编制“五定”方案的通知》（鄂前机编发〔2017〕52 号）要求，经鄂托克前旗 2017 年第一次编委会议研究决定，将鄂托克前旗安全生产执法大队更名为鄂托克前旗安全生产监管综合执法局，为副科级事业单位，2019 年 5 月 8 日正式挂牌，核定编制 24 名，实有工作人员 12 人（其中科级领导 1 名、事业编 11 人），中共党员 1 名。

领导机构

局　长　邵文雷（2019.4—）

鄂托克前旗司法局

简介　旗司法局属旗人民政府组成部门。内设办公室、政治警务室、依法治旗和普法室、公共法律服务管理室、行政执法协调管理室、行政复议应诉室、社区矫正室、人民参与和促进法治室 8 个机构；有敖勒召其司法所、上海庙司法所、昂素司法所、城川司法所 4 个派出机构；有旗公证处、旗法务中心 2 个二级单位。核定编制 30 名，其中政法专项编 24 名，工勤编 6 名。实有在职职工 46 人（中共党员 25 名），其中占司法专项编制 24 人、工勤编制 6 人、雇佣工 2 人、辅助性岗位 8 人、退伍军人安置 3 人、社区民生志愿者 2 人、西部计划志愿者 1 人；公证处有工作人员 3 名，其中公证员 1 名、内勤 1 名；律师事务所合伙律师 3 名。

领导机构

党　组

书　记　米海云

成　员　邵海金　张雁凌（女）

阿木尔格西格（蒙古族，2019.6—）

行　政

局　长　米海云

副局长　邵海金　张雁凌

阿木尔格西格（2019.6—）

派出机构

敖勒召其司法所

所　长　刘　军

上海庙司法所

所　长　哈斯朝鲁门

城川司法所

所　长　萨日娜

昂素司法所

所　长　图孟巴雅尔

所属单位

鄂托克前旗公证处

主　任　杨建平

鄂托克前旗法务中心

主　任　燕世荣

行业管理单位

内蒙古大略律师事务所

主　任　陈培林

鄂托克前旗人力资源和社会保障局

简介　旗人力资源和社会保障局属旗人民政府组成部门。下设鄂托克前旗就业服务局、鄂托克前旗社会保险事业管理局、劳动保障综合执法局 3 个二级单位；内设办公室、事业单位管理股、劳动和社会保障综合办公室、组宣室、仲裁院等 5 个股室（院）。核定编制 24 名，其中行政编 8 名、事业编 13 名、工勤编 3 名；实有在职职工 42 人，中共党员 22 名。

领导机构

党　组

书　记　胡毕斯哈拉图（蒙古族）
成　员　杨文世　薛金娜（女）　马学忠（2019.3—）
行　政
局　长　胡毕斯哈拉图
副局长　杨文世　薛金娜　马学忠（2019.3—）
　　　　万志刚（—2019.3）

鄂托克前旗就业服务局

简介　旗就业服务局隶属旗人力资源和社会保障局，属参公事业单位，内设办公室、失业保险股、培训中心、职业介绍所、创业担保贷款中心5个股室，核定行政编制4名、事业编制6名，实有在职职工18名，党员11名。

领导机构
党支部
书　记　毛建富（2019.4—）
　　　　孟根其木格（女，蒙古族，—2019.3）
行　政
局　长　毛建富
副局长　孟根其木格（—2019.3）

鄂托克前旗社会保险事业管理局

简介　旗社会保险事业管理局隶属旗人力资源和社会保障局，副科级建制。内设综合业务股、稽核审计股、城乡居民养老保险业务股、财务股、办公室、退管办和机关事业养老保险股等7个股室。核定编制16名，其中行政编1名，事业编15名；实有在职职工21人，党员5人。

领导机构
党支部
书　记　李鸿飞
行　政
局　长　乌力吉木仁（蒙古族）

鄂托克前旗劳动保障监察综合执法局

简介　旗劳动保障监察综合执法局隶属旗人力资源和社会保障局，为相当副科级公益一类事业单位。核定事业编制8名，实有在职职工14人，中共党员6名。

领导机构
局　长　马革命（蒙古族）

鄂托克前旗医疗保障局

简介　旗医疗保障局于2019年1月组建成立，正科级建制，属旗人民政府组成部门。内设综合办公室、综合业务室2个股室，医疗保障服务中心1个二级单位。核定编制21名，其中行政编5名、事业编16名；实有工作人员23人，党员9名。

领导机构
党支部
书　记　敖特根稍（女，蒙古族）
行　政
局　长　辛永泉（2019.1—）
副局长　敖特根稍（2019.4—）　关　林（2019.4—）

鄂托克前旗住房和城乡建设局

简介　旗住房和城乡建设局是旗人民政府组成部门，为正科级建制，挂旗人民防空办公室牌子。内设综合办公室、建筑工程管理股、安全质量和住房保障监督管理股、城乡建设管理股、人防股5个股室。核定行政编制9名，实有工作人员44人，党员16名。

领导机构
党　组
书　记　秦友国
成　员　召日格图（蒙古族）　张　平（2019.4—）
　　　　巴图张嘎（蒙古族，2019.3—）
　　　　许广亮（2019.11—）
　　　　敖特根稍（女，蒙古族，—2019.3）
　　　　杨占峰（—2019.7）
　　　　伊拉图（蒙古族，—2019.4）
　　　　巴图巴根（蒙古族，—2019.1）
行　政
局　长　秦友国
副局长　召日格图　张　平（2019.4—）
　　　　慕斌武（—2019.4）　伊拉图（—2019.1）
　　　　巴图巴根（—2019.1）
人防办

主　任　秦友国（2019.7—）　伊拉图（—2019.4）

鄂托克前旗城市管理综合执法局

简介　2019年，根据市编办关于调整各旗区城市管理综合执法局机构性质和隶属关系的文件要求，撤销城乡建设管理综合执法大队，实行局队合一，将鄂托克前旗城市管理行政执法局更名为鄂托克前旗城市管理综合执法局，隶属于旗住房和城乡建设局，为独立运行正科级事业单位。核定事业编制20名，实际配备工作人员39名，其中雇佣工19名，协管1人，中共党员14名。

领导机构

党支部

书　记　任　鹏

行　政

局　长　任　鹏

副局长　李瑞亭　孙建平（2019.11—）
　　　　阿荣娜（女，蒙古族，2019.11—）
　　　　热德那（—2019.3）

鄂托克前旗园林绿化管理局

简介　旗园林绿化管理局直属旗住房和城乡建设局，为副科级一类公益事业单位。核定事业编制18名，实有在编在岗工作人员15人，中共党员8名。

领导机构

党支部

书　记　鱼克奇（2019.4—）
　　　　马西巴雅尔（蒙古族，—2019.4）

行　政

局　长　鱼克奇

副局长　郭　娜（女）　马西巴雅尔（—2019.4）

鄂托克前旗环境卫生管理局

简介　旗环境卫生管理局为旗住房和城乡规划建设局所属相当副科级事业单位，内设3个股室，分别为环卫一所、二所以及办公室，核定事业编制12名，实有在职职工25人，中共党员9名，聘用环卫一线工作人员274人。

领导机构

党支部

书　记　石　斌（2019.7—）

行　政

局　长　石　斌（2019.6—）

副局长　巴德玛（女，蒙古族，—2019.11）

鄂托克前旗市场监督管理局

简介　旗市场监督管理局属旗人民政府组成部门。内设办公室、行政审批股、企业股信用监督管理股、市场广告监督管理股、价格监督检查和公平交易股、药械保化监督管理股、餐饮服务监督管理股、食品生产流通监督管理股、质量计量标准化监督管理股、特种设备安全监察股、知识产权发展和保护股11个股室，下设敖勒召其市场监督管理所、上海庙市场监督管理所、昂素市场监督管理所、城川市场监督管理所4个基层市场监督管理所；分设鄂前旗市场监督管理综合执法局1个直属一级正科级事业单位；产品质量计量检测所、食品药品检验检测中心2个股级直属事业机构。核定编制36名，其中行政15名、工勤、事业21名；实有在职职工93人，中共党员39人。

领导机构

党总支

书　记　苏占前

委　员　额尔登图（蒙古族，—2019.3）
　　　　杨晓琴（女）　罗志军　段永利

行　政

局　长　苏占前

副局长　杨晓琴　罗志军　段永利
　　　　额尔登图（—2019.3）

二级单位

敖勒召其市场监督管理所

所　长　王丽萍

上海庙市场监督管理所

所　长　王素梅

昂素市场监督管理所

所　长　乌日斯哈勒

城川市场监督管理所

所　长　张彦河

直属机构

产品质量计量检测所

所　长　东　风

食品药品检验检测中心

主　任　阿木吉亚

鄂托克前旗市场监督管理综合执法局

简介　旗市场监督管理综合执法局为旗市场监督管理局直属正科级公益一类事业单位。内设综合办公室、党建法规室和综合执法中队 3 个机构。核定事业编制 30 名;实有在职职工 22 人,中共党员 10 名。

领导机构

党支部

书　记　郝树明

行　政

局　长　郝树明

副局长　阿拉腾巴格那(蒙古族,2019.4—)
　　　　呼日乐珠拉(蒙古族,2019.4—)
　　　　高兆伟(2019.4—)　崔海青(—2019.4)
　　　　脑日布斯仁(蒙古族,—2019.4)
　　　　嘎尔迪(蒙古族,—2019.4)

鄂托克前旗林业和草原局

简介　旗林业和草原局是主管全旗林业和草原工作的政府职能部门。下设生态保护中心、资源林政管理站、森防站、林业和草原工作站。核定编制 68 名,其中行政编 8 名,事业编 60 名;有在职职工 74 人(党员 42 人),其中在岗在编 52 人,雇用工 7 人,辅助性岗位 13 人,同工同酬 2 人。

领导机构

党　组

书　记　秦岭峰

成　员　马啸林　党瑞军　张彦东
　　　　娜　仁(女,蒙古族)

行　政

局　长　秦岭峰

副局长　党瑞军　娜　仁

二级单位

生态保护中心

主　任　张彦东

林业和草原工作站

站　长　布仁吉雅

资源林政管理站

站　长　马玉平

森林病虫害防治检疫站

站　长　朝乐孟图雅

鄂托克前旗森林公安局

简介　旗森林公安局隶属旗林业局,副科级建制。内设办公室、政工室、法制室、后勤装备室、纪检警务督察队、警务信息通讯管理指导中心、刑警队、森林资源保卫队 8 个股室,下设森林派出所 4 个。实有警力近 30 人,中共党员 16 人。

领导机构

党支部

书　记　王永平(2019.9—)
　　　　那贡达来(蒙古族,—2019.9)

行　政

副局长　高　荣　王永平

鄂托克前旗统计局

简介　鄂托克前旗统计局是旗人民政府组成部门。下设 4 个直属事业单位(农调队、城调队、企调队、电子计算机站)和 5 个股、室、中心(办公室、国民经济综合核算股、综合业务统计股、固定资产投资统计股、统计设计管理与执法监督股)。核定编制 15 名,其中行政编 8 名,事业编 7 名;实有在职职工 22 人,中共党员 7 名。

领导机构

党　组

书　记　刘树国

成　员　乌荣花(女,蒙古族)

行　政

局　长　刘树国

副局长　高　彦(女)　乌荣花

直属单位

城调队

队　长　庞民军

企调队

队　长　邵文起

鄂托克前旗信访局

简介　旗信访局依据《鄂托克前旗委办公室 旗人民政府办公室关于印发〈鄂托克前旗机构改革实施意见〉的通知》设立，为旗人民政府工作部门。核定编制12名，其中行政5名、事业7名；实有在职职工15人，中共党员6名。

领导机构

局　长　柳　鹏

副局长　脑日布斯仁（蒙古族，2019.4—）

　　　　许颖杰（2019.4—）

鄂托克前旗审计局

简介　旗审计局直属旗人民政府。内设办公室，经济责任审计办，财政金融外资审计办，固定资产投资审计办，行政事业及专项审计办5个股室，下设数据审计信息中心二级事业单位1个，副科级建制。核定行政编制9名，工勤编制1名，事业编制8名，实有在职职工75人（中共党员12人），其中在编在岗14人、辅助性岗位2人，政府雇用工、三支一扶、就业见习生人员35人，临聘专业技术人员24人。

领导机构

党　组

书　记　乌云娜（女，蒙古族）

成　员　贺晓明　伊哈达（蒙古族）

行　政

局　长　乌云娜

副局长　贺晓明　伊哈达

鄂托克前旗卫生健康委员会

简介　旗卫生健康委员会为旗人民政府组成部门。挂鄂托克前旗蒙中医药管理局和鄂托克前旗爱国卫生运动委员会办公室牌子。内设办公室、行政审批股、疾控妇幼股、基层卫生股、蒙中医药管理股、爱国卫生运动管理股6个股室，下设财务集中核算中心、医管办、健康教育所、计划生育协会4个机构。核定行政编制10名，事业编17名，工勤编1名，实有干部职工37人，中共党员17人。

领导机构

党　组

书　记　陈　昭

成　员　苗生刚　乌仁花儿（女，蒙古族）

　　　　乌松花（女，蒙古族）

　　　　阿拉腾达来（蒙古族 2019.4.3—）

行　政

主　任　陈　昭

副主任　苗生刚　乌仁花儿　阿拉腾达来（2019.4—）

二级单位

旗人民医院

院　长　朱旭丽

旗蒙医综合医院

院　长　巴图毕力格（2019.6—）

旗疾病预防控制中心

主　任　高胜东

旗妇幼保健计划生育服务中心

主　任　边晓亮（—2019.1）

基层医疗卫生机构

敖镇社区卫生服务中心

主　任　祁金云（—2019.7）　白　忠（2019.7—）

上海庙镇社区卫生服务中心

主　任　白　忠（—2019.7）　曹东鹏（2019.7—）

城川镇中心卫生院

院　长　冯治宇（—2019.8）　呼柏德（2019.8—）

昂素镇中心卫生院

院　长　巴嘎那

三段地卫生院

院　长　田步芳

布拉格卫生院

院　长　阿日雅扎布

珠和卫生院

院　长　布音乌力吉

二道川卫生院

院　长　曹东鹏(—2019.7)　祁金云(2019.7—)

毛盖图卫生院

院　长　乌云格日乐

鄂托克前旗卫生计生综合监督执法局

简介　旗卫生计生综合监督执法局成立于2017年8月，是鄂托克前旗卫生健康委员会所属副科建制公益一类事业单位。核定编制15名(副科级领导1名)，实有干部职工13人，中共党员4名。

领导机构

局　长　呼毕斯哈拉图(蒙古族，2019.4—)
　　　　乌东格日乐(女，蒙古族，—2019.1)

鄂托克前旗自然资源局

简介　旗国土资源局2019年1月因机构改革组建旗自然资源局，将旗国土资源局的职责，以及旗发展和改革局的组织编制主体功能区规划职责、旗住房和城乡规划建设局的城乡规划管理职责、旗水务和水土保持局的水资源调查和确权登记管理职责、旗农牧业局的草原资源调查和确权登记管理职责、旗林业局的森林、湿地等资源调查和确权登记管理职责，相关机构的测绘管理职责等整合，为旗政府组成部门。内设办公室、调查监测确权登记股、规划股、开发利用管理股4个机构，下属二级事业单位不动产登记中心、规划审验中心、自然资源所、土地收储整理中心、矿产资源管理所5个。共核定行政编8名、事业编制33名，工勤编制1个。实有干部职工64人，中共党员30名。

领导机构

党　组

书　记　王建平(2019.7—)

成　员　苏雅拉(女，蒙古族，2019.7—)　米新文
　　　　冯青雨

行　政

局　长　王建平(2019.7—)

副局长　苏雅拉(2019.7—)　孙建华(—2019.7)

派出机构

上海庙镇自然资源所

所　长　牛玉林

敖镇自然资源所

所　长　高凤叶

城川镇自然资源所

所　长　吴世臻

昂素镇自然资源所

所　长　布　和

二级事业单位

不动产登记中心

主　任　柳艳敏

土地收储整理中心

主　任　朱继艳

矿产资源管理所

所　长　卢　伟

鄂托克前旗规划审验中心

简介　旗规划审验中心于2019年3月15日依据《鄂托克前旗机构改革协调小组关于职责划转人员转隶和事业单位隶属关系调整的通知》要求，由旗住房和城乡建设局所属调整为鄂托克前旗自然资源局，股级事业单位。核定事业编制3名，实有在职职工6人，中共党员2人。

领导机构

主　任　宝音图

鄂托克前旗民族事务委员会

简介　旗民族事务委员会是主管全旗民族宗教蒙古语文工作的政府部门，根据《鄂托克前旗机构改革实施意见》的通知要求，已将原旗民族宗教事务局的宗教事务职责划转至旗委统战部。下设综合办公室、蒙古语文工

作办公室2个股室。核定编制8名，其中行政编6名、工勤编2名；实有在职职工21人（中共党员10名），其中在编在岗8人、辅助性岗位3人、同工同酬3人、雇佣工7人。

领导机构

党　组

书　记　郝比斯哈拉图（蒙古族）

成　员　巴德玛（蒙古族，2019.11—）

阿登嘎（蒙古族，2019.11—）

呼尔查（蒙古族，—2019.3）

哈斯巴嘎那（蒙古族，—2019.11）

行　政

主　任　郝比斯哈拉图

副主任　巴德玛（2019.11—）　阿登嘎（2019.11—）

哈斯巴嘎那（—2019.11）

原鄂托克前旗民族宗教事务局

党　组

书　记　郝比斯哈拉图

行　政

局　长　郝比斯哈拉图

副局长　呼尔查（—2019.3）　吴金鹰（—2019.3）

哈斯巴嘎那（—2019.3）

鄂托克前旗政务服务局

简介　2019年1月31日正式挂牌成立鄂托克前旗政务服务局，为正科级建制，是鄂托克前旗人民政府工作部门。内设综合办公室和综合业务室2个股室。核定行政编制5名，其中科级领导职数3名（1正2副），共有工作人员5人，其中局长1名，副局长2名，副主任科员2名。

领导机构

党　组

书　记　韦世海

行　政

局　长　韦世海

副局长　罗彦鹏（2019.4—）　韩　帅

鄂托克前旗党务政务服务中心

简介　2013年7月成立旗人民政府政务服务中心，2017年4月更名为鄂托克前旗政务服务中心，2018月7月25日成立鄂托克前旗党务政务服务中心，2019年1月为隶属于旗政务服务局的公益一类事业单位。核定领导职数3名（1正2副），事业编制4人，同工同酬3人，雇佣工2人，外派技术人员1名；政府购买公共服务人员14人。中共党员共48人（党工委党员40人、机关党支部党员8个）。

领导机构

党工委

书　记　李海云（2019.4—）

副书记　余　佳（女）　图格莫（蒙古族）

行　政

主　任　李海云（2019.4—）

副主任　余　佳（女）　康占锋（2019.4—）

鄂托克前旗大数据中心

简介　旗大数据中心为旗人民政府直属相当正科级事业单位。内设办公室、规划标准股、数据资源股、信息系统建设运维股四个股室，核定事业编制10名，实有在职职工30人，其中在编在岗2人、雇用工22人、同工同酬2人、三支一扶1人，党员4名。

领导机构

党支部

书　记　马银河

行　政

主　任　马银河

副主任　曹国栋（2019.4—）

李　刚（蒙古族，2019.4—）

李建军（—2019.11）　张红艳（女，—2019.4）

鄂托克前旗住房保障和物业管理中心

简介　旗住房保障和物业管理中心为正科级事业单位。内设办公室、住房保障办、房地产市场开发、物业办、房改办和供热管理办公室等6个职能股室（中心）。核定事业编制 7 名，实有在职职工 25 人，中共党员 9 名。

领导机构

党支部

书　记　巴图巴根(蒙古族)

行　政

主　任　巴图巴根

副主任　谢佳佳(女，2019.4—)

鄂托克前旗供销合作社

简介　旗供销社是全额拨款事业单位，为公益一类参照公务员法管理事业单位。核定事业编制 7 名，其中管理岗位 5 名、专业技术岗 2 名；实有在职职工 8 人，中共党员 4 名。

领导机构

党支部

书　记　阿木尔(蒙古族)

行　政

主　任　阿木尔

副主任　史伟彬　布仁吉日嘎(蒙古族)

【镇村机构】

鄂托克前旗敖勒召其镇

简介　敖勒召其镇内设党政综合办公室、基层党的建设办公室、乡村振兴办公室、社会事务办公室、平安建设办公室、城市管理办公室 6 个党政机构，党群服务中心、综合执法局、综合保障和技术推广服务中心 3 个相当于副科级公益一类事业单位，纪检监督室、财政所、自然资源所、司法所 4 个旗直派出机构。下辖塔班陶勒盖嘎查、查干巴拉嘎苏嘎查、乌兰道崩嘎查、敖勒召其嘎查、伊克乌素嘎查、大沙头村、三道泉子村、三段地村、马场井村、漫水塘村、洪山塘村、巴郎庙村等 12 个嘎查村，三段地社区、乌兰社区、满都拉社区、春苑社区、育才社区、赛罕社区、巴音社区等 7 个社区。核定编制 100 名，其中行政编 40 名，事业编 60 名，实有在职职工 161 名，中共党员 84 名。

领导机构

中共敖勒召其镇委员会

书　记　关　平

副书记　额尔登毕力格(蒙古族，2019.3—)

王金前(2019.3—)

阿拉腾乌拉(蒙古族，—2019.1)

政法书记　王金前(2019.3—)

人武部长　张永军

纪委书记　哈斯巴嘎那(蒙古族，2019.3—)

王金前(—2019.3)

组织委员　盛良玉(女，2019.3—)　张永瑞(—2019.3)

宣传委员　刘　芳(女，2019.11—)

辛红霞(女，—2019.11)

党委委员　(其他)张海钢(2019.3—)、乌宁奇(蒙古族，2019.3—)、薛承河(—2019.3)、娜亚(女，蒙古族，—2019.1)、席海英(2019.3—2019.9)

敖勒召其镇人民代表大会

主　席　张海钢(2019.3—)　薛承河(—2019.3)

敖勒召其镇人民政府

镇　长　额尔登毕力格(2019.3—)

阿拉腾乌拉(—2019.1)

副镇长　张永军　乌宁奇

阿古拉(蒙古族，2019.3—)

娜　亚(—2019.1)　席海英(—2019.9)

二级单位

敖勒召其镇综合执法局

局　长　罗鹏怀(2019.8—)

指导员　梁　庚(2019.11—)　罗鹏彦(—2019.8)

嘎查村民委员会

塔班陶勒盖嘎查

党支部书记　德力格尔

委员会主任　彭振空

监委会主任　朝乐门

查干巴拉嘎苏嘎查

党支部书记　赛乌力吉

委员会主任　那顺吉日嘎拉

监委会主任　吴生祥

乌兰道崩嘎查

党支部书记　那仁满都呼
委员会主任　张锦东
监委会主任　张　权

敖勒召其嘎查

党支部书记　李建功
委员会主任　巴　图
监委会主任　王道芳

伊克乌素嘎查

党支部书记　苏治兵
委员会主任　苏治兵
监委会主任　杨敖特根

大沙头村

党支部书记　李　瑛
委员会主任　杨文清
监委会主任　吴占江

三道泉子村

党支部书记　乔存富
委员会主任　乔存富
监委会主任　许彦成

三段地村

党支部书记　徐志强
委员会主任　王晓明
监委会主任　张锦虎

马场井村

党支部书记　王彦豹
委员会主任　王彦豹
监委会主任　陈　岗

漫水塘村

党支部书记　陈　云
委员会主任　曹彦平
监委会主任　杨培军

洪山塘村

党支部书记　官峰山
委员会主任　官峰山
监委会主任　吕占银

巴郎庙村

党支部书记　庞振乾
委员会主任　庞振乾
监委会主任　马树江

社区居民委员会

三段地社区

党支部书记　李耀杰
委员会主任　李耀杰
监委会主任　官清云

乌兰社区

党支部书记　达布希拉图
委员会主任　刘　军
监委会主任　樊富田

满都拉社区

党支部书记　邬　琼
委员会主任　邬　琼
监委会主任　年振奎

春苑社区

党支部书记　苏占霞
委员会主任　苏占霞
监委会主任　武刚刚

育才社区

党支部书记　付晓婷
委员会主任　赵　霞
监委会主任　王红霞

赛罕社区

党支部书记　李　娜
委员会主任　李　娜
监委会主任　王艳军

巴音社区

党支部书记　王丽霞
委员会主任　王图娅
监委会主任　刘治龙

鄂托克前旗敖勒召其镇综合执法局

简介　镇综合执法局于 2017 年 4 月 10 日经旗人民政府批准成立。内设综合办公室、法制宣教股和执法一中队、二中队、三中队 5 个股室(队)。核定事业编制 18 人，实有在职职工 18 人，中共党员 8 名。

领导机构

局　长　罗鹏怀(2019.8—)

指导员　梁　庚（2019.11—）　罗鹏彦（—2019.8）

鄂托克前旗上海庙镇

简介　上海庙镇党委、人民政府设置党政综合办公室、基层党的建设办公室、乡村振兴办公室、社会事务办公室、平安建设办公室、城市管理办公室6个党政机构；党群服务中心、综合保障和技术推广中心、综合行政执法局3个事业单位和财政所、纪检监察室、矿区搬迁补偿安置办公室3个镇直部门。下辖八一村、水泉子村、沙章图村、阿勒台嘎查、哈沙图嘎查、公乌素嘎查、芒哈图嘎查、陶利嘎查、拜图嘎查、特布德嘎查、乌提嘎查11个嘎查村和长城花园社区、布拉格社区、上海庙社区3个社区。核定行政编制34名，在编在岗27人；核定事业编制52名，在编在岗40人；实有在职职工134名（中共党员48名），其中政府雇用工71人，大学生村官9人。

领导机构

中共上海庙镇委员会

书　记　柳天云

副书记　巴音孟克（蒙古族，2019.3—）
　　　　马旭耀（—2019.10）

纪检书记　呼吉乐图（蒙古族）

组织委员　吕占鹏（2019.3—）

宣传委员　薛　英（女，2019.10—）

党委委员　（其他）布仁巴特尔（蒙古族，2019.3—）
　　　　　王建林　贺晓宇（2019.3—）

上海庙镇人民代表大会

主　席　布仁巴特尔（2019.3—）

上海庙镇人民政府

镇　长　巴音孟克（2019.3—）

副镇长　王建林　嘎尔迪（蒙古族，2019.3—）
　　　　贺晓宇（2019.3—）　孙世峰（2019.3—）

二级单位

上海庙镇综合执法局

局　长　曹　永

指导员　黄向阳

上海庙镇党群服务中心

负责人　蒋世强

上海庙镇综合保障和技术推广中心

主　任　巴雅尔图

嘎查村民委员会

八一村

党支部书记　曹玉昆

副　书　记　蒋泽华

村委会主任　曹玉昆

监委会主任　姬满贵

水泉子村

党支部书记　谢志军

村委会主任　黄志富

监委会主任　王世成

沙章图村

党支部书记　罗鹏怀

村委会主任　刘占山

监委会主任　刘轶奎

阿勒台嘎查

党支部书记　阿拉腾乌都

村委会主任　阿拉腾乌都

监委会主任　娜　仁

哈沙图嘎查

党支部书记　苏米雅

村委会主任　热希那木扎拉

监委会主任　那音巴雅尔

公乌素嘎查

党支部书记　查布仁吉日嘎拉

村委会主任　乌宁吉日嘎

监委会主任　乌东斯仁

芒哈图嘎查

党支部书记　贡达来

村委会主任　乌日根达来

监委会主任　钢特木尔

陶利嘎查

党支部书记　蒋玉林

村委会主任　蒋玉林

党支部副书记　徐有胜

监委会主任　李海清

拜图嘎查

党支部书记　斯仁旺扎拉
村委会主任　苏和巴特尔
监委会主任　赛西雅拉图
特布德嘎查
党支部书记　那顺朝格
村委会主任　赵伟
监委会主任　特木尔
乌提嘎查
党支部书记　希尼毕力格
村委会主任　王建国
监委会主任　德木其格

社区居民委员会

长城花园社区
党支部书记　王占福
委员会主任　王占福
监委会主任　孙世江
布拉格社区
党支部书记　阿日并吉日嘎拉
委员会主任　韩志鹏
监委会主任　郝忠林
上海庙社区
党支部书记　王建林
委员会主任　张启龙
监委会主任　张美林

鄂托克前旗上海庙镇综合执法局

简介　上海庙镇综合执法局于2017年8月14日经旗人民政府批准成立。核定事业编制22名，实有职工18人，中共党员3名。

领导机构

局　长　曹　永
指导员　黄向阳

鄂托克前旗城川镇

简介　城川镇内设党政综合办、机关事务中心、党群部、外宣办、纪检监察室、综治办、财政所、油气协调办、城乡建设办、农牧业服务中心、禁牧办、水利站、农牧区综合管理办、民政办、社保所、城管办、交通管理办、计生办、扶贫办、食安办、文化站、司法所、土地管理所、农畜产品质量安全监管监测站等24个股室。下辖大沟湾村、大场子村、苏坝海子村、大发村、城川嘎查、糜地梁嘎查、希里嘎查、新寨子嘎查、敦达图嘎查、黄海子村、高潮畔村、章昂希里村、羊场壕村、巴彦希里嘎查、巴彦希泊日嘎查、克珠日嘎查、乌定希泊日嘎查、阿日勒嘎查、克泊日嘎查、伊克柴达木嘎查、呼和陶勒盖嘎查、哈日色日嘎查、珠拉图嘎查、麻黄套村、大池村、二道川村、克珠日村、呼芦素淖日村、马鞍桥村等29个嘎查村，二道川社区、城川社区、珠和社区等3个社区。核定编制51名，其中行政25名、事业26名；实有在职职工120人，中共党员47名。

领导机构

中共城川镇委员会
书　记　尤建庆
副书记　额尔登毕力格（蒙古族，—2019.4）
　　　　热德那（蒙古族，2019.4—）
　　　　冬　季（蒙古族，—2019.4）
政法书记　冬　季（—2019.4）
纪委书记　伊拉图（蒙古族）
人武部长　胡彬山（—2019.4）
组织委员　思军宇（2019.4—）
宣传委员　焦鸿艳（女，2019.4—）
党委委员　（其他）樊　波　刘燕飞
　　　　　马旭耀（2019.4—）　薛海军（—2019.4）
城川镇人民代表大会
主　席　马旭耀
城川镇人民政府
镇　长　热德那
副镇长　樊　波　刘燕飞　张海东　王　伟

二级单位

城川镇综合执法局
局　长　李锦贤
指导员　裴彦强

嘎查村民委员会

呼和陶勒盖嘎查
党支部书记　呼和牧仁

村委会主任　呼和牧仁
监委会主任　巴雅尔芒来

呼芦素淖日村

党支部书记　薛永军
村委会主任　戴继刚
监委会主任　白永军

伊克柴达木嘎查

党支部书记　吉日嘎拉图
村委会主任　召日格图
监委会主任　胡日查布勒德

大池村

党支部书记　徐　军
村委会主任　许永军
监委会主任　张双虎

黄海子村

党支部书记　王有军
村委会主任　王有军
监委会主任　胡志旺

新寨子嘎查

党支部书记　蒋仲奇
村委会主任　张占华
监委会主任　马言山

二道川村

党支部书记　王建华
村委会主任　孙树兵
监委会主任　项云富

章昂希里村

党支部书记　马飞盛
村委会主任　马飞盛
监委会主任　张孝伟

克泊日嘎查

党支部书记　特德布
村委会主任　特德布
监委会主任　巴音孟克

巴彦希泊日嘎查

党支部书记　张　雄
村委会主任　苏雅拉
监委会主任　郝发元

苏坝海子村

党支部书记　刘燕飞
村委会主任　白　杨
监委会主任　谢治强

阿日勒嘎查

党支部书记　斯庆扎布
村委会主任　斯庆扎布
监委会主任　布音达来

城川嘎查

党支部书记　布拉格
村委会主任　崔庆晓
监委会主任　高建平

哈日色日嘎查

党支部书记　巴音吉日嘎拉
村委会主任　巴音吉日嘎拉
监委会主任　尤建奇

克珠日村

党支部书记　刘小刚
村委会主任　张海峰
监委会主任　王有录

敦达图嘎查

党支部书记　郭建平
村委会主任　郭建平
监委会主任　秦晓丽

珠拉图嘎查

党支部书记　德吉日夫
村委会主任　斯仁道尔计
监委会主任　格西格

大场子村

党支部书记　石锦平
村委会主任　付永林
监委会主任　白自珍

马鞍桥村

党支部书记　白志明
村委会主任　白志明
监委会主任　郭凤祥

糜地梁嘎查

党支部书记　贺文涛

村委会主任　贺文涛
监委会主任　王志祥

大发村

党支部书记　宋占祥
村委会主任　刘培峰
监委会主任　何子俊

克珠日嘎查

党支部书记　赛音吉日嘎拉
村委会主任　赛音吉日嘎拉
监委会主任　特古斯德力格

乌定希泊日嘎查

党支部书记　伊拉图
村委会主任　伊拉图
监委会主任　乌宁其

高潮畔村

党支部书记　王世平
村委会主任　王世平
监委会主任　樊建新

大沟湾村

党支部书记　白怀业
村委会主任　刘汉忠
监委会主任　屈占贤

羊场壕村

党支部书记　李文成
村委会主任　高斌波
监委会主任　张鹏军

巴彦希里嘎查

党支部书记　张凤材
村委会主任　达布希拉图
监委会主任　康占祥

麻黄套村

党支部书记　胡双山
村委会主任　胡双山
监委会主任　韦　元

希里嘎查

党支部书记　乌仁其木格
村委会主任　乌仁其木格
监委会主任　乔占玺

社区居民委员会

珠和社区

党支部书记　乌　拉
村委会主任　乌　拉
监委会主任　陈利祥

二道川社区

党支部书记　宝鲁德
村委会主任　康海飞
监委会主任　李有平

城川社区

党支部书记　曹春宏
村委会主任　李海亮
监委会主任　邢海臻

鄂托克前旗城川镇综合执法局

简介　城川镇综合执法局于2017年4月10日经旗人民政府批准成立。承担城川镇全部行政执法职能，将全镇29个嘎查村、3个社区行政区域划分为4个综合行政执法范围，分别由4个执法中队负责禁牧、休牧、城乡建设、土地开垦、安全生产等20项综合执法任务。内设综合办公室、法制宣教股和执法一中队、二中队、三中队、四中队6个股室（队）。核定事业编制22人，实有在职职工13人，中共党员5名。

领导机构

局　长　李锦贤
指导员　裴彦强

鄂托克前旗昂素镇

简介　昂素镇下设党政综合办公室、基层党的建设办公室、乡村振兴办公室、社会事务办公室、平安建设办公室、综合保障和技术推广中心、纪检室。下辖昂素社区、毛盖图社区、玛拉迪社区3个社区，巴彦乌素嘎查、昂素嘎查、哈日根图嘎查、玛拉迪嘎查、巴彦呼日呼嘎查、克仁格图嘎查、巴彦柴达木嘎查、毛盖图嘎查、苏力迪嘎查、巴彦乌珠日嘎查、巴彦希里嘎查、库伦嘎查、乌兰胡舒嘎查、明盖嘎查、沙日胡舒嘎查、阿日赖嘎查16个嘎查村。核定行政编制32名、事业编制56名，实有在职职工154名，中共党员78名。

领导机构

中共昂素镇委员会

书　记　热　希(蒙古族)

副书记　冯春花(女)　张埃锁

政法委书记　张埃锁

纪委书记　张海军

人武部部长　李　明

组织委员　达布希拉图(蒙古族)

宣传委员　乌松花(女，蒙古族)

党委委员　(其他)乌云娜(女，蒙古族)

昂素镇人民代表大会

主　席　孟克毕力格(蒙古族)

昂素镇人民政府

镇　长　冯春花

副镇长　乌云娜　李　明　张　景　赵英杰

二级单位

昂素镇综合执法局

局　长　哈斯巴图

指导员　哈斯牧仁

昂素镇党群服务中心

主　任　敖日格勒图(兼任)

昂素镇综合保障和技术推广服务中心

主　任　宝斯尔(兼任)

嘎查村民委员会

昂素嘎查

党支部书记　苏雅拉其其格

村委会主任　达楞巴雅尔

监委会主任　呼格吉拉图

巴彦柴达木嘎查

党支部书记　塞西雅拉图

村委会主任　呼格吉勒图

监委会主任　布音伊布格勒

巴彦呼日呼嘎查

党支部书记　朝格吉勒脑日布

村委会主任　苏日塔拉图

监委会主任　赛希雅拉图

哈日根图嘎查

党支部书记　敖特根孟克

村委会主任　森　格

监委会主任　巴图巴嘎那

巴彦乌素嘎查

党支部书记　哈斯其劳

村委会主任　斯庆毕力格

监委会主任　布音陶格陶胡

苏力迪嘎查

党支部书记　乌兰苏雅拉

村委会主任　苏雅乐图

监委会主任　嘎日迪

玛拉迪嘎查

党支部书记　阿拉腾乌拉

村委会主任　阿拉腾乌拉

监委会主任　萨如拉

毛盖图嘎查

党支部书记　青克勒道尔吉

村委会主任　青克勒道尔吉

监委会主任　陈玉治

克仁格图嘎查

党支部书记　图孟吉日嘎拉

村委会主任　阿希达

监委会主任　吉日格勒图

巴彦希里嘎查

党支部书记　道格图其木格

村委会主任　道格图其木格

村监委主任　呼格吉勒图

乌兰胡舒嘎查

党支部书记　巴音特古斯

村委会主任　巴音特古斯

监委会主任　朝格吉

圐圙嘎查

党支部书记　乌云娜

村委会主任　吉日嘎拉达来

监委会主任　达楞浩雅尔

巴彦乌珠日嘎查

党支部书记　杜世强

村委会主任　杜世强

监委会主任　康　峰

沙日胡舒嘎查

党支部书记　吉日木图

村委会主任　吉日木图

监委会主任　巴音庆克勒

明盖嘎查

党支部书记　牧　仁

村委会主任　牧　仁

监委会主任　达布希拉图

阿日赖嘎查

党支部书记　巴图那顺

村委会主任　孟克吉仁嘎

监委会主任　布仁道格陶呼

社区居民委员会

昂素社区

党支部书记　常那道尔吉

居委会主任　那顺吉日嘎拉

监委会主任　查干夫

玛拉迪社区

党支部书记　阿日斯浪

居委会主任　阿日斯浪

监委会主任　李进国

毛盖图社区

党支部书记　苏雅拉格日乐

居委会主任　苏雅拉格日乐

监委会主任　曹宝牛

昂素镇综合执法局

简介　昂素镇综合执法局于2017月8组建。下设综合办、村镇规划建设审批办、法制股、指挥中心(监督检查股)等业务股室4个;设立执法机构1个,由3个执法中队组成。核定事业编制22名;实有在职职工19人,党员3名。

领导机构

局　长　哈斯巴图(蒙古族)

指导员　哈斯木仁(蒙古族)

【垂直管理单位】

城川民族干部学院

简介　城川民族干部学院于2017年6月22日经内蒙古自治区机构编制委员会《关于设立城川民族干部学院的批复》批准设立。学院内设办公室、组织人事科、财务科、教务科、总务科、培训一科、培训二科、党史党建教研室、民族理论与政策教研室、信息网络中心、现场教学联络中心、图书资料中心等12个科室,核定事业编制80名,其中,处级领导职数3名(1正2副),实配55名,内设科级领导职数30名(12正18副)。面向社会公开招聘专职教师20名,讲解员30名。学院在编人员共55人,其中党员29人、全日制硕士研究生13人、大学本科34人。

领导机构

行　政

院　长　高　鹏

副院长　刘树泉　唐达来(蒙古族)

纪检组长　周永宏

机关党委

书　记　唐达来

副书记　纪　雄　綦晓君

成　员　鱼克玺　李长霖　其格勒　敖斯琴

国家税务总局鄂托克前旗税务局

简介　鄂托克前旗税务局设置内设办公室、法制股、税政一股、税政二股、社会保险费和非税收入股、收入核算股、纳税服务股、征收管理股、风险管理股、财务管理股、人事教育股11个股室。派出机构4个,其中第一税务分局(办税服务厅)、第二税务分局为副科级建制,城川镇税务所、昂素镇税务所为股级建制。设置信息中心事业单位1个。核定编制72名,其中行政编66名、工勤编5名、事业编1名。实有在职职工94人,中共党员36名。

领导机构

党　委

书　记　付来斌

副书记　谢文平　王建东
委　员　高　鹏　韦世强　任巨岿　闫保安
　　　　孙向阳　刘　斌　吴志功
行　政
局　长　付来斌
副局长　谢文平　高　鹏　韦世强　任巨岿
　　　　闫保安　孙向阳　刘　斌
派出机构
第一税务分局(办税服务厅)
局　长　布　录
第二税务分局
局　长　赵　伟
城川镇税务所
所　长　高彦军(2019.6—)　赵　凯(—2019.6)
昂素镇税务所
所　长　道尔吉

鄂托克前旗气象局

简介　旗气象局属科技型、基础公益型事业单位，是国家气象观测站。内设综合管理科、防灾减灾科2个管理科室，下设气象台和气象灾害防御中心2个直属事业单位。核定编制12名，其中行政4名，事业8名；实有在职职工11人(中共党员5名)，其中高级职称2人、中级职称4人。
领导机构
党支部
书　记　谢金民(蒙古族)
行　政
局　长　谢金民
副局长　聂松花(女)　刘先锋(—2019.9)
二级单位
气象台
台　长　崔　彩(女)

鄂尔多斯市生态环境局鄂托克前旗分局

简介　2019年1月21日根据鄂托克前旗旗委办公室、旗人民政府办公室印发的《鄂托克前旗机构改革实施意见》文件，不再保留旗环境保护局，并于2019年4月26日根据鄂尔多斯市委办公室、市人民政府办公室印发的《鄂尔多斯市生态环境局职能配置、内设机构和人员编制规定的通知》，正式挂牌为鄂尔多斯市生态环境局鄂托克前旗分局，下设生态环境监察大队和生态环境监测站2个二级单位。核定编制12名，其中行政5名、事业6名、工勤1名；实有在职职工52人，中共党员17名。
领导机构
党　组
书　记　吕勋映
成　员　肖润晟　斯日古楞(蒙古族)
行　政
局　长　吕勋映
副局长　肖润晟　斯日古楞
二级单位
环境监察大队
队　长　卢治忠
环境监测站
站　长　蒋世国(—2019.10)

鄂尔多斯市鄂托克前旗公共资源交易中心

简介　旗公共资源交易中心挂鄂尔多斯市政府采购中心鄂托克前旗分中心牌子，为市公共资源交易综合管理办公室所属正科级事业单位。内设办公室、政府采购部、建设工程部、产权交易部、结算审核部5个部室。核定事业编制7名，实有在职职工10人(中共党员6名)，其中在编在岗7人、雇用工3人。
领导机构
党支部
书　记　呼吉勒图(蒙古族)
行　政
主　任　呼吉勒图
副主任　王胜军

鄂尔多斯市公安局交通管理支队 鄂托克前旗大队

简介　旗交管大队隶属鄂尔多斯市公安局交通管理支队，正科级建制。实有警力147人，中共党员29名。

领导机构

党支部

书　记　张　勇

副书记　马海军

行　政

大队长　张　勇

教导员　马海军

副队长　李永升

鄂尔多斯市消防救援支队 鄂托克前旗消防救援大队

简介　旗消防救援大队隶属鄂尔多斯市消防救援支队，下辖中队1个，实有消防指战员43人，中共党员15名。

领导机构

党　委

书　记　姬晨光

副书记　李降龙

委　员　孟济东　万　毅　牛　磊

行　政

教导员　姬晨光

大队长　李降龙

鄂尔多斯市住房公积金管理中心 鄂托克前旗管理部

简介　旗住房公积金管理部直属鄂尔多斯市住房公积金管理中心。内设办公室和业务大厅；核定事业编制4名，实有在职职工8人，中共党员3人。

领导机构

党小组

组　长　赵海乐

行　政

主　任　赵海乐

副主任　吴治林

鄂尔多斯市公路管理局 鄂托克前旗公路管理工区

简介　旗公路管理工区直属鄂尔多斯市公路管理局。内设综合办公室、财务股、安全生产技术股、纪检监察室、路政大队5个股室，代管鄂尔多斯市公路管理局敖勒召其超限检测站，下设布拉格、敖镇、珠和、城川、巴音乌珠、敖勒召其六个公路养护管理站。实有在职职工24人，中共党员19名。

领导机构

党支部

书　记　杨世林

行　政

主　任　杨世林

副主任　呼子义　王宁宇（2019.5—）

　　　　周增强（—2019.5）

鄂尔多斯市道路运输管理局 鄂托克前旗分局

简介　旗运管分局隶属鄂尔多斯市道路运输管理局。内设安全管理科、政策法规科、客运管理科、财务科、人事宣传教育科、纪检监察室、办公室、货运管理科、工会9个科室，下设上海庙运管所和城川运管所；实有在职职工5人、协管员15人，中共党员5名。

领导机构

党支部

书　记　杜凌云（蒙古族）

委　员　钟兵强　格西吉日嘎拉（蒙古族）

行　政

局　长　杜凌云

副局长　钟兵强

中国人民银行鄂托克前旗支行

简介　中国人民银行鄂托克前旗支行内设综合办公室、纪检监察审计室、综合业务部、金融管理部、保卫部5个部门，实有工作人员20人，中共党员10名。

领导机构

党　组

书　记　高双全

成　员　高奋成　彭　英　李树洋

行　政

行　长　高双全

副行长　高奋成　彭　英

纪检组　李树洋

鄂尔多斯电业局鄂托克前旗供电分局

简介　旗供电分局设置6个职能部室、22个生产单位，共有正式员工157人(中共党员69名)，劳务工137人。

领导机构

党支部

书　记　史培峰

行　政

局　长　项智平

副局长　史培峰　高耀平　朱　璐　田玉锋

鄂托克前旗烟草专卖局

简介　旗烟草专卖局(营销部)隶属鄂尔多斯市烟草专卖局(公司)，正科级建制，内设综合办公室、客户服务部、专卖监督管理股、内部专卖监督管理股4个股室，核定事业编制15名，实有在职职工人19人，中共党员13人。

领导机构

党支部

书　记　马晋宝(2019.11—)　辛富华(—2019.8)
　　　　王飞龙(2019.8—2019.11)

副书记　赵　军(2019.8—)　余　杰(—2019.8)

行　政

局　长　王飞龙(2019.8—2019.11)
　　　　辛富华(—2019.8)

副局长　马晋宝(2019.11—)

副经理　王　涛(2019.6—)

中共地方委员会

综述

【概况】 中国共产党鄂托克前旗委员会以习近平新时代中国特色社会主义思想为指导，深入学习贯彻中共十九大和中共十九届二中、三中、四中全会精神，认真学习贯彻习近平总书记关于内蒙古工作的重要讲话重要指示批示精神，围绕年初确定的目标任务，打基础、谋长远、促发展，高效推动经济社会各项事业协调并进。2019 年，全旗完成地区生产总值 135.3 亿元，同比增长 4.7%；公共财政预算收入 11.9 亿元，同比增长 12.4%；固定资产投资 58.6 亿元，同比增长 4.8%；社会消费品零售总额 25.4 亿元，同比增长 4.8%；城乡居民人均可支配收入分别达 47855 元和 20519 元，分别增长 6.8%和 10.7%。

【政治建设】 坚持不懈推进党的政治建设，在思想上政治上行动上同以习近平同志为核心的党中央保持高度一致，增强“四个意识”，坚定“四个自信”，做到“两个维护”。认真贯彻落实中央、自治区党委和市委各项部署要求，及时召开旗委全会深入学习宣传贯彻习近平总书记参加十三届全国人大二次会议内蒙古代表团审议时重要讲话和考察内蒙古重要讲话精神，并分别制定出台贯彻落实的实施方案，真正把习近平总书记的重要讲话重要指示批示精神落实到最基层一线，贯彻到全旗经济社会全过程。深入学习贯彻党的十九届四中全会精神，旗委常委会带头开展学习研讨，在全旗范围内集中开展宣传宣讲，实时跟进部署落实，制定实施方案，努力做到学懂弄通做实。隆重庆祝新中国成立 70 周年，引领全旗党员干部和群众多角度、多层面地展示祖国 70 年来的历史变迁和辉煌成就，激发广大干部群众持之以恒推动高质量发展的信心和决心。

【党的建设】

不忘初心、牢记使命 认真贯彻新时代党的建设总要求，扎实开展“不忘初心、牢记使命”主题教育，创新开展“思想大解放、作风大改进、素质大提升、问题大解决”活动，检视出 16 个问题并有效整改，群众关心关注的 1500 多个问题落实解决，守初心、担使命成为党员干部的思想和行动自觉。

宣传思想文化 推进“两学一做”学习教育常态化制度化，牢牢掌握意识形态工作主动权，全力维护网络意识形态安全，挂牌成立 4 个文明实践所和 34 个实践站。

基层党组织建设 深化延伸智慧党建服务触角，“构建党务政务一体化服务体系，打造智慧党建升级版”荣获全区首届基层党建特色案例奖，所有嘎查村集体经济突破 5 万元以上，基层干部队伍更趋年轻化、知识化、多元化，党组织引领发展、服务群众能力有效提升。

党风廉政 扎实开展惩治腐败专项行动和“清风干部”选树活动，深入开展各领域专项治理，违纪违法案件查处率同比增长107%，全部完成上级扫黑除恶、脱贫攻坚等巡视整改问题，自治区党委专项巡视反馈问题整改率达92%，旗委巡察利剑作用充分发挥，全旗政治生态持续向好。

【三大攻坚战】 旗委常委会始终把打赢三大攻坚战作为重要政治责任，紧盯重点靶向攻坚发力，推动三大攻坚取得实质性进展。

重大风险防控 全年化解政府隐性债务10.2亿元，完成年度化债任务的167.6%，其中“十个全覆盖”直接相关债务全部化解，清偿拖欠民营企业账款6.7亿元，超额完成年度清欠任务，坚决守住风险底线。

精准脱贫 “两不愁三保障”得到根本解决，累计投入2796万元，不断加大精准帮扶力度，重点强化易地搬迁产业配套和就业帮扶，持续推进“百企帮百村”行动，“十项清零”全部达标，2014年以来的666户1759名建档立卡贫困人口全部脱贫，全旗贫困发生率趋近于零。

污染防治攻坚 饮用水水源地水质达标率100%，空气质量达标天数保持在310天以上，污染防治综合考核在全市名列第一。完成林业草原生态建设3.66万公顷，森林资源保护发展问题整改全部完成，2个村入选国家森林乡村，被水利部评为节水型社会建设达标旗县。

【科学民主】 旗委常委会始终坚持不懈加强自身建设，旗帜鲜明讲政治、顾大局、促发展，坚守为民初心、履行使命任务。认真贯彻民主集中制，带头严于律己、清正廉洁，主动联系群众、改进作风，不断强化学习、调查研究，更加注重从全局和战略层面谋划全旗各领域工作，观大势、定大局、谋大事，不断增强领导发展、驾驭改革、把握全局能力，努力履行好领导责任和示范责任。

【经济发展】 坚持发展第一要务不动摇，加快转型、创新发展，不断赢得新的发展机遇。

工业 上海庙煤炭储配交易中心销售额突破3亿元，巴愣、新上海1号等6个煤矿获得国家发改委核准，盛鲁电厂即将实现并网发电，国电双维、北方长城、神华国能3个电厂全部获得核准并加速推进，华星煤制气通过国家环评审核，单晶硅、碳化硅等战略性新兴产业项目快速推进，煤炭、煤化工、天然气产量分别达1484万吨、102万吨、42亿立方米，以煤为基、延长链条、多元转化的发展格局正在形成。

农牧业 全年投入4000多万元优化农牧业产业结构，新发展林果经济1667公顷，新增蔬菜种植面积1337公顷，优质良种覆盖率达到100%。鄂尔多斯高原冷菜产业示范基地、供港蔬菜交易中心等特色产业项目快速推进。新引育壮大4家龙头企业，136家合作组织辐射带动8000多户农牧户实现户均增收近1万元。面向全国举办农商洽谈会与6家企业达成合作意向，“鄂托克前旗羊肉”评定为中国农业（博鳌）论坛指定用品，“鄂尔多斯高原冷菜”等“净”字品牌亮相南方市场，产地直供、面向全国市场的供销体系正在成为现实。

红色产业 城川红色拓展基地具备实训条件，红色教育集训中心等红色产业项目加快推进，红色研学内容更加丰富多样，58个研学点、120个体验户和5000多名农牧民融入红色产业，累计接待培训学员19.2万人次，实现收入16亿元。马兰花草原和文化产业园获评自治区级服务业集聚区，水洞沟景区启动试运营，博盟百家旅行社搭起红色旅游与外界的桥梁，“城川寨子”系列产品入驻各大景区和研学点，“产学研销”一体化发展效益显著，全年游客接待量达125万人次，实现旅游收入38亿元。

【深化改革】 年初确定的67项改革任务全部完成，形成典型经验成果37个，经济、社会、文化、党的建设等重点领域和关键环节改革取得了阶段性成效，农村牧区集体“三资代管”“互联网+文化旅游综合执法”平台建设等示范性广、带动力强的改革任务走在了全市乃至全区的前列。在全市率先公布“马上办、网上办、就近办、一次办”事项清单223项，建成投用了投资项目“一站式”服务中心，改革成果实现全民共享，为旗域经济社会高质量发展提供了强劲动力。

【城乡建设】 旗委常委会始终坚持把增进地区发展活力、动力、竞争力作为重要抓手，支撑地区发展的环境更优、氛围更浓。基础设施建设更加完善，城镇慢行系统基本形成，集中实施一批硬化绿化亮化及立面改造工程，市政管网、水电气暖、网络通讯等基础配套设施进一步完善，城镇的功能品位不断提升。制定乡村振兴战略实施方案和5个配套方案，组建了惠民乡村产业发展公司，规划实施乡村振兴各类项目193项，全力打造乡村振兴示范嘎查村5个，超额完成户厕改造任务6451户，昂素镇污水处理厂和城川镇垃圾填埋场即将建成，人居环境整治扎实推进。交通体系更加完备，全市首个通用机场建成运营，累计载客量达1700多人次，建成农村公路238千米，城乡发展环境全面优化。全面提升园区基础保障水平，委托一流规划设计单位修编扩园调区规划，西部铁路专用线获得核准，盛鲁电厂运煤铁路专用线即将建成投用，输配水续建工程具备供水条件，渣场项目一期工程主体已完工，园区综合承载力得到进一步优化。

【民生福祉】 坚持民生优先不动摇，全年完成民生领域投入26.7亿元，占财政总支出82%，群众幸福感、满意度显著增强。

社会事业 《石榴红了》亮相人民大会堂，“三段地工委党旗”填补国家一级文物空白，蒙医综合医院即将投用，汉授高考本科上线率创历史新高，蒙古族中学正式成为内师大附中“联盟校”，第三实验小学开工建设，培育高新技术企业3家、众创空间1家，公共服务供给更为优质。

社会保障 深入实施“创业鄂前旗”行动，城镇登记失业率低至3.48%，残疾人康复中心挂牌成立，医保异地就医实时结算覆盖范围和社会救助体系全面延伸，城乡低保标准和优抚补助标准不断提高，最大限度保障困难群众的基本生活。

社会治理 创新实施“泰稳和德”社会治理品牌，社会治理工作入围2019年礼赞祖国社会治理创新典范案例，“1433”多元矛盾纠纷化解方式在全市推广，荣膺全国2019社会治理创新典范县，扫黑除恶战果丰硕，安全生产责任有效落实，信访人次和批次分别下降44.61%和55.45%，群众安全感显著增强。

【民主政治建设】 坚持党的领导、人民当家做主、依法治旗有机统一。

人大工作 不断加强党对人大工作领导，先后作出财政、金融等方面决议决定10项，着力提升“人大代表之家”和“人大代表联络站”运行实效，增强人大代表依法履职积极性和人大监督权威性。

政协工作 持续深化人民政协工作，通过整体协商、专题协商、界别协商提出各领域意见建议160多条，59件立案提案全部办结，探索设立乡镇“政协委员之家”，增进政协委员参政议政热情。

武装工作 坚持党管武装原则，深入开展全民国防教育，加快建设全市国防教育展厅，国防动员建设水平不断提高。

法治工作 深入推进依法治旗进程，成立全面依法治旗委员会，年初确定的78项工作任务全部完成，持续推进法治政府建设，依法执政、依法行政、公正司法、普法守法等各项工作取得良好成效。

统战群团工作 全力推进统战工作上水平、出成效，扎实开展民族团结进步教育，民族宗教领域存在的突出问题有效治理，系列“巾帼行动”增强妇女群众幸福感，新换届23个和新建10个基层工会夯实工会基础，“青年爱里”建设激发基层团组织活力，群团组织的桥梁纽带作用得到充分发挥，大统战工作格局巩固。

重要会议

【旗委九届十一次全会】 2019年1月16日，中国共产党鄂托克前旗第九届委员会第十一次全体会议在敖勒召其镇召开。

出席会议的旗委委员24人，候补委员3人。不是旗委委员、候补委员的旗人大、政府、政协领导，上海庙经济开发区领导班子成员，旗检察院检察长，旗纪委常委、监委委员，敖镇党委书记、城川镇镇长，旗直相关部门主要负责人列席会议。

旗委常委会主持会议。旗委书记辛晓瑞讲话。

全会以习近平新时代中国特色社会主义思想为指导，认真学习贯彻中共十九大和中共十九届二中、三中全会精神，深入学习贯彻习近平总书记关于深化党和国家机构改革的重要论述，全面贯彻落实中央关于深化地方机构改革的部署要求和自治区党委十届七次全会、市委四届八次全会精神，传达学习自治区党委审核、市委批准的《鄂托克前旗机构改革方案》，审议通过《鄂托克前旗机构改革实施意见》，部署全旗机构改革工作，旗委副书记、政府旗长布仁其木格就《实施意见(讨论稿)》向全会作了说明。

【旗委九届十二次全会】 2019 年 1 月 17 日，中国共产党鄂托克前旗第九届委员会第十二次全体会议在敖勒召其镇召开。

出席全会的有旗委委员 25 人、候补委员 4 人。旗有关领导、纪委常委、监委委员、有关方面负责人和部分市、旗党代表列席会议。

旗委常委会主持会议。旗委书记辛晓瑞，旗委副书记、政府旗长布仁其木格分别讲话。

全会以习近平新时代中国特色社会主义思想和中共十九大精神为指导，深入贯彻中央经济工作会议精神，全面落实自治区党委十届八次全会暨全区经济工作会议和市委四届七次全会暨全市经济工作会议精神，总结 2018 年工作，部署 2019 年经济工作，动员全旗上下统一思想、抢抓机遇，真抓实干、奋发有为，推动鄂前旗经济社会全面高质量发展。

【旗委九届十六次全会】 2019 年 10 月 10 日，中国共产党鄂托克前旗第九届委员会第十六次全体会议在敖勒召其镇召开。

出席全会的有旗委委员 20 人、候补委员 5 人。旗委常委会主持会议，旗委书记辛晓瑞讲话。

全会以习近平新时代中国特色社会主义思想为指导，深入学习贯彻习近平总书记考察内蒙古重要讲话精神，认真贯彻落实《内蒙古自治区党委关于贯彻落实习近平总书记考察内蒙古重要讲话精神的决定》和《鄂尔多斯市委关于贯彻落实习近平总书记考察内蒙古重要讲话精神的实施方案》精神，审议通过《鄂托克前旗委关于贯彻落实习近平总书记考察内蒙古重要讲话精神的实施方案》。

全会指出，习近平总书记考察内蒙古重要讲话，是为内蒙古现代化建设量身定制的行动纲领，与之前对内蒙古系列重要讲话重要指示精神一脉相承，共同构成了指导现代化内蒙古建设的顶层设计和战略部署。全旗各级党组织和广大党员干部要深刻领会把握习近平总书记关于内蒙古的系列重要讲话指示批示精神的思想内涵、核心要义、实践要求，始终把学习贯彻重要讲话指示批示精神作为践行“两个维护”的具体实践，以更加强烈的责任感和使命感全面抓好贯彻落实，全力推动鄂托克前旗经济社会实现更高质量发展。

【旗委九届常委会会议】 2019 年，共召开常委会会议 28 次。

第 79 次常委会 1 月 15 日召开。会议由旗委书记辛晓瑞主持，传达学习自治区、市有关会议精神，听取了旗委九届十一次全会、旗委九届十二次全会暨全旗经济工作会议、旗纪委九届四次全会、旗十届人大三次会议和政协十届三次会议筹备情况汇报，研究讨论旗委主要领导同志在旗委九届十二次全会暨全旗经济工作会议和旗纪委九届四次全会上的讲话、全旗 2019 年主要经济指标预测情况及财政预算安排、《政府工作报告》《鄂托克前旗委常委会 2018 年度民主生活会方案》《鄂托克前旗机构改革实施意见》等相关事宜。

第 80 次常委会 1 月 31 日召开。会议由旗委书记辛晓瑞主持，研究讨论《深入整治形式主义官僚主义的实施方案》《深入整治“四官”问题净化机关政治生态行动方案》和其他有关事宜。

第 81 次常委会暨中央脱贫攻坚专项巡视反馈意见整改工作领导小组会议 3 月 7 日召开。会议由旗委书记辛晓瑞主持，传达学习全区、全市“两会”精神和习近平总书记重要讲话精神，研究讨论《鄂托克前旗贯彻落实自治区扫黑除恶专项斗争督导反馈问题整改方案》《关于中央第八巡视组对自治区开展脱贫攻坚专项巡视反馈意见整改方案》《中共鄂托克前旗委常委会学习制度(试行)》，研究部署全旗安全生产和道路交通安全工作。

第 82 次常委会(扩大)会议 3 月 14 日召开。会议由旗委书记辛晓瑞主持，传达学习习近平总书记参加十三届全国人大二次会议内蒙古代表团审议时的重要讲话精神、全市组织部长暨老干部局长会议精神、全市宣传部长会议精神和全市统战部长会议精神。

第 83 次常委会 3 月 21 日召开。会议由旗委书记辛晓瑞主持，研究讨论《鄂托克前旗委常委会2019年工作要点》和干部人事调整有关事宜。

第85次常委会暨党建工作领导小组会议 4月24日召开。会议由旗委书记辛晓瑞主持，研究讨论《2019年全旗宣传思想文化工作要点》《2019年全旗意识形态工作要点》《2019年旗委理论学习中心组学习实施方案》，听取全旗宣传思想和意识形态工作汇报。

第86次常委会 4月24日召开。会议由旗委书记辛晓瑞主持，研究讨论旗委常委工作分工、成立鄂托克前旗乡村振兴产业发展有限公司（暂定名）、城川场景式教学馆建设项目、旗委议事协调机构及组成人员建议名单和干部人事有关事宜。

第87次常委会暨党建工作领导小组会议 5月21日召开。会议由旗委书记辛晓瑞主持，研究《关于开展思想再解放 笃行新发展理念 推动高质量发展大学习大讨论具体安排》《鄂托克前旗委党的建设工作领导小组2019年工作要点》《鄂托克前旗2019年度政协协商计划》《鄂托克前旗关于中央宗教工作督查反馈意见整改方案》以及2018年度旗对镇、部门领导班子和领导干部实绩考核结果及其他有关事宜。

第88次常委会 6月13日召开。会议由旗委书记辛晓瑞主持，传达学习习近平总书记在纪念五四运动100周年大会上的重要讲话精神、中央扫黑除恶督导组与内蒙古自治区党委工作通报对接会议精神和市委牛俊雁书记的批示精神，研究讨论《鄂托克前旗扫黑除恶专项斗争工作报告》《鄂托克前旗庆祝建党98周年系列活动方案》和全旗第三批"清风干部"初审名单，通报2018年市对旗"五位一体"实绩考核结果。

第89次常委会暨全旗扫黑除恶专项斗争领导小组会议 6月14日召开。会议由旗委书记辛晓瑞主持，传达习近平总书记关于开展扫黑除恶专项斗争相关批示、讲话精神，安排部署中央扫黑除恶专项督导组反馈问题整改落实工作。

第九届90次常委会 6月28日召开。会议由旗委书记辛晓瑞主持，传达学习《正确认识中美经贸斗争 集中精力办好自己的事》《关于民粹主义的有关问题》等中美经贸摩擦系列学习材料、《中共中央关于李平同志搞形式主义、官僚主义案件查处情况及其教训警示的通报》文件精神和赵乐际在市县巡察工作推进会上的讲话精神，研究讨论《鄂托克前旗委关于贯彻落实习近平总书记参加十三届全国人大二次会议内蒙古代表团审议时重要讲话精神坚定不移走以生态优先绿色发展为导向的高质量发展新路子的实施方案》《鄂托克前旗隆重庆祝中华人民共和国成立70周年群众性主题宣传教育活动实施方案》和鄂托克前旗优秀共产党员、优秀党务工作者、先进基层党组织、优秀集体表彰对象名单。

第91次常委会 7月5日召开。会议由旗委书记辛晓瑞主持，传达学习市委牛俊雁书记近期关于扫黑除恶专项斗争的批示精神，研究讨论《鄂托克前旗关于落实中央扫黑除恶第15督导组第二阶段督导反馈意见的整改方案》、民族文化博览园规划建设有关事宜。

第92次常委会（扩大）会议暨全旗农村牧区人居环境整治工作领导小组调度会会议 7月16日召开。会议由旗委书记辛晓瑞主持，传达学习习近平总书记在重庆考察时的重要讲话指示精神、自治区党委《关于脱贫攻坚专项巡视整改进展情况的通报》文件精神，听取全旗农村牧区人居环境整治工作、脱贫攻坚工作、经济运行及重大项目建设工作情况汇报，并就当前重点工作作安排部署。

第93次常委会 7月18日召开。会议由旗委书记辛晓瑞主持，传达学习习近平总书记在内蒙古考察并指导开展"不忘初心、牢记使命"主题教育时的重要讲话重要指示精神、自治区党委常委会（扩大）会议精神、市委常委会会议精神，并研究部署贯彻落实工作。

第94次常委会 8月5日召开。会议由旗委书记辛晓瑞主持，传达学习市文明委全体（扩大）会议暨文明城市创建工作推进会会议精神，研究文明创建、干部队伍管理、自治区党委第十四巡视组巡视反馈问题整改工作，听取全旗1—7月份工作情况汇报。

第95次常委会 9月12日召开。会议由旗委书记辛晓瑞主持，传达学习《中共中央办公厅关于贵州省认真贯彻习近平总书记重要指示批示精神深入开展领导干部利用茅台酒谋取私利问题专项整治情况的通报》文件精神、中央政治局第十二次集体学习会议精神、自治区党委常委会和市委常委会关于融媒体工作的决策部署以及全区媒体融合发展现场推进会议精神，研究讨论乡村振兴、旗委理论学习中心组学习、媒体深度融合发展、“不忘初心、牢记使命”主题教育、干部管理、公务员职务与职级并行等工作及其他有关事宜。

第96次常委会 9月24日召开。会议由旗委书记辛晓瑞主持，听取全旗庆祝中华人民共和国成立70周年筹备工作汇报，安排部署全旗安全生产、环境保护、食品安全、信访维稳工作，研究讨论干部人事有关事宜。

第97次常委会暨自治区党委第十四巡视组巡视鄂托克前旗反馈意见整改落实工作领导小组会议 9月26日召开。会议由旗委书记辛晓瑞主持，研究讨论全旗意识形态领域工作、“五位一体”考核有关事宜和巡视整改工作。

第98次常委会会议暨全旗扫黑除恶专项斗争领导小组会议 10月10日召开。会议由旗委书记辛晓瑞主持，传达学习习近平总书记在庆祝中华人民共和国成立70周年大会上的重要讲话、市扫黑除恶专项斗争领导小组第12次会议精神、中央及自治区关于宗教工作通报精神；听取全旗扫黑除恶、脱贫攻坚、宗教工作情况汇报；研究讨论全旗软弱涣散基层党组织整顿方案、《贯彻落实习近平总书记考察内蒙古重要讲话精神的实施方案》。

第99次常委会 10月24日召开。会议由旗委书记辛晓瑞主持，研究讨论《鄂托克前旗户外广告宣传管理办法(试行)》《鄂托克前旗新时代文明实践志愿服务礼遇办法（试行)》《关于建立健全鄂托克前旗新闻发布工作办法》《鄂托克前旗深化国有企业负责人薪酬制度改革实施方案》、全旗第五批“清风干部”名单及其他有关事宜，安排强调当前重点工作。

第100次常委会 11月7日召开。会议由旗委书记辛晓瑞主持，传达学习中共十九届四中全会精神、习近平总书记在十九届中央纪委三次全会上的讲话精神、赵乐际同志在全国巡视工作会议暨十九届中央第三轮巡视动员部署会上的讲话精神和王洪亮在自治区党委第十四巡视组巡视鄂托克前旗情况反馈会议上的讲话精神，研究讨论《鄂托克前旗委关于落实自治区党委第十四巡视组巡视反馈意见情况的报告》《鄂托克前旗防范化解重大风险总体工作方案》，听取未成年人思想道德建设工作汇报，安排部署自治区党委巡视工作领导小组第三督查组督查反馈意见整改落实工作及当前重点工作。

第101次常委会 11月20日召开。会议由旗委书记辛晓瑞主持，传达学习习近平总书记关于脱贫攻坚工作的重要指示精神，研究部署“扫黄打非”工作和宗教工作有关事宜。

第103次常委会暨党建工作领导小组会议 12月10日召开。会议由旗委书记辛晓瑞主持，传达上级有关文件精神、会议精神，研究讨论全旗意识形态领域工作、巡视整改工作和案件有关事宜。

第104次常委会(扩大)会议暨2019年度党组织书记抓基层党建述职评议会议 12月23日召开。会议由旗委书记辛晓瑞主持，听取各镇和部分旗直部门党组织书记抓基层党建工作述职，开展全旗党组织书记抓基层党建工作情况民主评议。

第105次常委会 12月24日召开。会议由旗委书记辛晓瑞主持，研究讨论《鄂托克前旗党务政务服务热线工作管理办法》、关于深化各镇改革推进基层整合审批服务执法力量实施方案和案件有关事宜。

第106次常委会 12月30日召开。会议由旗委书记辛晓瑞主持，研究讨论全旗扫黑除恶专项斗争、“三大攻坚战”工作先进集体和先进个人表彰名单，全旗2019年第六批“清风干部”公示名单，人才工作和人事有关事宜。

机关事务

【概况】 2019年，旗委办公室紧紧围绕旗委中心工作，服务全旗发展大局，坚持勤政务实，立足参谋辅政，自觉践行“两个维护”，提高“三服务”水平，实现高效率统筹协调、高水平参谋服务、高质量督促检查、高标准运行保障，有力地保障旗委各项工作的高效运转。

【党建工作】 围绕“鄂前党办·服务先锋”党建文化品牌，以讲担当、做奉献为目标，扎实推进政治思想教育，先后组织开展知识竞赛、下基层调研、到包联嘎查联动服务各类有特色的学习教育实践活动30多场次，先后邀请市委办公室、市保密局专业人员在全旗范围内开展党政系统业务培训会和保密工作专题知识讲座，切实引导党员坚定理想信念，加强理论武装，保持干事创业活力。扎实开展主题教育，先后组织集中学习12次、专题研讨5次，讲党课8次，深研细读习近平新时代中国特色社会主义思想纲要等20多个重要篇目，组织党员干部赴旗红色教育基地、拓展训练基地、廉政教育基地，深入开展现场教学、拓展训练、重温入党誓词、接受警示教育等一系列主题实践活动，进一步锤炼党性、增强信念。落实意识形态工作责任制，认真贯彻中央、自治区、市委、旗委关于加强意识形态工作的会议和文件精神，始终把意识形态工作与办公室工作同部署、同落实、同检查。将意识形态工作内容列为“三会一课”的重要内容，全年共召开意识形态集中学习和研讨15次，配备蒙、汉网络评论员2名，通过参观警示教育基地、召开专题党课报告会、参加网络评论专题讲座等培训，推动意识形态工作深入贯彻落实。加强意识形态领域情况分析研判，强化党员网络平台管理，切实形成风清气正的网络舆情环境。

【政策研究】 政策研究工作不断丰富内容，创新形式，增强实效，提升质量，编印《参考信息》16期、《工作交流》19期，为领导科学决策提供服务支撑。主动服务基层、服务群众，充分利用信息主渠道作用反映情况、解决问题、展示形象，上报高质量调研类信息30余篇、类信息800余篇，采用200余篇，信息调研工作在全区、全市持续保持前列。

【办文办会】 全面创新工作思路和举措，严格按照“文稿审核七步流程”，把好文稿的质量关、细节关、总结关，力求每篇文稿质量过硬、细节过硬，累计完成旗委和旗委领导综合文稿240多篇。按照基层减负工作要求，建立2019年文件精简台账，按月调度、监控旗委工作部门、人大、政协、法院、检察院和群团部门发文情况，严格控制发文数量，较去年同期相比减少36%。建全完善文电管理制度，规范文件发送、签收、登记、传阅、归档等各个环节，根据文电的级别、密级、急缓程度分类分夹传阅。2019年，制发各类文件181件，分发中央、自治区、市文件2039份、传阅办理各类文件709件，传阅办理旗内文件362件，未发生文件办理不及时现象。完善视频监控、防盗门窗及相关设施设备，对各类文件分类存放、及时归档，确保保存完整、查阅方便。严格按照“有件必审、有错必纠、有件必备”原则，实行前置双向审核机制，共审核各类文件101份，报备规范性文件32份，出具审查建议书21份，提出合法性审查意见44条。坚持严谨、细致、协作的工作作风，高质量完成旗委交办的各类会议服务保障任务。高效服务保障鄂尔多斯市“追寻红色印迹、传承革命精神”研学活动启动仪式、鄂托克前旗2019年上半年重大项目集中开工仪式等全区、全市、全旗性大型会议活动33次，组织旗委全会6次、旗委常委会会议25次、视频会议32次。为提高办会水平，推进全旗办公系统会务工作制度化、精细化、规范化、科学化建设，汇编《会务工作指导与实务》一书，从制度规定、会议规范、活动规范、流程规范、会务探索五部分对会务工作说明，作为会议服务保障的指导性资料，填补了全旗办公系统会务方面的空白。

【督促检查】 认真贯彻落实上级关于督查工作基层减负有关要求，制定印发《关于进一步统筹规范督查工作的通知》，进一步统筹规范督查督办工作。创新建立督办提醒机制，将重点工作、重点项目推进过程中存在的困难、问题，以提醒的方式反馈县级责任领导，及时协调解决问题，全力助推旗委重大决策部署落实。2019年，累计开展各类督查80余批次，督办旗委主要领导批示件41件、信访件21件，督办反馈网民留言6件，印发督查报告32期，编发微信快报10期，为助推决策落实、辅助领导决策提供了强有力的督查保障。

党委巡察

【概况】 2019年，旗委巡察办以习近平总书记关于巡视工作重要论述为指引，坚决贯彻落实上级巡视巡察工作新精神新要求新部署，坚持问题导向、规范开展工作，稳步推进巡察全覆盖。2019年，对16个单位党组织开展了两轮常规巡察，发现在党的领导、党的建设、全面从严治党方面问题285个，移交问题线索7件。

【常规巡察】 3月27日，启动九届旗委第五轮常规巡察，派出三个巡察组对旗住建局、人社局、统计局、民政局、审计局、发改委、供销社、科协、总工会等9个单位党组织开展巡察。巡察发现“六围绕一加强”方面问题130个，向被巡察单位反馈立行立改问题1件，向相关部门移交追责问责问题8件。9月11日，启动九届旗委第六轮巡察，派出四个巡察组对旗教育体育局、卫生健康委员会、市场监督管理局、医保局、大数据中心、推进现代服务业发展中心、房屋征收与政府工程建设管理中心7个旗直部门开展常规巡察，巡察发现“六围绕一加强”方面问题118个，向被巡察单位反馈立行立改问题10件，向相关部门移交追责问责问题6件。

【专项巡察】 按照中央、自治区党委和市委部署要求，积极推进巡嘎查村(社区)工作，九届旗委第六轮巡察时派出一个巡察组，对三道泉则村等28个嘎查村(社区)开展专项巡察，围绕党组织建设、矛盾纠纷化解、涉农涉牧项目实施、集体经济发展4类，紧盯14个重点开展巡察。发现各类问题37个，向相关部门移交追责问责问题3件，移交问题线索7件。

【督查评估】 严格执行《鄂托克前旗纪委监委和旗委组织部及旗委巡察办加强巡察整改监督检查工作制度》，加强巡察整改日常监督，实时掌握被巡察党组织整改进展情况，督促整改工作有序开展。对九届旗委第四、五轮巡察的15个单位党组织巡察反馈意见整改落实情况开展督查。九届旗委第四、五轮巡察共向15个被巡察单位反馈整改问题217个(其中立行立改问题9个，巡察反馈问题208个)，党委书记点人点事问题7个，追责问责问题18个。推动各被巡察单位修改完善制度262项，追责问责157人次，追缴资金1492.55万元(其中住建局追缴人防易地建设费1473.22万元)。对城川镇、昂素镇、农牧局、文旅广局4个单位开展巡察整改“回头看”，发现整改工作中存在问题17个，针对发现的问题要求被巡察单位限期整改。

【巡视整改】 制定自治区党委第十四巡视组反馈巡察工作专项检查意见整改方案，建立巡视整改工作问题清单、任务清单、责任清单，细化整改措施，完成自治区第十四巡视组巡察工作专项检查反馈的五个方面12个问题，以整改工作的实际成效推动巡察工作高质量发展。

【健全制度】 建立《鄂托克前旗纪委监委和旗委组织部及旗委巡察办加强巡察整改监督检查工作制度》，明确纪委监委、组织部巡察整改日常监督检查职责，确保巡察整改常态化、长效化。建立《鄂托克前旗委巡察机构与旗纪委监委有关部室和派驻纪检组加强协作配合工作制度》，通过多向互动、协作联动，推动巡察与纪检监察监督的有机结合。制定出台《鄂托克前旗巡察工作和审计工作协作配合制度》，充分发挥巡察机构和审计机关各自职能优势，推动巡察监督与审计监督深度融合，优势互补，形成监督合力。修改完善《鄂托克前旗委巡察工作领导小组工作规则(试行)》《鄂托克前旗委巡察工作领导小组办公室工作规则(试行)》《鄂托克前旗委巡察组工作规则(试行)》，进一步厘清巡察组和巡察办工作职责。结合《巡视工作条例》及上级巡视巡察办工作指导手册，编印《鄂托克前旗委巡察工作指导手册》，明确每个流程的具体要求，并形成巡察实操模板60个，提高巡察工作规范性、精准度。强化内部管理，建立《旗委巡察机构会议制度》等制度，推进规范化管理，形成靠制度管理、按制度办事的良好工作格局。

【巡察队伍建设】 积极协调核定行政编制7个，解决巡察机构没有行政编制，人编不符现象。组建由66名科级干部组成的巡察组长库和84名人员组成的巡察人才库。成立巡察数据管理中心，具体负责巡视巡察数据汇总、分析、管理、综合运用。

改革创新

【概况】 2019年，鄂托克前旗认真贯彻落实中央、自治区党委和市委关于深化改革的各项目标和要求，稳妥推进试点改革，持续深化重点改革，创新推动自选改革，一批事关全旗发展的重点领域改革取得实效，为地区高质量发展注入强劲动力。“智慧网格警务助手”手机 APP 荣获全国政法智能化建设智慧警务优秀创新案例，社会治理工作入围 2019 年礼赞祖国社会治理创新典范案例，鄂前旗多元矛盾纠纷人民调解委员会获司法部“大排查、早调解、护稳定、迎国庆”专项活动表现突出集体，科级干部“十分制”管理、农村牧区集体“三资代管”“互联网+文化旅游综合执法”平台建设、党务政务一体化服务体系等示范性广、带动力强的改革任务走在鄂尔多斯市、自治区的前列，改革成果实现全民共享。

【政治领域改革创新】 2019 年 1 月，昂素镇作为民生实事项目人大代表票决制改革试点，进行民生实事建议项目征集、初定、审议、票决，三项民生实事项目经昂素镇第三届人民代表大会第三次会议票决通过实施。1 月 16 日，旗委九届十一次全会召开，全会传达学习自治区党委审核、市委批准的《鄂托克前旗机构改革方案》，审议通过《鄂托克前旗机构改革实施意见》。1 月 31 日，按照鄂前旗机构改革部署，鄂托克前旗政务服务局、鄂托克前旗卫生健康委员会等 17 家单位相继挂牌。8 月 6 日，为深化干部人事制度改革，激励科级干部担当作为，制定印发《鄂托克前旗科级干部“十分制”管理办法》，促进科级干部管理科学化、精细化、规范化。12 月 4 日，鄂尔多斯市智慧党建工作现场会在鄂前旗召开，会议采取现场观摩、交流发言等形式进行，总结交流智慧党建工作经验，研究部署推进智慧党建的思路举措。

【纪检监察领域改革创新】 2019 年，启动九届旗委第五轮、六轮常规巡察，按照“六围绕一加强”和“五个持续”要求，对 9 个单位党组织、7 个行政事业单位和 28 个嘎查村进行常规巡察。9 月 12 日，旗监察委员会第一届特约监察员聘请会召开，聘请 6 名特约监察员。12 月 7 日，鄂前旗党风廉政建设暨纪检监察工作现场观摩会召开。12 月 10 日，鄂尔多斯市纪检监察工作现场推进会在鄂前旗召开，现场观摩旗廉政教育管理中心选址点、旗审计局、城川镇。

【经济领域改革创新】 2019 年 1 月 17 日，旗委九届十二次全会暨全旗经济工作会议召开，提出建设“三个中心”打造“三大基地”高质量发展目标。4 月 26 日，“i 前旗”智慧移动平台暨乡村振兴战略指挥平台正式上线运行。6 月，自治区首家投资项目“一站式”服务中心成立运行，涉及投资项目审批的 13 个部门、71 个事项全部进驻到位。农村集体产权制度改革稳步推进，选定农区、牧区、农牧结合区 3 种不同类型的 7 个嘎查村（敖镇巴拉庙村、三道泉子村，上海庙镇乌提嘎查，城川镇伊克柴达木嘎查，昂素镇巴彦乌素嘎查、沙日胡舒嘎查、巴彦柴达木嘎查）作为试点率先开展，并挂牌成立股份经济合作社。7 月 18 日，鄂前旗通用机场正式通航。9 月 5 日，旗林业和草原局荣获“全国生态建设突出贡献先进集体”称号。9 月 19 日，鄂前旗举行 2019 年农商洽谈会暨鄂尔多斯高原冷菜发售仪式，种植西兰花、红芥兰、白菜苔等 333.3 公顷，主要销往广东、香港等地。11 月 8 日，鄂前旗获批自治区旗县级“数字乡村”建设试点，打造综合性数字指挥调度平台和乡村振兴战略指挥平台。12 月 23 日，“鄂托克前旗牛羊肉”品牌亮相第四届中国农业（博鳌）论坛暨首届农业产业 e 论坛会。昂素镇探索农村牧区集体“三资代管”模式，先期在 7 个嘎查（社区）开展试点。

【社会服务领域改革创新】 2019 年 7 月 9 日，旗蒙古族中学与内蒙古师范大学附属中学就蒙授合作办学达成协议，蒙古族中学正式成为内师大附中“联盟校”。9 月，鄂托克前旗民族职业高中荣获“全国教育系统先进集体”称号。10 月 14 日，内蒙古农业大学与鄂前旗共建来华留学生“感知内蒙古”实践实习基地揭牌及签约仪式在鄂前旗举行。10 月 16 日，第三届全国研学旅行户外教育培训暨交流研讨活动开幕式在鄂前旗举行。

【文化领域改革创新】 2019 年 4 月 28 日，旗委宣传部被评为自治区旗县级融媒体中心建设先进单位。9 月 17 日，鄂前旗承办自治区红色旅游创新发展现场会。9 月 18−21 日，来自全国各地的 158 家博旅国际联盟旅行社负责人走进鄂前旗进行考察踩线，共同感受鄂托克前旗的红色文化、体验蒙元文化、领略草原风光。10月29日，鄂前旗水洞沟旅游景区启动仪式举行。12月7日，由旗乌兰牧骑编排的大型红色音乐剧《石榴红了》在北京人民大会堂倾情演出。

【司法领域改革创新】 2019年7月，“智慧网格警务助手”手机APP荣获全国政法智能化建设智慧警务优秀创新案例。7月30日，鄂前旗承办自治区深化警保合作推进农村牧区“两站两员”建设现场会。8月13日，鄂前旗承办鄂尔多斯市基层社会治理暨人民调解工作现场观摩会。11月18日，《内蒙古鄂托克前旗创新警务理念 打造智慧交管新亮点》论文在“新警务、新智慧、新探索”征文评选活动中荣获一等奖。12月，“全面推进新时代牧区社会治理现代化”入选第五届加强和创新社会治理成果交流典型案例，鄂前旗荣膺第五届加强和创新社会治理成果交流会“2019年社会治理创新典范旗”。12月9日，旗交管大队科技创新入选第十届国际警用装备博览会参展装备遴选。12月12日，鄂前旗多元矛盾纠纷人民调解委员会荣获鄂尔多斯市十大人民调解先进集体。

组织党建

【干部管理】 全面落实信念坚定、为民服务、勤政务实、敢于担当、清正廉洁“二十字”好干部标准，担好选贤任能重要职责，努力打造忠诚、干净、担当的干部队伍。

干部教育培训 严格落实《2018—2022年全国干部教育培训规划》和各级组织工作会议精神，紧紧围绕鄂前旗建设“三个中心”，打造“三大基地”战略布局，以教育引导党员干部开眼界、提素质、强能力为着力点，不断深化实化干部教育培训“九精准两目标”模式。制定《鄂托克前旗2019年干部教育培训主体班次计划》，全年安排政策理论与能力素养、坚定理想信念与党性提升、发展观与政绩观等12个培训专题、41期培训，推行“六制一纲”选育、“五措一网”管理、“四检一评”考评工作机制。制定出台《鄂托克前旗红色教育教学管理办法（试行）》，推行“实践教学户+实践教学点”模式，打造实践研学点54个，将红色教育课堂搬到农家牧户、田间地头，让红色教育成为推动全域旅游的“红色引擎”。采取中心组学习、双休日讲座、专题研讨、外出培训、红色研学等方式，全年举办干部教育培训41期，培训8623人；城川红色教育培训中心承接主体培训班481期、20584人，其他培训班及学习团队1900个11.8万人。精准选派142名年轻干部下沉嘎查村（社区）一线，担任第一书记、驻村工作队员，开展包联驻村工作，选派13名科级干部参加全市中青年干部、妇女干部、党外干部、少数民族干部、团干部培训班。自主研发“智慧党建e家”手机APP，集成设置教育培训功能模块，以信息化手段加强教育培训工作管理。成功开展“不忘初心、牢记使命”主题教育工作，编撰蒙汉双语《不忘初心、牢记使命》辅助学习读本。

干部选拔任用 树立崇尚实干、突出实绩的用人导向，制定《干部政治素质考察办法》，全年共调整配备干部7批410人，提拔重用“第一书记”22人，全旗406名科级干部中，35周岁以下69人，占比达到17%，干部队伍梯次结构明显改善。

干部考核评价 成立旗“五位一体”综合考核评价工作领导小组，统筹推进年度考核工作，协调解决有关问题，并在充分征求各方意见建议基础上，制定印发《领导班子和领导干部考核工作办法（试行）》《“五位一体”实绩考核加减分项目评分办法（试行）》《科级干部“十分制”管理办法》《政治素质考察办法》及《2019年度各镇、旗直各部门“五位一体”考核指标》《市对旗考核导则》等，使年度考核工作更加科学合理。把平时考核作为检验推动日常工作的抓手，加大平时考核权重，按照平时记业绩、季度晒成绩、年度考实绩“三步工作法”，真正把工夫下在日常、严在经常。线上依托智慧党建考评系统进行动态管理，按月汇总指标完成情况，线下经常性深入重大项目、重点工作一线，采取实地察看、问卷调查、群众测评等方式进行专项跟踪考核。

干部监督管理 探索推行“一库三定四个贯穿”干部监督模式，建立具有收集、鉴别、整理、保管、统计、查阅等功能的干部监督信息管理库，确定管理监督的防范整治重点、事前监督审批和管党治党责任，将干部管理监督工作贯穿教育培训、考察考核、选拔任用和严管厚爱的全过程。聘请干部监督员 30 名，与组工干部和干部监督员实行按区域包片监督负责制。按照干部日常管理监督制度办法条例等梳理出请销假的种类及时限和审批报备流程，共审批报备干部请销假 74 人次；制定《鄂托克前旗干部职工因私出国（境）审批管理实施细则》，审批在职科级干部因私出国(境)事项 7 名、退休科级干部 57 名。研发干部监督信息管理系统，初步建起干部监督基础信息库，收集干部监督员、干部监督联系会议成员单位报送干部监督信息 143 条，接到信访举报 3 条，对 13 名干部进行提醒谈话和 2 名干部进行函询，责令 12 名干部作书面检查。制定巡视整改方案，将 26 个问题细化为 100 多条整改措施，并根据职能职责细化任务分工，建立巡视整改台账，明确责任领导、牵头单位、责任单位、整改时限和目标任务。继续推行"两个点约束，两条线监督"机制，建立干部监督工作联席会议制度，健全电话、网络、信访、短信"四位一体"举报平台。充分利用干部监督"12380"举报信息管理系统，受理信访举报 1 起，办结 1 件。聘请干部监督员 15 名，对干部 8 小时以外生活圈、社交圈的现实表现情况进行监督。

党建制度改革 2019 年，旗委党建制度改革专项小组承担改革任务 5 大项 15 小项，通过制定任务分解表，召开专题会议等举措抓好改革任务，完成 10 项，待顶层设计 5 项。有序推进党政机构改革，全旗共设置党政机构 36 个，其中，30 个部门已印发"三定"规定，核定领导职数 41 正 133 副、实配 42 正 119 副，并按照《人员转隶方案》完成了 30 个部门 127 人转隶工作。

公务员管理 2019 年，完成 187 名公务员档案移交任务。有序推进公务员职级套转和晋升工作，完成 333 名公务员职级套改，为 62 名公务员进行了职级晋升。在 2019 年全区公务员统计工作会议上，作为旗县级代表，就鄂前旗公务员信息采集和统计工作作了典型发言。

智慧党建工程 作为全市智慧党建的先行试点旗，把智慧党建作为推动整体党建工作的重要载体和有力抓手，在理念思路和手段载体上不断升华创新，创新研发智慧党建"e 家"平台，实现由 PC 端向移动端拓展延伸，提升便捷化程度和工作实效。成功承办全市智慧党建现场会，党建信息化水平在全市各旗区继续领跑。"构建党务政务一体化服务体系，打造智慧党建升级版"荣获全区首届基层党建创新案例评选特色案例奖。

【人才建设】 坚持顺应政策导向、把握需求导向、坚持问题导向，扎实推进"人才强旗"工程，制定《鄂托克前旗"马兰英才"评定管理办法》《鄂托克前旗产业创新创业人才团队和高层次人才创新创业基地评定管理办法》，在人才分类评价上先行先试，明确高层次人才 42 条和本土人才 47 条评价标准，构建极具竞争力的政策体系。全年累计投入就业奖励、创业补助等资金 2210.99 万元，较 2018 年增长 34.72%。全年共引育人才 1580 人，获评市级以上各类人才项目 11 个，2 个基地获得国家级荣誉，创历年来最好成绩。组建城川红色文化研究、基于"大数据"的乡村振兴战略路径研究等 8 支人才团队，挂牌医养结合创新创业基地和来华留学生"感知内蒙古"实践实习基地，引进急需紧缺人才 227 名。提拔任用 25 名专业技术人才，占提拔干部总数的 18.65%，让人才有为更有位。积极参与呼包鄂人才创新创业周活动，鄂前旗乌兰牧骑成为全国首个登上人民大会堂举办专场演出的旗县级文艺团体。注重线上线下为人才提供优质服务，协调解决实际问题 200 多个。

【基层党建】 2019 年，旗委在庆祝建党 98 周年大会上，表彰先进基层党组织 10 个，表彰优秀共产党员、优秀党务工作者等 2 类先进个人 20 人。

农村牧区党建 以推动乡村组织振兴为抓手，推行"一统六化、十强一星"工作机制，印发《嘎查村"两委"及监委绩效考核管理办法》《进一步加强嘎查村（社区）"三务"公开工作方案》，建成标准化党群服务中心 68 个，软弱涣散基层党组织全部实现转化提升。将发展壮大村级集体经济作为各镇党委"书记项目"的规定动作，成立集体经济专家指导组，全旗嘎查村集体经济收入全部达到 5 万元以上，在全市处于领先位置。精准选派 142 名干部驻村开展工作，确定产业扶持项目 78 个，累计投入各类项目资金 2493 万元，解决实际问题373个。荣获全市第二届农产品展洽会组织筹备工作先进单位和全旗扫黑除恶专项斗争先进集体。

旗直机关党建 机关围绕落实党建工作责任制，全面推广“红黄蓝”提示卡，建立清单化管理体系，开展“互查互学互评”，通过自查自纠和常态化督查，提升机关党建质量。至年底，全旗共有机关党组织284个，其中党委8个，党总支11个，党支部265个。

城镇社区党建 推行城市基层党建“区域化”工作模式，优化社区联合党委，推动各方力量下沉，实现组织共建、资源共享、优势互补。打造“三社联动”试点社区2个，孵化本土社会组织10个，投入项目资金305万元，向7个社会组织购买服务项目，受益群众3000余人次。

非公经济、社会组织、园区和国有企业党建 非公和社会组织实施“增点扩面”行动，建立旗“四套班子”领导联系非公和社会组织机制，打造社会组织创新创业孵化园和非公党建服务中心，实现党建工作与业务发展融合推进。园区实施“385”党建模式，建成标准化党群服务中心和党建工作指导站，引领带动园区各项工作全面进步。国有企业实施“效能国企、聚力前行”行动，按照“品牌引领+督查指导”思路，实现旗直属国有企业党组织全覆盖。

党员教育管理 深入实施嘎查村“领头雁”工程，全年举办能力素质培训7期，建成嘎查村“两委”档案室，备案档案338册，储备村级后备干部215名。规范发展党员程序，制定《入党积极分子储备管理办法（试行）》，全年发展党员141名。为全旗5000多名共产党员挂牌，推动党员亮身份、树形象。加强党员教育培训，组织开展“春风进万家”活动，累计组织各类宣讲52场次，惠及党员群众7000余名。专题片《使命》荣获自治区第四届全区党员教育电视片观摩交流活动文艺片类一等奖，电教片《阳早寒春陈列馆现场教学纪实》在全区推广。

直属机关党建

【概况】 鄂托克前旗直属机关党建工作以打造模范机关、建设过硬队伍为目标，抓落实、带队伍，抓作风、强素质，抓规范、提效能，机关党建工作质量和效能不断提升。深入开展“不忘初心、牢记使命”主题教育，聚焦主题主线、紧扣目标要求、抓实关键环节，坚持四项重点措施融合推进，旗直机关主题教育各项工作有力有序开展。2019年，旗直机关新成立党支部6个，30个党组织进行选举或改选。至2019年底，直属机关工作委员会下辖党工委2个，党委4个，党总支11个，党支部137个，共有党员2595名。

【党员队伍建设】 以规范组织生活为机关党建重点，全力做实“主题党日+”活动，引导各级党组织着力建设模范机关，结合庆祝建党98周年、建国70周年，以开展红色教育为内容，推出“主题党日+唱国歌+党性教育+重温入党誓词”“主题党日+承诺践诺+脱贫攻坚”等内容，涵盖困难帮扶、红色教育、政治生日等内容，拓展主题党日的影响面和渗透力，让党员在潜移默化中擦亮党性底色、践行入党初心，进一步彰显党员的党性意识、身份意识和宗旨意识，增强党建活力，以此塑造出一支创新力、战斗力、凝聚力强的先锋党员队伍。

进一步规范发展党员程序，保障发展党员质量，编制《发展党员工作图解汇编》，以思维导图和材料手册的形式详细分解发展党员工作步骤，解决基层党组织发展党员工作要求不明、流程不细的问题；推行发展对象政治审查“一查二审三杜绝”工作法，进一步规范审查范围、改进审查方法、细化审查内容，确保每名新党员都是政治合格的积极分子。对2019年旗直机关30名重点发展对象和45名拟转为中共正式党员进行谈话考察。

【基层组织建设】 制发《2019年度旗直机关党建工作要点》，明确机关党建年度工作目标，落实党建工作责任。深入推进“北疆先锋”工程，以实施党建“书记项目”和推进机关党组织规范化建设为抓手。围绕落实党建工作责任制，全面推行“红黄蓝”党建责任提示卡，建立机关党建清单化管理体系，推行列清单、出考单、对账单、开药单、给成绩单“五单”机制，开展百名机关党务工作者“互查互学互比”活动，通过自查自纠和常态化督导检查，使机关党建工作质量不断提升。

结合落实基层党建重点任务，开展党费收缴检查、党员组织关系集中排查、督导党组织按期换届等工作任务。以建设学习型党组织为目标，积极引导各旗直机关党组织每周组织一次集中学习，党员个人每天安排一小时学习、坚持一小时锻炼、每月读一本好书，全面充实机关党员精神生活。

【党建引领服务】 注重培养年轻干部，选派大批优秀年轻党员干部深入基层锻炼成长，在促进农村牧区经济社会发展和加强村级组织建设中发挥了重要作用。2019 年，根据嘎查村实际、旗直部门职能调整了 31 名第一书记，组建驻嘎查村工作队 60 支，共抽调 142 名驻村干部。其中，科级干部 28 人，后备干部 64 人，双语干部 76 人，熟悉党群关系的干部 15 人，熟悉经济工作的干部 28 人，熟悉社会工作的干部 99 人。全旗累计下基层 8301 人次，其中县处级领导下基层 248 人次、包扶单位下基层 1837 人次、第一书记走访 6580 次，收集意见建议 456 次，梳理存在问题 342 个。

开展“党员抱团、建功一线”活动，结合包联驻村、在职党员进社区、百企帮百村等活动，结合机关各部门职能实际，建立功能各异的党员志愿者服务队，组织开展进农村、进社区、进企业、进学校等活动，在职党员进社区报到 1314 人，开展扶贫帮困、宣传培训、义诊等志愿服务 1215 人次，让机关党员在一线亮出身份，在一线建功立业。

【党建品牌建设】 实施机关党建“质量提升”工程，开展“一个支部一面旗”机关党建品牌创建活动，让党员亮身份、践承诺，不断强化党建品牌的引领作用，涌现出“鄂前党办服务先锋”“政和党建”等一批党建品牌，实现一机关一品牌、一领域一特色，形成品牌凝聚、典型带动、整体推进的工作格局。

【“不忘初心、牢记使命”主题教育】 旗直机关党组织认真贯彻落实中央、自治区党委和市委部署，从理论学习抓起、党性淬炼严起、真抓实干做起、具体问题改起，推动广大党员干部学习贯彻习近平新时代中国特色社会主义思想的自觉性进一步增强，干事创业精气神进一步提振，基层基础进一步建强筑牢，为推动经济社会高质量发展注入强大动能，主题教育取得显著成效。累计开展研讨交流学、对标对照学、集中宣传学 2500 余次，通过马上学“习”讲堂、红色夜校等平台开展集中学习 5000 余次，编印主题教育理论测试题，开展学习效果测试 153 场次，开发《牢记初心不忘本、全心全意为人民》《守初心、聚人心，画好新时代最大同心圆》等专题课程，累计举办主题教育班次 264 期，培训学员近万人，广泛开展廉政警示教育 490 场次。

机关党组织结合抓党建“书记项目”，深入开展调查研究，累计召开座谈会 300 多场次、走访群众 2900 余人次，形成高质量调研报告 254 篇。在学习调研的基础上，各级党组织召开调研成果交流会 83 场次，党员干部结合学习体会，按照“四个讲清楚”要求，共讲授党课 373 场次，发放征求意见表 4859 份，开展谈心谈话 2628 人次，征集到意见建议 289 条。注重把收集的意见转化为查找不足的“晴雨表”，累计召开对照党章党规找差距会议 140 场次，梳理问题 2026 条，立行立改 1946 件。各种形式反馈全旗各类问题 170 个，已整改完成 165 个，正在整改 5 个。针对 15 项专项整治内容，查摆问题 85 个，已整改 83 个，正在整改 2 个。累计开展督导 800 余次，调阅相关资料 407 次，反馈问题 189 条。

通过边学边查边改，一批困扰人民群众的操心事烦心事揪心事得到有效解决。广大党员普遍感到，从新思想中学出了“坐不住、等不起、慢不得”的紧迫感，学出了舍我其谁、奋发有为的奋斗姿态，学出了越是艰险越要向前的斗争精神。累计完成民生领域投入 22.12 亿元，占财政总支出的 82%，城镇登记失业率低至 3.17%，城乡低保标准和优抚补助标准不断提高，信访人次和批次分别下降 44.39%和 54.07%。

【深化智慧党建工程】 立足基层治理体系和治理能力现代化，坚持理念创新、机制创新、手段创新，全面推进智慧党建工程，搭建起“一中心”（大数据中心）、“两平台”（网络信息平台、手机 APP 平台）、“六联通”（通宽带、通视频、通网站、通网吧、通广播、通电视）的硬件系统和软件应用系统。2019 年，围绕“教育智慧化、管理智慧化、服务智慧化、监督智慧化、考评智慧化”目标，实施“品质智慧党建”行动，坚持研发实践相结合、线上线下相融合，在提高认识、优化思路、机制创新、产品提质上发力，升级智慧党建平台，研发了鄂托克前旗智慧党建“e家”APP，打造智慧组工和智慧家园。智慧党建工程的实施，得到中央、自治区有关领导的批示和认可，被评为第四届全国基层党建创新优秀案例。

老干部工作

【概况】 鄂托克前旗老干部管理服务工作认真贯彻落实上级党委《关于进一步加强和改进离退休干部工作的意见》，把加强党组织建设作为推动离退休干部工作高质量发展的重要抓手，通过创新推行“一核心四驱动五到位”工作模式，推动形成党委政府更加重视、围绕中心服务大局更加自觉、老同志爱党护党更加坚定、老干部工作队伍更加进取的良好局面。至2019年，离退休干部党工委下设10个离退休干部党支部，党员405名；老干部局直接服务管理的离退休干部41人，其中离休干部8人，副县及以上退休干部33人。

【老干部服务】

思想政治建设 利用每月6日至16日，组织10个离退休干部党支部通过专题辅导、集中培训、交流研讨、编印学习读本等形式，集中开展政治理论学习110场次，1980人次参与。依托乌兰夫纪念馆及延安红色圣地、鄂前旗红色教育培训基地，通过组织开展重温入党誓词、诵读党章，举办《忆初心、话使命、再前行》追寻老一辈无产阶级革命家奋斗足迹等主题党日活动，持续推进“两学一做”学习教育常态化制度化。

倡导发挥余热 组织老干部资助困难学生30名，参与矛盾纠纷排查40起，开展专题宣讲10场次。

注重典型选树 举办庆祝建党98周年、祖国华诞70周年“忆初心、话使命、再前行”文艺汇演暨先进党支部、优秀党务工作者、优秀党员表彰大会，表彰2个先进党支部、11名优秀党务工作者和20名优秀共产党员。开展第三届“最美老干部”评选表彰活动，表彰最美老干部31名。

强化人文关怀 2019年，累计帮扶困难离退休干部党员7人，慰问老党员75人，为40名老干部送去生日蛋糕和祝福，组织健康体检1次，办结信访案件2起，走访慰问和谈心谈话实现全覆盖。

【老年大学建设】 老年大学分期开办书法、摄影、民族乐器、舞蹈、演唱、瑜伽等培训班次，组织离退休干部参与老年体协、老年科协、乌仁唐乃协会举办的球类比赛、才艺大赛等各项活动，不断丰富老干部精神文化生活。举办老干部红歌合唱比赛和“我与新中国”文艺晚会，晚会以时装秀、乐器合奏、舞蹈、独唱、红歌大合唱等形式，共同唱响伟大祖国时代主旋律，400多名老干部参加。

统一战线

【概况】 鄂托克前旗委统一战线工作突出大团结大联合主题，充分发挥党的统一战线重要法宝作用，广泛凝聚社会各界共识、汇聚社会政治力量，围绕中心、服务大局，全力维护社会和谐稳定，推动全旗经济发展、民族团结和宗教和顺稳定。

【民族团结进步】 2019年，牵头组织开展民族团结进步创建工作，发放宣传资料，深入开展民族理论、民族政策、民族法律法规等宣传教育。制作《24小时鄂托克前旗》《中国梦里结同心》等民族团结进步宣传片，记录鄂前旗境内各民族共同创造幸福生活的美好景象。开展“寻找56颗石榴籽”民族团结主题骑行活动，环绕全国寻找56个民族代表。协调有关部门，有亮点、有创新地完成国家对鄂尔多斯市民族团结进步工作在鄂前旗的检查验收工作。

【少数民族发展】 2019年，落实自治区级少数民族发展资金450万元、市级185万元，用于发展全旗嘎查村集体经济、危房改造、棚圈建设、打井配套、农牧民实用技术培训、传统手工艺品制作培训及对少数民族建档立卡贫困户购买基础母羊等项目。切实规范清真食品工作，摸底调查全旗生产经营清真食品的企业和个体工商户，更换“清真食品准营证”，现场指导或责令整改存在问题。

【民族干部培养】 通过培训、调训、挂职锻炼等方式全面加强少数民族干部队伍建设,建立一支政治坚定、业务精通、作风优良的高素质少数民族干部队伍。至2019年底,全旗有少数民族副主任科员以上干部269名,其中县级干部14名、正科级87名、副科级168名。

【宗教管理】 完成中央宗教工作督查反馈意见整改和自治区巡视整改的落实,全年召开旗委统一战线工作领导小组会议专题研究宗教工作2次,召开宗教工作联席会议7次,制定出台《鄂托克前旗宗教意识形态领域风险防控实施方案》。坚持宗教中国化方向,组织宗教界代表人士赴延安、梁家河、南泥湾等地参加爱国教育培训,开展宗教活动场所"六进"活动,增强教职人员和信教群众的国家意识和国家荣誉感、自豪感。提高依法管理宗教事务水平,严格落实宗教工作"三级网络""两级责任制",确保宗教领域和谐稳定。加强宗教"三支队伍"(即宗教工作领导干部、宗教工作干部和宗教界人士)建设,选派宗教领导干部、乡镇统战委员、宗教干事参加区市级宗教工作专项培训班,举办全旗宗教干部培训、宗教工作三级网络联络员培训及宗教教职人员培训3期,培训人次达200余人,有效提升宗教干部、三级联络员处置应对宗教工作能力和教职人员综合素质。提升宗教界自身建设能力,以"教风建设年"为载体,在全旗宗教界开展教风建设活动,提升宗教界良好形象。

【非公经济统战】 着力优化发展环境,牵头制定《县级领导干部联系帮扶非公有制企业工作的通知》,进一步加强党委、政府与非公有制企业联系,构建良好的"亲""清"政商关系,促进"两个健康"发展。打造鄂前旗商会服务中心,成立鄂前旗总商会人民调解委员会,集中做好非公企业的服务、协调、维权、培训等工作。扎实开展爱国理想信念教育活动,举办《学习习近平总书记民营企业座谈会讲话精神,打造良好营商环境促进民营经济发展》专题讲座;组织全旗部分非公企业负责人赴延安开展"不忘初心、牢记使命"主题教育暨考察红色研学产业活动;组织非公经济代表人士赴武汉、杭州、上海等地考察学习。深入推进"百企帮百村"脱贫攻坚行动,组织召开"百企帮百村"脱贫攻坚推进会、座谈会,协调将有实力的企业纳入帮扶行列。至年底,全旗共有46家民营企业、22家国有企业结对帮扶51个嘎查村,帮扶覆盖面75%,累计投入帮扶资金3800多万元,帮扶6800余人,实现经济效益和社会效益双赢。继续实施"光明行""泛海助学行动",鼓励引导企业家投身光彩事业和各类公益慈善活动。

【党外人士统战】 2019年,举办全旗党外干部培训班1期,全旗副科级以上党外干部及各镇各部门党外优秀年轻干部90余人参加培训。组织部分党外干部赴延安、梁家河、南泥湾开展革命传统教育。开展"不忘合作初心,继续携手前进"主题教育活动,全旗各级人大代表、政协委员中的无党派人士及旗直单位重点联系的其他无党派人士共52人参加,组织集中理论学习3场次并赠阅理论书籍每人2本、召开专题座谈会1次、开展现场教学1次、实地调研1次,通过系列活动,引领无党派人士继续发挥统战优势,为鄂前旗经济社会高质量发展作出更大贡献。加强联友交谊,旗四套班子主要领导及旗委各常委每人联系2名党外代表人士,通过开展谈心谈话等方式,沟通思想、交换意见。鼓励支持党外人士认真履行参政议政职能,年内累计向市委统战部报送意见建议21条。至年底,全旗有副主任科员以上党外干部95人,其中副县级6人、正科级18人、副科级71人。

【侨联侨务】 2019年,全旗有侨务对象78户236人。协助市委统战部、市侨联开展"送温暖、献爱心"活动,组织看望慰问归侨侨眷7户。组织部分侨务代表参加鄂尔多斯市第四次归侨侨眷代表大会。组织部分侨务对象赴延安、梁家河村及南泥湾参观学习,接受爱国主义教育。

机构编制

【概况】 鄂托克前旗机构编制工作紧紧围绕旗委、政府中心工作,践行"忠诚、清正、规范、创新"的编办精神,以"改革先锋、服务发展"党建文化品牌为引领,构筑起"13333"党建文化体系(打造一个品牌,依托互联网加智慧党建、加机构编制实名制管理、加机构编制云建设三个平台，明确“控、调、改”三个定位，通过“勤勉、正风、品质”三项行动，建设“改革创新先锋队、优编精政好管家、服务群众贴心人”三支队伍），深入推进各项改革任务，严格控制并优化创新机构编制管理，夯实自身建设，为新时代鄂前旗济社会高质量发展提供体制机制保障。

表 12　　鄂托克前旗 2019 年党政群机关机构设置统计表

排序号	机构名称
	总计　54 个
	党委系统合计 9 个
1	中共鄂托克前旗纪律检查委员会监察委员会机关
2	中共鄂托克前旗委员会办公室
3	中共鄂托克前旗委员会组织部
4	中共鄂托克前旗委员会宣传部
5	中共鄂托克前旗委员会统一战线工作部
6	中共鄂托克前旗委员会政法委员会
7	中共鄂托克前旗委员会机构编制委员会办公室
8	中共鄂托克前旗委员会巡察工作领导小组办公室
9	中共鄂托克前旗委员会保密机要局
	人大系统合计 1 个
1	鄂托克前旗人民代表大会常务委员会
	政府系统合计 28 个
1	内蒙古鄂尔多斯上海庙经济开发区管理委员会
2	鄂托克前旗人民政府办公室
3	鄂托克前旗发展和改革委员会
4	鄂托克前旗教育体育局
5	鄂托克前旗工信和科技局
6	鄂托克前旗民族事务委员会
7	鄂托克前旗民政局
8	鄂托克前旗财政局
9	鄂托克前旗人力资源和社会保障局
10	鄂托克前旗自然资源局
11	鄂托克前旗住房和城乡建设局
12	鄂托克前旗交通运输局
13	鄂托克前旗水利局
14	鄂托克前旗农牧局
15	鄂托克前旗文化和旅游局
16	鄂托克前旗卫生健康委员会
17	鄂托克前旗退役军人事务局

续表 12

排序号	机构名称
	总计　54 个
18	鄂托克前旗应急管理局
19	鄂托克前旗审计局
20	鄂托克前旗市场监督管理局
21	鄂托克前旗统计局
22	鄂托克前旗能源局
23	鄂托克前旗林业和草原局
24	鄂托克前旗医疗保障局
25	鄂托克前旗信访局
26	鄂托克前旗政务服务局
27	鄂托克前旗环境保护局
28	鄂托克前旗城市管理综合执法局
	政协系统合计 1 个
1	政协鄂托克前旗委员会
	群众团体合计 8 个
1	鄂托克前旗总工会
2	共青团鄂托克前旗委员会
3	鄂托克前旗妇女联合会
4	鄂托克前旗工商业联合会
5	鄂托克前旗文学艺术界联合会
6	鄂托克前旗残疾人联合会
7	鄂托克前旗科学技术协会
8	鄂托克前旗红十字会
	政法部门合计 3 个
1	鄂托克前旗公安局
2	鄂托克前旗司法局
3	鄂托克前旗森林公安局
	街道乡镇苏木合计 4 个
1	鄂托克前旗敖勒召其镇
2	鄂托克前旗昂素镇
3	鄂托克前旗城川镇
4	鄂托克前旗上海庙镇

【党政机构改革】 建立健全党委领导重大工作体制，优化党的组织机构，形成总揽全局、协调各方的党的领导体系，设立旗委全面依法治旗委员会、旗委审计委员会等。对应中央、自治区和市机构改革，调整优化党政相应机构和职能，主要机构设置同中央、自治区、市保持基本对应，保障政令统一、市场统一。整合归并相似相近职责，实现一件事情原则上由一个部门管理，多部门管理的事项明确牵头与协办部门，部门间职责关系更加明确、更加顺畅。结合旗情突出地方发展特色，坚持机构改革服从和服务于旗委、政府建设“三大中心”，打造“三大基地”和改革发展稳定大局的要求，从有利于地方经济和社会发展需要出发，在不突破机构限额的前提下，设置一些能够体现地方特色的机构，比如为促进全旗能源工业的高质量健康发展，设置旗能源局。编制资源得到有效盘活，根据党政机构主要职责、工作性质、工作任务重新调配行政编制，对职能增加较多、工作任务明显加重的部门领导职数做适当调整。

机构撤并　按照《鄂托克前旗机构改革方案》要求，结合全旗工作实际，撤销党的工作机关 2 个，分别为原鄂托克前旗委老干部局、原鄂托克前旗委农村牧区工作部。撤销政府部门 2 个，分别为原鄂托克前旗监察局、原鄂托克前旗城市管理行政执法局。

机构设立　党委部门新增设机关 8 个，分别为中共鄂托克前旗委员会全面深化改革委员会办公室、中共鄂托克前旗委员会全面依法治旗委员会办公室、中共鄂托克前旗委员会网络安全和信息化委员会办公室、中共鄂托克前旗委员会财经委员会办公室、中共鄂托克前旗委员会审计委员会办公室、中共鄂托克前旗委员会教育工作领导小组秘书组、中共鄂托克前旗委员会农村牧区工作领导小组办公室、中共鄂托克前旗委员会退役军人事务工作领导小组办公室。

政府工作部门新增设 5 个，分别为鄂托克前旗退役军人事务局、鄂托克前旗能源局、鄂托克前旗医疗保障局、鄂托克前旗信访局、鄂托克前旗政务服务局。

【事业单位机构改革】 加快职能转变，协调推进事业单位分类改革。按照《关于全面推进全区承担行政职能事业单位改革有关事项的通知》文件精神，完成旗事业单位职能职责梳理汇总。结合本次党政机构改革，除执法机构外，将原 26 家事业单位承担的 282 项行政决策、行政监督、行政许可等职能全部划归主管部门，并在“三定”规定中予以明确，实现与党政机构改革的无缝对接。结合“不忘初心、牢记使命”主题教育活动，旗委编办深入旗阿吉泰健康养生园、各民办幼儿园等公益机构进行调研和摸底，经汇总分析、梳理论证形成《鄂前旗引导和支持社会力量兴办公益事业调研报告》，为下一步积极稳妥推进事业单位机构改革，盘活用好机构编制资源奠定坚实基础。

机构撤并　撤销事业单位 8 个，分别为敖勒召其镇国土资源管理所、上海庙镇国土资源管理所、昂素镇国土资源管理所、城川镇国土资源管理所、鄂托克前旗价格认证中心、鄂托克前旗生产力促进中心、鄂托克前旗草原工作站、鄂托克前旗爱国卫生运动委员会办公室。

机构设立　新增设事业单位 14 个，分别为鄂托克前旗联合接访中心、鄂托克前旗医疗保障服务中心、鄂托克前旗能源信息中心、鄂托克前旗老干部服务中心、鄂托克前旗精神文明建设服务中心、鄂托克前旗党外代表人士联络服务中心、鄂托克前旗文化和旅游服务中心、鄂托克前旗扶贫开发服务中心、鄂托克前旗委巡察数据管理中心、鄂托克前旗金融服务中心、鄂托克前旗退役军人服务中心、鄂托克前旗农牧业综合开发中心、鄂托克前旗第三幼儿园、鄂托克前旗公安局科技信息服务中心。

机构升格　结合全旗工作实际，重新申报相当于副科级以上事业单位 52 家，其中相当于副科级事业单位 32 家，相当于正科级事业单位 20 家。

【苏木乡镇改革】 完善基层管理体制，有序推进乡镇改革。选派业务骨干参加自治区党委编办、市委编办组织的乡镇改革培训会议，认真学习领会中央、自治区党委关于乡镇机构设置、审批服务便民化等方面的安排部署。坚持问题导向，针对乡镇改革在人员划转、厘清关系、理顺职责等方面可能遇到的问题，深入

表 13　　鄂托克前旗 2019 年相当副科级以上事业单位设置统计表

1	鄂托克前旗红色教育培训中心	正科级	全额拨款
2	鄂托克前旗智慧党建研究服务中心	正科级	全额拨款
3	鄂托克前旗推进现代服务业发展中心	正科级	全额拨款
4	鄂托克前旗融媒体中心	正科级	全额拨款
5	中共鄂托克前旗委员会党校	正科级	全额拨款
6	鄂托克前旗档案史志馆	正科级	全额拨款
7	鄂托克前旗廉政教育管理中心	副科级	全额拨款
8	鄂托克前旗党史研究室	副科级	全额拨款
9	鄂托克前旗旗委办公室机关事务服务中心	副科级	全额拨款
10	鄂托克前旗接待办公室	副科级	全额拨款
11	鄂托克前旗人才研究中心	副科级	全额拨款
12	鄂托克前旗互联网信息办公室	正科级	全额拨款
13	鄂托克前旗社会治安综合治理信息中心	副科级	全额拨款
14	鄂托克前旗机构编制电子政务中心	副科级	全额拨款
15	鄂托克前旗大数据中心	正科级	全额拨款
16	鄂托克前旗房屋征收与政府工程项目建设管理中心	正科级	全额拨款
17	鄂托克前旗供销合作社	正科级	全额拨款
18	鄂托克前旗政府办公室机关事务服务中心	副科级	全额拨款
19	鄂托克前旗城乡居民最低生活保障办公室	副科级	全额拨款
20	鄂托克前旗人民政府法务中心	正科级	全额拨款
21	鄂托克前旗非税收入管理局	副科级	全额拨款
22	鄂托克前旗财政国库支付中心	副科级	全额拨款
23	鄂托克前旗社会保险事业管理局	副科级	全额拨款
24	鄂托克前旗就业服务局	副科级	全额拨款
25	鄂托克前旗劳动保障监察综合执法局	副科级	全额拨款
26	鄂托克前旗不动产登记中心	副科级	全额拨款
27	鄂托克前旗规划审验中心	副科级	全额拨款
28	鄂托克前旗环境卫生管理局	副科级	全额拨款
29	鄂托克前旗园林绿化管理局	副科级	全额拨款
30	鄂托克前旗住房保障和物业管理中心	正科级	全额拨款
31	鄂托克前旗交通运输综合执法局	副科级	全额拨款
32	鄂托克前旗水土保持工作站	副科级	全额拨款
33	鄂托克前旗农牧和水务综合执法局	正科级	全额拨款
34	鄂托克前旗动物疫病防控中心	副科级	全额拨款
35	鄂托克前旗农机服务中心	副科级	全额拨款
36	鄂托克前旗文化旅游综合执法局	正科级	全额拨款
37	鄂托克前旗乌兰牧骑	副科级	全额拨款

续表 13

38	鄂托克前旗妇幼保健计划生育服务中心	副科级	全额拨款
39	鄂托克前旗疾病预防控制中心	副科级	全额拨款
40	鄂托克前旗健康教育所	副科级	全额拨款
41	鄂托克前旗卫生计生综合监督执法局	副科级	全额拨款
42	鄂托克前旗安全生产监管综合执法局	副科级	全额拨款
43	鄂托克前旗应急救援中队	副科级	全额拨款
44	鄂托克前旗市场监督管理综合执法局	正科级	全额拨款
45	鄂托克前旗煤炭安全生产监管综合执法局	副科级	全额拨款
46	鄂托克前旗林业生态保护中心	副科级	差额补贴
47	鄂托克前旗政务服务中心	正科级	全额拨款
48	鄂托克前旗城市管理行政执法局	副科级	全额拨款
49	鄂托克前旗敖勒召其镇综合执法局	副科级	全额拨款
50	鄂托克前旗昂素镇综合执法局	副科级	全额拨款
51	鄂托克前旗城川镇综合执法局	副科级	全额拨款
52	鄂托克前旗上海庙镇综合执法局	副科级	全额拨款

各镇、各相关部门进行专题调研，采取座谈交流等形式，就乡镇行政管理体制改革、《乡镇和街道行政权力事项清单》中的99项行政权力进行深入探讨，广泛听取意见建议。针对调研梳理出的乡镇与部门之间权责脱节、关系不顺等重点问题，进一步细化乡镇行政管理体制改革工作推进计划，确保准确掌握乡镇工作需求和承接能力，为下一步改革工作顺利推进提供保障。

【事业单位登记管理】 强化监督管理，实行法人年度报告公示“全流程”网上办理，按期完成全旗94家事业单位法人年度报告工作；推行“双随机、一公开”监管模式，随机抽查4个单位，并将结果在鄂前旗政府门户网进行公示，接受社会监督。配合机构改革，圆满完成涉改党政群机关统一社会信用代码赋码工作，发放《机关群团统一社会信用代码证书服务指南》，明确具体办理流程，逐步实现统一社会信用代码管理常态化。

【机构编制管理】 坚持严格审批原则，严控编制总量。构建制度保障机制，制定《中共鄂托克前旗委员会机构编制委员会工作规则》《中共鄂托克前旗委员会机构编制委员会办公室工作细则》，严格按照审批权限和规定程序审批机构编制事项，坚决杜绝超越权限和不按程序审批机构编制等问题发生。完善机构编制监管机制，结合机构编制管理证年检和统计年报等工作，及时对数据库中各单位信息进行自查自纠，通过监督检查发现问题并及时整改，确保全旗实名制信息管理平台数据真实、准确、完整。严格执行前置审批程序，实行编制使用计划申报审核制度，对机关事业单位用编实行空编管理，对超编单位一律停止用编审批，对满编单位实行“出一进一”，严把机构编制审批“前置关口”。

创新编制挖潜调剂，盘活用好存量。坚持“严控总量、盘活存量、优化结构”的原则，科学合理地统筹使用各类编制资源，严格在用编进人计划内执行用编。结合党政机构改革及分类推进事业单位改革工作，有效核减职能弱化、萎缩、职责相近、交叉事业单位编制数量，做到职能变化与编制调整同步。在本轮党政机构改革中，对全旗党政机关、部门行政编制进行重新配置，确保旗退役军人事务局、政务服务局等6个新设机构的编制不低于5名，加强旗应急管理、能源管理等重点领域编制配备，充分发挥现有编制资源的最大效益。召开旗委编委会议5次，研究党政机构改革、编制调整、全旗科级事业单位设置、机构改革后人员调整等相关事宜，进一步科学调配现有编制资源，提升机构编制管理效能。

严格机构编制督查，强化刚性约束。依托实名制开展用编审核、定期核查等工作，全面加强对实名制信息的管理、更新和维护。结合机构改革，对照新“三定”规定，对机构名称、内设机构、编制、领导职数、人员任职情况等逐一校对，将监督渗透到机构编制管理的各个环节。组织开展机构改革督查调研工作，联合纪检监察、财政审计等部门，深入细致地了解各单位机构运行、职能职责划转、人员转隶等情况，并将实际存在的问题及时反馈整改建议，确保党政机构改革工作落实到位。

党性教育

城川民族干部学院

【概况】 城川民族干部学院于2016年6月22日经内蒙古自治区编委批准建立，于2017年7月10日正式开班办学。学院依托鄂尔多斯市和鄂托克前旗厚重的红色革命历史及新时代民族团结进步创建的生动实践，确立建设“面向全国的民族干部教育培训基地”和“西北一流的党性教育基地”的发展定位，是一所以红色教育为特色、民族团结进步教育为重点，集党性教育、国情教育和党员干部能力提升培训为一体的综合院校。

2019年，学院共举办各类培训班142期7052人次，其中主体班19期1078人次；对外培训123期5974人次。加上在各现场教学点参观学习的团体和个人，教育培训总量突破12.8万人次。

【基础设施建设】 城川民族干部学院地处内蒙古自治区鄂尔多斯市鄂托克前旗城川镇，是在原延安民族学院辗转城川办学的原址上建立的，总占地面积43万平方米，建筑面积16万平方米。其中民族团结广场面积12万平方米、纪念馆面积3900平方米、行政办公楼2300平方米、培训楼2400平方米、食宿楼12200平方米。可容纳500多人在院培训。

争取自治区预算内投资5000万元，启动建设城川民族干部学院文体活动中心项目。项目用地面积24401平方米，总建筑面积10078.5平方米，其中地上建筑面积9014.8平方米，地下建筑面积1063.7平方米，硬化10375.2平方米，绿化8540.4平方米及配套设施工程。该建设项目由演艺中心、体育馆展厅、图书阅览室、教室及其他附属用房组成。已完成主体工程建设、室内装修招投标工作，舞台灯光、音响等部分设备已陆续采购到位。完成食宿楼、民族团结广场维修护理，完成校园绿化、亮化、美化工作，建设主题雕塑群，努力营造氛围和谐、特色鲜明、温馨舒适的校园文化环境，为来院学员提供良好生活环境，保障学院教育培训工作高效有序开展。

【师资队伍建设】 持续深化干部教员队伍建设，组建专兼结合、结构合理、素质优良的师资队伍。探索创新激励约束机制。组织制定《城川民族干部学院德能勤绩廉效六位一体考核方案》，充分发挥考核指挥棒的作用，为教员晋升、奖惩提供依据，切实提高全体教员干部干事创业的积极性。通过“走出去、请进来”的方式对全体教员内培外训，进一步提升全院教员的业务能力和政治素质。深化与内蒙党校、中央民大合作，坚持“一帮一”“传、帮、带”等帮扶形式，切实提升专职教师授课水平，组织开展新入职讲解员培训班，邀请业内权威专家教授对全体教员进行有针对性的业务强化培训。选送业务能力较突出的教员外出访学，已派出24位教职工参加外出培训。

【课程体系设置】 坚持党性教育为根本，民族团结教育为重点的办学思路，以完善教培体系建设为抓手推进学院中心工作。课程体系方面，健全完善习近平新时代中国特色社会主义思想“1+10+X”课程体系和“1+8+2”民族团结进步教育特色课程体系，推进专题课程开发，精心开发4门新的专题课程。教学形式方面，在加强和改进原有课堂、现场、体验式、激情、社会实践五位一体教学模式的同时，不断推陈出新，开发诸如结构化研讨、从政感言、经典诵读和影视教学等新教学法（同步编订4本配套院本教程），构建“多元一体”的新教学形式。教材体系建设围绕民族团结教育主题，在修改完善《城川民族干部学院“现场讲解词”汇编》《习近平总书记关于民族宗教工作重要论述摘编》的基础上，新开发编印《中国共产党民族理论史料（摘编）》《中国共产党民族政策文献（摘编）》《中国共产党民族政策史料（摘编）》《民族团结进步事例选编（第一辑）》《习近平关于生态文明建设论述（摘编）》《民族团结应会知识读本》等院本教材，规范和升华教员学员教学双向活动，构建独特院本教材体系。

【教育培训】 学院聚焦习近平新时代中国特色社会主义思想的理论教育的主责主业，旗帜鲜明讲政治，紧紧围绕《2018—2022年全国干部教育培训规划》，不断完善课程体系，创新教培模式，加大对外沟通联络，建设“三点一线”（延安—城川—北京）培训运营新模式，吸引不同省市、不同层次、不同领域的培训班次来院举办，持续扩大学院教育培训覆盖面。

【服务保障】 牢固树立精细化服务、标准化操作、规范化管理的后勤工作理念，并根据学院实际，健全完善餐饮、食宿、采购等后勤工作制度体系，促进后勤服务工作科学、规范、有序开展。不断满足学院教育培训功能需求，积极推进学院基础设施、功能设施建设。打造集软件平台、一卡通系统、录播系统、实时视频监测软件于一体的“智慧学院”平台，推动学院教学管理智能化、信息化、科学化建设。建设网络教室并投入使用，进一步丰富教培方式，提升教培质量。

【信息宣传】 守牢意识形态阵地，紧抓学院宣传工作，不断创新对外宣传形式，拓展对外宣传领域，坚持信息宣传和理论宣传联合发力。与主流媒体建立长效合作机制，合理利用网站、微信公众号等新媒体，依托学院特色教培教学模式，主题教育、第十四届全国冬季运动会火炬传递、新中国成立70周年等重大活动和重要节点开展宣传报道，鼓励全体干部教员从不同角度、用不同体裁、在不同班次中挖掘采集，向上向外报送有价值的信息，挖掘亮点，展示看点，多渠道、多侧面、多角度反映学院教育培训工作的好经验、好成效、好特色，有效放大学院在各地区、各领域的影响力和辐射力，为建设一流干部教育培训院校提供有力的精神动力和良好的舆论环境。2019年市级以上媒体共报道学院各项工作成就和亮点共80条次，点击/阅读量超过130万次。其中国家级9条次，自治区级13条次，并拍摄宣传片一条，上报至中组部。

【党建工作】 2019年，学院机关党委全方位推进基层组织标准化建设，认真学习贯彻《党支部工作条例》等党内法规及规范性文件，进一步完善机关学习、发展党员工作、理论中心组学习、三会一课、党建例会、议事决策、包村联户、党员活动日等党建工作制度建设。2019年，共召开党员大会4次、支部委员会12次、主题党日活动12次，中心组理论学习会12次，发展入党积极分子5名，发展对象2名，使党组织更有凝聚力、影响力。此外，学院机关党委狠抓思想政治建设，充分应用学院主阵地、主渠道的优势，以建设“学习型党组织”为目标，紧密结合“大学习大讨论”“不忘初心、牢记使命”主题教育学教活动，结合工作实际，以增强党性、提高素质为重点，丰富学习形式，经常性的开展党员教育培训，形成常态化学习机制。

党校教育

【干部培训】 根据旗委组织部印发的《2019年全旗干部教育培训主体班次计划》，制定《旗委党校2019年度教育培训计划》，开展全旗第一书记扶贫技能提升培训班暨部门行业扶贫和嘎查村党支部书记抓党建促脱贫专题培训班、年轻干部专题培训班等13期干部教主体班，参训学员1500名。积极完善旗级领导授课机制，邀请县处级领导及相关部门领导干部走上讲台为学员授课，讲施政、讲发展，做到理论与实践相结合，增强培训的实效性和针对性。

【巡回宣讲】 2019年，旗委党校继续扩展理论宣讲范围，以各镇和旗直部门培训需求为基础，在各镇推行党校授课点，全年共开展基层宣讲131场，培训学员8261人。

【调研资政】 2019年，围绕旗委、政府推进生态建设、打好“三张牌”、建设“三个中心”、打造“三大基地”、实施乡村振兴、高质量发展等重点工作方面开展调查研究，确立调研课题6个，形成区域经济、意识形态方面的调研报告5篇。把握全旗职能单位及其他社会单位的科研工作需求组成课题项目组，与红培中心就全旗红色研学及革命史研究形成课题开展联合调研；针对老百姓关注的养老、教育等民生问题，在全旗范围内开展走访调研，形成可研报告，为领导决策提供参考；积极与自治区及市委党校、高等院校、专业咨询机构开展合作，联合开展课题研究，为解决鄂前旗发展过程中存在的突出问题出谋划策。

【红色研学】 2019年，旗委党校紧紧围绕“打造全国一流的党性教育基地和全国民族干部培训教育基地”的目标，依托全旗红色资源优势，以红色研学体验为抓手，充分发挥红色教育培训主阵地作用，构建以“红色研学”为发展的新引擎。重点开发具有“时代特征、文化魅力、地域特色”的干部培训理论课程与现场教学课程，突出课程的多样性、丰富性，着力打造集课堂教学、情景教学、体验式教学、互动式教学为一体的特色教学模式，打造党校现场教学品牌。围绕全旗发展历程和地域特色，打造红色研学“三同”体验户20户，不断丰富研学菜单，确保每个研学点都有鲜明的特色主题、完善的教学课件、科学的教学设计、独特的实践体验，搞活搞优“实践教学点＋红色研学户”模式，整体提升培训的层次和质量。全年共承接来自北京、呼和浩特市、巴彦淖尔市、乌海市、锡林郭勒盟、阿拉善盟以及本市范围内的主体班培训92期，培训学员3800人次。

【师资建设】 旗委党校充分发挥蒙陕宁三省区区位优势，邀请陕西、宁夏和市委党校教授、专业领域名家、社会知名学者等50名作为兼职教师，建立联合师资储备库，充实壮大师资队伍，保障教学品质。制定《2019年度教师外出学习培训计划》，积极与周边省、区、市委党校合作，通过资源共享，开发具有实用性、针对性的现场教学基地，提高教师实际教学能力，分批次组织7批次14人到北京、上海、自治区及市委党校和各旗区党校进行交流学习。

纪检监察审计

纪律检查与国家监察

【概况】 2019年，旗纪委监委坚决践行“两个维护”，树牢“四个意识”，坚定“四个自信”，聚焦主责主业，以“高质量办案年”活动为载体，深化纪检监察体制改革，严格审查调查，持之以恒正风肃纪，一体推进不敢腐、不能腐、不想腐机制建设，推动全旗纪检监察工作取得新成效。

【常态监督】

政治监督　围绕贯彻落实习近平总书记重要讲话指示批示精神和贯彻执行党的路线方针政策以及上级党委重大决策部署开展监督检查，不断严明政治纪律和政治规矩。全年通报5起安排部署党风廉政建设工作流于形式的典型案例，约谈党组织负责人1名。严把党风廉政意见回复关口，防止干部“带病提拔”“带病表彰”，回复意见12批299人次。

制度保障　组建联合督查组，制定监督检查闭环工作制度，有计划、分领域带着问题开展专项监督检查，强化监督力度，提升监督成效。2019年，通过明察暗访，向有关单位下达整改建议书、督办单、廉政风险提醒通知书16份，通报曝光履行主体责任不力的20个党组织。

手段创新　“民生监督平台”成为“三务公开”主渠道，全年在线公开公示114.44万条信息，访问量达到33.24万人次，受理在线举报34件，办结7件。11名嘎查村(社区)负责人因公开不及时、不到位被约谈或通报批评，立案查处2人。检举举报处置子平台2019年数据实现同步录入，建立3000多名党员干部廉政档案。

【审查调查】 建立执纪监督专题会议研究问题线索处置机制，规范问题线索处置，做到不积压、不沉淀、不丢失，全年共受理问题线索366件，处置问题线索361件，其中初步核实193件。聚焦党的十八大以来不收敛不收手，问题线索反映集中、群众反映强烈的腐败案件，紧盯重点领域和关键环节，坚持无禁区、全覆盖、零容忍，严惩贪污贿赂、滥用职权等职务违法和职务犯罪，精准有力惩治腐败，全年立案审查调查107件110人，同比增长106%，涉嫌犯罪移送司法机关12人，给予党纪政务处分81人。坚持高质量办案，编印《案件质量标准手册》，细化规范案件质量“八条基础标准”，出台《纪律检查建议书和监察建议书使用规范》《实施诫勉的规定》等多项制度，指导约束相关工作规范开展；成立案件质量评查工作和移送起诉案件审核领导小组，逐一筛查问题线索和重点案件。开展纪律处分执行情况监督检查，及时发现和纠正处分决定“打白条”“打折扣”等问题。深化运用监督执纪“四种形态”，充分运用第一种形态，约谈函询、批评教育99人次，占总人次的56.3%，如实说明情况且被反映问题不实的党员干部予以采信并反馈告知；妥善运用第二种形态，给予轻处分、组织调整48人次，占27.3%；准确运用第三种形态，给予重处分、重大职务调整11人次，占6.2%；果断运用第四种形态，依规依纪依法处理严重违纪违法涉嫌犯罪的党员干部18人次，占10.2%。

【作风建设】 持之以恒落实中央八项规定精神，把日常检查和明察暗访结合起来，抓住元旦、春节、五一、端午、中秋、国庆等时间节点正风肃纪；开展办公用房、公款购买烟酒、公车私用、无公函接待、违规从事营利性活动等专项行动，全年立案查处12名公职人员，组织处理23人，通报典型案件5起，坚决防止“四风”反弹回潮。严查发生在群众身边的不正之风和腐败问题，坚持市旗联动，推动解决征地拆迁、房地产开发、拖欠农民工工资等一批遗留难点问题；坚持深挖彻查，统筹推进扶贫领域、民生领域、“四官”整治、人防系统腐败等各专项治理，全年开展监督检查10批次、查处扶贫领域和作风问题2件，受理民生领域问题线索17件、立案审查7人，受理形式主义和官僚主义问题25件、立案审查15人，人防系统立案查处2人。

【“扫黑除恶”】 深入开展“扫黑除恶”专项斗争。强化问题线索研判，按照“一主线三支线”核查法开列核查清单6份，向市纪委移送“点对点”案件问题线索8个。立案查处公职人员涉黑涉恶腐败和“保护伞”问题10件18人，移送司法机关9人。严肃追责问责，移交主管部门处理20人，组织处理2人，分别约谈12名党组织负责人和10名纪检组织负责人。下发监察建议书1份，并责令9个案发单位召开警示教育大会。

【廉政教育】 坚持宣教贯通，主动融入宣传工作格局，发挥警示教育基地、纪委监委网站、今日鄂前旗等旗内新闻媒体和平台作用，加大党风廉政建设和反腐败斗争形势任务、成效经验宣传力度，累计发放党纪党规书籍5000多册，宣传动态信息、标语4000多条次，3000多名党员干部在警示教育基地接受教育。通过新任领导干部廉政谈话、在党校开设专课等方式，持续开展党章党规、宪法监察法宣传，加强理想信念宗旨和党性党风党纪教育。坚持按季度评选“清风干部”，2647名干部职工成为清廉典型。干部职工廉洁自律意识得到引导强化，主动接受监督的意识不断增强。

【纪监体制改革】

深化派驻监督 整合派驻机构力量，建立执纪审查协作机制，成立4个协作组，统筹开展日常监督和审查调查工作。2019年，纪检监察组下发廉政风险提醒通知书60份，针对重点岗位开展个别廉政提醒谈话147人次，办理问题线索33件，立案11件，6个纪检监察组突破“零”立案。以单独派驻和归口监督的方式，向新增的14个行政事业单位和5个旗属国有企业实施同体监督，实现旗级党政机关及事业单位纪律监督全覆盖。

延伸监察监督 坚持把主要精力放在履行监督责任上，镇纪委、派出镇监察办公室和监察联络员作用不断凸显。常态化开展明察暗访，“第一种形态”得到充分运用，通报批评80人次，提醒谈话57人次，责令作出书面检查28人次。审查调查取得较大突破，镇纪委受理信访举报33件，立案查处18人。

拓展巡察监督 持续深化政治巡察，稳步推进巡察全覆盖。全年巡察单位党组织9个，向被巡察单位反馈立行立改问题1件，向相关部门移交追责问责问题8件。以政治巡察、村级特点、解决问题为出发点，综合运用巡镇带村、巡部门延伸到村和开展专项巡察等方式，将巡察监督向嘎查村延伸，共追缴资金14.7万元，追责问责9人。

【队伍建设】 把突出党建引领作为总要求，贯彻始终。认真落实党支部工作条例，按月量化党支部学习、工作重点，坚持党建与大学习、大练兵等重点工作相结合，创新开展主题党日活动，新打造党建活动室，完成党总支、党支部换届选举，机关党支部被评为全旗先进基层党组织。把强化思想理论武装作为总根源，常态化开展“大学习”活动。常委会带头学习，制定集体学习制度，坚持每周五为集体学习日，通过交流研讨、骨干讲解、专家辅导、专题调研等方式，深化学思践悟。把提升综合素质作为总目标，常态化开展业务“大练兵”。通过以案代训、参加上级纪委培训、多岗位锻炼等方式，多方位提升干部业务素质，整体业务水平不断提高，1 名干部被自治区纪委评为“执纪监察尖兵”，54 名干部被市纪委评为“执纪监察合格人员”。把严格监督管理作为总保障，常态化抓执行。严格依照制度管人、管事，修订完善《绩效考评办法》等多项制度，规范内部管理；严格制度执行，1 个镇纪委、5 个纪检监察组因履行监督责任不力和 6 名干部违反会议纪律被通报，立案查处违纪违规纪检监察干部 2 名，主动接受社会监督并聘请特约监察员 6 名。

审计监督

【概况】 2019年，鄂托克前旗共实施完成审计项目 91 个，累计审计单位 130 个次，审计资金 79.57 亿元，发现违规资金 0.07 亿元，管理不规范资金 24.89 亿元(其中核减工程款 1.47 亿元)，出具审计报告和审计决定书 133 份，提出整改意见建议 118 条，向相关部门移送事项 29 件。

【财政审计】 2019 年，完成 2018 年度旗本级、上海庙开发区财政本级预算执行和其他财政财务收支情况以及昂素镇、旗党校、园林局等 3 个部门的预算执行情况审计，审计资金 42 亿元，查出违规金额 440.42 万元，管理不规范金额 22.46 亿元；移送审计案件线索 2 件。

【财政收支审计】 2019 年，组织实施财务收支审计项目 10 个，审计资金 4400 万元，发现违规资金 102.64 万元，管理不规范资金 857.1 万元；向相关部门移送审计案件线索 13 件。

【经济责任审计】 2019 年，对全旗 19 个单位、19 位科级领导干部进行了经济责任审计，审计资金 94700 万元，查出违规金额 149.89 万元，管理不规范金额 4942.14 万元，向相关部门移送审计案件线索 16 件。

【固定资产投资审计】 2019 年，实施政府性投资项目审计 40 个，其中竣工决算审计 6 个，送审金额 12366.89 万元，审定金额 8723.28 万元，核减报审价款 3643.61 万元，向相关部门移送审计案件线索 2 件；竣工结算审核 7 个，送审金额 14529.24 万元，审定金额 12528.72 万元，核减报审价款 2000.52 万元；招标控制价预算审计 2 个，送审金额 1895.91 万元，审定金额 1868.33 万元，核减报审价款 27.58 万元。聘请中介审核 25 项(标段)，送审金额 3845.29 万元，审定金额 29453.47 万元，核减报审价款 9005.8 万元。

【专项资金审计】 2019 年，组织实施专项资金项目审计 1 个，审计资金 4713.5 万元，发现管理不规范资金 730.11 万元；向相关部门移送审计案件线索 1 件。

【自然资源资产审计】 2019 年，对上海庙镇草原资源进行了审计，审计资金 0.18 亿元。

【创新工作】 不断深化审计局机关“智慧审计、廉洁善治”党建品牌，创新谋划推行“146”党建模式(“1”即深化“智慧审计、廉洁善治”1 个党建品牌，“4”即打造完善党建文化长廊、制度文化廊道、廉政文化展厅、清审文化长廊 4 个学习教育点，“6”就是以审计干部素质提升年为主题，搞好理论素质、党性修养、业务素质、法律法规、综合服务、审计质量 6 个提升)。通过“146”党建模式的推行，进一步形成强素质、抓学习、补短板、争一流的常态化工作机制，实现审计干部素质大提升、纪律大整顿、作风大转变、服务大增强、效能大提升。

国防军事

人民武装

【政治思想建设】 深入开展“传承红色基因、担当强军重任”和“不忘初心、牢记使命”主题教育，严格落实周三党日活动。认真学习习近平新时代强军思想，通过专家授课、讨论辨析、过主题党日等方式拓宽学习渠道、丰富教育内容，加强党章党规党纪学习，从严落实党内生活制度，坚定党员干部听党话跟党走的理想信念，确保政治坚定、组织坚强。

【国防动员教育】 利用国防教育主题公园、国防教育一条街道，广泛开展“五进”活动；利用国防教育日、征兵宣传、嘎查村“两委”换届、集贸日等时机，采取国防讲座、军事训练、主题晚会等形式，广泛开展国防教育。积极推进红色培训教育基地申报“国家级国防教育基地”和内蒙古自治区西部民兵训练基地挂牌，筹建鄂尔多斯市国防教育展厅，打造军事训练综合体，改造轻武器射击场。全面开展国防动员潜力调查，完成全旗的数据采集工作。圆满完成新兵征集任务，达到无责任退兵和思想退兵的目标。

【应急力量建设】 2019 年，完成 440 名基干民兵的整组任务，先后组织 3 次战备演练和拉动点验，5 次集中训练。在全市第二届群众性练兵比武竞赛中获得 11 个单项第一和团体第一。认真落实战备值班制度，高标准完成战备值班任务，完成应急应战、备战演训等重要任务。积极开展旗中学、民族职业中学、蒙古族中学等学校学生军训工作。

【落实党管武装制度】 2019 年，认真落实双向兼职、党委议军、书记述职等党管武装制度。在“七一”“八一”节日期间，广泛开展走访慰问、军事日、征兵和优抚优待政策宣传、双拥文艺晚会、拥军“五送”、“送温暖、献爱心”等活动，召开旗委议军会，重点研究解决申报国家级国防教育基地、建设苏坝海子民兵训练基地、修建轻武器射击场、安置退役士兵等 4 个方面问题。

人民防空

【人防腐败问题专项治理】 成立人防腐败问题专项治理工作领导小组，制定专项治理方案，明确各成员职责。追缴 2013 年至 2018 年 64 个项目人防异地建设费 1497.21 万元。召开住建系统全体干部职工警示教育大会 1 次，观看警示教育片 4 次。

【人防疏散基地项目】 2019 年，在建人防疏散基地项目 1 处，看台建筑面积 8598 平方米，消防水池 211 平方米，钢结构罩棚 2994 平方米；层数 2 层，局部三层，建筑高度主体部分 11.60 米，局部 19.50 米；观众席可容纳 3000 人入座，停车位 210 个；投资概算 7253.1 万元。

该项目平时将作为赛马场、民族文化竞技场、人防专业队训练基地、国防人防宣传教育场所以及人民群众休闲娱乐的活动场所。战时和灾时作为安置敖勒召其镇居民的人防应急疏散基地，提供人员疏散安置场所和进行必要的物资储备。

【宣传教育】 “9·18”鸣响防空警报，会同旗武装部、应急管理局、教体局在旗中学进行国防教育、应急演练活动，现场发放宣传册 1200 余份。

人民代表大会

综述

【概况】 鄂托克前旗第十届人民代表大会常务委员会于 2017 年 12 月 7 日经旗第十届人民代表大会一次会议选举产生。至 2019 年底，旗十届人民代表大会代表共有 135 人，其中少数民族代表 42 人，妇女代表 36 人，自治区代表 2 人，市代表 11 人。2019 年，共听取和审议“一府两院”专项工作报告 6 次，作出决议、决定 10 项，组织执法检查 1 次、专题调研 4 次，依法任免国家机关工作人员 83 人，补选市人大代表 1 人、旗人大代表 6 人，接受辞职市人大代表 1 人、旗人大代表 2 人和常委会委员 1 人。

【审议决定重大事项】 旗人大常委会始终对涉及全旗改革发展稳定的重大事项进行认真审议。2019 年，共作出决议、决定 10 项。

1 月 15 日，旗十届人大常委会第 11 次会议审议通过《鄂托克前旗第十届人民代表大会常务委员会关于接受张占霖辞去鄂尔多斯市第四届人民代表大会代表职务的决议》《鄂托克前旗第十届人民代表大会常务委员会关于批准旗人民政府 2018 年 7—12 月份财政预算调整的决议》《鄂托克前旗第十届人民代表大会常务委员会关于批准上海庙经济开发区管理委员会调整 2018 年财政预算收支的决议》。

4 月 25 日，旗十届人大常委会第 14 次会议审议通过《鄂托克前旗第十届人民代表大会常务委员会关于批准上海庙经济开发区管理委员会 2018 年财政预算执行情况和 2019 年预算草案的决议》《鄂托克前旗第十届人民代表大会常务委员会关于接受热德那斯迪同志辞去旗十届人大代表职务请求的决定》《鄂托克前旗第十届人民代表大会常务委员会关于同意接受杨勇同志辞职请求的决定》《鄂托克前旗第十届人民代表大会常务委员会关于乔智平同志代理旗监察委员会主任职务的决定》。

9 月 3 日，旗十届人大常委会第 15 次会议审议通过《鄂托克前旗第十届人民代表大会常务委员会关于同意接受王广新等同志辞职请求的决定》《鄂托克前旗第十届人民代表大会常务委员会关于接受刘向阳同志辞去旗十届人大代表职务请求的决定》。

12 月 4 日，旗十届人大常委会第 16 次会议审议通过《鄂托克前旗第十届人民代表大会常务委员会关于接受薛海军同志辞去旗十届人大常委会委员职务请求的决定》。

【人事任免】 旗人大常委会坚持党管干部和依法任免相统一的原则，严格执行集体审议、供职发言、投票表决、向宪法宣誓等制度。2019 年，共依法任命国家机关工作人员 42 人，免职 41 人。

1 月 31 日，旗十届人大常委会第 12 次会议审议《鄂托克前旗人民政府关于提请任免罗建勋等同志职务的议案》《鄂托克前旗第十届人大常委会主任会议关于提请免去刘占荣同志职务的议案》；印发《鄂托克前旗第十届人民代表大会常务委员会关于任免罗建勋等职务的通知》《鄂托克前旗第十届人民代表大会常务委员会关于免去刘占荣同志职务的通知》。

2 月 14 日，旗十届人大常委会第 13 次会议审议《鄂托克前旗人民政府关于提请任命孙树元等同志职务的议案》；印发《鄂托克前旗第十届人民代表大会常务委员会关于任命孙树元等同志职务的通知》。

4 月 25 日，旗十届人大常委会第 14 次会议审议《鄂托克前旗人民政府关于提请免去崔景翔同志职务的议案》《鄂托克前旗人民政府关于提请任免布仁巴雅尔等同志职务的议案》《鄂托克前旗监察委员会关于提请任命乔智平同志职务的议案》《鄂托克前旗监察委员会关于提请免去通嘎拉格、关林两位同志职务的议案》《鄂托克前旗人民检察院关于提请免去郭旭繁同志职务的议案》《鄂托克前旗第十届人大常委会主任会议关于提请任免慕斌武等同志职务的议案》；印发《鄂托克前旗第十届人民代表大会常务委员会关于免去崔景翔同志职务的通知》《鄂托克前旗第十届人民代表大会常务委员会关于任免布仁巴雅尔等同志职务的通知》《鄂托克前旗第十届人民代表大会常务委员会关于任命乔智平同志职务的通知》《鄂托克前旗第十届人民代表大会常务委员会关于免去通嘎拉格等同志职务的通知》《鄂托克前旗第十届人民代表大会常务委员会关于免去郭旭繁同志职务的通知》《鄂托克前旗第十届人民代表大会常务委员会关于任免慕斌武等同志职务的通知》。

9 月 3 日，旗十届人大常委会第 15 次会议审议《鄂托克前旗第十届人大常委会主任会议关于提请免去娜仁花同志职务的议案》《鄂托克前旗监察委员会关于提请任免陈晓东等同志职务的议案》，印发《鄂托克前旗第十届人民代表大会常务委员会关于免去娜仁花同志职务的通知》《鄂托克前旗第十届人民代表大会常务委员会关于任免陈晓东等同志职务的通知》。

12 月 4 日，旗十届人大常委会第 16 次会议审议《鄂托克前旗人民法院关于提请任免马图雅等 20 名同志职务的议案》，印发《鄂托克前旗第十届人大常委会关于任免马图雅等 20 名同志职务的通知》。

重要会议

【旗十届人大三次会议】 2019 年 1 月 22—23 日，鄂托克前旗第十届人民代表大会第三次会议在敖勒召其镇涛龙宫召开。

会议由大会主席团主持，旗人大代表 135 人出席会议，法定列席人员和旗人大常委会决定列席人员 145 人列席会议。

会议听取和审议旗人民政府旗长布仁其木格作的《政府工作报告》、旗人大常委会主任刘渊作的

《人大常委会工作报告》、旗人民法院院长乌阳戈作的《人民法院工作报告》、旗人民检察院检察长折峰作的《人民检察院工作报告》;审议通过《关于鄂托克前旗2018年国民经济和社会发展计划执行情况与2019年国民经济和社会发展计划的决议》《关于鄂托克前旗2018年财政预算执行情况和2019年财政预算的决议》。

【旗人大常委会会议】 2019年,旗十届人大常委会共召开常委会会议6次。

第11次常委会 1月15日召开。会议听取和审议旗人民政府、上海庙经济开发区管理委员会关于调整财政预算的议案;接受张占霖辞去鄂尔多斯市第四届人民代表大会代表职务;补选出席鄂尔多斯市第四届人民代表大会代表;关于召开旗十届人大三次会议的有关事项;旗人大常委会、旗人民政府关于旗十届人大一、二次会议代表议案、建议办理情况的报告;旗人大常委会工作报告(讨论稿)。

第12次常委会 1月31日召开。会议听取和审议旗人大常委会主任会议、旗人民政府关于人事任免的议案。

第13次常委会 2月14日召开。会议听取和审议旗人民政府关于人事任免的议案。

第14次常委会 4月25日召开。会议传达学习习近平总书记参加十三届全国人大二次会议内蒙古代表团审议时的重要讲话及十三届全国人大二次会议精神;听取和审议上海庙经济开发区管理委员会关于2018年财政预算执行情况和2019年预算草案的议案;关于旗十届人大代表辞职的有关事宜;关于补选旗人大代表的资格审查报告;旗人大常委会主任会议、旗人民政府、旗监察委员会、旗人民检察院关于人事任免的议案。

第15次常委会 9月3日召开。会议听取和审议旗人民政府关于调整财政预算的议案;关于旗十届人大代表辞职的有关事宜;关于旗人民政府副旗长辞职的有关事宜;旗人大常委会关于对贯彻执行《内蒙古自治区物业管理条例》专题调研情况的报告;旗人民政府关于2019年上半年国民经济和社会发展计划执行情况的报告,关于2018年财政决算草案和2019年上半年财政预算执行情况的报告,关于2018年旗本级财政预算执行情况和其他财政收支的审计工作报告,批准2018年财政决算;旗人民政府相关工作情况报告;旗人大常委会主任会议、旗监察委员会关于人事任免的议案。

第16次常委会 12月4日召开。会议听取和审议旗人大常委会有关调研情况的报告;关于补选旗人大代表的资格审查报告;关于旗十届人大常委会委员辞职的有关事宜;鄂尔多斯市第四届人大代表述职报告;旗人民法院关于人事任免的议案。

人大监督

【概况】 旗人大常委会认真履行宪法和法律赋予的监督权,突出监督重点、改进监督方式、加大监督力度,努力使人大监督工作更加贴近民生、更加富有成效。2019年,共组织执法检查1次,专题调研4次,配合上级人大对《中华人民共和国水污染防治法》等8部法律法规进行了执法检查和立法调研,对医疗卫生、法治政府建设等12项工作进行了专题调研,接待群众来访23人次。

【法律监督】 2019年6月至8月,旗十届人大常委会成立执法检查组,深入旗林草局、草原综合执法局、各镇,通过听取汇报、实地查看、查阅资料、座谈交流等方式,对全旗贯彻执行《中华人民共和国草原法》情况进行了执法检查。针对存在的问题,旗人大常委会建议,旗人民政府要加大政策宣传,强化生态保护意识;要增强规划的科学性、可行性;要加大执法力度,强化监管能力建设;要遏制非法开垦,增强依法实效;要加强保护建设,推进草原良性发展。

8月至10月,旗十届人大常委会执法检查全旗贯彻执行《中华人民共和国自然保护区条例》情况。针对划定自然保护区面积不切合保护实际、自然保护区管理队伍建设薄弱、自然保护区管理保障不足等问题,旗人大常委会建议,旗人民政府要调整自然保护区范围、强化保护区管理规划执行落地、政府购买生态、强化宣传力度。

【经济监督】 旗第十届人大常委会

第十五会议听取旗财政局局长阿有希受旗人民政府委托所作的《关于鄂托克前旗2018年财政决算草案和2019年上半年财政预算执行情况的报告》,听取旗审计局局长乌云娜受旗人民政府委托所作的《关于2018年度旗本级财政预算执行情况和其他财政收支情况的审计工作报告》。会议结合审议、审计工作报告,对2018年财政决算的报告进行审查,同意旗人大常委会财政经济工作委员会提出的《关于2018年财政决算的审查报告》,决定批准2018年财政决算。会议听取审议批准《鄂托克前旗人民政府关于提请审议2019年1—6月份拟调整财政预算支出的议案》。

【民生监督】 旗十届人大常委会第十五次会议听取审议旗司法局局长米海云代表旗人民政府所作的《全旗法治政府建设情况的报告》,旗财政局副局长、国资委主任叶志强代表旗人民政府所作的《全旗行政事业性国有资产管理情况专项报告》,旗文化和旅游局局长李云龙代表旗人民政府所作《全旗非物质文化遗产保护、传承情况工作报告》。

2019年4月至6月,旗十届人大常委会专题调研全旗贯彻实施《内蒙古自治区物业管理条例》情况。针对存在的问题,旗人大常委会建议,旗人民政府及物业管理主管部门要完善监督措施,切实提高物业行业服务水平;要加强部门协作,充分化解物业管理矛盾纠纷;要着力夯实基础,进一步构建和谐物管;要创新发展理念,不断强化行业发展后劲。

8月至9月,旗十届人大常委会专题调研全旗贯彻执行《中华人民共和国食品安全法》情况。针对存在的问题,旗人大常委会对旗人民政府及相关部门提出加强教育,提高责任意识,理顺职能,强化执法能力,加强监管,保障安全检测等建议。

9月至10月,旗十届人大常委会成立专题调研组,通过听取汇报、实地查看、查阅资料、座谈交流等方式,专题调研全旗公益诉讼工作情况。针对存在的问题,旗人大常委会建议,旗人民检察院要加大宣传力度,提高公益诉讼知晓率;要积极构建公益诉讼工作的长效机制;要不断强化公益诉讼工作队伍建设;要加强公益诉讼工作经费保障。

【群众信访】 旗十届人大常委会不断健全完善人大信访工作机制,积极畅通信访渠道。2019年共接待群众来访23人次,及时交办、转办和跟踪督办,确保群众诉求一线表达、群众问题一线化解。

代表工作

【代表学习培训】 全面加强和改进代表学习培训工作,通过"理论联系实际、横向结合纵向学"的方式,先后培训区、市、旗三级人大代表160人次,进一步夯实人大代表理论基础、提升履职水平。组织部分旗人大代表赴巴彦淖尔市临河区、五原县就现代农牧业产业化发展情况进行学习考察,引导和支持农牧民走商品化发展模式,积极调整农牧业产业结构,加快推进绿色有机农牧业、旅游休闲农牧业、特色农牧业发展,有序推进农畜产品精深加工和市场贸易等产业融合发展。

【代表议案建议办理】 不断健全完善主要领导领衔督办、分管领导亲自督办、对口委办联合督办工作机制,着力推动代表建议办理结果评比反馈工作常态化,切实加强对办理质量的双向监督,促使22件建议得到较好落实。住建局等承办单位高质量办理完成关于完善城市基础设施建设、加快特色小镇建设等建议。

【代表活动】 组织部分区、市、旗三级人大代表集中视察全旗经济社会发展情况和各级国家机关工作情况,认真听取人民群众的意见建议,为旗人大代表出席自治区十三届人大三次会议、市四届三次会议时,审议各项议案、报告,酝酿、提出高质量的议案或建议做足充分准备。持续开展"人大代表林"种植活动,共种植樟子松13.3公顷5000余株,用实际行动践行"绿水青山就是金山银山"的环保理念。多次深入昂素镇就民生实事项目人大代表票决制试点工作进行调研指导,推进"人大代表之家""人大代表联络站"建设和运行提档升级,真正为代表依法履职搭建平台、创造条件。

【走访联系】 注重定期走访联系与及时联系,不断扩大网上联系覆盖面,形成线上线下走访联系格局。走访联系过程中征集到的基础设施、全域旅游、农牧业产业发展等方面的 35 条意见建议反馈至旗委、政府着力落实解决，回应代表群众民生关切，拓宽社情民意反映渠道。

自身建设

【思想政治建设】 落实全面从严治党主体责任，按照清单化引领、项目化推进的工作原则，年初印发《机关 2019 年党建工作要点》，制定机关党建工作责任清单。扎实开展“大学习、大讨论”和“不忘初心、牢记使命”主题教育，深化学习教育，共开展集中学习 46 次，专题研讨 4 次，讲党课 6 次；深入开展调查研究，形成高质量调研报告 5 篇；全面检视剖析问题，班子检视出 8 条问题，班子成员共检视出 20 条问题，并限时整改落实。

【党风廉政建设】 制定《机关 2019 年党风廉政建设工作要点》，印发《机关 2019 年党风廉政建设主体责任任务分解清单》，明确工作目标、任务和措施。全年共召开党风廉政建设工作专题会议 4 次，各委办负责人每季度向常委会分管领导汇报本部门党风廉政建设情况，并深入开展廉政谈话 38 人次。组织全体干部职工观看《白发亲娘》《致命的决口》等警示教育片，从思想源头筑牢防腐防线。每季度召开一次“清风干部”民主测评会，引导机关党员干部职工树立勤勉尽责、清正廉洁的意识，共选树清风干部 31 名。印发《关于全面推进机关廉政风险防控工作的实施方案》，进一步完善机关干部个人廉政风险识别防控一览表。

【履职能力建设】 严格落实意识形态工作责任制，明确责任人和工作人员，制定机关党组意识形态工作责任清单，与业务工作紧密结合，按时召开部署会，定期开展分析研判会，研究部署意识形态领域工作。

扎实开展党群共建活动，在“六一”国际儿童节，机关党支部组织党员干部为 10 余名贫困学生送去助学金 5000 多元；在建党 98 周年之际，深入包扶村城川镇新寨子嘎查，与嘎查党员共同开展“礼赞共和国、真情话党恩”庆祝建党 98 周年主题活动，重温入党誓词，讲专题党课，表彰优秀党员和党务工作者 6 名，慰问贫困党员 2 户。

人民政府

综述

【概况】 2019 年，全旗地区生产总值完成 135.3 亿元，增长 4.7%；三次产业结构比例 10.4 : 59.4 : 30.2。固定资产投资同比增长 4.8%。实现全社会消费品零售总额 25.4 亿元，增长 4.8%。公共财政预算收入 11.9 亿元。城乡常住居民人均可支配收入分别为 47855 元和 20519 元，增长 6.8%和 10.7%，增速位居全市第一。

【第一产业】 2019 年，农牧业“稳羊增牛、北牧南粮”产业布局初显成效，完成一产增加值 14.1 亿元，同比增长 1.6%；“稳粮优经扩饲”效果明显，“粮经饲”比重由 2016 年的 68 : 15 : 17 优化为 54 : 18 : 28。

以提升品位、促进产村融合为抓手，以产业有支撑、增收有保障、环境有品位、发展有质量为目标，深入开展美丽乡村建设行动，全面提升农村牧区基础承载能力。全旗农作物总播面积 56835 公顷，发展高效节水农业 59118.6 公顷，节水灌溉率达 94.6%，实测农田灌溉水利用系数为 0.62。新增优质饲草料种植面积 6073 公顷、特色经济作物种植面积突破 6667 公顷，累计建成规模化现代农牧业基地 16000 公顷、优质饲草料基地 22471.4 公顷。全旗牲畜饲养量和出栏量分别达到 238 万头只和 143 万头只，牧业年度肉羊和绒山羊稳定在 218 万只、优质肉牛 12.5 万头。建成乡村振兴示范嘎查村 5 个，新建农畜产品交易市场 3 个，累计认证有机草牧场 37.3 万公顷。引进 2 家养殖业龙头企业推动种养结构调整，2 家加工型龙头企业加工肉羊、肉牛能力达到 40 万只和 2 万头。

实施新型职业农牧民培训工程，58 项农牧业技术发明获得国家专利，科技对农牧业贡献率达 70%。坚持用现代产业体系提升农牧业，通过延伸产业链增加农牧民的就业空间和增收空间，累计培育市级以上龙头企业 25 家、农牧民专业合作社 397 家，建成现代家庭农牧场 583 家、养殖园区 13 个、养殖大户 480 户。构筑起涵盖“种养加销”多环节完整产业链，推行标准化管理、品牌化增收，成功举办“鄂尔多斯高原冷菜”发售仪式，鄂托克前旗辣椒成功入选全国名特优新农产品名录，完成 37.33 万公顷有机草牧场和 20 万只羊、0.5 万头肉牛的有机认证；成功注册“鄂托克前旗羊肉”地理标志证明商标，并被评定为第四届中国农业（博鳌）论坛指定用品，累计培育农畜产品品牌 26 个，区域公用品牌效益初显。

【第二产业】 鄂前旗始终把工业作为富民强旗的支柱性产业，着力构建煤炭为基础、煤电为支撑、煤化工为主导、清洁能源产业为补充的新型工业体系。上海庙能源化工基地开发建设上升到国家战略层面予以推进，园区的承载能力、集聚能力进一步提升。2019 年，全旗煤炭、煤化工、天然气产量分别达 1484 万吨、102 万吨、42 亿立方米，规上工业增加值 32.8 亿元，规模以上工业总产值增长 16.7%。

启动上海庙经济开发区“扩园调区”，进一步提升鄂前旗重大工业项目的承载能力。一批谋划多年的工业骨干项目落地建设，累计实施项目 37 个，总投资超过 2000 亿元，完成投资超过 580 亿元（其中工业项目完成投资约 375 亿元，基础设施项目完成投资约 205 亿元）。作为国家大气污染防治行动计划的十二条通道之一上海庙至山东 ±800 千伏特高压直流输电通道建成并具备送电条件。山能盛鲁、神华国能、北方联合电力 3 个燃煤发电项目获批建设，电力装机总规模达到 1000 万千瓦。盛鲁电厂进入机组试运行阶段，国电双维、长城电厂开工建设，碳化硅陶瓷、活性炭及环保装备制造等战略性新兴产业项目落地建设。上海庙煤田划分井田 14 块，设立煤矿 14 座，设计煤炭年产能 6160 吨，建成煤矿 6 座、在建煤矿 1 座，煤炭产能历年累计超过 7900 万吨，长城 1 号、巴愣等 5 座煤矿获得核准，长城 2 号煤矿取得采矿证。建成 130 万吨煤焦化多联产项目和 10 万吨焦炉煤气制液化天然气项目，煤化工产能历年累计达 804.6 万吨。天然气资源开发新增天然气井 3550 眼，新建集气站 30 个、输气管道 4179.3 千米；天然气产能历年累计达 392.5 亿立方米。鄂西煤炭物流园一期工程建成投用，煤炭销售额突破 3 亿元。

【第三产业】 文化旅游、电子商务、现代物流、健康养生等业态快速发展。2019 年，三产增加值 40.8 亿元；金融存贷款余额分别达到 60.37 亿元和 34.54 亿元；全年吸引国内外游客 125 万人次，实现旅游总收入 38 亿元。

通过政府引导扶持、企业定制标准、农牧户联户经营的方式，着力打造“鄂尔多斯高原冷菜”“鄂前旗羊肉”区域公用品牌。“鄂前旗羊肉”成功获得中国地理标志认证商标。密切电商企业与农牧民的联系，推进电商服务向基层延伸，帮助贫困农牧民寻求致富机会。2019 年，吉万、克珠日、葫芦素电商扶贫服务站免费为全旗建档立卡贫困户代售农畜产品和手工艺品共 350 万元。

按照“医养结合”的思路，建设自治区西部一流的健康养身园，推进旗蒙医医院与阿吉泰健康养生园深度融合，捆绑打造大沙头生态文化旅游区、阿吉泰健康养生园、民俗文化博物馆、文化产业园、圣火文化公园“五位一体”旅游综合体，带动文化、旅游、养生等多业态融合集聚。立足资源、文化和区位优势构筑全域旅游，着力在业态布局、延链补链上做足“全”的文章，在资源配置、文化旅游融合上挖掘“特”的内涵，建成国家 AAAA 级旅游景区 3 处、国家 AAA 级旅游景区 2 处，自治区特色景观旅游名镇 3 个，乡村旅游示范村 10 个、精品农牧家乐 42 户，发展旅游商品生产企业和商户 50 家，文化产业园获评自治区级文化创意产业园区；加大与蒙陕宁晋周边省区合作，差异化联动、高端化建点、精品化连线，成功举办圣火文化节、马兰花节、大沙头沙漠赛车节等品牌赛事活动，地区知名度和美誉度显著提升。

创新发展红色研学产业。城川红色拓展训练基地一期工程建成投用，红色教育集训中心开工建设，承办了全区红色旅游创新发展现场会，成功挂牌全区、全市中小学生研学实践教育基地，以及区内 9 所学校的思政研学实践基地，58 个研学点、120 个体验户和 5000 多名农牧民融入红色产业，承接各类主体班 797 期，青少年红色研学 1.5 万人，进一步放大鄂前旗红色资源的经济优势。

【人民生活】 2019 年，鄂前旗持续加大民生投入，公共财政用于民生的比例超过 70%以上。投入扶贫资金 2029 万元，贫困户人均纯收入同比提高 20%以上。城乡常住居民人均可支配收入分别达 47855 元和 20519 元，增长 6.8%和 10.7%。

就业创业 全旗招录各类公职人员 408 人（其中教师 122 人，融媒体中心工作人员 8 人，政府雇用工作人员 202 人，引进人才 46 人，分配“三支一扶”和社区民生志愿者 30 人），困难人员就业 123 人，城镇失业人员再就业 164 人。城镇就业安置、登记失业、城镇就业培训、农牧民技能提升培训等 9 类人员实名制录入率 100%，城镇登记失业率 2.03%以内。创业培训 241 人，城镇就业技能培训 214 人，农牧民技能提升培训 260 人，发放培训补贴 130 万元、创业担保贷款 1405 万元。开发高校毕业生就业见习岗位 90 个，发放补贴 120 万元；举办人才劳动力交流洽谈会 3 场次、专场招聘会 11 场次，有 156 家企业与 428 名应聘者达成用工意向。全旗共开发公益性岗位 521 个，发放公益性岗位补贴 398.02 万元，发放就业困难人员社会保险补贴 55 人 28.33 万元，发放公益性岗位人员社会保险补贴 167 人 41.25 万元。扶持 128 人成功创业，创业带动就业 384 人。2019 年，公益性岗位就近就地安置 105 人，共发放建档立卡贫困户岗位补贴 84.04 万元，挂牌宏野农牧业有限公司、人人益公司为就业扶贫车间，租用贫困户的蔬菜大棚种植有机蔬菜带动贫困户 9 人灵活就业。

教育事业 2019 年，建成投用鄂托克前旗第三幼儿园，教育幼儿园被内蒙古自治区教育厅评为自治区示范园。4 月 26 日，鄂前旗建成投用青少年研学实践教育基地，举办鄂尔多斯市“追寻红色印迹·传承革命精神”研学活动启动仪式，开展青少年研学实践活动，全年累计接待市内及周边地区师生 14000 余人次。7 月 9 日，旗人民政府与内蒙古师范大学附属中学签订合作办学协议，旗蒙古族中学成为内蒙古师范大学附属中学“联盟校”。9 月 5 日，旗民族职业高中被国家人力资源和社会保障部、教育部授予 2019 年“全国教育系统先进集体”荣誉称号。

医疗卫生 鄂前旗有各类医疗卫生机构 94 所，卫生人员总数 760 人，每千人口拥有执业（助理）医师 3.37 人、注册护士 2.52 人，每万人口拥有公共卫生人员 13.15 人；共有床位 539 张，每千人口床位数 7.54 张。全旗 5.099 万人签约了家庭医生，贫困人口签约率为 100%，重点人群签约率达 94%。继续推进医共体建设，将所有基层医疗机构均纳入 2 所旗级医院医共体管理，实现全旗基层医疗机构全覆盖，有效促进医疗资源均衡配置。“健康鄂前旗”手机 APP 全面启动应用，并与“i”前旗完成对接，群众健康获得感明显增强。不断加强卫生健康人才队伍建设，创新人才引进方式，开展校园招聘，直接引进医学本科毕业生 25 名。

健康扶贫 2019 年，设立贫困人口脱贫医疗补助金 300 万元，全年为贫困人口报销医疗费 11710 人次 332.64 万元，住院报销比例达到医疗总费用的 87.04%，门诊报销比例达到医疗总费用的 80.24%；投入 16.05 万元对全旗建档立卡贫困户的生活饮用水进行检测。

社会保障 2019 年，全旗城镇职工养老保险，工伤、生育保险，城乡居民养老保险实现全覆盖；城镇职工基本养老保险 10752 人，城乡居民养老保险 29216 人；工伤保险 7925 人。城乡居民最低生活保障、困难家庭临时救助、残疾补助、特困及孤儿供养等标准持续提高，惠及困难群众 4379 人，共计发放 14342959.93 元。医疗保险实现异地实时结算，城乡医保并行、医前救助、大病救助、商业补充大病保险等模式全面推行。城乡低收入群体住房条件持续改善，建成保障性住房 12.27 万平方米。

文化体育 至 2019 年，共发展民间文艺组织 47 个，文化示范户 190 户，草原书屋 86 个，建成运营大型全民健身场馆 3 个。累计开展文化下乡活动 1600 场次，举办大型群众文体活动 282 场次。

群众出行 境内公路通车总里程达 3825.081 千米（其中高速公路 86.5 千米，一级公路 130.919 千米，二级公路 387.892 千米），鄂前旗通用机场于 7 月 18 日正式通航，添补了立体交通运输的空白，群众出行更加便捷。

电信物流 全面实施“宽带中国”战略，深入落实“宽带下乡村”方案，推动“数字惠民”工程建设。2019 年，全旗开展农村牧区“电信普遍服务”建设，率先在全市实现核心城镇及“1+6”红色基地 Wi-Fi 全覆盖和农村牧区宽带基本覆盖；电信 645 个(4G306 个)基站遍布农村牧区，基本实现全覆盖。顺丰、中通等 30 多家快递物流企业遍布全旗，群众生活成本明显下降；网库、那达慕等 17 家电商企业入驻运营，开辟农牧民网上销售农畜产品的新途径。电信、电子商务、现代物流在农村牧区的普及应用，促进了城乡基本公共服务均等化，带动了农村牧区经济社会发展，改善了人民生产生活条件。

重要会议

【全旗优化营商环境工作会议暨全旗实施“重大项目三年攻坚行动”动员会】 3 月 7 日在敖勒召其镇召开。会议贯彻落实全市优化营商环境工作会议精神，安排部署全旗优化营商环境工作和实施“重大项目三年攻坚行动”相关工作。旗委书记辛晓瑞出席并讲话，旗委副书记、政府旗长布仁其木格主持会议。

【全旗乡村振兴暨产业扶贫工作现场观摩会】 2019 年 8 月 21—22 日召开。通过实地观摩与会议交流，相互学习同提高，互相借鉴促发展，扎实推动全旗乡村振兴与产业扶贫工作再上新台阶。旗委书记辛晓瑞出席会议并讲话，旗委副书记、政府旗长布仁其木格主持会议。

【全旗农牧业产业发展工作会议】 12 月 2 日在敖勒召其镇召开。会议总结全旗农牧业产业发展工作经验，分析面临形势和存在问题，研究部署全旗农牧业产业发展工作。旗委书记辛晓瑞出席会议并讲话，旗委副书记、政府旗长布仁其木格主持会议。

【承办全市基层社会治理暨人民调解工作现场观摩会】 8 月 13 日召开。通过现场观摩、会议交流，互相启发、互相借鉴、共同提升，在更高水平上推进平安鄂尔多斯建设向纵深发展。市委副书记、政法委书记于新芳，市政府副市长、公安局长薄立峰，市检察院检察长杨世林等市旗领导出席会议。市、旗两级相关部门、各旗区政法部门负责人参加会议。

【承办全区红色旅游创新发展现场会】 2019 年 9 月 17 日在城川镇召开。会议深入学习、深刻领会习近平总书记关于红色旅游发展的重要指示精神，以创新担当精神深入推进自治区红色旅游建设。自治区党委宣传部副部长、文化和旅游厅厅长贺志亮出席会议并讲话，副厅长蔚治国主持会议，鄂尔多斯市副市长刘建勋致辞，旗委书记辛晓瑞，旗委副书记、政府旗长布仁其木格，城川民族干部学院院长高鹏出席会议。各盟市文旅局、部分旗县文旅部门主要负责人，自治区全国爱国主义教育基地、全国经典红色旅游景区、自治区 A 级红色旅游景区负责人参加会议。

政府常务工作

【概况】 2019 年，旗人民政府常务工作坚持民主议事决策的原则，全年共召开常务会议 9 次。

【第一次常务会】 1 月 15 日召开。会议由旗长布仁其木格主持。研究讨论 2018 年财政预算调整及 2019 年预算、2019 年国民经济指标、《政府工作报告》《鄂托克前旗转移农牧民后续扶持方案》《鄂托克前旗盐业体制改革实施方案》，传达学习市纪委《关于巩固拓展落实中央八项规定精神成果确保 2019 年元旦春节风清气正的通知》等六项事宜。

【第二次常务会】 4 月 4 日召开。会议由旗长布仁其木格主持。会议听取一季度经济运行情况和全旗重点项目推进情况汇报，研究城川至三段地和昂素至城川二级红色旅游公路工程、敖银公路 K3+000—K4+200 段安全治理工程、2019 年城川镇城中村棚户区改造项目、实验小学家属区改造、上海庙鄂西物流园区道路建设、旗公安局建设乡村道路监控系统等七项事宜。

【第三次常务会】 4 月 7 日召开。会议由旗长布仁其木格主持。研究讨论政府领导工作分工、拟任免旗属国有企业董事监事、《鄂托克前旗直属国有企业负责人履职待遇、业务支出管理办法(试行)》《鄂托克前旗进一步强化国有资产监督管理的实施意见》、城川场景式教学馆建设项目、划拨供应和公开出让国有土地、成立鄂托克前旗乡村振兴产业发展有限责任公司(暂定名)、大沟湾水库至苏坝海子水库生态补水工程、更新公务出行租赁用车、旗人防应急疏散综合训练基地项目、红色教育基地学员服务中心项目、鄂西物流公司接收上海庙昌能供热公司等十二项事宜。

【第四次常务会】 6 月 5 日召开。会议由旗长布仁其木格主持。会议听取旗公安局扫黑除恶专项斗争工作开展情况汇报，研究讨论划拨供应国有土地、旗通用机场机库建设及政府购买运输包机服务、政府购买敖勒召其镇污水处理厂管理运营服务、第二届“旗长质量奖”名单等五项事宜。

【第五次常务会】 7 月 4 日召开。会议由旗长布仁其木格主持。会议听取全旗上半年经济运行情况汇报；研究讨论有偿协议转让上海庙煤炭大楼，人事(引进中学教师和公开招聘小学幼儿园教师、招聘基层派出所协警人员、引进医务专业技术人员、公开招聘翻译人员、解决 1997 年以前入学中专生工作分配、招聘旗委党校现场教学教师、乡镇雇用工招聘)，鄂前旗红色小镇基础设施建设 PPP 项目新增及变更工程内容，实施 2019 年农村牧区人居环境项目，旗红色教育培训中心建设项目，上海庙镇和城川镇投放出租车，实施 2019 年重点市政基础设施项目，苏坝海子拓展训练基地二区二段工程，大沟湾水库至苏坝海子水库生态补水工程，蒙医医院建设项目附属工程等十一项事宜。

【第六次常务会】 9 月 11 日召开。会议由旗长布仁其木格主持。传达市政府 2019 年第 9 次常务会议精神，研究部署相关工作，听取重点成员单位中央扫黑除恶督导整改有关工作情况汇报；研究讨论政府分管领导工作分工，《鄂托克前旗乡村振兴战略及创建市级乡村振兴示范嘎查村实施方案》《鄂托克前旗预算绩效管理暂行办法》《鄂托克前旗财政支出绩效评价实施细则》，划拨供应和公开出让国有土地，《镇人民政府耕地保护责任目标考核办法》，昂素至城川、城川至三段地二级红色旅游公路土地征收资金，鄂前旗 2020 年棚户区改造项目，云计算数据中心机房建设项目，原食药局办公楼问题整改，实施敖镇涛龙路市政道路整修工程，实施鄂前旗人防应急疏散综合训练基地周边市政道路及附属工程，城川红色拓展训练基地苏坝海子村三、二社至六、一社农村公路建设工程，《鄂托克前旗民族文化博览园规划设计创意方案》等十五项事宜。

【第七次常务会】 10 月 22 日召开。会议由旗长布仁其木格主持。研究全旗前三季度经济运行和重大项目建设情况，《鄂托克前旗深化国有企业负责人薪酬制度改革实施方案》，划拨供应和公开出让国有土地，《鄂托克前旗残疾人康复中心公建民营实施方案》，人事(引进全日制普通高等院校研究生、全日制医学类本科专业毕业生、全日制“985 工程”高校毕业生、取得法律职业资格证书高校毕业生，招募鄂前旗青少年活动中心研学实践教育基地研学教官和教师)等五项事宜。

【第八次常务会】 10 月 23 日召开。会议由旗长布仁其木格主持。研究讨论政府领导工作分工，规范性文件清理，《鄂托克前旗城川镇 2019 年国有土地上房屋征收与补偿实施方案》《鄂托克前旗事业单位公务用车制度改革实施方案》《鄂托克前旗党务政务服务热线工作管理办法》，部门结转两年以上及无法列支的专项资金收回统筹使用，疾病预防控制中心办公楼产权登记变更，《鄂托克前旗 2020 年推进羊绒产业高质量创新发展专项方案（试行）》《推进农牧业产业结构调整加快市场体系建设的实施方案》，城川镇苏坝海子红色教育拓展基地生态补水工程，城川镇苏坝海子红色教育拓展基地配套工程一期，《上海庙中心医院巡视整改方案》，申办内蒙古（鄂尔多斯）衡越中学，公开出让国有土地，办理上海庙马兰花景区草原大舞台产权，鄂尔多斯银行贷款置换债务，调整旗属国有企业部分董、监事，《鄂托克前旗直属国有企业公务用车制度改革实施方案》，《鄂托克前旗本级国有资本经营预算支出管理暂行办法》等十八项事宜。

【第九次常务会】 12 月 23 日召开。会议由旗长布仁其木格主持。审议《赋予各镇行政权力事项清单》一项事宜。

专项改革落实

【概况】 2019年，经济体制和生态文明体制改革专项小组承接的42项改革任务中，除8项等待顶层设计任务外，其余34项全部完成。

【政务服务改革】 积极推进“互联网+监管”系统建设，分配部门帐户32个，完成旗级事项认领近500项；建设“一站式”服务中心，同步梳理出“一站式”服务事项73项，以“三减三提”全面提高服务质量和行政审批效能，总体办结时限由原来的162个工作日缩短到了86个工作日，压缩率达到55.1%；强化智慧政务平台各终端服务功能，研发“e”政务、智慧交管手机APP，启用“鄂前政务”政务微信，除生活缴费外，实现306项行政审批事项网上办理。

【工业经济绿色高质量发展】 建设上海庙煤炭储配交易中心，打造鄂尔多斯西部煤炭集散基地。加快项目手续办理进度，园区煤炭物流交易平台项目分三期实施，正在按照计划持续推进。先后和乌审旗、鄂旗、伊旗、东胜区等大型煤矿达成供煤协议，形成了一定体量的煤炭供给。同时，与宁夏地区的华电灵武电厂、京能宁东电厂等7家发电厂签订购销合同，建立了合作伙伴关系。已完成煤炭购销量138.33万吨，累计完成销售23297万元，上缴税费约538万元。

【农牧业绿色高质量发展】 建设面向全国的优质农畜产品交易中心，打造内蒙古西部优质有机果蔬生产基地。推进农牧业产业结构调整，加快市场体系建设。鄂尔多斯高原冷菜基地及物流、三段地苗圃基地均已列入土地利用总体规划修改方案，总面积为18公顷，规划修改方案已经自然资源厅审批备案；国家知识产权局已受理“鄂尔多斯高原冷菜”英文名称商标申请，正在进行实质审查，已成功注册“鄂托克前旗羊肉”地理标志证明商标；实施农牧业绿色发展工程，扎实推进农村牧区人居环境整治工作，加大种养环节农药、化肥、兽药等投入品监管，做好秸秆、农膜、畜禽粪污等农牧业废弃物综合利用等工作。开展扶贫造林机制改革，2019年，新组建5个生态扶贫造林专业合作社，社员人数40人，18户贫困户。生态建设项目由22个生态扶贫造林专业合作社共承揽了3133公顷，直接收入达195万元。全旗747公顷林业重点生态工程、1万公顷网围栏草原建设任务、2400平方米暖棚及贮草棚安排在扶贫攻坚重点嘎查村，投入资金944.49万元。

【“i前旗”智慧移动平台建设】 打造综合性数字指挥调度平台和乡村振兴战略指挥平台。完成平台整体功能的开发，融合了智慧党建、红色研学、乡村振兴、便民服务、新闻资讯等8个模块80多项功能，于4月26日全面上线运行。同时，将“i前旗”智慧移动平台作为乡村振兴战略指挥平台数据采集、调度和服务终端，已采集1万多户、4万多农牧民基础数据，开发益农信息、农技指导、市场价格、农资商城、我要求助等13项功能，把农资供应到农畜产品的生产、经营、管理、服务等整个农牧业全产业链都放在线上统筹、指导、调控，实现线上线下深度融合，吸纳全旗农牧业企业、嘎查村集体、合作社和农牧户加入线上交易平台。

机关事务

【政务事务服务】 2019年，旗政府办公室组织承办各类大中型会议150余次，开展较大规模督查活动70余次，编发督查通报、快报等70余期，办理旗政府领导批示件65件。全年共形成《鄂托克前旗文化旅游融合发展研究》调研报告11篇，其中《鄂托克前旗文化旅游融合发展研究》《关于加强全旗农村公路管理的调研报告》等调研报告被自治区、市相关媒体和杂志采用。突出以文辅政，起草修订综合性文字材料1000多篇300多万字。全年以政府及办公室名义制发公文748件，其中政函400件、政字50件、政发43件、政议字7件，会议纪要36件，政办函67件、政办字32件、政办发106件，会议通知0件。受理全旗领导干部外出报备单451件。接受办理上三级、旗级等文件和传真2301份，接受办理涉密机要文件296份。对2016—2017年文件档案进行电子入档，共计2640件。在鄂前旗人民政府信息公开发布平台累计公布各类文件34件。

【外事合作】 2019年，共接待因公、因私来访289人次，其中内蒙古布音呼日呼对外贸易公司举办4次中蒙俄进出口商品展洽会，共入境外国人60人次(其中，1月份20人次、6月份21人次、11月份19次)；2019年7月19—21日，日中绿化交流基金顾问须崎辛男一行3人来鄂前旗实地检查日中绿化基金项目实施情况；旗民族职业高中目前共有在校蒙古国留学生15人(其中校本部7人，在成陵实训区8人；2018年3月份招收2人，2019年10月份招收13人)，主要学习商务汉语、汉语体育、汉语艺术等。

【督查督办】 紧盯市级调度亿元以上重点项目和盛鲁电厂、国电双维电厂等全旗重大工业建设项目，实行"周报告"制度，坚持目标导向问题导向结果导向，严格"挂牌督办、挂账销号"制度，以目标推动建设，以整改确保成效，以落实推动工作，促进了项目前期手续办理和征地拆迁等问题快速解决，切实以督查促服务到位，以督查促项目落地。围绕全市秋季重大项目建设启动仪式、安全生产等四项重点工作部署会等重要会议，深入各镇、各部门开展专项督查17次。全年共督查办理旗领导批转重要请示报告49件，办复率100%。

【机关效能建设】 重新修订完善办公室原有各项工作制度，进一步规范《办公室规范化管理制度汇编》，加强各股室协作配合。按照政府工作职能，将政研室分为综合协调、三次产业等6个专项工作组，突出研究重点，实行政研任务统一分解核定、文稿条线审核的工作机制。

人民政协

综述

【概况】 中国政治协商会议鄂托克前旗委员会牢牢把握团结和民主两大主题，充分发挥政协委员的主体作用和政协专委会的基础作用，组织政协委员和各族各界人士，围绕经济社会发展中的重要问题和人民群众关注的热点、难点问题，深入调查研究，积极建言献策，把促进经济社会又好又快发展和维护民族团结、促进社会和谐贯穿于履行职能的各个环节，各项工作取得显著成绩，为推动全旗经济和社会各项事业发展，维护地区安定团结的政治局面，竭诚尽智，贡献了重要力量。

旗十届政协由16个界别组成，有政协委员123名，其中中共党员49人，少数民族委员57人。常务委员会组成人员21名，设政协主席1名，副主席4名。

【旗政协十届三次会议】 2019年1月22日，政协鄂托克前旗第十届委员会第三次会议在旗涛龙宫召开。会议应到委员126人，实到委员112人。会议由旗政协副主席石吉日木图主持。

中共鄂托克前旗委书记辛晓瑞在开幕上讲话。会议听取和审议旗政协主席高荣堂作的《政协鄂托克前旗第十届委员会常务委员会工作报告》和副主席图娅作的《政协鄂托克前旗第十届委员会关于提案工作情况的报告》；政协委员列席鄂托克前旗第十届人民代表大会第三次会议，听取并讨论《政府工作报告》及其他有关报告；审议通过政协鄂托克前旗第十届委员会第三次会议政治决议(草案)、常务委员会工作报告的决议(草案)、十届三次会议提案审查情况的报告(草案)。

常委会工作

【第五次常委会】 1月16日召开。会议决定旗政协十届三次会议于1月22—23日召开，会期2天，研究审议旗政协十届三次全委会会议相关事宜。

【第六次常委会】 1月16日召开。会议审议旗政协十届三次会议政治决议(草案)、常务委员会工作报告的决议(草案)、关于十届三次会议提案审查情况的报告(草案)。

【第七次常委会】 12月17日召开。会议审议通过政协办公室、政协经济工作委员会人事调整事宜和《关于"优化营商环境 助推民营企业持续健康发展"的调研报告》《关于鄂前旗转移农牧民发展现状的调研报告》《关于"以红色研学促进旅游发展"的调研报告》。

参政议政

【提案立案】 旗政协十届三次会议

以来，提案委员会共征集提案68件，经审查立案64件。旗委、政府对提案办理高度重视，各承办单位认真落实，提案交由41家承办单位办理，办复率100%。提案议题广泛、内容丰富、针对性强，提案中的许多意见建议被采纳吸收，有效促进全旗经济社会高质量发展。

【民主协商】 2019年，召开专题议政协商会、对口协商会5次，提案办理协商6次，向旗委、政府报送调研报告12篇，及时反馈调研中收集到的社情民意，架起旗委、政府与群众之间的沟通桥梁。党政主要领导在3篇调研报告上作出批示，政府分管领导积极参加协商议政，各部门对旗政协十届三次会议以来立案的64件提案高质高效办理，办复率100%。全年共收集整理涉及教育、医疗、就业、扶贫等方面的社情民意信息161条，以《信息专报》的形式第一时间提供给旗委、政府参考，促进一批民生和社会问题的解决。

【视察监督】 组织全体政协委员围绕鄂前旗经济社会高质量发展，通过实地视察、协商座谈，形成可借鉴、有价值的意见建议50条，对贯彻旗委、政府决策部署、推动落实相关工作，发挥积极作用。

委员活动

【委员履职考评】 2019年，完善委员履职考评办法，明确履职重点、工作要求和评价标准，规范履职行为，提高参政议政工作质量。各界别委员心系百姓冷暖，主动深入基层参与送科技下乡、义诊送药、普法宣讲等活动45次，积极投身脱贫攻坚主战场，踊跃捐资捐物，展现政协委员的社会责任和担当。

【团结联谊】 举办庆祝中华人民共和国成立70周年书画展，承办全市政协系统第五届职工运动会。协助上级政协完成文化旅游融合发展、转变畜牧业经营方式等课题的调研考察工作，接待区内外政协考察团21批(次)，组织委员开展考察学习6次，通过搭建平台、相互交流，开阔视野，增进友谊，激发广大委员的履职热情。

机关建设

【学习教育】 以作风建设为抓手，不断提高干部职工的学习能力、执行能力，努力提升机关为工作大局服务、为履行职责服务、为政协委员服务的质量，打造文明和谐、团结向上、优质高效、清正廉洁的机关形象，有力增强政协履职的社会公信力和群众认可度。扎实开展“不忘初心、牢记使命”主题教育，制定政协党组、机关学习计划，把学习宣传贯彻习近平新时代中国特色社会主义思想作为首要政治任务，认真组织学习习近平总书记在中央政协工作会议暨庆祝政协成立70周年大会上的讲话，广大政协委员和机关干部的“四个意识”进一步增强，“两个维护”更加坚定，政治站位不断提高。

【机关事务】 2019年，细心服务各类会议，及早研究，及早安排，明确职责，圆满地完成常委会议，各类专题协商会议与活动的后勤保障工作。在公务接待、预算编制、资产管理、固定资产采购等各项工作中，坚持依法循规，按章办事，完善机关财务管理制度，通过票据的严格传递、签字、审批等手续，形成一个完整的制度链，使财务管理更加有序。加强车辆管理，严格执行车辆派遣等规定，认真落实各项安全措施，切实保障车辆的正常运行。

重点项目建设

综述

2019 年，鄂托克前旗列入市级亿元以上重点项目共 9 项，其中新建项目 2 项、续建项目 7 项，总投资 220.61 亿元。2019 年计划投资 59.82 亿元，实际完成投资 33.15 亿元，完成计划投资的 55.42%。

工业项目

【概况】 2019 年，鄂托克前旗实施亿元以上重大工业项目共 5 项，均为续建项目，总投资 204.69 亿元。2019 年计划投资 54.9 亿元，实际完成投资 30.18 亿元，完成计划投资的 54.97%。

【山东能源盛鲁电厂工程】 总投资 67 亿元。2019 年计划投资 32 亿元，实际完成投资 18.5 亿元，完成启动锅炉房室、间冷塔、集控楼、1#2# 锅炉、烟囱、汽轮机等安装工程，正在调试。

【华能内蒙古长城发电有限责任公司上海庙煤电项目】 总投资 64 亿元。2019 年计划投资 10 亿元，实际完成投资 1.15 亿元，已完成厂平施工和临时用水用电，桩机已进场准备施工。

【国电双维电厂工程】 总投资 69.2 亿元。2019 年计划投资 10 亿元，实际完成投资 6.64 亿元，完成 1#2# 机组主厂房基础承台施工、汽机循环水坑底板混凝土浇筑、间冷塔零米下墙混凝土浇筑、锅炉房基础承台施工、电除尘基础承台浇筑、间冷塔环基施工等工作，烟囱外筒壁浇筑开始施工。

【内蒙古山东能源盛鲁电厂送出工程】 总投资 2.2 亿元。2019 年计划投资 1.9 亿元，实际完成投资 1.9 亿元，已具备送电条件。

【内蒙古国电双维上海庙电厂送出工程】 总投资 2.29 亿元。2019 年计划投资 1 亿元，实际完成投资 1.99 亿元，已具备送电条件。

社会事业项目

【概况】 2019 年，鄂托克前旗实施亿元以上重大社会事业项目共 2 项，均为新建项目，总投资 2.42 亿元。2019 年计划投资 2.42 亿元，实际完成投资 0.93 亿元，完成计划投资的 38.42%。

【鄂托克前旗红色教育集训中心项目】 总投资 1.25 亿元。2019 年计划投资 1.25 亿元，实际完成投资 0.47 亿元，项目所有主体已完工，1 至 6 号宿舍楼及餐厅楼二次结构基本完成，宿舍楼外墙抹灰完成。风雨操场主体完工，二次结构砌筑中，球形网架钢结构房顶安装完毕。

【鄂托克前旗第三实验小学】 总投资 1.17 亿元。2019 年计划投资 1.17 亿元，实际完成投资 0.46 亿元，宿舍楼、教学楼的主体框架、二次围护结构、窗户安装已完成，正在进行室内配套电、水、暖气管道施工。

【鄂托克前旗通用机场项目】 总投资 9109 万元，于 2018 年 4 月开工建设，2019 年 7 月 18 日正式通航。至 2019 年 12 月 31 日共计安全飞行 211 架次，旅客吞吐量为 1602 人，无一安全事故，运营良好。

经济开发

综述

【概况】 内蒙古鄂尔多斯上海庙经济开发区是 2001 年经自治区人民政府批准设立的自治区级重点开发区，副县级建制。2011 年，国家发改委批复《上海庙能源化工基地开发总体规划》。上海庙能源化工基地位于蒙、宁两区交界，地处呼、包、鄂、银、榆经济带，与全国 14 个亿吨级煤炭生产基地之一的宁夏宁东煤田、宁东能源化工基地和银川滨河新区毗邻，是自治区沿黄经济带中 3 个重点煤化工基地之一，是全市第 5 个、全自治区第 32 个双百亿元工业园区。基地重点发展煤炭、煤电、煤化工三大产业，初步形成以“煤炭为基础、煤电为支撑、煤化工为主导”的循环产业格局，力争将上海庙能源化工基地建成技术一流、环保一流、节能一流的具有国际先进水平、环保型的大型现代化能源化工基地。

【产业规划】 基地规划总面积 1800 平方千米，包括上海庙矿区、能源化工园、精细化工园、综合利用园、上海庙镇区和生态恢复区等功能区。基地规划到 2025 年，形成“4885”(煤炭产量 4000 万吨，煤电装机容量 800 万千瓦，煤化工产品产量 800 万吨，工业总产值 500 亿元)产业规模；到 2030 年实现“四个一”(煤炭生产和配送总量 1 亿吨，煤电装机容量 1000 万千瓦，煤化工产品产量 1000 万吨，营业收入 1000 亿元)的产业发展格局。

经济建设

【项目投资】 2019 年，基地累计完成投资 710 亿元，其中工业项目完成投资约 495 亿元，基础设施项目完成投资约 215 亿元，累计贡献税收 68.25 亿元。

【经济运行】 2019 年，园区有工业企业 23 家，从业人员 2.3 万余人。全年销售煤炭产品 965.6 万吨；焦炭产品 101.8 万吨。全年完成工业总产值 131.53 亿元，同比增长 9.6%，工业增加值 36 亿元，同比增长 9%；完成固定资产投资 58.14 亿元，同比下降 16.9%；完成营业收入 129 亿元，同比增长 8%；完成税收 10.37 亿元，同比增长 14.6%。

园区建设

【规划编制】 至 2019 年，编制完成涉及镇区、园区、矿区、基础设施、产业等共 31 个规划。《上海庙经济开发区产业发展规划》已完成修编，正在组织报批。

【基础设施建设】

绿化工程 2019 年，实施绿化工程 4 项。完成 2018 年生态恢复项目，总绿化面积 43 万平方米。完成镇区鄂尔多斯大街、东环路、经六路等区域义务植树工程。完成鹰骏公园绿化提升改造工程，种植花卉 7 万平方米，补植地被 2400 平方米。完成固体废弃物综合利用及绿化工程，山体素土覆盖及整形工程已完成总工程量的 80%，山体绿化面积 10 万平方米。

市政设施 2019 年，争取出租车运营指标 20 辆。检修路灯及交通信号灯 1300 多盏，更换灯头 399 盏，路灯亮灯率 93%以上，改造 10 处太阳能交通信号灯为市电交通信号灯。在天骏佳苑和锦绣华庭小区之间新建公共卫生间 1 处。清掏镇区雨污水井 350 口，雨水篦子 3668 个，维修破损环保砖 2800 平方米，维修人行道 1700 平方米，更换路沿石 600 米，维修雨污水井盖 60 多处。

生活用水 建有居民饮用水供

水厂1家，4000立方米供水站1处，日供水能力9500吨；划设上海庙镇水泉则村、八一村、上海庙牧场为安全供水水源保护地8.64公顷。2019年，供水用户4950户；饮用水水质检测12次，均符合国家安全饮用水GB/T5750-2006标准。

工业供水　2019年，工业用水7户，年供水139.69万吨。

电力供应　建成输变电供电站220千伏1座、110千伏6座、35千伏10座。2019年，全社会用电量6.4亿千瓦时，其中工业用电量5.8亿千瓦时。

集中供热　建成集中换热站16处、供热锅炉3台。2019年，维修供热主管网5千米，实现集中供热面积62.77万平方米。完成长城花园、新希望佳苑小区152个单元楼入户供热管网改造，城镇供热质量进一步提升。

燃气供应　2019年，开通上海庙伊金霍洛花园小区和锦绣华庭小区居民用气。镇区天然气用户约2362户，年供气总量72万立方米。

道路交通　2019年，长城六矿工业广场进场道路建成，盛鲁电厂运煤铁路专用线项目开工建设。全年投入公交运营资金190.65万元，日运行公交车次40次，公交运营里程90万千米，运量约19万人次。

环境卫生　2019年，清理长城大道、上长线道路两侧煤渣积土18公里，疏通能源化工园与精细化工园积水路面2处；配备分类垃圾桶25组100个，普通垃圾桶450个；雇用40余名环卫工人维护园区环境卫生。

【国家生态工业示范园区创建】　按照2019年度工作方案加强与清华大学环境学院合作，继续推进上海庙能源化工基地创建国家生态工业示范园区工作。2019年，环保基础设施建设力度不断加大，上海庙污水处理厂运行稳定达标，累计处理污水42.6万吨；渣场项目一期建成并验收，具备运营条件。

【招商引资】　2019年，累计引进碳化硅陶瓷、活性炭、高硫煤清洁利用转化等重点项目10个，总投资约85亿元，签约项目数同比增长50%；共储备项目109个，总投资约3100亿元。至年底，高性能碳化硅陶瓷项目原料库、办公楼、倒班楼、成品加工车间主体已建成，陶瓷车间钢结构吊装完成20%；活性炭项目办公楼、宿舍楼1层已封顶，炭化车间基础已开挖，1号成品库基础支柱浇筑完成50%，实现了当年签约当年落地。

【招才引智】　强化专家引智服务，建立园区专家库，柔性引进建设、安监、环保等领域专家59名，为推进园区高质量发展提供了智慧支撑。高度重视人才引进培养，全年引进专业技术人员10名；组织开展专业技术人员培训8期，累计培训600余人次。成功申报全旗就业见习基地，引进当地未就业大学生进入园区见习2批次，进行定岗式技能培训。

园区治理

【安全生产监管】　加强党工委、管委会对园区安全生产工作的领导，全年召开安全生产专题会、调度会8次，制定开发区安全生产责任清单、园区企业安全生产主体责任清单，印发了安全生产责任书，实行清单化管理、一体化落实。全面开展安全生产大检查、高危领域集中整治等行动，积极发挥专家的技术支撑作用，全年排查治理各类隐患554项。大力推进安全日志监管，每季度对安委会成员单位开展2次以上综合督查。联合市应急管理局对园区5家危险化学品生产经营企业开展安全评估，促进企业的安全标准化建设。实行企业主要负责人约谈制，约谈2家存在重大风险隐患的企业，确保企业主体责任落实到位。强化重大节庆活动和重点会议期间的应急值守，积极组织企业开展应急演练，加大安全生产宣传教育和培训力度，有效遏制了各类安全生产事故的发生。2019年，园区未发生较大及特重大安全生产事故，安全生产形势持续稳定。

【环境治理】　2019年，印发《开发区环境保护责任清单》，理清开发区、各部门和园区企业的环境保护工作职责，以清单推进环境保护工作。通过聘请环保专家排查、配合市旗生态环境部门开展专项检查等方式，累计对园区企业开展环保督查113次，下达责令整改通知书6份。

建成园区环保监控平台，实现与重点排污企业的在线联网，实时掌握排污情况；委托第三方对园区重点企业开展监督性监测工作，共出具报告 12 份，监测数据 1485 个。

【社会综合治理】 认真落实社会治安综合治理目标责任制，共开展矛盾纠纷隐患排查 35 次，受理群众来访反映问题 10 件，市长热线 31 件，旗长热线 9 件，均已办结，全年帮助 650 多名农民工讨薪约 1400 万元。2019 年未发生影响较大的突发性事件和群体性事件。

自身建设

【“不忘初心、牢记使命”】 认真开展“不忘初心、牢记使命”主题教育，采用个人自学、专题学习、集中研讨、现场教学等方式加强学习教育，县处级领导参加“不忘初心、牢记使命”专题讲座 1 期，赴三段地历史纪念馆开展现场教学 1 次，赴城川民族干部学院开展专题集中学习班 1 期，围绕习近平总书记关于“不忘初心、牢记使命”重要论述和习近平总书记关于内蒙古重要讲话精神及“如何解放思想、提升服务质量、推动园区高质量发展”开展专题研讨 2 次，举办读书班 1 期，观看警示教育片《初心的蜕化》1 次。积极组织党员、干部认认真真读原著、学原文、悟原理，不断丰富学习内容，创新学习方式，组织集中学习 13 次，举办红色培训 4 期、知识竞赛 1 场，开展警示教育 1 次，知识测试 1 次。

【党风廉政建设】 开发区党工委从严治党，狠抓党风廉政建设主体责任落实。2019 年，召开各类党风廉政建设部署会、专题会等 10 余次，印发《上海庙经济开发区党工委党风廉政建设主体责任清单》《关于深入整治形式主义官僚主义的实施方案》《关于深入整治“四官”问题净化机关政治生态行动方案》，进一步明确了各项工作责任、重点任务和目标要求等。深入开展专项整治活动，通过部门自查、发放征求意见函等方式，查出形式主义、官僚主义问题 33 条，“四官”方面问题 32 条，已全部完成整改。严格贯彻执行中央“八项规定”及自治区、市、旗配套规定，对关键节点进行作风问题专项监督检查 6 次。全力支持派驻纪检组开展工作，认真践行监督执纪“四种形态”，深化运用监督执纪“第一种形态”，坚持抓早抓小，全年共约谈干部职工 2 人、通报批评 3 人、作出书面检查 3 人，班子成员间、班子成员与部门负责人间开展廉政谈话 30 余次。注重源头防治，累计开展各类集中学习 20 余次，观看反腐宣传片 4 次，开展专题讲座 1 次，全年选树清风干部 57 人。

工业

经济建设

【项目投资】 2019 年，鄂托克前旗有亿元以上项目 25 项，总投资 1045.48 亿元(列入市级亿元以上调度项目 11 项，总投资 306.69 亿元，年内计划完成投资 52 亿元)，其中煤炭项目 7 项、煤电项目 5 项、天然气项目 3 项、其他项目 10 项。全年计划完成投资 33.33 亿元，开复工 25 项，开复工率 100%，完成投资 36 亿元，完成计划投资 108%(列入市级调度亿元以上项目开复工 11 项，开复工率 100%，完成投资 52.14 亿元，完成计划投资的 100.27%)。

【经济运行】 2019 年，完成第二产业增加值 80.43 亿元，增长 4.6%；全旗全部工业增加值完成 65.3 亿元，增长 7%。其中规模以上工业企业 14 家(不含天然气开采)，实现主营业务收入 72.6 亿元，同比增长 14.7%；规模以上工业总产值完成 73.4 亿元，增长 16.6%，销售产值实现 72.25 亿元，增长 15.8%；规模以上工业增加值按可比价计算同比增长 7.2%。工业用电量完成 7.4 亿千瓦时，增长 27.7%。全旗社会消费品零售总额 25.4 亿元，同比增长 6%。

全旗原煤产量达 1448.5 万吨，增长 19.8%；焦炭产量 96.7 万吨，下降 2.6%。天然气开采量 45.3 亿立方米，增长 7.8%。 (工信和科技局)

煤炭工业

【煤炭产销】 2019 年，完成原煤产量 1484.1 万吨(外调 370.4 万吨)，销售煤产品 965.6 万吨，煤炭产品销售收入 42.75 亿元。

【煤炭项目推进】 2019年，榆树井煤矿(300万吨/年)、长城1号(60万吨/年)煤矿、长城2号煤矿(120万吨/年)手续齐全合法生产。长城1号煤矿技改180万吨/年项目正在办理边角块段储量核实报告；长城3、5、6号煤矿边角块段储量核实报告已完成评审，正在修改；新上海1号煤矿和巴愣煤矿正在积极推进采矿许可证办理；鹰骏3号煤矿正在办理核准前期各项手续。新矿内蒙能源恒坤化工有限公司二期130万吨煤焦化多联产项目正在办理环评手续；内蒙古兴源碳材科技有限公司高性能无压烧结碳化硅材料及高性能无压烧结碳化硅陶瓷制品循环经济项目已启动建设。

【煤机装备制造】 山东能源重装集团内蒙古装备制造厂位于上海庙西部矿区，占地面积0.34平方千米，建设总投资12.6亿元，其中设备投资1.8亿元。下设10个专业化公司，服务矿区规模60Mt/a，是西北地区最大的煤矿成套装备制造企业，年煤机装备制造能力达15亿元规模水平。2019年，实现产值2.53亿元。

油气工业

【油气开采】 2019年，鄂前旗计划开钻天然气井341眼，实际完钻342眼，其中采气三厂198眼，苏南分公司96眼，川庆钻探公司23眼，渤海钻探16眼，气探项目组9眼。审批管线240.74公里，实际完成240.74公里。全年天然气产量达41.927亿立方米，同比减少7.6%(45.50亿立方米)；石油产量达2027吨，同比减少14.5%。

至年底，全旗累计钻打天然气井3550眼，实际运行2886眼，其余井均处于停产状态。有天然气处理厂1座，集气站30个，铺设各类输气管线4179.27公里，天然气产量累计达392.544亿立方米；累计钻打石油井98眼，20个井组，运行采油井20眼，采油中心站1个，石油产量累计达73100吨。

【油气利用】 2019年，全旗在建LNG项目4家，在建加气站项目10家，华星新能源40亿立方米煤制天然气项目核准申请已报至国家能源局待核准；时鼎天然气马拉迪至上海庙段长输管道项目初步通过专家评审；与长庆油田采油四厂对接了解旗境内石油开发利用情况，正在筹划编撰地方油气志初稿；与宁夏京能宁东发电有限责任公司就上海庙能源化工基地规划建设动力岛和绿气岛“两岛”事宜进行前期接洽商谈。

【税费缴纳】 2019年，税费收入合计7.2436亿元，同比增加8.4%(6.68亿元)，其中中央财政入库1.1945亿元，同比增长18.78%；自治区财政入库1.709亿元，同比增长27.34%；市财政入库0.6608亿元，同比增长10.51%；旗财政入库3.6793亿元，同比增长43.37%。非税收入完成0.8413亿元，纳入地方财政0.8413亿元，同比增加47.6%。

【企地共建】 2019年，积极联系油气主体企业支持地方公益事业，争取到采气三厂、苏南公司、川庆钻探等企业，资助鄂前旗红色教育基地、民族教育、文化、精准扶贫、道路补偿等社会公益事业的资金近3000万元。 （能源局）

敖勒召其综合产业园

【概况】 园区位于敖镇城区东7.5千米处，总规划面积20平方千米，北靠陶(利)上(海庙)铁路，南临敖勒召其至昂素快速通道，省道S216一级公路从园区西侧经过，交通条件便利。园区重点发展LNG生产加工及油气化工为主的高科技、高环保、低水耗的产业和项目，着力建设清洁能源示范基地。

【基础设施建设】

供水 由鄂前旗亿洋水务有限公司实施，将敖镇污水处理厂的中水输入园区，日供水能力120立方米。

供电 建成110KV输变电站一座。

道路 园区至敖昂快速通道铺设4千米连接线，园区内经三、纬三主干道建成投用。

输气管线 由鄂前旗亨利天输气管道有限公司实施，建成投用一期工程长庆苏里格第四处理厂至敖勒召其综合产业园段，长56千米。

【项目建设】 园区累计引进项目8

个,其中森泰 2×20 万吨 LNG 项目(一期)、鑫祥 40 万吨天然气废弃物处理项目已经建成投产;雅海 60 万吨液化天然气项目“三通一平”、厂区临建和储罐基础开挖均已完成,正在办理土地报批和节能审查;海川石英砂深加工项目已备案,场平已完成,正在搭建临时工棚;科思 40 万吨 LNG 项目厂区平整、围墙、厂前区办公楼、宿舍楼、食堂、南北大门主体工程均已建设完成,部分设备基础土方开挖完成;创辉 45 万吨油污泥项目固体废弃物暂存池、压裂返排液池、厂区围墙及外围绿化已完成;天利丰 60 万吨液化天然气提氦项目已备案,天然气长输管道正在办理项目前期手续;森泰 LNG 提氦项目已备案,正在办理项目前期手续;义天汽车检测站已备案,正在办理项目前期手续。

(工科局)

农牧业

农牧经济

【概况】 2019 年,鄂托克前旗第一产业实现产值 23.7 亿元,增加值 14.33 亿元,同比增长 7.3%,农牧民年人均可支配收入达 20519 元,同比增长 10.7%。全旗农作物播种面积 56835 公顷,其中粮食作物 27479.5 公顷、经济作物 6891.1 公顷,粮食总产量达 112464 吨、油料产量 1668 吨、蔬菜产量 93000 吨、水果(含果用瓜)产量 253000 吨。牧业年度牲畜总数 125.8 万头只。

【重点项目】 积极争取上级草牧业等项目投资 13 个 6727.8 万元,全年完成围栏封育 26667 公顷,实施人工草地 427 公顷,改良草场 667 公顷,新增灌溉井 31 眼,发展饲草料基地 707 公顷;新建羊棚 239 座、贮草棚 230 座,发放优质种羊 720 只,肉羊胚胎移植 339 枚;建成配种站 14 处,开展肉羊人工授精 1.4 万余只、牛冷配近 1 万头,择优补贴蒙古马 150 匹等。稳步推进鄂尔多斯高原冷菜示范基地、农畜产品交易市场、综合物流配送中心、马奶加工和马具制作等一批农牧业特色项目建设。

【结构调整】 全面落实《推进农牧业产业结构调整加快市场体系建设的实施方案》扶持项目,实现增收 1.8 亿元。全年建成冷藏保鲜库 4 处 2.5 万立方米,连栋拱棚 3 处 2.27 公顷,塑料拱棚 95 栋 5.07 公顷,穴盘育苗 4400 多万穴,新增蔬菜种植面积 1333 公顷以上;发放肉羊饲料补贴 5590 户 1 万余吨,促进肉羊出栏 12 万只以上。

成功创建市级乡村振兴示范嘎查村 5 个;新培育自治区级农牧业龙头企业 2 家,申报市级农牧业产业化联合体 2 家、龙头企业 2 家;发展农牧业合作社 136 家,建成家庭农牧场 373 家,培训新型职业农牧民 300 人。建立完善订单保障型、股份分红型、服务带动型、双向合作型四种典型的农企利益联结模式,辐射带动农牧户 8000 余户;年内 3 家企业屠宰加工牛羊猪 2.6 万头只,直接带动农牧户 1197 户,实现销售额 6940.16 万元。

【品牌培育】 成功认证有机草牧场 37.33 万公顷,有机羊 20 万只、牛 0.5 万头。成功举办农商洽谈会暨鄂尔多斯高原冷菜发售仪式,“鄂托克前旗辣椒”入选全国名特优新农产品名录;成功注册“鄂托克前旗羊肉”地理标志证明商标,被评定为第四届中国农业(博鳌)论坛指定用品,区域公用品牌效益初显。

【科技服务】 推广普及“i 前旗”乡村振兴战略平台应用,开展农牧业技术在线互动服务。全面推行“农技人员包村联户”科技服务模式,引进高层次农牧业科技专家 3 名,选聘实用技术人才 8 名及农技指导员 36 名,组建 4 支科技服务团队,技术指导及专业培训农牧民 6800 余人次,农牧业生产的技术支撑得到有效保障;编制农牧业标准化生产技术要点 18 项,申请实用型专利 1 项;培育农技示范基地 3 家、示范户 300 户;落实农业生产社会化服务项目 1800 公顷,建设农作物品种试验示范田 40 余公顷、70 余个品种。

【安全生产】 全年出动执法人员 860 余人次,检查经营门店 400 余家次,查处违法案件 13 起;抽检农畜产品 4423 批次,农(兽)药残留合格率 100%,均未发现非法投入品添加;抽检饲料产品、检测瘦肉精 768

批次，查处不合格饲料产品3批次；完成集中免疫、补免牲畜325.6万头只羽，疫病流行病学调查94.9万余头只羽，未发生疑似非洲猪瘟等动物疫情。

【脱贫攻坚】 选聘产业发展指导员35名，入户指导贫困户500余人次，荣获2019年全区优秀产业发展指导员1名。全年累计投入各类扶贫资金2396.66万元，重点扶持发展嘎查村集体经济，促进一二三产融合发展，推动全旗666户1759个建档立卡贫困人口全部脱贫。

【人居环境整治】 开展专项行动3次，深入各镇督查6轮，宣传11次，悬挂宣传横幅10余条，发放蒙古、汉双语版《鄂尔多斯市农村牧区人居环境管理条例》宣传资料2.5万份；完成农作物病虫害绿色防控、统防统治4万公顷，测土配方施肥化验土样100个，肥料田间试验6个，配套粪污处理设施规模养殖场1家，实现农药和化肥使用量负增长，秸秆综合利用率达85%，规模养殖场粪污处理装备配套率达92%。农村牧区人居环境状况持续改善。

【深化改革】 农村牧区集体产权制度改革工作稳步推进，初步完成敖镇三道泉子村等10个嘎查村改革任务和29个嘎查村成员身份确认工作，为有效盘活农村牧区资源资产奠定基础。

农业综合开发

【高标准农田建设】 2019年，完成上海庙镇特布德嘎查和上海庙社区农田补助资金高标准农田建设项目总任务333.3公顷，总资金611万元，其中财政资金600万元（中央专项资金500万元，自治区配套资金70万元，市级配套资金30万元），自筹资金11万元。

【高标准农田转隶】 2019年，完成“十二五”以来高标准农田清查评估及上图入库工作，共转隶国土、水利、农牧和农业综合开发项目36个，涉及面积22764.6公顷。

【水资源论证】 2019年，完成“十二五”以来农业综合开发项目的水资源论证工作，涉及全旗4个镇、34个嘎查村，共计387眼井。

农牧机械

【概况】 2019年，全旗有农机化作业服务组织28个，农机户9342个，农机修理网点16个、经销企业7个，农机经销点14家；获得农机职业技能鉴定证书26人，有乡村农机技术人员2750人。全旗农机总动力达25.76万千瓦，拥有拖拉机3929台，联合收割机204台，配套农机具6112台套，农牧业综合机械化率达87%。农牧业生产燃油总量2601.3吨，农机作业总收入5804万元。

【农机购置补贴】 2019年，旗农机服务中心争取到中央农机购置补贴资金1428.859万元，自治区补贴180万元，补贴各类机具522台套，受益农户317户。

【农机专业合作社】 2019年，工商部门登记注册的农机专业合作社有20家，入社社员404人，常年从业人员72人，服务农牧户达150户，作业服务面积8000公顷，总收入900万元。

【农机教育培训】 2019年，培训农机监理人员2期3人次，组织拖拉机和联收机驾驶员操作培训班4期540人次，核发农机证书牌照122副、农机驾驶证537本。

供销合作

【概况】 鄂托克前旗供销合作社以服务“三农三牧”为宗旨，着力打造便利、安全、防控的农畜产品集散地、绿色农畜产品产地加工输出地、农畜产品交易示范基地。2019年，全旗供销系统实现销售总额11.2亿元，其中消费品零售额1.07亿元，三段地农畜产品市场交易额10.13亿元。

至年底，建成基层社6家，嘎查村综合服务社10家，联合社2家。活畜交易市场扩建至764个棚圈，在活畜交易市场建立金融小屋并引进了中国银联、鄂尔多斯银行两家机构的POS机系统，提供基础金融业务；实现“线上线下”全方位服务，全年线上实现销售收入 24 万元。

【项目申报】 财政支持申报 2 家市级农牧业专业示范社资金 8 万元。

【"三农"服务】 提升 3 个专业合作社服务功能;建成敖镇基层社 1 处,占地面积 1500 平方米,一层框架工程已完工,建成可以解决敖镇及附近农牧民生产、农资消费品供给等困难。全年供销系统调运销售基本农业生产资料计化肥 10610 吨,农膜 78 吨,种子 385 吨,农药 27 吨。

【再生资源回收】 2019 年,社属企业广利源再生资源公司回收销售废铁 6700 吨、有色金属 40 吨、废纸 2200 吨、废塑料 2300 吨、废家电 60 吨、废橡胶 30 吨,实现销售收入 2915 万元。

服务业

综述

【概况】 2019 年,鄂托克前旗实现三产增加值 40.82 亿元,增长 5.9%,全旗服务业增加值占全旗地区生产总值比重为 30.17%。

【社会消费】 全年社会消费品零售总额 25.4 亿元,比上年增长 4.8%。按经营单位所在地分,城镇消费品零售额 14.7 亿元,占社会消费品零售总额的 57.6%,增长 4.2%;乡村消费品零售额 10.8 亿元,占社会消费品零售总额的 42.4%,增长 4.6%。按消费类型,商品零售额 20.86 亿元,增长 4.6%;餐饮收入额 4.59 亿元,增长 5.5%。

现代服务业推进

【文化旅游融合发展】 2019 年 3 月 6 日,鄂尔多斯市委宣传部、市贸促会、市民族事务委员会、市文化和旅游局、市文旅集团、鄂托克前旗人民政府主办,鄂前旗推进现代服务业发展中心承办的"鄂尔多斯首届文化旅游产品设计大赛"展览评选颁奖大会在鄂前旗敖镇成功举办。赛事以创意为纽带,以文化为灵魂,变文化资源为产业资源,实现文化与旅游的深度融合,于 2018 年 12 月 28 日至 2019 年 2 月 19 日,共征集到包括红色文化旅游、民族手工艺、服饰、食品、文学、文化旅游形象宣传及 LOGO 标识等 6 大类别文化旅游设计产品 1345 件,经过专家评审组两轮评选,有 56 件作品分获一、二、三等奖及优秀奖,其中一等奖 5 个、二等奖 11 个、三等奖 19 个、优秀奖 21 个。

【民族文化博览园】

升级改造 制定《鄂托克前旗民族文化博览园规划设计创意方案》,重新整合、规划园区的各功能区块,分区块分阶段逐步提升利用。优选代表全旗民族文化产业最高水平的 81 户商户的 44 类 5558 个民族文化产品分别入驻"萨拉乌苏"草原食品展示中心、"高优布丝瑰"印象馆、"壹热地"综合体验基地。

招商引资 4 月 17 日,旗推进现代服务业发展中心在敖镇涛龙宫举行鄂前旗民族文化博览园招商大会,鄂尔多斯首届文化旅游产品设计大赛参赛选手、旗文化旅游企业、民间经济组织人士及旗相关部门领导干部等 600 多人参加招商大会,共有电商传媒商贸类、文化旅游用品类、民族食品加工类等 161 户企业及个体商户拟定入园意向。

产业研学 旗推进现代服务业发展中心积极开展研学活动,进一步提升鄂前旗红色教育、民族文化研学水平,充分挖掘丰富的民族文化内涵,全年共有 37 批次学员在民族文化博览园现场体验民族文化、民族文艺、民族饮食文化。

为促进文化产业高质量发展,助力本地中小微企业与文化旅游市场融合衔接,11 月 26 日成功举办鄂前旗首届民族文化产业高质量发展暨中小微企业家成长论坛,旗内从事民族文化产业的中小微企业、合作社、行业协会负责人等 200 多人参加。

以会促园 为推进"一带一路"框架下国际合作,加快"中蒙俄经济走廊"建设,助力鄂前旗与各地开展贸易投资和文化旅游交流,推动全旗民族文化产业等现代服务业又好又快发展,在民族文化博览园成功举办"中蒙俄进口商品及民族手工艺作品夏、冬季联合展销会"。

7 月 12 日,旗推进现代服务业发展中心联合旗文化和旅游局共同主办的“阿木塔”文化旅游美食节在民族文化博览园开幕。

非公经济

非公有制经济

【概况】 2019年，全旗新增市场主体1484户，注册资金总额17.73亿元。其中新增非公有市场主体数1467户(新增私营企业281户，农民专业合作社48户，个体工商户1130户)，其中第一产业新增93户，第二产业新增154户，第三产业新增1220户。至2019年底，全旗非公有市场主体总数7607户，其中第一产业562户、占总户数的7.39%，第二产业799户、占总户数的10.5%，第三产业6246户、占总户数的82.11%。

【私营企业】 2019年，全旗新注册私营企业共281户，注册资本134603万元，带动就业1309人。至年底，全旗共有私营企业1632户(其中分支机构86户)、同比增长13.57%，注册资本799120万元、同比增长17.96%，从业人员9205人，同比增长8.19%。

【农民专业合作社】 2019年，全旗新登记农民专业合作社共48户，出资总额4935.55万元，成员总数290人。至年底，全旗共有农民专业合作社411户(其中分支机构3户)、同比增长9.3%，出资总额64524.76万元、同比增长3.66%，成员总数3055人、同比增长7.34%。

【个体工商户】 2019年，全旗新开业的个体工商户主要集中在批发零售业、住宿餐饮业、居民服务和其他服务业、制造业等，共新开业个体工商户1138户，注册资金9520万元，从业人员1198人，本期注销个体工商户745户。至2019年，全旗共有个体工商户5564户、同比增长5.52%，注册资金37774.4万元、同比增长10.04%，从业人员6104人、同比增长4.09%。

商业专营

粮食购销承储

【概况】 鄂托克前旗粮食管理切实履行“守住管好天下粮仓”职责，贯彻落实“一规定两守则”，推行仓储管理规范化、储粮安全科学化、设施现代化、环境生态化、队伍专业化建设。抓好“放心粮油”工程建设，严格粮油市场执法，维护市场秩序，营造放心安全的粮油消费环境。

【粮食购销】 2019年，高质量完成市级5000吨储备玉米收储任务。督导粮食企业开展收储工作，严格落实“五要五不准”收购准则(要敞开收购，随到随收，不准折腾农民；要依质论价，优质优价，不准坑害农民；要公平定等，准确计量，不准克扣农民；要现款结算，不打白条，不准算计农民；要优质服务，排忧解难，不准怠慢农民)，做好地方储备粮收购、入仓及保管等各方面工作。2019年7月份顺利通过市粮食和物资储备局的验收。

做好2015年国家临储玉米出库工作，严格落实出库的数量、质量及出库期间安全问题。2019年，旗粮食储备库国家临储玉米共出库10982吨。

【粮食仓储】 强化对各级储备粮监督检查工作，确保现有10982吨国家临储玉米、5000吨自治区级、5000吨市级地方储备粮不发生虫害、霉变、高温等坏粮问题，保障储备粮存储安全，数量、质量达标，确保储备粮不超轮空期。

烟草专营

【卷烟营销】 2019年，鄂托克前旗烟草专卖局销售卷烟4895箱，同比减少3.8%；实现卷烟销售额15479万元，同比减少4.56%；毛利(不含税)4016万元，同比减少3.99%；毛利率29.5%，同比减少1.67%。

【专卖管理】 开展物流寄递环节专项行动，加强对物流渠道非法贩运卷烟的监管，通过查获物流寄递环节，端窝点、断源头、破网络案件。2019年，共查处各类卷烟违法案件62起，查获各类违法卷烟35.36万支，涉案金额20.74万元，上缴罚没款1.98万元。

盐业专营

【生产】 2019年，鄂托克前旗生产原盐6万吨，加工食用盐1.4万吨、畜牧用盐0.086万吨。

【销售】 2019年，销售原盐0.2万吨，食用盐0.92万吨，畜牧用盐0.1万吨。

金融

【概况】 鄂托克前旗有银行业监管银行1家，银行业金融机构6家，全旗设置68个行政村助农金融服务点112个，覆盖面100%。2019年，全旗6家银行业金融机构，存款总量62.86亿元，其中单位存款15.24亿元，居民储蓄47.62亿元，同比存款总量增加2.49亿元，增长4.12%；贷款总量39.11亿元，其中短期贷款24.95亿元，中长期贷款14.16亿元，同比贷款总量增加4.57亿元，增长13.23%。

【人民银行】 中国人民银行鄂托克前旗支行监管全旗银行业金融机构6家。其中法人金融机构2家，为鄂托克前旗农村商业银行和鄂托克前旗蒙银村镇银行；非法人金融机构4家，为中国农业银行鄂托克前旗支行、中国银行鄂托克前旗支行、中国邮政储蓄银行鄂托克前旗苏力迪支行和鄂尔多斯银行上海庙支行。2019年，共办理国库收入25.22亿元，同比增长2.68%；国库支出43.16亿元，同比下降7.84%。

金融服务 积极推进“普惠金融”发展，指导、督促有关部门落实普惠金融工作职责，引导辖区金融机构实现金融服务全覆盖。建立并完善精准扶贫金融服务档案，畅通金融机构共享贫困户信息渠道，为金融助推脱贫攻坚提供数据支撑，提高扶贫贷款的审批发放效率，形成政府、银行、农牧民三方共赢局面。2019年，辖区金融机构累计发放精准扶贫贷款90笔，金额3199万元，惠及84户建档立卡贫困户，覆盖全旗4个镇，68个嘎查村。年初协调中国银联在鄂托克前旗三段地活畜交易市场布放福农通POS机，为广大农牧民提供了多元、安全规范、便捷高效的支付服务，切实提升了金融惠农服务水平。

征信管理 继续推进金融信用体系建设。向全社会普及金融知识、增强诚信意识，助力诚信文化教育，10月14日在鄂托克前旗诚信教育基地——鄂托克前旗实验小学与旗宣传部、发改委、旗实验小学共同举办“诚实做人，诚信做事”专题演讲比赛。

【农业银行】 中国农业银行股份有限公司鄂托克前旗支行辖3个营业网点，敖镇镇区2个、上海庙镇1个。2019年，资产总额170356万元，比年初增加3827万元，增幅2.3%；各项负债167586万元，比年初增加10902万元，增幅6.96%。存款总额155149万元，较年初增加181万元，增幅0.12%，其中：个人储蓄123293万元，对公存款31856万元。贷款总额69399万元，较年初减少2125万元，降幅3.16%，其中法人客户类贷款27907万元，个人类贷款41493万元。实现中间业务收入879万元。实现拨备前利润3625万元，拨备后利润3663万元。

2019年，全面推进金融服务三农“一号工程”和“金融扶贫”工程。开展互联网金融服务“惠农e贷”数据网贷业务，2019年发放“惠农易贷”1.87亿元，涉及鄂前旗4个镇18个行政村，受益农牧户达2048户，设立“惠农通”工程服务点52个，离行式超柜进社区、进企业、进乡村等“六走进”，改善农村金融支付环境，方便农牧民网络金融需求，为农牧民经济发展提供金融服务平台。

【中国银行】 2019年，中国银行鄂托克前旗支行设营业网点1个。全年全口径存款19397.76万元，同比增长63.96%，其中个人储蓄存款13885.04万元，对公存款5512.72万元。贷款余额23064.5万元，同比增长-8.58%，其中法人客户类贷款2.1亿元，个人类贷款2064.5万元。实现中间业务收入55.25万元。

【邮政储蓄银行】 2019年，鄂托克前旗邮政储蓄支行存款余额8773万元，较上年减少633万，减幅6.7%，其中个人储蓄存款余额2670万元，对公存款余额553万元；贷款余额5550万元，较上年减少547万元，减幅9%；销售理财产品412万元，发放信用卡342张。实现收入

466万元，同比增长1.3%。

【农商银行】 鄂托克前旗农商银行设营业网点17个，助农金融服务点47个，布设ATM机34台、POS机396台。2019年，全行资产总额37.07亿元，较上年增加2.87亿元，增幅8.41%；负债总额32.78亿元，较年初增加2.37亿元，增幅7.79%。各项存款余额31.90亿元，较年初增加2.18亿元，增长7.32%。各项贷款余额23.59亿元，较年初增加1.43亿元，增长6.45%，其中涉农贷款10967户23.02亿元，占比97.58%，较年初增加643户1.49亿元，增长6.92%；小微企业及个体工商户贷款2855户10.70亿元，占比45.36%，较年初增加1481户2.67亿元，增长33.25%。存贷款总量分别占全旗市场份额50.75%和60.32%。不良贷款余额4094万元，较年初减少31.95万元，不良贷款率1.74%，较年初下降0.12个百分点，贷款拨备覆盖率364.40%；2019年提取资产减值损失0.31亿元，贷款损失准备金余额达1.42亿元，贷款拨备率6.01%。资本充足率17.51%，流动性比例率42.34%；实现收入2.66亿元，利润总额0.83亿元，上缴各类税金2460.89万元，实现净利润0.66亿元，收入成本比49.93%，固定资本比例25.03%，资本利润率16.45%，资产利润率1.86%。

【蒙银村镇银行】 2019年，资产总额34434.00万元，较上年增加6060.46万元，增幅21.36%；负债总额19158.72万元，较年初增加5058.87万元，增幅35.88%。各项存款余额18676.44万元，较上年增加5027.41万元。各项贷款余额27173.22万元，较上年增加3436.43万元。实现收入2815.23万元，利润总额1197.84万元，上缴各类税金336.72万元，实现净利润1001.59万元。提取呆账准备金1060万元，贷款损失准备金余额达3220万元，贷款拨备覆盖率为248.10%，资本充足率58.95%，流动性比例133.87%，收入成本比52.72%，资本利润率6.78%，资产利润率3.19%。

【鄂尔多斯银行】 2019年，鄂尔多斯银行上海庙支行设营业网点3个，上海庙1个、敖勒召其镇2个（二级支行）。存款余额102013.44万元，同比增长-9.08%，其中个人储蓄存款50745.9万元，对公存款51267.54万元。贷款余额1223万元，同比增长-7.2%，其中法人客户类贷款0万元，个人类贷款1223万元。实现中间业务收入39.18万元。

保险

【概况】 鄂托克前旗有保险市场主体10家。2019年总保额16122.78万元，理赔4432.23万元。

【中国人寿保险】 2019年，鄂托克前旗支公司保额收入4978.05万元，占当地市场份额30.88%；支付赔款378.09万元。

【中国人寿财险】 2019年，鄂托克前旗支公司累计收入652.99万元，占当地市场份额16.8%；支付赔款174.67万元。

【中国平安人险】 2019年，鄂托克前旗支公司收入寿险保额2388.08万元，占当地市场份额5.81%。支付赔款234.78万元。

【中国平安财险】 2019年，鄂托克前旗支公司累计收入1011.11万元，占当地市场份额11.74%；支付赔款268.9万元。

【中国人民保险】 2019年，鄂托克前旗支公司财险收入2509万元，车险占当地市场份额29.13%；支付赔款1156万元。

【中华联合财险】 2019年，鄂托克前旗支公司累计收入1046.68万元，占当地市场份额0.39%；支付赔款707.03万元。

【太平洋财险】 2019年，鄂托克前旗支公司累计收入636.41万元，占当地市场份额7.39%；支付赔款152.51万元。

【中国大地财险】 2019年，鄂托克前旗支公司累计收入464.534万元，占当地市场份额5.39%；支付赔款181.1141万元。

【安华农业保险】 2019年，鄂前旗支公司累计收入2352万元，占当地市场份额 5.3%；支付赔款 1121 万元。

经济管理

发展改革与经济监测

【概况】 2019 年，鄂托克前旗经济社会各项事业呈现“稳中有进、稳中向好”的态势。全旗地区生产总值完成 135.3 亿元，增长 4.7%；公共财政预算收入完成 11.9 亿元，增长 12.4%；固定资产投资同比增长 4.8%；社会消费品零售总额完成 25.4 亿元，增长 4.8%；城乡居民人均可支配收入达到 47855 元和 20519 元，分别增长 6.8%和 10.7%，增速位居全市第一。

【规划编制】 2019 年，编制完成《鄂托克前旗乡村振兴规划》《鄂托克前旗生态实施方案》等规划。

【项目审批】 按照旗委、政府关于组建“一站式服务中心”的有关要求，发改委抽调一名首席代表、两名业务骨干进驻一站式服务中心，专职负责政府投资项目审批、固定资产投资项目节能审查和企业投资项目备案。2019 年，共审批投资项目 95 个，总投资 120 亿元，其中政府投资项目审批 22 项、建议书 8 项、企业投资项目备案 65 项。

【项目储备】 强化项目库建设管理，适时更新完善“鄂托克前旗十三五项目储备库”“呼包鄂协同发展项目储备库”“蒙陕宁协调发展项目储备库”“鄂托克前旗三年滚动计划投资项目储备库”“PPP 项目储备库”等项目储备库；紧盯国家、自治区产业政策，提早谋划、动态更新，实现谋划一批、储备一批、上报一批、落地一批的良性循环。2019 年，编制完成政府投资项目三年滚动计划，2019—2021 年全旗储备项目共 188 项，总投资 97.44 亿元，2019—2021 年计划完成投资 90.39 亿元，其中：2019 年计划投资 50.36 亿元，2020 年计划投资 22.98 亿元，2021 年计划投资 17.06 亿元。

【项目资金争取】 把资金保障作为稳增长的重要举措，不断拓宽项目资金争取渠道，全力保障项目建设。2019 年，共争取到上级投资项目 18 个，争取资金 5520 万元，其中中央预算投资 2553 万元、自治区预算投资 2967 万元。

财政

【概况】 鄂托克前旗财政坚持新发展理念，按照高质量发展的要求，统筹推进抓收支、保化债、推改革、提能力四项工作，全力支持保障三大攻坚战和乡村振兴战略。面对经济下行压力和政策性减收的考验，进一步落实减税降费政策，结合税收征管体制改革，明确收入任务，强化征管措施。积极协调税务、自然资源等部门，形成财税征管合力，加大欠缴税费征缴力度。2019 年，全旗本级公共财政预算收入完成 11.87 亿元，在保障好机构运转、人员工资、社会保障和事关全旗经济、社会发展的重点支出基础上，持续加大民生投入，把改善民生作为财政工作的出发点和落脚点，并放在财政保障的首位。全年一般公共财政预算支出完成 32.62 亿元，用于社保、就业、教育、医疗卫生等重点民生支出达到 26.68 亿元，占公共财政预算支出的 81.79%。

【交通事业】 2019 年，全旗新建农村公路 91.712 千米，总投资 4316.48 万元。发放城市公交、出租车、农村道路客运燃油价格改革财政补贴 175.39 万元，受益车辆 76 辆。

【文化事业】 2019 年，全旗累计投入公共文化财政经费 6229 万元。其中用于各类公共文化服务项目资金为 2842 万元，成功举办大学生春晚、少儿春晚、新年音乐会、农牧民春晚、欢乐闹元宵、首届“马兰花读书节”、农民丰收节暨那达慕大会、国庆节专场晚会、建党 98 周年红歌晚会、黄金 100 秒、庆中华人民共和国成立 70 周年全旗大型合唱比赛、首届“苏力迪杯”书法知识技能比赛、中华人民共和国成立 70 周年主题演讲比赛、艾基木儿童合唱团 2019 年新专辑新闻发布会暨新年音乐会等 20 余项大型活动。圆满完成 2020 年第十四届全国冬季运动会鄂尔多斯站火炬传递开幕式文体活动、2019 年全国青少年手球锦标赛”开幕式文艺演出、“世界诗歌日”

等活动，取得良好的宣传效果和社会经济效益，"双百"惠民文化活动日趋常态化。至年底，累计开展活动282场次(百团千场惠民演出172场次，百日消夏广场演出110场次)，惠及群众近9万人次，公共文化服务能力和水平获得极大提升。

【教育事业】 2019年，全旗累计投入教育事业经费35044万元。全年共实施建设项目8个，其中续建项目3个，新建项目5个，项目总投资13114.6万元。已完工2项工程项目(蒙小风雨操场、海军希望小学风雨操场)；正在施工建设5项工程项目(昂小风雨操场、昂小教师周转房、城幼教师周转房、职业高中足球馆、第三实验小学)，完成汉族幼儿园教学楼、上海庙学校一期附属工程、实验小学风雨操场、消防改造工程二标段竣工验收备案；专项验收职业高中教学楼、宿舍楼、餐厅、2#宿舍楼的消防工作。累计投入合作办学经费1161.36万元，深化与北京衡越教育公司的合作办学，有效提升办学水平，高考成绩实现历史性突破。共落实学生各类免补资金3136.83万元。

【精准扶贫】 2019年，累计投入扶贫资金2809.2万元，其中主要扶贫项目有：

产业扶贫 投入专项扶贫资金2436.66万元。实施产业扶贫项目52个，扶持全旗43个嘎查村发展集体经济，带动贫困户326户817人。为贫困户建成种养殖大棚2处，打机电井1眼，购买牲畜983(头)只。

金融扶贫 2019年发放金融扶贫贷款1363.2万元，惠及282户贫困人口。

低保保障扶贫 建立低保精准进出机制、养老保险覆盖机制和残疾贫困人口扶持机制，将高龄、残疾等无劳动能力以及贫困群体1090户1751人全部纳入低保范围，实现应保尽保。

教育扶贫 2019年通过各类政策共资助建档立卡学生资助371人次，共计46.25万元。

【支农服务】 2019年，通过"一卡通"发放十个领域51项农牧民补贴资金2.24亿元，涉及124536人次。其中城川镇41133人次，补贴资金0.78亿元；敖勒召其镇47697人次，补贴资金0.62亿元；上海庙镇11717人次，补贴资金0.41亿元；昂素镇23989人次，补贴资金0.43亿元。

组织实施12项嘎查村级公益事业建设"一事一议"项目，财政投入奖补资金400万元，主要建设村级砂石路、文化活动室、绿化硬化、小型农田水利等项目。组织实施2个扶持嘎查村集体经济建设项目，财政投入奖补资金250万元，主要建设农产品交易市场、农产品仓储冷库、温室、枣树经济林等项目。

【社会保障支出】 2019年，全旗累计发放城乡最低生活保障资金863.06万元；高龄补贴和孤儿供养资金374.68万元；城乡特困人员救助资金77.18万元；残疾人事业资金391.51万元；城乡医疗救助资金237.7万元；公共卫生服务事业累计投入370.1万元；计划生育服务事业投入268.62万元；促进就业补助支出1024.23万元；红十字事业支出77.41万元。

【政府购买服务】 2019年，政府购买服务新增项目14个，涉及财政资金2182.22万元。重点在公共服务领域推行试点，建立健全由购买主体、服务对象及第三方组成的综合性评审机制，考核评价购买服务项目的数量、质量和资金使用绩效等，并严格遵守财政财务管理规定，确保政府向社会力量购买服务资金规范管理和使用，推进政府购买服务有序、规范发展。

国资管理

【国企改革】

管理体制改革 按照机构改革方案要求，将旗原国资监管机构(旗财政局内设股室国资办)改革成立鄂托克前旗国有资产监督管理委员会，挂牌旗财政局，实行"一套人马、两块牌子"的管理机制。

国有企业增设 为加快推动文创产品项目化落地，旗委、政府新成立内蒙古城川红色产业发展有限责任公司、鄂托克前旗惠民乡村产业发展有限责任公司两家国有独资公司，注册资本金均为1000万元。

监管制度改革 印发实施鄂前旗属国有企业机构设置和劳动用

工、国有资本收益收取、企业负责人履职待遇业务支出、直属国有企业公务用车制度改革方案、国有资本经营预算支出管理办法、改革国有企业工资决定机制的实施办法等多项监管措施，突出监管重点，优化服务企业。

按照现代化企业管理理念，国资委根据国企领导班子现状，及时向旗委政府提出配齐配强国有企业领导班子的建议，逐步选优配强旗直国有企业领导班子成员，完善董事会、监事会、经理层及纪检的法人治理结构。

安全生产 及时与旗直国有企业签订安全生产责任状，实行安全生产事故一票否决制。专项整治企业重点行业领域，做好安全生产宣传教育工作。

国企党建 旗直国有企业及其子公司均将党建工作写入公司章程，设立党务工作机构，配备党务工作人员，理顺企业党建工作体制机制，将党组织研究讨论作为董事会、经理层决策企业重大事项的前置程序。

【国有资产管理】 2019 年，努力化解政府性债务，摸底调研闲置国有资产，报政府同意将部分闲置国有资产实行公开拍卖处置，激活存量资产，实现保值提效。积极推进国有企业清理拖欠民营企业中小企业账款工作，详细制定还款方案和还款计划，积极筹措资金完成清偿任务 4618.49 万元；扎实有效开展全旗行政事业单位资产监管工作，全旗行政事业单位均运行“内蒙古自治区行政事业单位资产管理信息系统”，严格监管资产的配置、使用、处置、管理、监督等工作，2019 年核销固定资产 5126 项，价值 1019.51 万元，上缴国库 16.71 万元；调拨固定资产 876 项，价值 8851.79 万元；自觉接受人大监督，向旗人大常委会报告旗行政事业单位国有资产管理情况，进一步规范和改进国有资产管理工作。

税务

【税费收入】 2019 年，共完成税费收入 21.45 亿元，同比增收 1.51 亿元，增长 7.57%，其中，完成税收收入 17.8 亿元，同比增收 2.43 亿元，增长 15.81%。完成旗级一般公共财政预算收入 8.07 亿元，同比增收 2.99 亿元，增长 58.85%，占全旗财政收入的比重为 67.25%，为地方经济社会发展、民生改善和打好三大攻坚战提供必要财力支撑和保障。

【减税降费】 突出确保减税降费政策措施落地生根的主题，始终树牢落实减税降费政策是政治任务、硬任务理念，实施一把手负总责，减税办集中办公，全覆盖式宣传辅导等一系列抓落实制度机制，实打实，硬碰硬落实各项减税降费政策，有力激发市场活力，推动全旗经济高质量发展。全年落实减税降费共 9710.08 万元。

【依法治税】 旗税务局全面推开行政执法“三项制度”，并逐步建立以风险为导向的“双随机、一公开”新型监管模式。税收违法“黑名单”与全旗社会诚信体系有效衔接，守信激励、失信惩戒机制逐步完善。金税三期系统顺利并库，新版电子税务局同步上线，系统、协调、多元的税收征管体系加速形成。

【纳税服务】 作为全区示范办税服务厅之一，旗税务局全面推行“一门办税”“一窗通办”，持续更新办税事项“最多跑一次”清单，全面推行纳税人“承诺制”容缺办理和纳税申报“提醒纠错制”，提供“即来、即办、即走”的优质服务。针对上海庙镇辖区内企业办公地点离镇区较远、办税不便等问题，增配自助办税服务设备、加快“智慧服务厅”建设，为纳税人提供更加方便快捷的多元化办税渠道。

【党建党风廉政】 旗税务局紧紧依托旗“智慧党建”平台，围绕“双平台、三突出、四个一”的工作思路，不断丰富和发展“智领先锋 税惠民生”党建品牌，形成“党建 + 互联网 + 税务”的模式。持续加强基层党组织建设，成立减税降费临时党支部，抽调精干力量成立党员攻坚先锋队、建立“党委委员包抓 + 税企支部共建 + 党员结对服务”工作格局，把党建工作的触角延伸到减税降费工作的各环节，基层党组织的组织力得到提升。严格落实四项重点措施，围绕总局“五个一”和“六项行动”，积极开展税企党建联建、邀请专家作专题党课辅导、开展红色研学等活动，广泛接受革命传统教育。

建立税检联席会议制度，积极配合旗纪委派驻纪检组工作，实行联合纪检监察，形成条块结合双监督模式，将全面从严治党压力传导到各个角落。充分利用廉政教育基地、廉政党课、机关廉政文化等开展专题警示教育，组织开展违规收受礼品礼金、利用名贵特产类资源谋取私利等专项检查，进一步筑牢党员干部拒腐防变的思想防线。

【税务文化建设】 组织开展参观革命纪念馆、爱国主义教育基地、纪念革命先烈等活动，加强爱国主义、集体主义、社会主义教育；广泛唱响《中国税务之歌》，展示新税务新风采；举办形式多样的志愿服务，推进志愿服务常态化制度化。旗税务局在2019年获评全区税务系统国税地税征管体制改革先进集体、自治区级文明单位。

经济商务

【电子商务】 2019年，密切电商企业与农牧民的联系，帮助贫困农牧民寻求致富机会，推进电商服务向基层延伸，在全旗嘎查村社区共规划建设28个基层电商物流服务站，其中打造10家电商扶贫服务站，为全旗建档立卡贫困户或相对困难户提供免费电商服务。2019年，吉万、克珠日、葫芦素电商扶贫服务站免费为全旗建档立卡贫困户代售农畜产品和手工艺品共350万元。开展电商扶贫培训，联合工商联、文旅天脉共同举办“网络技术服务及电商扶贫运营培训会”，培训全旗嘎查村社区第一书记、电商扶贫示范户及电子商务示范基地入园企业200多人。通过政府引导扶持、企业定制标准、农牧户联户经营的方式，着力打造“鄂尔多斯高原冷菜”“鄂前旗羊肉”区域公用品牌。“鄂前旗羊肉”已成功获得中国地理标志认证商标。

【现代物流】 健康有序推进全旗现代物流产业发展。至2019年底，全旗有快递企业14家，在旗民族文化博览园建成集中规模化的快递物流集散中心1处，在各社区、街道形成以邮政、终点、兔喜为代表的快递收发点。中国邮政、顺丰、中通和圆通在各镇均有设点，天天快递在上海庙单独设点。2019年，鄂前旗隆兴速递有限公司(圆通)整合部分快递公司业务，在昂素、城川、上海庙等地建设末端综合服务配送网点，代理除顺丰、邮政以外所有快递业务；中国邮政进一步整合快递物流业现有资源，延伸联通各企业、合作社、农牧民，在社区、嘎查村设立30多个现代物流服务点，形成以线连点，以点连片的物流服务体系，使老百姓的生产生活物资走出去、引进来更快捷方便；兴隆、邦德、运输公司等7家传统物流企业不断扩大服务面，尤其是兴隆物流开通了上海庙－敖镇－昂素－城川配送线路，为现代物流发展提供了支撑。

【招商引资】 制作《投资鄂前旗》宣传册，在北京、青岛、南京以及春季招商引资洽谈会等活动中签约项目24项，总投资219亿元，开工7项，到位资金2.306亿元。在内蒙古招商引资项目管理系统录入5000万元以上国内(区外)项目2项，续建项目3项，截止目前到位资金21.84亿元。

公共资源交易

【概况】 2019年，鄂托克前旗公共资源交易平台共组织完成项目297项。其中组织建设工程招投标20次，进场交易总投资额14066万元，中标总金额12964万元，节约资金1100万元，节约7.83%；组织政府采购项目招投标275项，预算金额25973万元，成交金额25042万元，节约资金930万元，节约3.58%；产权交易类项目2项，成交金额1445万元。2019年度全旗行政事业单位办公自动化设备、办公电器设备、办公家具设备及公务车辆保险服务协议供货入围采购项目进行公开招标，确定71家企业为鄂前旗2019年度协议供货商。

【交易平台一体化建设】 2019年，按照全市公共资源交易电子化平台建设要求，全面提升鄂托克前旗公共资源交易服务水平，持续加大“放管服”力度，进一步优化营商环境。旗公共资源交易中心以“互联网＋公共资源交易”为引领，持续深入开展交易平台一体化建设，进一步完善建设工程项目电子招投标工作和无纸化工作，做实做好网络维护工作，提高远程异地评标“客场”服务质量，年内共组织远程异地评标45项，主场23项，副场22项，整体运行情况良好。积极推动政府采购电子招投标工作，加快实现所有公共资源交易项目的全流程电子化，充分利用电子化平台优势，简化工作流程、压缩办事时限，提升服务效能，节省交易成本，最大程度方便服务对象，实现公共资源交易高效、规范运作。

【交易专家管理】 加强专家考核管理，认真做好日常考核工作，结合评审专家项目评审情况考核打分，围绕专家专业能力、职业操守、评标公正性、遵守评审纪律情况及守时情况考核打分。严格执行专家回避制度，在抽取专家时，通过系统录入及对照专家抽取名单进行审核，杜绝专家该回避不回避现象，规范中介机构市场行为，激励评审专家高效、认真、公平履行职责，提高工作效率和服务水平，保障交易各方主体合法权益。

【交易保证金管理】 清退滞留投标保证金，为企业减负。全面细致核查2012年至2018年底前滞留在中心账户的投标保证金，完成投标保证金清退工作，共为179家投标单位，清退滞留保证金220笔，累计324.68万元，聘请审计公司审计成立至今所有保证金。

法治社会

政法综治

【概况】 鄂托克前旗政法工作重点推进“平安、法治鄂前旗”建设和扫黑除恶专项斗争，不断提升社会治理精细化水平，努力强化政法队伍建设，人民群众的安全感和满意度显著提升，有力地维护了全旗社会大局和谐稳定，为鄂前旗建设“三个中心”、打造“三大基地”提供安全稳定的社会环境。2019 年，鄂前旗高质量组织承办了全市创新社会治理暨人民调解工作现场观摩会，并代表鄂尔多斯市在全区推进基层社会治理现场会上作典型交流，成功荣膺 2019 年全国社会治理创新典范县和全国政法智能化优秀创新案例，并以典型经验参与浙江绍兴市 2019 首届“枫桥经验”高峰论坛交流会。

【基础设施建设】 大力推进旗、镇、村三级标准化综治中心建设，累计投入 790 万元建成旗级综治中心 1 个、镇级综治中心 4 个、嘎查村社区综治中心 19 个；投入 120 万元建设旗政府法务中心；投入 1700 万元新建法院审判庭；投入 130 多万元建成了旗综治中心（公共法律服务中心）；投入 9677 万元深入推进公安“雪亮工程”“三智三数”等项目建设。

【法治宣传】 充分利用综治宣传月、平安创建宣传月、国家安全教育日等节点开展一系列普法宣传活动，教育引导人民群众严密防范和坚决打击各种渗透颠覆、暴力恐怖、民族分裂、宗教极端等破坏活动，坚持不懈开展扫黑除恶和反邪教专项斗争，筑牢祖国北疆安全稳定屏障。全年开展集中大型宣传活动 5 次、群众文艺演出 3 次，发放各类宣传资料 3 万余份、编发宣传信息 100 余条。

【扫黑除恶】 严格落实“五级书记抓”扫黑除恶，先后组织召开领导小组会、旗委常委会、书记专题会等各类会议 30 次，召开“大、小三长”会议 20 次，开展专项督导 6 次，安排专项资金 356 万元，切实构建起了旗委、政府统筹抓总，各成员单位共同推进的工作格局。2019 年，累计打掉恶势力犯罪集团 1 个，恶势力团伙 2 个，破获涉恶类刑事案件 25 起，抓获犯罪嫌疑人 37 人，立案查处公职人员涉黑涉恶腐败和“保护伞”问题 10 件、18 人，追缴、冻结涉案资金 180 余万元；排查各类乱象 484 起，立案查处 384 起，收缴罚金 363 万元。

【人民调解】 面对“案多人少”的严峻审判形势，鄂前旗不断在实践中探索出符合地区实际的矛盾纠纷多元化解模式。

一个平台指挥调度 整合司法行政20多项职能，成立旗公共法律服务中心，设立婚姻家庭矛盾纠纷、草牧场纠纷等6个“专科门诊”，形成一套受理、分流、指派、调度于一体的规范程序，做到了法律服务资源由“散”到“聚”的转变。

一支队伍示范带动 成立全市第一家旗级人民调解员协会，组建由20多个老法官、老检察官、老教师、老司法、老支书组成的专家调解队伍，建立警司联调、“好大姐”婚姻调解等十个行业调解委员会，分别制定以案定补、以考促效管理办法。

定点调解精准到位 在人员集中、矛盾聚集的嘎查村社区和企业设立三段地“一村六区”调解室、珠和社区调解室、企业“和文化”调解室等十多个基层定点调解室，指派专家队伍常驻调解室，专案专调，多元化解。成功受理案件1892件，信访矛盾人次和批次分别下降30.8%和60.6%，实现小事不出村、大事不出镇、矛盾不上交。

【网格化服务】 以“平台”为核心，健全四级联动的组织体系。织牢“一张网”，突出综治网格这个基本工作单元，按照“网中有格、格中有人、人在格上、事在格中”的原则，将全旗划分一级网格1个，二级网格4个，三级网格84个，四级网格401个，把人、事、地、物、组织全部纳入网格管理，形成旗、镇、村、社“四级联动”网格化社会治理体系。建强“指挥部”，在建成旗级标准化综治中心的基础上，在四个镇分别建成统一规范的综治中心，把公安、司法、基层法庭、信访、综合执法、市场监管和便民服务职责全部整合到中心，统一指挥，整体联动。选好“示范点”，因地制宜、合理规划，在全旗试点打造19个嘎查村（社区）综治中心，有效整合社会治理资源并进一步向网格、家庭延伸，为网格运转提供了前沿工作平台。

以“人员”为支撑，健全一组一队一员的队伍体系。建立网格党小组，按照“一个网格，一个党小组”的模式，充分发挥在职党员、无职党员的积极作用，将其分编到每个网格，对应组建401个网格党小组，确定每名党员联系10～20户普通农牧户开展“点对点”精细化服务。全旗4个镇1853名农牧区党员，联系8300多户、27000多名农牧民，实现了协调联络、管理服务无缝对接。组建网格管理服务团队，以旗驻村工作队、镇包村干部、嘎查村（社区）干部为骨干，整合党建、综治、司法、公安、民政、卫生、科技、环保、食品药品、市场监管、综合执法等部门的基层工作人员，组建网格管理服务团队，实现“多元合一、一员多用”。选聘专职网格员，在全区率先推行专职网格员选举聘用制，通过以小社为单位，在农牧民当中投票选举产生群众威望高、责任心强、群众工作经验丰富的474名专职网格员。通过构建起“网格党小组＋网格管理服务团队＋网格员”的队伍体系，形成了网格化管理、组团式服务的模式，为群众提供更为直接、高效的服务，社会治理的科学化、精细化水平显著提高。

以“网格”为基础，健全“全科办理”的服务体系。网格服务“全面覆盖”，发挥网格管理服务团队对网格员的辐射带动作用，通过骨干传导、专案跟班、实践摸索、自主学习等方式，全面提升网格员处理全科事项的综合能力，实现从“专能”到“全能”的转变，日常工作不分条线、不分业务，服务事项由原来的“六大员”职责延伸到信息统计、环境整治、民生服务、产业发展、脱贫攻坚、特殊人群服务管理等80多项全科服务。网格事务“全时办理”，网格化改变了传统的服务模式，由“坐班式”服务转变为上门“宅急送式”服务，由“8小时”服务转变为“24小时”全天候服务，网格员采取入户走访、群内收集、接听电话等多种方式收集群众各类诉求，在城镇社区形成了10分钟到达现场的“十分钟服务圈”，在农村牧区形成了半小时到达现场的“半小时服务圈”，全旗网格员共为群众办理各类事件6万余件，“有事就找网格员”成为群众的共识。网格事项“全程跟踪”，根据职能定位和岗位特点，明确网格员处理事项程序，主要包括信息搜集、现场处置、疑难上报、办结反馈等程序，每天对网格进行巡查走访，每周进行排查分析，每月进行汇总研判，形成了“日走访、周分析、月汇总、及时处置”工作制度，全旗四级网格员共搜集处理各类信息50多万条，70%的事项都解决在了网格内，切实将服务触角延伸到群众身边，基本将矛盾隐患化解在网格内。

以“机制”为保障，健全常态长效的支撑体系。强业务培训，按照“谁主管谁负责、先培训后上岗”的原则和“一员多用”的思路，由旗委政法委牵头，组织各镇、嘎查村社区网格员开展多层次、常态化业务培训，组织开展全科网格员各类业务培训9轮108场次。同时，充分运用“智慧综治”手机APP、“i前旗”智慧移动平台、QQ、微信等现代信息技术，搭建学习交流平台。抓考核考评，坚持分类考核的原则，由各镇根据实际情况，分别形成务实管用的《网格员考核办法》，将工作绩效与工资挂钩，月工资分为两部分，基础工资占60%，按月发放，绩效工资占40%，年终根据平时成绩、专项督查、民主测评等因素酌情增减。同时，激励用人机制，先后有41名优秀网格员被选为嘎查村社区书记主任，168名当选为两委委员和监委委员，网格员成为了嘎查村社区选用干部的人才输送源。重经费投入，每年旗、镇财政预算1200多万元，保障网格化管理和网格员正常开展工作。其中网格员工资报酬每年落实560万元实行专款保障。

【信息化应用】 建立信息化综治辅助系统，搭建“智慧综治”平台。构建集指挥调度、数据分析、数据管理为一体的“9+X”社会治安综合治理信息系统和“智慧综治”APP，涵盖实有人口、特殊人群、社会治安、校园周边安全等领域国标9项数据库，按照归口管理的原则，实时更新、及时交换，各部门共享系统数据，打破信息壁垒，实现信息资源共享和全面运用。

【推行“一线工作法”】 在推进基层社会治理工程中，始终坚持党委领导、政府负责、社会协同、公众参与、干部下沉、部门联动等综合施策，将“四治”社会治理任务落实到全旗401个基层网格中，用实践锤炼出以“民情在一线掌握、矛盾在一线排查、问题在一线解决、机制在一线创新、作风在一线检验、治安在一线防控、政权在一线巩固”为核心的七个“一线工作法”，建立4个引领服务团、84个引领服务队常年扎根基层一线，9000多件便民服务事项及惠民实事在一线得到了落实，6000多起矛盾纠纷在一线得到了化解，实现人往基层走、钱往基层花、事在基层办。

【创新“网格民主议事”模式】 创新将村级民主议事形式向下延伸到网格，探索形成了“七人议事小组”“老王工作室”“老书记调解室”“红色业委议事厅”等“网格民主议事小组”模式，主要承担政策宣教、理论学习、诉求听取、答疑解惑、事务商议、决策讨论、监督评议、文化营造等职责，使民主议事进一步下沉到最底层；创新推行网格重大事项“七步议事法”，进一步加强网格民主议事规范化管理。通过“自己的事情自己提、自己议、自己决、自己管、自己评”，实现了从“为民做主”到“由民做主”、农牧民从“被动接受”到“主动参与”的转变。

【队伍建设】 依托“业余警校”“微警校”“网络警校”“青年干警大讲堂”等载体，定期不定期开展政法干警学习活动，通过主题鲜明、形式多样的学习方式，累计开展各类集中学习95次、专题党课12次、业务讲座34次。签订党风廉政建设目标责任书，将作风建设纳入到工作实绩考核中，形成“一级抓一级、层层抓落实”的工作合力和良好格局。年内共召开党风廉政建设工作部署会13次，领导班子成员定期听取分管科室负责人汇报12次，开展廉政谈话12次，组织干部职工开展学习93次，观看警示教育片12次。

法治政府建设

【概况】 鄂托克前旗人民政府法务中心依据“职能科学、权责规范、执法严明、公开公正、廉洁高效、守法诚信”的法治政府建设原则，布设集中办事大厅、仲裁庭、调解会商室、视频培训大厅、互联网平台等功能区，建立“智库联动式”决策专家咨询法制审核机制、“科学透明式”全领域行政执法监督机制、“多元低廉式”矛盾纠纷化解服务机制、“系统常态式”领导干部法律培训教育机制，打造网上智库、网上监督、网上培训、网上办案及信息查询等功能于一体的“互联网+法律服务”新模式，作为全市政府法律服务综合改革唯一试点予以推进。化解争议矛盾纠纷工作走在了全区前列。

【法律专家智库建设】 2019年，将鄂前旗72名法律人才、207名专业人才纳入智库，建立完善旗本级专家库、智库，为鄂前旗重大决策、重点工作、重大项目、信访案件等提供法律咨询和专家论证服务，全年提供重大行政决策咨询80件，组织专家咨询论证2件。

【规范依法行政】 开展旗人民政府及各部门制定规范性文件、签订合同协议的合法性审查等活动。2019年，旗政府法务中心出具合法性审查和法律意见共计209份，其中审核各类文件146份、合同63份。政府顾问提供政府法律服务事项173件；向市政府、旗人大常委会报备规范性文件2件。

【规范行政执法】 以行政执法部门自查和司法局抽查结合方式开展全旗行政执法案卷评查活动，及时发现执法中存在的问题，促进执法规范化建设，不断提高执法质量和水平，共备案69宗行政处罚案件，均符合法律法规规定。全旗145个单位4462名干部职工参加法宣网培训，考试通过率99%。对全旗31个部门确认行政执法主体资格，并向社会公布。全面梳理全旗29个部门权责清单，确认旗本级权责清单6579项行政权力。其中，行政许可177项、行政处罚5393项、行政强制203项、行政征收13项、行政给付36项、行政检查490项、行政确认68项、行政奖励35项、行政裁决5项，其他行政权力159项。重新梳理确定了涉及全旗29个职能部门的旗本级权责清单共6579项行政权力，并在政府门户网站公布，接受广大社会群众的监督。

【化解社会矛盾】 2019年，受理并办结本级行政复议案件4件，承办市级行政复议案件7件；行政应诉案件9起。排查调处解决各类矛盾纠纷954件，其中疑难复杂8件，全部调解成功，涉及当事人2100余人，金额5769.64万元。

人民公安

【概况】 鄂托克前旗公共安全以提升人民群众安全感、满意度和幸福感为目标，以全面深化公安改革为主线，统筹推进“抓改革、优服务、保稳定、创平安、促规范、强基础、提素质”七项工作，全面推进平安、法治鄂前旗建设，为鄂前旗经济社会发展创造和谐稳定的社会环境。2019年，共化解各类矛盾纠纷256起，破获各类刑事案件98起，破案率达54.7%，八类暴力案件连续17年破案率达100%，是鄂尔多斯市地区发案数最低、破案率最高的旗区。

2019年，旗公安局被评为自治区级文明标兵单位、荣获全市公安机关改革创新先进集体。旗公安局物流寄递业开启“一站式”服务被自治区公安厅评为特色创新项目。旗公安局自主研发的“智慧网格警务助手”APP被评为全国政法智能化建设优秀创新案例、自主研发的“农牧通”被评为全市公安机关改革创新优秀项目。旗公安局抖音号被评为全市“2018年度最具影响力政务抖音号”。6位民警获得个人三等功。

【公安体制机制改革】 鄂前旗公安局先行试验的“大部门、大警种”制改革，经过3年的改革和完善，打造出“鄂前旗模式”，被内蒙古自治区公安厅列为全区样板，在10月15日召开的全区公安基层基础工作暨立体化信息化社会治安防控体系建设现场会议上作典型经验介绍。持续深入推进“放管服”改革，年内承接市公安局20项改革任务全部完成，实现三级审批业务减少至6项、二级审批业务减少至2项、一级审批业务增加到63项，32项户籍业务实现“一站式同城通办”“就近办”“异地办”。居民身份证办证时限由60日缩减为25日；居住证时限由5日缩减为1日。全年办理全国异地居民身份证203次、区内异地居民身份证115次、旗内异地居民身份证1640次。

【维护社会稳定】 深入开展隐蔽战线斗争，查办“邪教”案件1起，移送起诉6人，治安拘留4人。按照“看住已知重点人、发现潜在危险人、查清下落不明人”的工作要求，积极与旗信访、民政等单位互通信息，对排查出的重点人员实行严格管控，做到行知动向、动知轨迹。坚持“大事不出，小事不积累”的原则，社区民警和网格员逐一排查辖区重点工程建设、非法开荒扩灌、转移安置、农资纠纷等方面可能引发的不稳定因素，从源头预防和减少不稳定隐患。深入开展“净网2019”专项行动，发布舆情引导信息1800条，依法清理网上违法信息650条。深入开展反恐应急处突演练与培训，明察暗访重点部位，及时排除隐患。圆满完成重要节点30批次重大安保任务。

【打击违法犯罪】 2019年，发生各类刑事案件179起，与去年同比下降8.7%，破案98起，抓获犯罪嫌疑人90名，成功打掉涉恶集团、涉恶团伙各1个，冻结涉案资产300余万元。侦办盗抢案件90起，破获40起。查处涉赌涉毒刑事行政案件66起，缴获毒品安钠咖177克，罂粟壳230余克，缴获海洛因0.2902克。侦办食药环案件78起、涉网案件29起。查处各类治安案件540起，较去年同比下降1.6%，打处688人。通过常态化严打，“2019·3·13”“2019·12·26”故意杀人案、系列盗窃牲畜和电缆线等一大批大要案成功告破。在“云剑”行动中，全年抓获逃犯16人，其中，抓获潜逃17年之久“2003·7·3”故意杀人案犯嫌疑人1人，实现命案全部告破，命案逃犯全面抓获清零。

【社会治安防控体系建设】

数字前端建设 以市公安局“三数三智”项目建设为牵引，争取旗委政府投资1020万元，建立技侦站并改造智能化办案区；购置数字化反恐车1辆，并安装关注人员和车辆预警系统，以提升办案质效和应急反恐处突技能；完成乡村道路监控补盲工程和监所“智慧磐石”工程招投标。

资源整合 依托旗大数据中心，将全旗数字草原、水利井位图等10余张电子地图和水电油气、金融煤炭等部门及酒店、网吧等220余家场所的6300多路监控统筹整合到旗公安局，整合数据1.4亿多条。适时开展街道视频巡逻、重点部位巡查和社会舆情监控，实现“数据共享一个平台、指挥调度一图见警，视频监控一览无余”和海量信息线索统一研判预警。自主研发的“智慧网格警务助手”APP，被评为全国政法智能化建设优秀创新案例。自主研发的蒙汉双语“微信”报警程序、“农牧通”无线智能视控一体机得到推广使用。

警企联防管控 创新推出警企联防“三加一”管控模式，派出所民警、交警、消防捆绑作战，联合企业保安四股力量，统一调度指挥、协同合成作战，联合行动、信息共享，采取定人、定线、定时、定责方式，联防联治、相互补位，实现巡逻查控全覆盖，警力无增长而社会面有效管控目标。

社会面管控 完善屯警街面、动中备勤、网格式巡控、叠加式巡逻工作机制，加大社区民警和网格员联防联控、治安检查站联检力度，增强内外“三层防护圈”感应功能，全方位提升社会面管控效能。

【公共安全监管】

消防安全管理 组织开展“今冬明春”火灾防控、“3·15”消防产品打假宣传、汗蒸、足疗、洗浴等公共娱乐场所整治系列专项行动。全年检查企事业、个体工商户2500余家，签订消防安全责任书1700余份，督促整改消防安全隐患344处，下发责令限期整改通知书369份。出动消防水罐车和抢险救援车135辆次，挽回直接经济损失380余万元。

危爆物品安全管理 认真开展缉枪治爆专项行动，深入危爆物品重点单位、重点地区排查整治安全隐患。严厉管控物流寄递业，查获一批仿真枪、管制刀具。破获涉枪案件9起，追缴枪支9支、各类子弹460发。通过宣传教育，引导群众主动上交各类枪支54支和各类子弹1800余发，炸药117千克，雷管68枚，黑火药4千克。共审批购买炸药229.5吨、雷管59.24万发，确保危爆物品无流失、无社会危害。

监所安全管理 投资建设监所“智慧磐石”和监所数字化改造工程，并与旗大数据、“天网工程”等融合对接，实现“无死角、立体化、全覆盖”防控目标，全面筑牢监所安全，全年未发生在押人员非正常死亡和脱逃事件，顺利通过全国一级拘留所考核验收。

【交通管理】 2019年，鄂托克前旗交通事故四项指数共发生事故起数946起，死亡12人，受伤11人，直接经济损失48万余元（其中一般事故四项指数为，事故起数10起、死亡人数12人、受伤人数11人、财产损失9.3万元）。与去年同期相比，事故起数增加240起、上升33.99%，死亡人数未变，受伤人数增加6人、上升120%，直接经济损失减少79.5万余元、下降62.35%。

全年共查处各类交通违法行为173333起，其中酒后驾驶违法行为449起，无证驾驶448起，严重涉牌涉证33起，超速16805起，其他违法行为为155598起。

全年共办理机动车业务5214起，驾驶证业务5841起。联合交通、安监等部门对辖区道路进行8次地毯式排查，查处整改安全隐患196处，并逐一建立台账，实行销号式管理。

智慧交管建设 打造鄂前旗

“智慧交管”品牌,“智慧交管”平台,平台集预约服务、车检公告、出行提示、违章处理、满分学习等30项业务于一体,实现让数据多跑路、群众少跑腿的目标。该APP已有4.4万人下载使用,共办理预约服务500余次、自助处理交通违法800余起、发布各类信息2.7万余条。**驾驶人“两个教育”系统。**驾驶人经“智慧交管”平台预约成功后,选择就近培训点进行人证核验,待审核通过后即可接受远程视频学习教育,实现驾驶人“两个教育”网上预约、就近可学、无人值守、远程监管、一次办结。**交通安全自动提醒。**非本地移动用户进入辖区路段时,均可收到一条来自交管大队针对每条道路的包含有禁令、限速及安全提示等40字以内的专属短信,用简短、实用的信息让入境驾驶人实时掌握路段状况。提示信息已覆盖境内的敖东高速、察敖一级公路、昂敖线、敖银线等16条公路。

交通安全宣传　2019年,举办各类宣讲活动420次,利用平台发布交通安全提示信息1.5万余条,利用智慧“芯”喇叭《交管之声》栏目开展交通安全广播251期,平均每期时长20分钟。积极延伸“芯”喇叭宣传链条,在旗融媒体广播频道FM90.8HZ开通《交管之声》专栏,将日常新闻播报与交通安全深度融合,兼具蒙汉双语播报。在交通主要路段、公共广场、商业街区等地安装自主研发LOGO交通安全宣传投影灯30处,内置“安全出行”“平安回家”等温馨提示内容。

重点车辆源头管理　全面实行重点车辆“户籍化”管理,并与运营企业、驾驶员分别签订交通安全责任状,深入重点运输企业开展驾驶人面对面安全教育,每月进行违法查询比对、抄告,每季度开展安全教育集中培训。2019年,共召开运输企业负责人座谈会2次,约谈危化品运输企业负责人1人,开展安全教育64人,完善源头管理档案202册,确保企业主体责任落实到位。

【森林公安】 2019年,组织开展“保护过境候鸟”“打击破坏森林和草原违法犯罪”“打击破坏野生动物资源”“打击秋冬季森林草原火灾违法行为”等专项行动,全力配合完成森林资源核查和植被恢复工作,在全旗范围内重点打击一系列非法开垦、非法征占用林地等涉林违法犯罪行为,坚持扎实开展集中打击整治破坏森林资源违法犯罪行为专项行动,着力维护森林及野生动植物资源安全。全年共办理案件183起,其中刑事案件44起,行政案件8起,累计出动警力3600余人次,警车1900余辆次,落实国家森林资源核查图斑391个,配合旗林草局和城川镇政府推动落实植被恢复9867公顷。

“六化”建设　2019年,在保障标准化建设上下功夫,重点加强从优待警工作,将保障民警待遇工作全面细化,并配备专人负责。筹资4万元为所有民警按标准配给服装,并补充单警装备等,同时积极与政府、财政等部门协调,足额发放拖欠民警工资和各项补贴。上海庙森林派出所新建320平方米办公用房基础建设已全部完工,内部装修稳步推进,原上海庙森林派出所老旧办公用房按照森林公安标准化建设标准完成维修改造,已全面投入使用。

【公安队伍建设】 按照新理念、高标准、严要求的原则,强化队伍管理,着力提升队伍整体素质。制作“两学一做”学习教育常态化制度化专题展板,打造党建文化走廊,充实警营文化娱乐室。深入开展“不忘初心、牢记使命”主题教育和“践行新使命、忠诚保大庆”主题实践活动、“学习强国”知识竞赛,扎实开展系列党日活动。持续开展“大学习、大剖析、大整改、大提升”活动,依托“业余警校”“微警校”开展培训40次,邀请公安部特聘专家、内蒙古党校讲师、宁夏公安厅特级教官等授课,选派民警参加各级业务培训,深入开展“拜师学艺”青蓝结对和全警实战大练兵活动,全面提升民警战斗力和凝聚力。依据政策规定,最大限度的关爱民警、从优待警,为28名辅警解决工勤编,全年三批招录70名辅警。一季度一考核,“每月一星”评选,在公安局内网及电梯媒介宣传,并作为年度考核评优评先的重要依据。

人民检察

【概况】 2019年,公诉部门共受理移送审查起诉案件394件470人,经审查提起公诉386件468人,不起诉28件46人,改变管辖1件1人,积存11件20人,追诉漏罪、漏犯19人,提出抗诉5件。侦监部门全年受理审查批准逮捕案59件84人，其中批准和决定逮捕案43件62人，不批准逮捕案16件24人，公安机关撤回逮捕1件1人；纠正侦查活动违法情形37件，纠正审判活动违法情形10件，办理监督公安机关撤案6件、立案6件，纠正漏捕1人。民事行政检察部门共办理民事行政检察监督案件120件，其中不服生效判决裁定申请监督案件12件，对审判程序中的违法行为监督案件85件，执行监督案件21件；督促行政机关履行职责案件23件，发出执行监督和审判程序违法行为监督检察建议85件，向行政机关发出督促履行职责检察建议21件，向法院发出再审检察建议8件；共摸排公益诉讼案件线索158件，线索主要涉及环境资源、国有财产、食品药品等领域，其中行政公益诉讼线索121件，民事公益诉讼线索37件；共立案125件，其中行政公益诉讼105件，刑事附带民事公益诉讼20件（提起刑事附带民事公益诉讼案件9件，终结审查6件，剩余5件在办）。刑事执行检察部门办理羁押必要性审查案件13人，发出检察建议13件，采纳13件；对看守所发出纠正违法通知书及检察建议共27件，对监督纠正社区矫正发出纠正违法通知书及检察建议共14件，全部采纳并整改落实。12309检察服务中心全年运用远程视频接访、检察长接访等方式，共受理群众来信来访95件次，办理国家司法救助案8件（其中救助未成年人3件），发放救助金21.3万元。

【检察队伍建设】

政治建设 通过集中讲学、领导领学、个人自学、重点导学、立足岗位选学等形式，开展参观红色教育基地、读书交流、专题研讨、专题测试等活动，铸就忠诚可靠的政治品格。严格落实意识形态工作责任制，全面开展各类政治教育。进一步延伸门户网站、“两微一端”等意识形态阵地辐射范围，不断增强检察新闻舆论传播力引导力影响力。

司法改革 以高度的政治自觉和强烈的责任担当，扎实推进各项改革任务落地生根。5月份完成内设机构改革，将原有的13个机构精简为5个。重构“捕诉一体”专业化办案模式，全面落实办案责任制，积极践行刑事速裁与认罪认罚从宽制度。全面开展流程监控和质量评查，同步监督司法办案全过程。稳步开展检察人员分类管理改革，积极落实单独职务序列政策和工资制度改革政策，推进各项职业保障政策落实落稳。

技能培训 围绕环境资源保护、未成年人保护、扫黑除恶专项斗争等重点工作，设立5个专业化办案团队。构建核心办案能力培训体系，组织干警赴北京、浙江等地参加业务培训，加强专业化人才培养，全年共参加上级院和旗委组织的培训30次45人次。全院有3人入选全国、全区、全市检察机关人才库，现有全区、全市专门人才、业务标兵和办案能手7人。

正风肃纪 层层压实“两个责任”，切实把纪律和规矩挺在前面。院党组主动接受鄂尔多斯市人民检察院巡察，真正让铁规发力、禁令生威。严格执行八项规定，集中整治形式主义、官僚主义，“三公”经费支出同比下降23.48%。加大执纪监督力度，对司法办案、“三重一大”执行情况开展检务督察19次。创设积分制管理制度，加强检察人员八小时外的监督。充分运用“四种形态”特别是“第一种形态”，共开展廉政谈话3人次，推动全面从严治检不断走向深入。

2019年，鄂托克前旗人民检察院牢固树立“监督者更应接受监督”的理念，切实将检察权置于人民监督之下。主动接受人大监督，积极向旗人大及其常委会报告检察工作。邀请代表委员视察、调研检察工作3次，组织开展检察开放日6次。全面深化检务公开，公开案件信息17条、生效法律文书329份。大力推动新闻宣传，运用法治栏目、专题宣传片、短视频等群众喜闻乐见的方式，讲好鄂前旗检察故事。

人民法院

【概况】鄂托克前旗人民法院紧紧围绕“努力让人民群众在每一个司法案件中都感受到公平正义”的价值目标，以工作创新促进审执质效、以司法改革优化司法环境、以队伍建设提升履职保障，忠实履行宪法法律赋予的职责。2019年，共受理各类案件4587件，审（执）结4253件，结案率达92.72%，办案质效居全市前列，为全旗经济社会持续稳定发展提供了坚强的司法保障。

【刑事审判】 认真贯彻宽严相济的刑事政策,依法惩治各类刑事犯罪。全年审结刑事案件 358 件、判处罪犯 359 人,其中审结"酒驾"案件 190 件 190 人,审结贪污、贿赂等职务犯罪案件 1 件 1 人,审结强奸、"两抢一盗" 等危害人民群众生命财产安全的犯罪案件 20 件 23 人,审结非法占用农用地等破坏环境资源犯罪案件 82 件 84 人,有力维护了社会稳定。

【民商事审判】 坚持将新发展理念融入民商事审判,全年审结民商事案件 2663 件,结案标的 2.16 亿元,其中审结借贷纠纷案件 621 件,审结买卖、租赁等合同纠纷案件 190 件,审结劳动争议、涉农民工劳务合同纠纷案件 73 件,保障了地方经济高质量发展。

【行政审判】 切实加强司法建议,实现司法与行政良性互动。全年依法审结行政案件 2 件,审查非诉执行案件 9 件,向有关部门提出司法建议 82 份,其中 2 篇司法建议获评"全区优秀司法建议",有力推动法治政府建设。

【案件执行】 按最高人民法院提出"用两到三年基本解决执行难"的目标要求,举全院之力集中破解"执行难"问题,采取案件分流执行办法,持续开展 "夏季风暴""执行百日决胜"等系列集中执行行动,取得显著效果。全年共办结执行案件 1579 件,结案率 88.11%,结案标的额 0.786 亿余元;司法拘留 54 人,纳入失信被执行人名单 126 人,限制高消费 721 人次。

【涉诉信访】 坚持"稳中求进"的总基调,集中开展涉诉信访矛盾排查"百日攻坚"和"清仓"专项行动,通过分片包案、带案下访、入户走访和联合接访等方式,集中化解一批信访隐患和矛盾纠纷。全年,院领导累计接待 215 人次,接访 23 人次,排查化解涉诉信访矛盾纠纷 45 件,圆满完成中华人民共和国成立 70 周年大庆等重要节点涉诉信访维稳工作。

【司法公开】 坚持把信息化建设作为提升司法水平的重要支撑,全方位推进司法公开。全年公开裁判文书 2702 份、随案生成电子卷宗 2671 多卷,公开案件信息 3419 条。全面推进 "两微一站" 等新媒体平台建设,推送工作动态信息 401 条,审判法庭全部实现互联网直播功能。

【司法为民】 升级诉讼服务中心,开通 12368 诉讼服务热线,扎实推进"两个一站式"建设,构建"四位一体"综合性服务平台,建立 30 余项工作机制,开通网上立案、跨域立案平台。全年办理网上立案 28 件、跨域立案 9 件,为群众提供立案查询、材料收转、信访接待等服务 6000 余次,当场登记立案率达 98%。高度关注民生,对涉及农民工和老、弱、病、残等群体的案件优先立案、优先审理和优先执行。妥善化解婚姻家庭、遗产继承等家事纠纷 132 件,审结损害赔偿、追索劳动报酬纠纷等案件 118 件。落实司法人文关怀政策,全年累计发放司法救助金 7.5 万元,为困难当事人减免诉讼费 42.8 万余元。

【司法创新】 健全基层法庭司法服务机制,全年 3 个基层法庭共审结案件 485 件,其中上海庙法庭推行的"线上 + 线下"调解机制,化解大量社会矛盾纠纷,调解率达 85.4%;城川法庭推行的 "邀请式诉调法",方便群众就近维权解纷频获 "点赞";昂素法庭推行的"双语诉讼服务",为辖区群众提供 "订单式"服务,协助镇政府化解草牧场纠纷 60 余起,取得积极成果。

【司法改革】 坚持顶层设计和基层实践相结合,全面落实司法责任制,将办案权力重心下移到主审法官、合议庭,真正实现"让审理者裁判,由裁判者负责"。全年案件平均审理天数 31.6 天,同比缩短 17.4 天,院庭长办案数量同比下降 0.7%。通过改革,把 85%以上的审判资源配置到了办案一线,在案件数量高位运行的情况下,改革红利逐步释放,审执质效显著提升。

【队伍建设】 扎实开展主题教育,全面提升党的建设水平。认真贯彻《中国共产党政法工作条例》《中国共产党党组工作条例》,加强意识形态工作,引导干警牢固树立"四个意识",增强"四个自信",做到"两个维护"。全年,开展主题教育学习 21 次 800 余人次,开展专题研讨 3 次,专题党课 3 次,党员活动日 11 次,有效激发了工作干劲。坚持"抓党建、带队建、促审判"的工作思路,探索推行的"主题党日＋三型党组织建设"工作模式,促进党建工作整体提升。抓好党风廉政建设,着力优化法院政治生态。强化干警培训锻炼,建设高素质法院队伍。全年,组织干警参加各类培训42期320余人次,4个集体21名干警获旗级以上表彰。注重双语人才队伍建设,12名员额法官被评定为全区首批蒙汉双语法官。注重干警职业品格养成,通过组织干警开展任职入额宣誓、重温入党誓词等活动,增强干警履职意识。加强理论研究和新闻宣传,全年,6篇精品调研论文和80余篇信息在市级以上媒体刊发。

【装备建设】 鄂前旗法院面积近6000平方米的新审判庭即将投入使用,面积720平方米的上海庙法庭即将开工建设,面积500平方米的城川法庭和昂素法庭已全面投入使用,实现庭审直播、电子卷宗随案生成、在线调解服务、电子签章等信息化服务全覆盖,实现数字化法庭、安检、车辆等物质装备和人员全方位保障,基层司法服务环境得到全面改善。

【监督制约】 自觉接受人大司法监督和政协民主监督,全年共向旗人大常委会专题报告工作1次;通过召开座谈会、走访代表委员、邀请代表委员出席法院重要会议、自觉向旗人大及其常委会汇报工作、完善与人大代表、政协委员联络沟通机制,全年邀请代表、委员视察法院、旁听案件庭审6次33人次;组织开展警示教育4次;开展审务督察、专项巡查11次;坚持对问题线索"全处置""零暂存",全力支持、配合派驻纪检监察组开展工作,查处违法干警1名;广泛接受社会监督,通过投诉信箱、举报网站及院领导接待等平台,畅通民意沟通渠道。召开新闻发布会、情况通报会,主动接受舆论监督。

【扫黑除恶】 坚持"一把手"挂帅,争取旗委、政府经费保障,从政治站位、综合治理、案件审判、宣传引导等方面深度参与扫黑除恶专项斗争,出台15项配套保障措施,对近五年审结的2万余件案件进行起底复查,摸排、梳理、研判线索160余条。落实公检法三长联席会商研判和"一把手"挂牌督办机制,组建两个专业合议庭审理涉黑涉恶案件,全年共受理涉恶案件3件34人,依法对乌力吉巴雅尔为首的恶势力犯罪案件进行公开宣判。扫黑除恶工作受到旗委高度评价,旗法院荣获"全旗扫黑除恶先进集体"荣誉称号。

司法行政

【概况】 鄂托克前旗司法行政及依法治理工作以解决群众最关心、最直接、最现实的利益问题为重点,以最大限度地减少不和谐因素为目标,建设新平台,找准突破口,着力维护社会和谐稳定,维护社会公平正义。

【普法宣传】 全面开展2019年度全旗"法宣在线"学习,认真落实法宣在线每季度一次考试学习要求。2019年共有145个单位4462人参加学习,占全旗领导干部的99%;有效利用节日节点,深入开展"法律七进"活动,利用元宵节、妇女节、建党节、国庆节、国家宪法日等重要节点,深入机关、社区、嘎查(村)、企业、学校等开展法治宣传活动30余次,共计发放法律宣传书籍8000余本,法律宣传单1万余份;与各新闻媒体联系,通过文字投稿、联手合作等手段,以刊登法治简报信息、录制并播出法治节目等方式进行广泛宣传,2019年,向各级新闻媒体投稿75篇,采用率达90%,司法厅"法治乌兰牧骑"专栏播放宣传片1个;自编9部内容新颖全面、适应性强、不同层面的"七五"普法宣传系列教材4万册,针对不同群体进行发放宣传;积极编排选送"法治乌兰牧骑"法治宣传节目,走近百姓生活,走上法治宣传舞台;组建巡回法律服务队,成为"法律宣传轻骑兵"走村入户与农牧民面对面开展宣传;落实"谁执法谁普法"责任制,构建执法部门全面普法的大格局;特殊对象的法律宣传工作扎实有效,建成青少年法制教育基地,成为全旗各中小学生社会实践的示范场所。

【人民调解】 探索形成"一个平台统领示范、一支队伍联动调处、一套程序规范运行"的农村牧区多元矛盾纠纷调处机制,统筹全旗力量,聘请由老法官、老检察官、老教师、老司法、老支书等21名专家调解队伍，吸纳全旗84个嘎查村（社区）474名网格员兼任人民调解员，将人民调解等法律服务送到群众家门口。7月，自治区党委副书记、政法委书记林少春一行来调研多元矛盾纠纷调处化解机制，对相关工作给予了高度评价；8月，全市基层社会治理暨人民调解工作现场观摩会在鄂前旗举行，参会领导及人员实地参观公共法律服务中心，详细了解司法局创新推出的矛盾纠纷多元化解新机制。充分发挥鄂托克前旗多元矛盾纠纷人民调解委员会的作用，构建诉前调解、司法调解与人民调解相结合的“大调解”格局，完善旗、镇、嘎查村（社区）人民调解组织网络，调解员队伍由全国模范调解员、自治区人民调解专家、自治区银牌调解员、市优秀调解员及退休法官、检察官等优秀调解员组成，全旗现有调解员258人，调委会98个，专业性行业性调委会8个。2019年，共排查调处解决各类矛盾纠纷954件，其中疑难复杂8件，调解成功954件，调解成功率达100%，涉及当事人2100人左右，协议涉及金额5769.64万元，开展矛盾纠纷排查58次，预防矛盾纠纷68件。

【法律援助】 继续深入开展法律援助工作，推行律师值班制度，开展法律援助工作进社区、进校区、进村入户工作，在全旗各镇和部分嘎查村（社区）制作法律援助指示牌，发放法律援助宣传资料和法援申请流程牌，不断扩大法律援助社会知晓率；加强司法部法律援助信息管理系统的管理，进一步健全和完善“12348”法律援助专线服务，通过专人值班，专人接访，专人录入信息，搭建快捷法律服务平台。2019年，旗法律援助中心共办理法律援助案件200件（其中民事2件、刑事5件、非诉讼193件），解答法律咨询101人次；扎实开展认罪认罚从宽工作，2019年，旗法援中心对审查起诉阶段羁押和已办理取保候审的99名犯罪嫌疑人提供法律咨询和法律帮助，并为99名符合认罪认罚从宽制度的犯罪嫌疑人在值班律师的见证下自愿签署《认罪认罚具结书》。

【法律服务】 建成旗级公共法律服务中心1个，镇公共法律服务工作站4个，嘎查村（社区）公共法律服务工作室28个，基层法律服务工作者30名，更好地满足人民群众日益增长的法律服务需求。2019年，诉前调解受理案件2886件，被申请人无法联系或者不同意调解退回告知诉讼1352件，调解成功1734件，其中司法确认547件，现待调解300件。2019年办理法律援助案件200件，接受法律咨询500件。

【依法治旗】 及时调整行政复议委员会成员，做到行政复议经费独立化、行政复议场所规范化、行政复议审理人员专业化，落实行政复议规范化建设要求。2019年，旗司法局共接收行政复议申请4件，以旗政府为被申请人的行政复议案件7件，行政诉讼案件6件。

印发《鄂托克前旗推行行政执法公示制度执法全过程记录制度重大执法决定法制审核制度实施方案》，并于7月5日组织全旗行政执法人员进行三项制度专题培训；对全旗31个部门确认其行政执法主体资格，并以旗政府名义向社会公布；对行政执法单位开展重大行政处罚备案专项检查工作，2019年，共收到69件重大行政处罚备案案件，经查，均符合法律法规规定；以行政执法部门“自查”和司法局“抽查”的方式相结合，开展全旗行政执法案卷评查活动，及时发现执法中存在的问题，促进执法规范性建设，不断提高执法质量和水平。

6月13日，旗全面依法治旗委员会第一次会议召开，审议通过全面依法治旗委员会2019年工作要点及主要任务分解方案，司法局成立依法治旗及普法室，专门负责全旗全面依法治旗工作的统筹调度，及时对照《2019年度旗区全面依法治市考核指标体系》9类77项指标完成工作任务。

按照《内蒙古自治区规范性文件制定和备案监督办法》规定，将2017年全面清理后列入继续有效目录的91件规范性文件和2017年1月1日至2018年12月31日以旗人民政府、政府办制发的规范性文件19件，共计110件全面进行清理。通过清理拟废止34件，失效14件，需修订后重新印发的4件，继续有效的58件；严格按照行政规范性文件“三统一”要求，将以旗人民政府及旗人民政府办公室名义制发的行政规范性文件进行合法性审查，共审查出台行政规范性文件2件，及时通过鄂托克前旗人民政府门户网站公开。

【社区矫正】按照内蒙古自治区司法厅《关于开展标准化社区矫正中心创建工作的意见》，旗社区矫正中心按照“三区九室”的功能设置要求，规划为执法监管区、教育矫正区、综合办公区“三区”和报到登记室、宣告室、监控指挥中心、集中教育室、个别谈话室（训诫室）、心理矫正室、档案资料室、办公室、检察机关派驻联络室“九室”，并在旗看守所建立警示教育基地1处，在敖镇和城川镇分别建立社区矫正公益劳动基地。

通过内蒙古公共法律服务智能化一体平台，全面实行社区矫正各项工作“一网通”办理，有效利用“正行通”APP、社区矫正APP，结合司法智能终端（即Jipad），提高对社区服刑人员监管、服务、执法规范化水平，实现日常管理、执法工作向网络化发展；加强对社区服刑人员的专题警示教育和社区服务，开展“集中点验”“个别谈话”“上门走访”等工作，逐一落实稳控措施，密切掌握动向，做到不疏漏，不失控，不脱管，有效地维护社会和谐稳定。至2019年底，全旗累计接收社区服刑人员801人，累计解除矫正680人，2019年接收144人、解除124人，在册社区矫正服刑人员121人。严格管理刑释解教人员，各镇司法所建立刑释解教人员登记簿及安置帮教档案和电子台账，一人一档，切实掌握刑释解教人员具体情况，全旗在册刑释解教人员176人，其中刑满释放人员29人。开展评估调查，全面综合各方意见和建议形成调查评估意见书，2019年共接收委托机关评估函25件，出具评估意见书25件，确保调查评估工作规范有序、客观公正、真实有效。

【阵地队伍建设】根据《内蒙古自治区司法所建设标准》，城川司法所、敖勒召其司法所经评定达到一级司法所标准并挂牌，上海庙司法所、昂素司法所完成一级司法所创建任务指标。局机关加强理论学习，开展党日活动“集中学”、主要领导“讲党课”带头学、个人自学、“每日一学”“学习强国”平台学等方式，共组织集中学习40次；扎实开展“不忘初心、牢记使命”主题教育，成立以党组书记为组长的领导小组，制定《鄂托克前旗司法局关于开展“不忘初心、牢记使命”主题教育的工作方案》，列出学习教育清单、调查研究清单、检视问题清单。

仲裁

【劳动人事维权仲裁】2019年，劳动保障监察共受理各类案件12起，涉及劳动者193人，法定结案率100%，追缴拖欠工资总计609.1万元。劳动人事仲裁受理案件12起，涉及12人73.09万元，法定结案率100%。（人社局）

【土地仲裁】2019年，旗农村土地承包仲裁委员会共接待群众来访89人次，涉及全旗4个镇部分嘎查村。通过对来访案件的审核，直接引入仲裁程序的案件5起并全部结案，其中调解1起、裁决4起，其余案件进行现场答复或引入司法程序予以解决。（法务中心）

行政综合执法

【文化旅游执法】2019年，中国城市报以《内蒙古鄂托克前旗构建起全国首个文化旅游领域“互联网+执法”平台》为题对鄂前旗“互联网+文化旅游综合执法”平台进行专题报道。“护苗”系列宣传活动被“学习强国”内蒙古学习平台采用；联合关工委退休老干部组建全市首支“护苗”志愿服务队。“不忘初心、牢记使命”主题教育活动与“互联网+文化旅游综合执法”平台相结合开展的方式成为全旗典型。

2019年，鄂托克前旗文化旅游综合执法局开展文化旅游、民族宗教、体育场所检查791家次，其中文化市场检查696家次，旅游市场检查52家次，宗教场所检查30余家次，体育市场检查13家次；口头警告30余家次，下达责令整改通知书19次，办理简易案件10起，一般案件2起，累计罚款1.5万元。

“扫黄打非”2019年印发《鄂托克前旗文化旅游综合执法局2019年工作计划》《鄂托克前旗2019年“扫黄打非”行动方案》等文件。联合旗关工委成立全市首支“护苗”志愿服务队，由20名退休老干部组成，重点开展互联网经营场所常态化义务监督，举报未成年人上网等问题。组织扫黄打非各类大型宣传活动7次，开展“扫黄打非·绿书签”进校园系列活动4次，借助鄂前旗智慧“芯”喇叭云广播系统开展“扫黄打非”宣传工作，该系统已覆盖全旗各中小学校、企业及 64 个嘎查村（社区），实现“扫黄打非”知识宣传全覆盖；集中培训全旗 4 个镇、68 个嘎查村两委及网格员等“扫黄打非”基层工作人员近 1000 名。与相关部门协调联动，制定“护苗、净网、固边、清源、秋风”五大专项行动方案。4 月 23 日，在敖勒召其海军希望小学举行鄂前旗“护苗·绿书签行动”启动仪式，近 400 人参加仪式；4 月 26 日，《让拒绝盗版 绿色阅读走进你我他》一文被“学习强国”内蒙古学习平台采用，将鄂前旗举办的小学生“扫黄打非”知识竞赛和“读书好、读好书、好读书”诗歌朗诵比赛活动作为“绿书签进校园”活动的典范。

扫黑除恶 2019 年，共召开 8 次扫黑除恶专项斗争应知应会培训会，进行扫黑除恶知识测试，进一步增强干部职工扫黑除恶打非治乱专项斗争的责任意识。充分利用农贸会、交流会和社区主题文化活动日，开展扫黑除恶宣传活动，共开展宣传活动 12 次，提高群众的知晓率和关注度。在文化旅游等各类场所悬挂横幅 60 余条、张贴海报 80 多张、电子宣传屏 2 个、立地式宣传展架 4 个，在大池村设置大型户外宣传专栏 5 个、并发放宣传礼品 1000 余份；在文旅执法局办公区和场所显眼位置设置举报箱、公开举报电话，通过安排专人 24 小时接听投诉举报电话，确保扫黑除恶线索反馈及时规范、问题处置快速有力。全年开展文化旅游市场线索摸排 170 余家次，民族宗教、体育场所线索摸排 20 余家次，整体经营秩序良好，无黑恶势力或线索。

市场监管 旗文化旅游综合执法局利用“互联网 + 文化旅游综合执法”平台采取“线上”实时监管和“线下”实地检查模式，严格高效监管文化、旅游、民宗、体育市场。

“线上”实时监管。利用“互联网 + 文化旅游综合执法” 平台中的微信执法平台，专人通过网络监控平台 24 小时有效监控，投诉举报电话 24 小时畅通无阻，通过平台进行非现场监管检查，实现实时视频监控、现场场景录像等功能，切实做到全时全域全覆盖监管。

“线下”实地检查。采取一般场所周抽查，重点场所日巡查，错时检查、常规检查和突击检查相结合的方式，不断提升市场监管效力，尤其是周末和法定节假日期间的市场监管。

队伍建设 旗文化旅游综合执法局坚持集中学习为主，自我学习为辅，开展集中学习 44 次；举办行政政执法机构改革后的首个文化旅游、民宗体育市场综合执法业务培训会，重点就文化旅游、民宗体育市场相关法律法规、执法案卷制作与归档进行集中培训，各镇综合执法局分管领导、业务骨干及旗文化旅游综合执法局全体干部职工参加此次培训。

【交通运输执法】 2019 年，鄂托克前旗交通运输综合执法局共检测大型货运车辆 642971 台次（包括农村公路查获引导车辆），检测货物 3086.26 万吨，全年查处违法超限行为 152 起，超限率控制在 0.05%以下，破结案率达到 100%。累计收缴罚款金额 260 余万元。

党建品牌创建 5 月初，旗交通执法局围绕交通执法人初心使命，提出“安畅卫士、治交先锋”的党建品牌建设方案。经过半年时间的创建推动，治交能力不断提升，“守护全旗农村公路安全畅通，争当依法治交先锋模范”作用发挥明显。

依法治理 2019 年，分别制定“扫黑除恶”工作方案、工作要点及行业乱象专项整治方案，不断创新宣传方式，扎实开展线索摸排、加强行业乱象治理。全年抽调半数以上执法力量，在 S216 线的主要进出口路段设置 4 个执法巡查点，开展 24 小时堵卡执法，全力保障红色旅游及未交工线路交通安全。4 个执法点共检查大型载重车辆 40500 台次，放行农副产品运输车辆 28100 台次，劝返大型过境货车 12400 余台次，确保管辖路域内未出现因货车超限超载而引发的道路交通安全事故。巴拉庙治超站长期坚持 24 小时值班制度，对超限车辆实施分装卸载货物 7973.8 吨。

污染防治 在全旗农村公路巡查管理工作中，执法大队安排上路巡查 1240 人次，出动执法车辆 540 台次。在保障全旗农村公路安全畅通的同时，集中力量开展路面抛洒物清理及沿线环境整治工作，共清理路面及沿线垃圾 3.8 吨、违章占道障碍物 6 处、违法占用公路用地 3 起。在治超站长期租赁卸货场地清理和洒水降尘机械，持续推进站内防尘降尘工作。

技防运用 注重上下联动，加

强横向协调，在将已查处的违法信息在上报平台的同时，及时与各治超成员部门实现共享；认真学习借鉴发达地区的公路治超监控系统，探索非现场治超执法模式。加强与旗交管大队协调配合，完善油气企业车辆及农产品运输车辆通行农村公路报备程序，全旗39处具备闯禁行抓拍条件的探头正常运行，严控超限车辆入境。

【卫生计生执法】 鄂托克前旗卫生计划生育综合执法局以职业卫生、医疗卫生、生活饮用水、学校卫生、餐饮具消毒及公共场卫生监督为重点，共监管各类场所329家。

培训宣传 以提升综合执法能力为目的，组织外出学习15次53人次；加大卫生计生法律法规相关培训，组织培训8次863人次。以“促进健康月万场巡讲”“非法行医”“职业病宣传周”“爱国卫生月”“学校传染病”“公共场所卫生”为主要内容，开展形式多样的宣传活动，全年共开展宣传22次，发放宣传手册12000册、宣传品8900件。

监督检查 2019年，按照职能职责共监管各类场所421家1683次，开展日常监督平均次数4次，组织开展专项检查12次，下达卫生监督文书1601份，行政处罚警告责令限期整改3起。顺利完成国家双随机抽检任务，按照规定完成监督并上报国家卫生监督平台，完成率100%。

稽查工作 投诉举报做到第一时间受理、及时检查处理、及时回复投诉举报人。加强卫生监督协管的监督抽查，年初与各基层卫生协管工作站签订卫生协管工作责任状，每季度按时开展考核工作，下达稽查意见书413份。

卫生监管 监管全旗共有职业卫生场所52家，其中煤矿企业7家、洗煤厂1家、加油站31家、商砼站6家、砖厂2家、滴灌厂4家、疾控中心1家。全年监督次数113次，开展2次专项检查。

医疗机构监督 监管全旗持有医疗机构执业许可证88家，其中公立医院2家、妇幼保健与计划生育服务中心1家、疾病预防控制中心1家、民营医院2家、个体诊所23家、卫生室(医务室)47家、社区卫生服务中心9家、社区服务站3家。2019年初，与88家医疗机构签订医疗机构卫生责任状，加强辖区内医疗机构的监督检查。全年监督88家医疗场所与传染病场所593次，下达卫生监督意见书591份；打击集市黑牙医3起，非法行医1起，查处投诉举报3起，执行卫生行政处罚10起。

学校卫生和餐饮具集中消毒监督 监管全旗学校及托幼机构共27所，其中中学3所、小学6所、托幼机构17所、早期指导中心1所；监管集中餐饮具消毒配送中心2家。全年监督检查27所学校4次，重点检查学校传染病防控措施落实情况、环境卫生、饮用水卫生、学校卫生、食源性疾病管理等内容。开展餐饮具消毒配送中心专项检查2次，专项监督108次，日常性监督4次。

生活饮用水监督 监管全旗城市集中式供水单位3家，小型集中式供水单位9家，二次供水单位11家，自备供水单位1家，农村安全饮水工程141处，其中设计日供水量在50吨以上57处，大型旅游景点自备水源3处。全年对城市集中式供水、小型集中式供水、二次供水、自备供水单位监督检查4次。联合水利部门、住建部门、各镇摸底调查监督农村饮水工程79处，建立饮用水卫生档案。

公共场所监督 监管全旗公共场所224家，其中住宿场所73家、淋浴场所4家、美容美发场所125家、娱乐场所4家、足疗店4家、乒羽馆1家、游泳馆1家、新华书店1家、商场10家、候车室1家。按照《行政许可法》开展公共场所卫生许可证检查，有新办证场所17家、换证场所10家。监督检查非法医学美容，联合公安部门、市场监管部门开展2次专项活动。

【市场监管执法】 鄂托克前旗市场监督管理综合执法局以食品、药品、保健品、化妆品、医疗器械、工业产品、质量计量、商标广告、商务粮食领域生产经营环节相关违法行为的查处为重点工作，组织开展执法检查。2019年累计检查市场主体3094户次，办结各类案件82起，罚没款9.3万元。

委托授权 鄂前旗工信和科技局2019年4月1日委托鄂前旗市场监督管理综合执法局117项商务领域行政权力事项；鄂前旗市场监督管理局2019年4月15日委托鄂前旗市场监督管理综合执法局551

项行政处罚和 26 项行政监督检查事项。

市场执法 2019 年，就食品、药械保化、特种设备、工业产品质量、计量、商标、广告、商务等多领域开展 16 个专项整治行动，强化“双随机一公开”抽查机制结果应用，严厉打击违法生产经营行为。全年累计检查市场主体 3094 户次，办结各类案件 82 起，罚没款 9.3 万元，有效促进各领域安全生产工作。

“两节”专项整治 以大型酒店、小作坊、集贸市场、超市、餐馆为重点场所，以肉类、糕点、熟食、散装食品为重点品种，开展食品安全排查；以商场、超市、电器城为重点经营单位，以促销商品为重点，开展不正当竞争行为排查；以烟花爆竹经营场所为重点，开展危化品市场排查。巡查市场主体 246 户次，下达责令整改通知书 10 户。

校园及周边安全整治 以校园及周边为重点区域，以面向学生制售食品、玩具的小超市、小摊贩为重点对象，以“五毛食品”“小商品”“小玩具”为重点品种，集中力量，开展拉网式排查，核查是否经营销售央视“3·15”晚会报道的“问题辣条”，是否销售“牙签弩”、仿真枪等存在巨大安全隐患的玩具，检查市场主体 117 户次，检查发现的问题责令经营者立即改正，全力保障儿童饮食安全、人身安全。

农资市场整治 联合旗农牧水务执法局、市场监管局就四个镇农资市场开展联合整治。重点整顿种子、肥料、农药和农机具等春耕市场产品，检查市场主体 22 户次，推动农资产品质量监管，规范农资市场经营秩序。

“保健”市场整治 以食品(保健食品)、宣称有“保健”功能的器材、用具等为重点品种，以存在会议营销活动的酒店、美容院等为重点场所，会同市场监督管理局开展“保健”市场联合检查。检查市场主体 88 户次，检查中发现的问题旗市场监管局已立案查处。

商标广告整治 以“山寨”牛奶、山寨饮料为重点检查品种，检查食品经营者 130 户次，排查“傍名牌”、侵犯注册商标专用权等商标违法行为；以药品、医疗器械、“保健”品为重点领域，检查药械经营者 18 户次，排查含有断言断效、保证治愈率等欺骗误导消费者虚假广告行为。

安全生产检查 以五金建材经销、汽车维修养护、危化品经营等为重点领域，以水电暖材料、维修配件、烟花爆竹经营、气瓶罐充为重点对象，核查证照持有及购进渠道是否规范、质量是否合格。检查市场主体 141 户次，下达责令整改 12 份，各专项组组织回头督查，各主体已全部落实整改。

“双随机一公开”抽查 4 月下旬，旗市场执法局利用协同监管平台在全旗范围内随机抽取 60 户个体经营户，开展“双随机”执法检查。立案 3 起，并于 5 月 5 日前将检查结果录入平台，及时向社会公开检查情况。

非洲猪瘟防控检查 制定专项检查方案，进行专题部署安排，在学校食堂、集贸市场、屠宰场、超市和各大中小型餐饮单位开展专项检查，巡查市场主体 140 户次，发放肉类产品经营法规知识和防控非洲猪瘟告知书 400 余份，有力地维护鄂前旗猪肉及其产品市场安全稳定。

文化领域检查 5 月中旬，会同旗文化旅游执法局对全旗四个镇区内的文化用品店、书店、印刷厂等 76 户经营场所销售的国旗进行排查，检查所售国旗是否按照《国旗制法说明》制作。

“衣食住行”领域检查 以乳肉制品、食用植物油、饮料、白酒、糕点、方便食品等为重点，开展假冒伪劣食品及虚假宣传专项整治。以汽车经销商、汽车修理店和零配件经销商为重点场所，开展汽车销售维修市场专项整治。检查各类市场经营主体 1729 户次，查处违法行为 60 起，规范市场主体行为，维护市场良好秩序，保护消费者合法权益。

消防安全检查 以商场市场、公共娱乐场所、宾馆饭店、再生资源等为重点场所，组织开展“防风险保平安迎大庆”消防安全执法检查工作，重点排查 10 类突出问题，对排查中发现的问题，进行规范引导。

服务和流通领域检查 以批发市场、农贸市场、皮毛市场为重点，整治清查服务和流通领域是否存在类鄂旗“王禹事件”的涉黑涉恶或行业乱象行为，打击欺行霸市、强买强卖、垄断市场违法行为，排查各类经营者 327 户，未发现“涉黑”问题线索。

护航建国 70 周年市场集中检查 旗市场监管局联合市场执法局就食品、药械保化、特种设备、工业产品质量、计量领域、市场、商标、广告、价格等多领域，从8月底组织开展为期两个月的专项整治，守好安全生产底线。

【农牧水务执法】 2019年，鄂托克前旗农牧水务综合执法局累计开展农牧水务领域执法检查150余次，出动执法人员800余人次，检查农牧领域生产经营企业门店380余家次，检查生产建设项目企业、生产建设取用水企业等20余家；查办农牧水务领域违法案件25起。以农资、兽药、水资源、水土保持、非法开垦、森林草原植被恢复、大棚房整改等领域为重点，加强综合执法检查力度，着力压实生产经营主体责任，全年抽检农资15批次，查办农牧违法案件12起；强化森林资源整改工作，与旗林草局等开展破坏森林草原违法案件"回头看"联合执法工作10余次，下达限期恢复植被催告书36户；查办非法征占用草原案件12起；着力推进水务水土保持行政执法工作，与旗水利局、各镇综合执法局开展联合执法10余次，查办生产建设项目水土保持违法案件1起，填埋封井14眼，责令整改3起。

加强执法人员培训，组织开展全旗水土保持天地一体化项目暨综合执法培训班，农牧水务执法局全体干部和各镇综合执法局执法人员70余人参加专题培训；派出骨干人员参加自治区、市组织的执法人员培训，切实提升执法规范化水平。出台鄂托克前旗农牧和水务综合执法局《行政执法三项制度工作方案》，细化执法公示制度、执法全过程记录制度、重大执法决定法制审核制度三项具体制度。执法指导各镇综合执法局40余次；利用重要节日结合执法下乡等方式深入基层进行普法宣传，全年开展各类宣传活动10余场，发放各类宣传制品、材料2万余份。

【劳动监察执法】 2019年，鄂托克前旗劳动监察综合执法局办结各类侵害劳动者合法权益案件12起、结案率100%，涉及劳动者193人，追回被拖欠工人工资609.1万元；受理工伤认定申请25起，依法做出认定工伤25起；开展人力资源市场秩序、劳动用工等专项检查3次，日常巡视检查35次，检查各类用人单位106户，涉及劳动者5635人，查处各类违法违规问题26件，其中劳动合同类10件、工资类2件、社会保险类12件、规章制度类2件，下达责令整改书6份，责令补签劳动合同517份，责令企业支付工人工资10万元，督促2户用人单位补缴社会保险18.5126万元，涉及人数187人。

开展工伤保险走进扶贫车间、劳动用工等法律法规宣传咨询活动4次，通过宣传活动日、综治、平安宣传月、就业局招聘会、入企业等形式，积极宣传《中华人民共和国劳动法》《中华人民共和国劳动合同法》《中华人民共和国社会保险法》《工伤保险条例》等法律法规，共计发放宣传材料1000余份、张贴海报15张，现场解答各类咨询150余人次，为用人单位和劳动者提供劳动保障法律政策的支持。

【煤炭企业监督执法】 2019年，鄂托克前旗煤炭安全生产监管综合执法局编制"能源领域安全生产执法日志"，以文字+图片的方式记录执法检查全过程，为安全检查执法提供更为明晰具体的基础参照和依据。与旗能源局煤炭股相互配合完成全年执法工作任务，对辖区内各煤矿、洗煤分公司、鄂西物流及宏利达焦炭分选等企业开展动态执法检查，规范企业安全生产及煤炭市场经营秩序，全年累计开展专项检查180余次，与市旗两级交通局、交管部门联合检查4次，下达整改通知书80余份；联合旗能源局聘请专家对鄂前旗油气长输管道及电力企业进行隐患排查，下达整改意见1份，整改效果明显。

通过与各煤炭生产经营企业召开座谈会、发放线索摸排表等形式查找煤炭领域涉黑涉恶及行业乱象线索，动员广大群众积极检举揭发黑恶势力违法犯罪线索，共同维护煤炭市场良好的生产运营。

【安全生产监管执法】 2019年，鄂托克前旗安全生产监管综合执法局累计检查直管企业614家次，实施行政处罚20起，处罚金额32万元；累计排查各类安全隐患1018项，全部督促整改完毕。在危险化学品、烟花爆竹、非煤矿山、冶金工贸等行业领域强化问题导向、落实隐患整改、做到闭环式管理，开展重要节点时期安全生产大检查、持续开展安全生产自查自改工作、"防风险保平安迎大庆"安全生产专项检查督查、危险化学品企业安全管理评估、危险化学品经营企业(无储存)和瓶装液化石油气安全专项整治和全旗安全生产集中整治等各项安全生产活动。深入安全生产一线,督促落实企业主体责任,健全安全生产管理体系,保障直接监管领域安全生产态势稳定。

社会服务

党务政务服务

【概况】 鄂托克前旗人民政府政务服务中心成立于 2013 年 7 月,2017 年 4 月更名为鄂托克前旗政务服务中心,2018 月 7 月 25 日成立鄂托克前旗党务政务服务中心。2019 年 1 月 31 日正式挂牌成立鄂托克前旗政务服务局,旗政务服务中心隶属于旗政务服务局的公益一类事业单位。针对企业和群众最关心的领域,围绕减时间、少跑腿,减材料、提效率,减环节、优流程探索创新,做好"放管服"改革工作。2019 年 1 月被评为"全市政务服务先进单位",先后荣获"全市文明单位""全旗五四青年奖章集体""支持国防建设先进单位""青年五四奖章集体""2018 年度工作实绩优秀单位""优秀志愿服务队""最具影响力新媒体"等荣誉称号。

【"三减三提两中心"新模式】 建立投资项目"一站式"服务中心。围绕"减材料、提效能,减时限、提效率,减环节、提满意度"的目标,设置受理代办部、项目保障部、审批服务部三个部室及并联审批会议室,进驻首席代表 8 名,工作人员 13 名,投资项目审批全链条部门 13 个,事项 73 项。全面精简办事所需材料、压缩审批时限,材料由原来的 166 份精减到 94 份,总体办结时限由原来的 162 个工作日缩短到 86 个工作日,精简率和压缩率分别达 43.4% 和 46.9%。办理环节从原来的 10 多个审批部门的 40 多个环节减少到 1 个综合窗口即可办理,全年受理办件 7558 件。

在全区率先成立"网上受理中心",进行线上"中转办"。推行"一窗受理,集成服务",通过人工摆渡、实体政务大厅与网上办事大厅的"线上线下"融合,实现政务服务 775 个事项面向公众开放、网上咨询,高龄老人津贴、大病医疗救助、合伙企业设立登记、取水许可审批等与群众生产生活息息相关的 105 项服务事项"掌上办""指尖办"。

【"三窗"受理模式】 重新整合优化服务大厅窗口设置,推行"三窗"受理(即"专窗""综窗""一窗")服务模式,促进行政审批提速、提效、提质,为群众和企业提供优质、高效、便捷服务。针对专业性强、保密性高、业务量大的公安、交管业务窗口设置"专窗",由窗口单位专业人员办理。针对服务窗口"冷热不均"、部分窗口人员闲置现象,将司法、气象等审批事项较少、工作量不多、办事效率低的窗口或季节性审批部门统一纳入"综合窗口",事项全部委托综合窗口办理。针对群众办事关联度高的不动产、房管等窗口设置"一窗",从机制上将关联度大的窗口部门统筹整合,将涉及事项统一纳入到"单一窗口",变"一事跑多窗"为"一窗受理多项事"。打破过去由进驻部门设立专门窗口受理形式,采取政府购买服务的形式统一受理进驻大厅事项,使企业和群众办事不再找人找窗口,方便企业和群众办事。通过建立"综窗 + 专窗 + 一窗"的受理体系,政务大厅窗口数量由原来的 120 个压减将近三分之一,合理配置了人力资源,提升了行政效能。

【政府门户网站"1+3"模式】 构建以旗人民政府门户网站 1 个 PC 端为基础,同步延伸建设手机端、微信端和自助终端网站 3 个终端的架构模式,全面改版升级政府门户网站,制定印发《鄂托克前旗人民政府门户网站信息内容保障方案》,规范内容保障、信息审核、信息报送、考核评价,确保政府门户网站平稳运行。开设"网站首页""政务公开""政务服务"等六大模块,规划设计美丽鄂前旗、旅游鄂前旗、投资鄂前旗、歌曲鄂前旗等版块,逐步建成集政务服务、党群服务和政民交流为一体的"一张网"服务格局。网站全年共发布各类信息 25000 余条,浏览次数达 90 万人次。

大数据应用

【智慧城市建设】 2019 年,大数据中心按照"一网、一云、一图、一平台、一端、三个中心 +N 类应用"("一网"即以移动通讯网、政务外网及统一物联网构成智慧鄂前旗一张网融合体系；“一云”即政务云；“一图”即构建地理信息要素全面集成、具备普遍适用性和权威性的地理信息一张图；“一平台”即政务数据共享交换平台；“一端”即集党务服务、便民服务、红色研学＋、乡村振兴、数字能源等内容于一体的“i前旗”智慧移动客户端；“3个中心”即煤炭储配交易大数据应用中心、乡村振兴大数据应用中心、红色研学＋大数据应用中心；“N类应用”即开展政务服务、社会治理、民生服务、产业发展等多领域大数据应用）为基础的大数据发展格局，着力推动全旗政务资源互通共享，打造新型智慧城市。

【基础设施建设】 依托虚拟化技术，搭建政务云平台。可用虚拟处理器560核、运行内存1900GB、存储容量150T，部署组织部、交管大队等60台虚拟服务器，2019年新增部署服务器9台，为全旗各部门信息化应用提供计算、存储、网络、安全等基础云服务，实行统一管理、统一运维。

【数据资源整合】 对标建设“大平台”、融通“大数据”、构建“大系统”目标，有序开展全旗政务信息资源目录编制工作。结合鄂前旗发展实际，先期确定45个部门作为全旗政务信息资源共享第一批试点单位，通过组织业务部署培训、现场跟进指导、定期督查反馈，梳理完成45个部门299条资源目录。根据资源目录编制情况和数据整合录入情况，协助各部门安装部署旗区公共信息资源平台，申请部署医疗保障局、农牧局等15个部门前置机，数据量约2万余条，为实现市、旗两级数据共享奠定坚实的基础。

【大数据信息化平台建设】 坚持科学统筹、创新谋划，建成集便民服务、乡村振兴、红色研学＋旅游、煤炭交易等于一体的“i前旗”智慧移动平台暨乡村振兴战略指挥平台，平台包涵新闻资讯、便民服务、红色研学、乡村振兴等八大模块80多项功能，搭建起政府服务群众的新渠道。以“i前旗”智慧移动平台暨乡村振兴战略指挥平台为纽带，搭建乡村振兴战略“四级”线上指挥平台。2019年11月8日，鄂托克前旗被自治区网信办、发改委、工信厅、大数据发展管理局评选为“自治区数字乡村旗县试点”。

气象服务

【概况】 国家气象观测站设备稳定运行率、数据传输率均达到国家考核指标要求，安装光电式数字日照计，取消日照的人工观测。微信、微博、今日头条等新媒体在气象信息发布方面起到突出作用。2019年，旗人民政府印发重大气象灾害预警机制，明确相关行业停课、停运、停工的相关规范；联合旗教体局印发《鄂托克前旗中小学、幼儿园应对突发灾害性天气临时停课实施方案》；与应急管理局签定合作协议，建立信息共享和合作交流机制。

【决策气象服务】 2019年，全旗气温偏高，春旱严重，夏秋两季降水正常或偏多。发布《气象信息专报》《气象预报信息》《生态与农业气象监测信息》等各类气象服务产品63期，气象灾害预警信息113期。为旗委政府提供“2019年鄂托克前旗气象灾害防御形势分析”“今年以来鄂托克前旗降水情况分析”决策材料2篇、旗分管领导签批决策材料6篇。为第十四届全国冬季运动会火炬传递鄂尔多斯站、那达慕大会等重大社会活动提供专题天气预报。

【农业气象服务】 2019年，积极与旗大数据中心对接，依托i前旗手机APP，实现气象灾害预警信息首页滚动播放，19个区域自动气象站监测数据实时展示。气象专业技术人员加入科技协会的专家库，时时回应群众气象服务需求。开展气象为农服务调研，提升气象为农服务的针对性。

【人工影响天气】 2019年，协调宁夏人工影响天气中心在全旗开展跨区域飞机增雨作业共计12架次，累积飞行时间5小时55分钟，作业影响面积约11.4万平方千米，据评估增加降水量约1.79亿吨。

社会养老服务

【概况】 鄂托克前旗建立以智慧居家养老为基础、社区日间照料养老和养老院机构养老为依托、养生园医养结合养老为补充的社会养老服务体系，持续提升养老机构服务质量，促进养老事业健康发展。

【智慧居家养老】 2018-2019 年度“12349”智慧居家便民为老服务项目于 2019 年 8 月底结束，总投资 157.5 万元，该项目累计服务 56016 人次，受益老人达 3600 多人。通过第三方机构评估、民政局随机入户抽查、社区核实了解等方式，对 2018—2019 年度“12349”智慧居家便民为老服务项目实施情况进行综合评估，群众满意度达 92.5%，达到项目预期效果。深入调查分析老年人数据及服务需求，进一步细化服务内容，让更多老年人享受专业的高质量的养老服务，2019—2020 年度“12349”智慧居家养老服务项目继续实行公开采购，总投资 161 万元。

【社区日间照料养老】 进一步加强赛罕社区日间照料中心监督管理，不断提高服务标准和质量。2019 年，在敖镇三道泉子村规划建设互助养老幸福院项目，于 10 月份开工建设。

【敬老机构养老】 2019 年，旗中心敬老院有 35 名特困人员入住，接收社会养老者 18 名。完成中心敬老院公建民营招投标，4 月由鄂托克旗寿康养老院正式签订合同承包运营。

【医养结合养老】 2019 年，鄂前旗阿吉泰健康养生园通过蒙医心身互动疗法的健康讲座与文化体验、观光旅游有机融合，开展养生、养老、医疗、旅游为一体的特色医养结合养老试点。全年共收住各类疗养、养生、养老人员 9.5 万人次。

物业服务

【概况】 全旗（敖勒召其镇和上海庙镇）建成各类居民住宅小区 38 个，总建筑面积 194.08 万平方米，业主 11889 户，成立业主委员会 25 个。有物业企业服务的住宅小区 35 个，其中上海庙镇住宅小区 8 个，服务小区总面积 159.43 万平方米，从业物业管理企业共 9 家、业务人员 500 余人。2019 年物业费均价 0.85 元 / 平方米，其中敖镇物业费均价 0.8 元 / 平方米、上海庙镇物业费均价 0.9 元 / 平方米。至年底，累计归集住宅专项维修资金 260.6 万元，使用 57.34 万元。

【物业管理】 2019 年，围绕“物业管理质量提升年”活动，制定印发《鄂托克前旗加强新形势下物业管理工作实施方案》，要求全旗物业服务企业在开发住宅小区推行公开服务价格、标准和内容，公开投诉渠道和方式，公开公共部位收益信息“三公开”制度。对照标准化小区建设要求，对全旗从事住宅物业服务的 9 家企业进行了规范整顿考核。组织物业培训班 3 次，培训物业从业人员 300 余人。加强物业乱象整治，组织物业联席会议 7 次，开展物业服务行业扫黑除恶暨物业市场乱象专项整治工作，协同各部门解决天亨小区多年无物业服务，巴音小区建设遗留问题等。编制完成住宅专项维修资金综合监管平台，有效维护住宅专项维修资金所有者的合法权益。 （住房物业中心）

【老旧小区改造】 为全面提升老旧小区的宜居环境，改善脏乱差问题，2019 年申报并实施赛马场老旧小区改造项目，项目总投资 558.22 万元，年底完成招投标，正在办理施工许可，部分材料进场。

市政供热

【概况】 全旗集中供热达 2800852.4 平方米，其中敖勒召其镇 2505250.93 平方米，上海庙镇 892802.84 平方米；集中供热户达 18030 户，其中商业 1541 户、民用 17139 户，敖镇 13102 户、上海庙镇 4928 户。

【基础设施建设】 2019 年，坚持依法监管，切实维护广大人民群众和供热企业合法权益的同时，加大对老旧小区供热管网改造及换热站的建设，新建换热站 1 座，改造老旧小区供热管网 15 处，改造长度 7.2 千米，累计投资 450 万元，切实提高城镇集中供热质量。

（住房物业中心）

市政供水

【概况】 主城区敖勒召其镇市政供水由鄂前旗自来水公司实施。2019 年，实有供水水源井 16 眼，配备 250QJ40-78 型潜水泵，平均出水量 38 立方米 / 小时。建有 1500 立方米蓄水池 1 座、2000 立方米蓄水池 1 座，日供水能力 6500 立方米。全年供水总量132万吨，总供水19971户。

【水质监测】 实行水源地水质季度监测，供水厂水、管网水、管网末梢水实行月检测，并委托鄂托克前旗疾控中心每季度对色度、浑浊度、pH值、总硬度、氯化物等34项指标进行检测，全年检测指标符合国家标准。同时，委托第三方东胜绿标水质检测中心每月进行1次化验检测，化验检测指标增加至36项，全年化验检测结果显示全面达到国家Ⅲ类水质标准。

【设施建设】 2019年，自来水公司新增文化产业园供水管道2468米。

市政排污

【污水处理】 主城区敖勒召其镇市政排污净化由鄂托克前旗自来水有限责任公司实施。2019年，共收集污水117.04万立方米，净化排放中水99.33万立方米。全年平均进水COD浓度(化学需氧量)373.65毫克/升、氨氮浓度70.41毫克/升，净化出水COD浓度为28.3毫克/升、氨氮浓度为0.8毫克/升，COD减排量343.26吨、氨氮减排量66.74吨。

【污泥处理】 2019年，污水净化厂共产生污泥607.6吨，经过晾晒使含水率控制在60%以下，运送至垃圾填埋场填埋，污泥处置率100%。

燃气供应

【市政燃气供应】 主城区敖勒召其镇市政居民、商业天然气供应由鄂前旗时泰天然气公司实施。至2019年，有天然气供应门站1座，管网69.61千米；天然气用户17110户。2019年供气总量3413万立方米，其中CNG用气量420万立方米。

加强燃气管网安全巡检，共计入户安检12169户（民用9492户、商业1817户）；累计巡检管道317.5千米；对448个燃气调压箱进行安检并编号，开展阀井安全检查27处。全年安检共发现安全隐患1429处，全部整改完毕。

【农村燃气供应】 2019年，农村牧区建成液化天然气LNG供气点12处，管道长度39.1千米。供气点为敖勒召其镇三段地社区、漫水塘村、雅什木都社、马场井村，昂素镇玛拉迪社区，城川镇珠和社区、大沟湾渔村，上海庙镇上海庙社区、布拉格社区、特布德嘎查、八一村。其中投入使用10处，实际使用燃气用户823户，全年供气总量57.3万立方米。

动力油气供应

【压缩天然气供应】 2019年，全旗建有压缩天然气CNG加气站2个，其中时友公司CNG加气站共售气190万立方米，泰达清洁能源站共售气33.91万立方米。

【加油站销售】 鄂托克前旗辖区内有成品油经营资格的加油站39家，其中中石油11家，中石化1家，社会加油站27家。2019年销量汽油2.11万吨，柴油3.01万吨。

电力供应

【概况】 鄂托克前旗初步形成以220千伏为骨干、110千伏为主网、35千伏辐射农村牧区的供电网络格局。至2019年，建成220千伏变电站2座、开闭站1座，110千伏变电站14座，铺设输电线路25条。旗供电分局管辖35千伏变电站18座，主变26台容量240.15兆伏安，建成35千伏输电线路25条646.88千米，10千伏线路121条5599.21千米，0.4千伏线路4751.87千米，装设配电变压器5039台总容量410402千伏安。全旗拥有电力用户70861户，总用电容量98.81万千伏安；售电量10.84亿千瓦时，同比增长13.61%。

【电网建设】 2019年，电网建设改造投资1.0024亿元。新建35千伏变电1座，铺设35千伏输电线路2回37.6千米、10千伏线路39.839千米、0.4千伏线路4.11千米，装设配电变压器19台容量2200千伏安、智能开关208台，改造户表5871块。其中城川镇高潮畔农业生态园配变及线路工程被评为公司配电网优质工程。

邮政快递

【概况】 鄂托克前旗邮政分公司承担着全旗行政区域的邮政普遍服务，下设基层网点6个(敖镇3个)。2019年，共实现业务收入565.71万元，完成全年计划的101.15%，同比增长 10.45%。其中金融类业务实现收入 371.27 万元，完成全年计划的 92.82%，同比增长 1.16%；邮务类业务实现收入 137.81 万元，完成全年计划的 56.48%，同比下降 44%；包裹快递业务实现收入 56.6 万元，完成全年计划的 101%，同比增长 44.2%。

【快递】 全旗有快递公司 11 家，2019 年进出口量约 420 万件。

电信信息化

【概况】 鄂托克前旗着力推动农村牧区及偏远地区信息化发展，加快实现农村牧区 4G 网络全覆盖，按照《鄂尔多斯市经济和信息化委员会关于做好 2019 年度电信普遍服务试点申报工作的通知》等文件要求，申请 2020 年建设行政村 4G 网络基站 7 个；制定鄂托克前旗敖东高速 4G 信号覆盖方案，用于加快农村牧区、重要道路 4G 网络建设。2019 年，建成电信网络 4G 基站 41 个、3G 基站 1 个，新增宽带用户 2703 户(农村牧区 1008 户)，新建铁塔 14 座(行政村 14 座)，新建简易发射架 5 个。至年底，全旗运营网络基站 673 个，其中 4G 基站 360 个、2G3G 基站 313 个；建成铁塔 243 座；本地网固定电话用户 0.49 万户，手机用户 11.94 万户，宽带用户 3.69 万户。

【移动】 2019 年，新建 4G 网络基站 20 个，新增宽带用户 1000 户(农村牧区 230 户)。至年底，建成网络基站 189 个，其中 4G 基站 178 个、2G 基站 11 个，镇村覆盖率达 90%；手机用户 5.5 万户；实现乡镇城区宽带、热点全覆盖，宽带用户 1.12 万户。

【联通】 2019 年，新建网络基站 12 个，其中 4G 基站 11 个、行政村 3G 基站 1 个；新增宽带用户 1203 户(农村牧区 468 户)。至年底，建成网络基站 349 个，其中 4G 基站 148 个、2G3G 基站 201 个；镇区 3G4G 网络全覆盖，行政村 2G3G 网络覆盖 90%、4G 网络覆盖 90%，手机用户 4.54 万户；宽带实现行政村全覆盖、镇区 300M 以上全覆盖，宽带用户 0.92 万户。

【电信】 2019 年，新建网络基站 10 个，其中 4G 基站 10 个,3G 基站行政村 0 个；新增宽带用户 500 户(农村牧区新增 160 户)。至年底，建成网络基站 135 个，其中 4G 基站 79 个、2G 基站 56 个，镇村覆盖率 72%；网上手机用户 1.9 万户；宽带覆盖用户 1.65 万户。

【铁塔建设】 2019 年，新建铁塔 14 座(行政村 14 座)，拆除闲置铁塔 6 座。至年底，各类铁塔共计 243 座，基站铁塔共享率 49.38%，并逐年提高。

社会事务

民政事务

【行政区划管理】 全面推进第二次全国地名普查成果转化，共采集、录入数据库地名 11 大类 43 子类 2393 条，全部录入国家地名信息网。《鄂托克前旗地名志》编纂大纲拟定，《鄂托克前旗地图》正式印刷出版。2019 年，协调处理边界矛盾纠纷 12 起，确认行政区域界线 2 起，整修维护界桩 34 根。加强与周边旗县行政区域界线联合检查工作，会同宁夏平罗县民政局在蒙宁边界马石头山段联合开展乱埋滥葬综合治理行动，与宁夏平罗县签发《蒙宁边界(118−120 界桩段)综合治理工作会议纪要》。

【基层自治组织建设】 2019 年，制定印发《鄂托克前旗开展“三社联动”试点工作实施方案》，明确责任分工、具体工作措施，夯实联动基础。继敖勒召其镇巴音社区后，申报敖镇赛罕社区为“三社联动”试点社区。

指导各镇、嘎查村、社区制定完善《村规民约》《居民公约》，督促各镇全面梳理检查《村规民约》《居民公约》的制定程序、内容、可操作性、作用发挥等，引导嘎查村(社区)创建党建引领、群团联动、自我管理的多元格局。

【社会组织管理】 2019 年，新登记成立社会组织 14 个，变更法人、社会团体名称和业务范围的 13 个，注销登记社会组织 65 个。至年底，全旗核准登记的社会组织共 173 个，成立社会组织党支部 11 个(联合党支部 5 个、独立党支部 6 个)，涉及 59 个社会组织，共有中共党员 53

名。2019 年，选送的慕翠兰、王文斌、妇联妇女手工艺者协会联合党支部分别被市民政局、市社会组织党委评为全市社会组织优秀共产党员、优秀党务工作者和先进基层党组织。

【"双孵化园"建设】 制定印发《鄂托克前旗社会组织创新创业双孵化园运营方案》《鄂托克前旗社会组织创新创业双孵化园管理办法》《鄂托克前旗社会组织入驻双孵化园管理办法》，确立"公益先锋"党建服务品牌，充分利用"双孵化园"这一社会组织、社工人才、社区志愿者、社会组织党组织及党建人才培育发展的枢纽型综合服务平台，积极开展各种孵化服务。全年举办社会组织和社工人才业务培训 8 场次，社会组织年检培训 1 次，政府购买服务业务培训 3 场次，项目策划、编制培训 3 次，社会组织沙龙座谈交流 5 次；邀请鄂前旗圆梦社会组织培育发展中心免费指导旗社会组织编制项目标书，向市民政局投标政府购买服务中标 9 个 69 万元，向自治区民政厅投标政府购买服务中标 2 个 30 万元。

【婚姻登记】 2019 年，共办理婚姻登记事项 1134 项，其中办理结婚登记 487 对、补办 443 对；办理离婚登记 173 对、补办 31 个，合格率全部达到 100%。

【殡葬管理】 鄂前旗殡仪馆建设项目由旗民政局牵头，旗征建中心负责实施，已开工建设。全年办理公墓殡葬事项 48 项，联合旗市场监督管理局开展推进殡葬突出问题治理工作，出动执法车辆 12 台次，执法人员 234 人次，检查殡葬祭祀用品经营商 36 户，责令下架带有人民币字样的冥币 10 余箱。

【社工队伍建设】 联动社区、社会组织、社会工作者、社区志愿者通过开展讲座、社工宣传周等活动，传播社会工作知识，弘扬社会工作精神。广泛动员社会工作从业人员、志愿者参加全国社会工作者职业水平考试，2019 年共有 11 人通过考试，其中中级 2 人、初级 9 人，至年底全旗社会工作领域人才有 348 人，取得地方社会工作者证 105 人，取得国家级社会工作职业证书 15 人。培育孵化本土专业社工机构 4 家，实现居民需求与社会工作服务资源供给的有效对接。加大社工人才培训力度，选派业务骨干、社区社工到先进地区参观学习，社会工作者专业能力得到有效提升。

退役军人事务

【概述】 按照全市退役军人服务保障体系建设推进会议精神，根据中共鄂托克前旗委办公室旗人民政府办公室关于印发《鄂托克前旗退役军人事务局职能配置、内设机构和人员编制规定》的通知(鄂前党办发〔2019〕24 号)》和《中共鄂托克前旗委员会机构编制委员会关于印发鄂托克前旗退役军人服务中心机构编制"五定"方案的通知》(鄂前党编发〔2019〕26 号)，成立鄂托克前旗退役军人服务中心和 4 个镇退役军人服务站。

按照自治区和市局"有机构、有编制、有人员、有经费、有保障"五有要求，旗、镇、嘎查村(社区)三级退役军人服务保障体系建成，在全旗 4 个镇、84 个嘎查村(社区)建立退役军人服务站，配备工作人员 232 名。旗退役军人服务中心现有办事大厅 150 平方米，设有办公室、接待室、活动室、档案资料室；镇退役军人服务站均设有办事窗口、办公室和接待室；嘎查村(社区)退役军人服务站均有办公场所。镇、嘎查村(社区)退役军人服务站站长均由镇党委书记和嘎查村(社区)党支部书记担任。

【退役军人信息采集】 开展全国退役军人和优抚对象信息采集工作，采集退役军人信息全部通过审核。

【退役军人光荣牌】 为全旗退役军人集中悬挂光荣牌。1 月 30 日，启动烈属、家属、退役军人等家庭悬挂光荣牌工作。

【政治文化建设】 结合"不忘初心、牢记使命"主题教育开展，以"牵手老兵 共圆新梦" 党建品牌为统领，唱响"1234"军营之歌，倾心为退役军人做好服务管理工作，全力开启"12345"(围绕一个中心，争创两个一流，打造三大体系、做好三个到位，提升四个能力、实现四化服务，全心全意为退役军人做好五项服务管理工作) 的党建引领退役军人事务工作发展的新模式。

【就业创业】 联合旗就业局举办退役军人专场招聘会3场，组织全旗12家企业参会，提供就业岗位109个，多名退役军人现场达成初步就业意向。组织召开全旗退役军人就业创业座谈会，为旗文旅集团推荐10名退役军人实现再就业。推荐5名退役军人通过招考在青少年活动中心红色研学实践教育基地实现就业；推荐8名当年退出现役的军人在鄂尔多斯职业学院和内蒙古农业大学免费接受技能培训。

【优抚政策落实】 依法在车站、医院、政务服务中心等公共服务场所设立军人优待服务标识，现役军人、残疾军人、退役军人全部免费乘坐镇区内公共汽车、免费参观各大旅游景点。联合内蒙古广电网络鄂前旗分公司免费为三等功以上退役军人提供有限光纤电视服务，为其他退役军人提供优惠服务。在春节、八一等重要节日期间，走访慰问3个驻旗部队、194名优抚对象和重病、下岗失业生活困难退役人员，发放慰问金20.7万元。根据上级关于调整优抚对象抚恤和生活补助标准要求，为131名优抚对象发放生活补助金143.2万元、物价补贴1.3万元；为义务兵家属发放优待金150.5万元；为自主就业退役士兵发放地方经济补助金231.3万元。

【社保政策落实】 落实社保接续政策，精准测算每位退役军人参保及享受待遇等情况。组织召开部分退役士兵保险接续工作培训会议，收集资料191份，录入系统；发放公告、宣传册和各类流程图10000余份，收到电话咨询和来访咨询600余人次。

【双拥工作】 调整全旗双拥工作领导小组，协助相关部门召开旗委议军会议、双拥工作领导小组会议。在鄂前旗电视台、《今日鄂前旗》报纸开设《牵手老兵·共圆新梦》专栏，在鄂前旗电视台开设《拥军优属、拥政爱民》工作专栏。开展"烈士纪念日"敬献花篮活动，组织党员干部、青少年、群众400余人赴马良成、顾守山烈士纪念陵园开展烈士祭扫活动；组织党员干部参加"军事日"活动180余人次；积极开展自治区级"双拥模范城"申报工作，鄂前旗双拥工作在全市考评验收中位居第一。联合旗委宣传部、旗人武部开展首届鄂前旗最美退役军人、最美拥军人物、双拥工作先进单位、双拥工作先进企业评选表彰活动；联合旗文联、融媒体中心开展"军民同心·共圆新梦"主题征文活动。

残疾人联合会

【概况】 鄂托克前旗残疾人联合会代表全旗残疾人共同利益，致力于帮助残疾人平等参与社会生活、维护其合法权益，培养残疾人自强自立能力、为其提供全面服务，管理和发展残疾人事业。至2019年，全旗持证残疾人3029人，占全旗总人口的4.2%。其中视力残疾253人，占全旗残疾人8.35%；听力残疾384人，占全旗残疾人12.68%；言语残疾99人，占全旗残疾人3.27%；肢体残疾1626人，占全旗残疾人53.68%；智力残疾367人，占全旗残疾人12.11%；精神残疾156人，占全旗残疾人5.15%；多重残疾144人，占全旗残疾人4.75%。

【服务网络建设】 建立旗、镇、村三级残疾人服务网络和专业队伍。2019年，续聘和选聘了4个镇、68个嘎查村、16个社区残疾人专职委员84名，发放专职委员补贴60.48万元。开展3期残疾人培训班，内容涵盖专职委员培训、动态更新系统培训、创业就业实用技术培训、心理疏导、健康知识讲座、残疾评定解读和实地观摩等，累计培训15天，参训人员达300人次。

【残疾证发放】 全年审核新办各类残疾证56个，其中视力残6人、听力残4人、肢体残27人、智力残7人、精神残12人。对接旗卫健委、旗医院、市妇幼保健计划生育服务中心，针对全旗3029名持证残疾人，利用周末时间有计划、分批次进行重新评定。

【康复服务】 为有康复器具需求的124名残疾人免费发放护理床、轮椅、气垫床、拐杖等辅助器具；为125名符合条件的听力障碍患者给予免费佩戴助听器；与旗医院、市妇幼保健院等机构合作并签订康复合作协议，为8名0～7岁残疾儿童每人资助1.5万元康复费用，切实减轻患者的经济负担；对接市残联和自治区假肢生产机构，为50余名有假肢安装需求的残疾人取模、生产并免费安装到位，11 月 29 日为 14 名下肢假肢残疾人取模，预计 2020 年初完成安装。

【助困与就业】 按季度精准统计符合条件的重度一、二级残疾人和精神、智力三、四级残疾人名册，报民政局给予发放重度残疾人生活补贴；投入 10 万元，对 28 户有无障碍改造需求的残疾人家庭给予坡道、扶手、坐便器、热水器等免费改造；为 100 余户残疾人家庭实施创业就业项目补贴 100 万元，其中建档立卡贫困残疾人 5 户。

【残疾人康复中心】 残疾人康复中心是内蒙古自治区首个旗县级残疾人康复中心，占地 5000 平方米，是集残疾人康复医疗、康复训练、社区康复服务指导、康复信息咨询等服务为一体的综合康复机构，于 2018 年 7 月开工建设，2018 年底竣工，2019 年 5 月 6 日揭牌启动，全年累计为 180 余名残疾人提供了康复服务，进一步提升了精准康复的服务和水平。

【文化体育】 以“全国助残疾日”为契机，组织鄂前旗残疾人艺术团 20 多人，赴康巴什参加内蒙古自治区第五届残疾人运动会鄂尔多斯市运动员颁奖晚会，为获奖运动员表演了精彩的节目；为庆祝中华人民共和国成立 70 周年、鄂前旗残联成立 30 周年，在敖镇涛龙宫组织举办首届鄂托克前旗残疾人春节晚会。

民族宗教事务

【民族宗教构成】 2019 年，鄂托克前旗户籍总人口 80346 人，其中蒙古族人口为 23839 人，占总人口的 29.67%，回族、满族、苗族、土家族、鄂温克族、达斡尔族等其他少数民族 143 人，占总人口的 0.178%。

鄂前旗信教群众有 20864 人，主要为藏传佛教信教群众 14300 人，天主教信教群众 6564 人；宗教教职人员 92 人。全旗宗教活动场所 8 处，即昂素镇的阿日赖庙、哈日根图庙和马兴布日都庙，上海庙镇的特布德庙、哈日哈腾庙和新上海庙，城川镇的天主教堂、敖镇的天主教弥撒点。

【民族团结进步创建】 2019 年，圆满完成创建全国民族团结进步示范市各项工作；制作“民族团结共进步”微信表情，下载使用量突破 2 万人次；将敖镇苏力迪大街、上海庙路、上海庙镇成吉思汗街打造为民族团结进步创建示范街；制作《24 小时鄂托克前旗》《中国梦里结同心》等民族团结进步宣传片；全旗各族儿童共同演唱的《我和我的祖国》在新华社客户端上点击量突破 200 万；举办八省区首届“阿拉腾嘎达苏”民族团结进步主题蒙古文诗歌大赛暨诗歌那达慕；组织编写《民族团结一家亲》《学习蒙古语》等鄂托克前旗民族团结进步学习教育读本；承办全旗 2019 年少数民族干部“不忘初心·牢记使命”专题培训班，80 余名少数民族干部参加培训。

昂素镇哈日根图嘎查牧民斯仁塔日娃荣获全国民族团结进步模范个人；命名 14 个单位为第二批鄂托克前旗民族团结进步创建活动示范单位。

【民族民生保障】 2019 年，落实自治区级少数民族发展资金 450 万元，用于少数民族嘎查发展集体经济、危房改造、棚圈建设、储草棚建设、打井配套、少数民族农牧民实用技术培训、传统手工艺品制作培训等 11 个项目。争取到市级少数民族发展资金项目 185 万元，用于危房改造、棚圈建设、储草棚建设、打井配套建设、建档立卡贫困户购买基础母羊等 8 个项目，资金正在落实当中。

【少数民族文体活动】 2019 年，举办蒙古族传统圣火祭祀仪式、各敖包祭祀、阿拉格苏勒德祭祀、阿拉腾嘎达苏祭祀等活动；组织参加成吉思汗陵大年初一祭祀、春季查干苏鲁克大典公祭；迁移满都拉敖包至新址，协助完成敖包新址第一次祭祀活动；承办鄂托克前旗 2019 年中国农牧民丰收节暨那达慕大会的蒙古传统文体赛事，举办蒙古搏克大赛，有 512 名搏克手参加。

举办全区第四期少数民族传统手工艺培训班，全市“促进民族团结传承民族工艺”培训班，全旗第一期民族手工艺品制作培训班，全旗少数民族农牧民实用技术培训班 4 期；组织参加全市第二期少数民族农牧民扶贫就业创业专题培训班，全市少数民族职业技能培训班。

【规范清真食品市场】 在全旗范围内开展清真食品生产经营企业以及个体工商户的摸底调查，同时更换“清真食品准营证”，全旗共有清真食品经营网点、生产企业35家，集中检查清真食品经营者清真食品原料来源、进货渠道、相关证明、生产车间卫生、食品包装储存等环节，存在的问题给予现场改正和责令整改。

【蒙古语文工作】 分别举办八省区蒙古文书法培训班、全市第三届义务教育阶段蒙古语授课中小学生蒙古文正字大赛、全旗干部职工学习蒙古语培训班、“民族传统文化传承给下一代”新春茶话会活动以及《蒙古语大全》编纂启动仪式；组织参加自治区蒙古语文翻译专业技术人员继续教育培训、2019年全市公文翻译培训、全市蒙古语标准音培训班；检查全旗范围扫黑除恶专项斗争社会宣传标语；承办首届八省区“阿拉腾嘎达素杯”蒙文诗歌大赛暨诗歌那达慕。

信访工作

【概况】 鄂托克前旗信访工作坚持密切联系群众，畅通社情民意渠道，维护群众合法权益。网上信访逐步成为信访主渠道，网上信访“三率”（信访案件受理率、按期办结率、群众满意率）逐年提高，全旗信访呈现“三下降一好转”新常态。积极推进信访工作制度改革，着力打造“阳光信访”“责任信访”“法治信访”，实现了全旗信访总量、来访总量、集体访总量三下降，信访秩序明显好转的良好态势。2019年，旗信访局顺利承办鄂尔多斯市信访系统交流观摩会；在内蒙古自治区信访局长培训班上代表鄂尔多斯市作“鄂托克前旗3594信访工作法”典型经验介绍，典型做法在全区、全市范围内推广。

2019年，接待来访群众65批370人次，同比批次下降55.45%、人次下降44.61%。按信访统计分类，群众反映诉求主要集中在城乡建设类、农村农业类和劳动社保类。受理案件65件，其中首办首接现场答复化解5件，出具不予受理和不再受理告知单18件，正式登记转交办43件，全部按期办结，办结率100%。

【信访制度改革】

阳光信访 2019年，依托“互联网＋信访”，持续畅通拓宽网上信访渠道，对接大数据中心率先在自治区联通区、市、旗、镇、村五级视频接访系统，搭起党委政府和群众的“连心桥”，群众足不出户，便能“面对面”解决诉求。开通鄂托克前旗之窗网站、i前旗手机APP、鄂托克前旗信访局微信公众号三种网上信访途径，将网上信访向“掌上信访”延伸，并将网访与走访、电话、视频接访诉求全部纳入网上信访信息系统“一网通办”，实现“数据多跑路、群众少跑腿”，大大节省信访成本，提高信访办理效率。全年通过网上信访信息系统办理信访案件86件，占信访总量56.95%。

责任信访 2019年，大力推进领导干部定点接访、联合接访、带案下访、重点约访和领导包案的“四访一包”工作机制。通过定点接访接待群众14批112人次、联合接访10批243人次，带案下访9批52人次、重点约访1批6人次，落实副县级领导包案案件34件，旗委、政府主要领导带头接访下访包案化解复杂疑难案件，示范带动全旗各级领导干部层层落实信访责任。

法治信访 2019年，全面实施依法分类处理信访诉求，引导信访群众归口反映解决诉求，指导27个单位制定分类处理信访投诉请求的主要法定途径及法律依据，使信访诉求处理回归法治轨道。发挥访前调解室作用，成功调解案件34件，免费代写法律文书587份。

【信访矛盾化解】 2019年，深入开展社会矛盾纠纷排查化解“百日攻坚”和“清仓”行动，全面督导检查各镇、各部门的矛盾纠纷排查化解工作、信访攻坚战以及信访事项受理办理规范化建设等重点工作，推动矛盾纠纷排查化解工作深入开展。积极学习借鉴“枫桥经验”，开展村级信访听证评议，注重依靠群众力量解决处理身边矛盾纠纷，全年组织开展信访听证会议3次。

【扫黑除恶】 2019年，积极开展扫黑除恶专项斗争，全面排查近年来群众反映涉农涉牧违法用地及土地权属纠纷、煤矿开采和民间、网络借贷信访事项以及内蒙古自治区党委第十四巡视组交办鄂前旗信访案件，及时移交相关部门45条信访案件线索。

社会事业

城乡规划

【规划编制】 完成《鄂托克前旗敖镇综合服务园控制性详细规划》编制。制定《鄂托克前旗村庄规划工作实施方案》，全面启动全旗68个嘎查村村庄规划编制工作。

【“两书三证”核发】 2019年，核发《建设项目选址意见书》11件、“建设用地规划许可证”39件、“建设工程规划许可证”71件、“乡村建设规划许可证”1件，办理《规划条件意见书》24件。

【重点项目规划】 上报市规划局城川至三段地、昂素至城川两条红色旅游公路选址请示，三道泉35千伏输变电工程选址请示，北方长城上海庙电厂送出工程建设项目选址请示；完成鄂前旗红色教育集训中心、昂素镇污水处理厂、鄂前旗第三实验小学、城川棚户区改造、鄂前旗人防疏散训练基地、鄂前旗殡仪馆、城川二级红色研学公路、上海庙换流站等一批重点项目的规划审批。

【镇区危房改造】 严把危房改造维修审批关。受理申请后由专人踏勘危房现场，采集房屋信息，严格履行按章审批、集体评议的工作流程，保证危房改造审批公开、透明、公正；主动介入排查存在安全隐患的危房，切实保证居民的住房安全。全年共核发敖镇镇区危房改造“建设工程规划许可证”272件。

【地理信息建设】 调试敖镇镇区运行地下管线信息系统，初步实现地下管线的数字化、动态化、可视化管理，为旧城改造和工业园区建设提供详实的现状资料，为项目的实施和落地提供精确的参数。完成敖镇人防疏散基地、敖镇殡仪馆、上海庙白山羊场、城川红色广场和市政道路等重点项目的选址及前期基础地形图测绘资料、相关地下管网基础资料、放验线及竣工验收工作。

【档案管理】 至2019年底，入档方案设计、总规、控规及专项规划、地勘文本图册共计1618本，收集工程竣工资料共12097卷，工程竣工前期资料及竣工图电子版光盘120张。

城乡建设

【概况】 2019年，鄂托克前旗主城区敖勒召其镇城区道路黑色化率99%；污水和生活垃圾处理率分别为98.1%、98.4%；供水用水、集中供暖、燃气供应普及率分别为99.5%、95%、99.5%；建成区绿地率、绿化覆盖率分别为37.53%、42.09%，人均公园绿地面积23.89平方米。

全年建筑业增加值完成2.3778亿元；全旗具有建筑业资质等级的建筑施工企业15家，房屋建筑施工面积112681.54平方米，竣工房屋面积46176.06平方米。

【工程项目管理】 依法办理施工许可手续18项，办理竣工验收备案手续67项，工程竣工验收14项。全年开展工程项目综合执法检查4次，下达《停工通知书》16份、《限期整改通知书》14份；监管约谈20人次，下达催办函3批次，移送违法案件16项。公布诚信“红名单”企业2家，“失信名单”企业1家。

【社会事业基建】 实施鄂托克前旗人防应急疏散综合训练基地（EPC模式）项目，建筑面积8598平方米，总投资5052.24万元。

【市政基建】 实施完成鄂托克前旗上海庙路（苏力迪街—公园街）人行道路整修工程，总投资329.45万元。实施完成鄂前旗公园街（上海庙路—涛龙路，涛龙路向南700米）人行道路整修工程，总投资326.05万元。实施完成鄂托克前旗敖勒召其镇苏力迪街市政道路整修工程，总投资1131.63万元，具体包括改造敖勒召其镇苏力迪街市政道路两侧人行道34345平方米，更换路缘石12127米，改造街巷树池476套及相关附属设施，移除道路两侧杨树160棵，改造（涛龙宫、天亨酒店）周边花岗岩硬化9593平方米，破拆修复沥青路面1350平方米。

【建筑工权益保障】 新开工项目全面推行《内蒙古建筑业从业人员实名制管理信息服务平台》，通过实名制信息平台对进入施工现场的建筑工人实行实名制管理。进出场人员实名登记，并充分利用项目现场门禁系统，开展对建筑工人的电子考勤记录。坚决贯彻落实《内蒙古自治区建筑工人实名制和工资支付管理办法》《内蒙古自治区建筑工人实名制和工资支付管理办法实施细则》等管理规定，严格执行农民工工资保证金制度和社会保险费制度，全面推行农民工工资专户管理、银行代发工资等“一金三制一公开”制度。通过采取根治欠薪行动，农民工工资动态清零，全年未发生拖欠农民工工资现象。2019年，收缴社保费1539.17万元，企业存储农民工工资保证金1209.97万元。

交通运输

【概况】 2019年，鄂托克前旗在建公路38条，全长375.773千米，一级半幅重载公路1条全长8.219千米；省道公路改造项目2条，全长160.054千米；新建乡村公路207.5千米，已建成通车。

至2019年，鄂托克前旗境内公路通车总里程3825.081千米，其中高速公路86.5千米，一级公路130.919千米，二级公路387.892千米，三级公路542.2千米，四级公路2542.1千米，等外公路135.47千米。建成单线电化铁路2条全长232千米(旗境内140千米)。建成通用机场1座，开通敖勒召其至康巴什民航线路1条，于7月18日正式通航。盛鲁电厂铁路专用线全面施工，总投资1.32亿元。全旗有客运公司1家，客车42辆；公交车公司1家，公交车30辆，公交线路7条其中敖镇4条，上海庙3条；出租车公司1家，出租车168辆；普货公司16家，普货车辆516辆。

【干线公路】 2019年，上海庙能源化工基地至鄂托克旗棋盘井一级重载公路(水泉则至新上海庙段)全长8.219千米，主线完工；S216线敖勒召其至掌高图(蒙陕界)公路主线全长126.054千米(境内100.037千米)，建成通车，大桥完工；S317线陕西横山至上海庙公路敖勒召其至陶利一级公路建设项目(昂素至陶利段全长34千米)路基垫层完工。

【乡村公路】 2019年，新建乡村公路207.5千米，其中PPP项目125.5千米完成交(竣)工验收，其他乡村公路82千米建成通车。

【铁路民航】 2019年，盛鲁电厂铁路专用线全面施工，完成路基、桥涵、轨道铺设、“四电”电缆敷设、接触网等工程，总投资1.32亿元。鄂托克前旗通用机场于4月26日机场试飞，5月9日配套附属工程验收，5月30日通用机场审定。6月14日取得通用机场使用证书，7月18日正式通航。截至2019年12月31日，共计安全飞行211架次，旅客吞吐量为1602人，无一安全事故，运营良好。

【公交线路】 全旗共开通公交线路7条，建设公交站点122个，运行公交车30辆，其中敖镇16台天然汽车，上海庙14台双燃车和柴油车，路网长度132千米、客运总量27.9万人次。实行60岁以上老人、现役军人、残疾人免费、学生半价乘坐公交的优惠政策。

【运输市场】 2019年，全旗共完成社会客运量7.3万人次，完成旅客周转量2614.4万人千米；完成社会货运量995.2万吨，完成货物周转量246657.9万吨/公里。受理车辆投诉26起，处理26起，办结率100%。出动扫黑除恶专项执法行动80余次，与辖区企业负责人开展扫黑除恶专项斗争摸排谈话24次，填写扫黑除恶调查问卷200余份，查处非法营运车辆7台。

【农村公路养护】 2019年，农村公路共支出日常养护经费646.64万元，乡道、村道优良中等路以上里程占比达到76%，县道平均优良路率87.4%，比上年同期提高19.4%。春季清除路面积雪875千米；撒铺防滑沙565立方米；路面融雪盐12吨；清理农村公路路面积沙155725立方米；农村公路沿线清理垃圾15845千米；路肩培土：黏土2882立方米，砂砾1462立方米；各条农村公路补水毁56160立方米；冷补料补坑槽1520平方米；砂砾补坑槽18536立方米；整修公路标牌109块；公路巡查286680千米/716台班；机械：2560台班，人工：8280工日；Y004布拉格至上海庙沥青路面热封15千米；G338三段地至盐池线、C023巴郎庙至苏步井线挖补沥青路面6100平方米。

【国省县公路养护】 国道338线三级公路63千米、省道216线一级公路25千米、县道662线一级公路106.4千米共计194.4千米，由市公路管理局鄂前旗公路管理工区负责养护。2019年，完成灌缝共19358延米，应用新型材料路面贴缝带处理路面裂缝4510延米，增设减速带521米，太阳能警示灯18套，补划标线720米，更换警示标牌12块，清理路面积雪2632000平方米，清理隔离带杂草649600平方米，修补网围栏1600米，清理路面积沙687立方米，清理边沟积沙831平方米，修补急流槽1474道，维修边沟1620米，补水毁300立方米，维修防撞护栏500延米，更换防眩板177块。

【路域环境治理】 扎实开展公路路域环境综合整治，安排路政人员进行巡查，要求过往运货车辆采取货物密闭措施，集中整治村镇过境段公路乱堆乱放、倾倒垃圾、私设广告牌等行为。2019年，开展路域环境集中整治行动24次，清理公路沿线15845千米的垃圾。

【路政管理】 2019年，共检测货物运输车辆78.1781万辆，检测吨位数3752.5488万吨，其中超限运输车辆174辆，处罚超限运输车辆174辆，超限率0.022‰。

2019年，鄂前旗公路管理工区路政大队发现并查处1起损坏路产案件，按照《内蒙古自治区损坏占用公路路产赔（补）偿费用标准》文件规定，收取赔偿费5000元，索赔率达100%，破结案率为100%。敖勒召其超限检测站2019年共检测货运车辆48892台次，查处违法超限运输车辆52台次，当场进行卸载运输的车辆52台次，卸载重量1561.06吨，超限率控制在0.2%以内。

医疗卫生事业

【概况】 2019年，全旗共有各类医疗卫生机构94所，其中公立医院2所（旗人民医院、蒙医综合医院）、专业公共卫生机构3个（旗疾病预防控制中心、妇幼保健计划生育服务中心、卫生计生综合监督执法局）、企业医院1所、民营医院1所、乡镇卫生院7所、社区卫生服务中心2所、社区卫生服务站4个、嘎查村卫生室43个、医务室6个、个体诊所24个、门诊部1个。全旗医疗卫生机构共有床位538张，每千人口医疗卫生机构床位数7.4张。全旗卫生人员总数达761人，其中卫生技术人员630人，乡村医生和卫生员50人，其他技术人员39人，管理人员16人，工勤技能人员26人。卫生技术人员中，执业（助理）医师243人，注册护士180人，药师（士）50人，技师（士）及其他卫生技术人员157人。每千人口拥有执业（助理）医师3.3人，每千人口拥有注册护士2.4人，每万人口拥有公共卫生机构人员12.9人。

【健康扶贫】 2019年，为2014年以来1099名建档立卡贫困人口发放档案盒和宣传材料，实行一人一档管理，并进行家庭医生签约服务、疾病筛查，建立台账，做到情况明、底数清，推进健康扶贫工作持续开展。2019年，全年为贫困人口报销医疗费332.64万元，住院报销比例达到87.04%，门诊报销比例达到80.24%；投入16.05万元对全旗建档立卡贫困户生活饮用水进行检测。完成健康扶贫捐款工作，累计捐款总额达到4.799万元。

【公立医院改革】 公立医院制度体系基本建立，在改革公立医院管理体制、强化医保支付、破除以药养医和推进分级诊疗、双向转诊等方面取得了重大突破。健全完善公立医院法人治理结构，为两所公立医院公开选聘院长（其中旗蒙医综合医院院长于2019年再次选聘），并由院长推荐产生副院长，委派了总会计师。继续推进医共体建设，所有基层医疗机构均纳入2所旗级医院医共体管理，签订《医共体医疗技术合作协议》，实现全旗基层医疗机构全覆盖，主体单位定期派遣专家到基层成员单位坐诊、教学指导，全年开展坐诊服务33轮，接诊基层农牧民2550余人次。

【医药采购】 推行药品网上集中采购和购销"两票制"，二级医疗机构和基层基本药物使用比例分别达到43.55%、65.2%，药品"两票制"上传率达到80%。

【家庭医生签约服务】 家庭医生签约5.099万人，覆盖率达到66.39%，高血压、糖尿病、65岁以上老年人等重点人群签约覆盖率均达到94.06%，建档立卡贫困人口和计划生育特殊家庭签约覆盖率达到100%。

【基本公共卫生服务】 家庭医生签约服务质量稳步提升，全旗共组建家庭医生签约服务团队66个，共签约48897人，签约率68.68%。管理高血压患者6695人，糖尿病患者1191人。65岁及以上常住老年人7151人，签约5261人，签约率73.5%。登记在册严重精神病障碍患者457人，签约456人，管理率99.78%。0～6岁儿童健康管理率、孕产妇系统管理率保持在90%以上。集中采集干部职工健康基本信息，建立干部职工健康档案，已建档4118户7238人。

【妇幼保健】 2019年，全旗孕产妇系统管理率95.74%、3岁以下儿童管理率91.08%、产前筛查率89.97%、新生儿疾病筛查率93.10%、婚前医学检查率98%、孕前优生健康检查率87.37%。实施妇女免费“两癌”检查项目，免费宫颈癌筛查发现宫颈鳞状细胞癌3例、宫颈上皮内瘤变3级9例、HPV感染阳性223例；免费乳腺癌筛查发现乳腺癌1例、乳腺4级及以上9例。为3690人次发放了避孕药具，非意愿妊娠率同比下降8%；免费开展四术665例，计划生育优质服务1350人。认真实施预防艾滋病、梅毒和乙肝母婴传播项目，实验室检测1626人，发现梅毒可疑阳性病例29例、乙肝可疑阳性病例34例，对感染者及时指导宣教。

【疾病防控】

传染病防控 2019年，共报告法定类传染病494例，无甲类传染病报告。手足口病实验室确诊148例，无重症和死亡病例。艾滋病病毒抗体6238人筛查，检出阳性血清3份。加强冷链运输管理，各类疫苗均通过冷链运输车向各接种单位运送，全程冷链监控，保障疫苗质量安全。上报95例食源性疾病，无重症、死亡病例。监测布病高危人群4510人，血检1086人，检出布病新发病例21人，累计报告布病新发病例33人(12例为异地报告)，所有布病病人都及时规范治疗。

疫情防控 2019年，锡盟鼠疫疫情发生后，鄂托克前旗组织召开两次专题会议，对鼠疫防控工作安排部署，制定印发《鄂托克前旗全面加强鼠疫防控工作方案》《鄂托克前旗鼠疫疫情防控应急预案》等指导性文件，旗委、政府主要负责同志先后多次亲临一线监督检查。全年累计踏查草原约10.067万公顷，捕鼠46只，发现自毙鼠、兔、狐狸共9只，经实验室科学检测，结果均为阴性，未发现鼠间鼠疫流行。严格执行三项日报告制度，2019年，全旗各医疗单位累计登记就诊患者25155人，其中带有发热症状361人，根据症状、体征等辅助检查报告，已排除鼠疫病症。在镇区周边人群较集中地区、主要公路两侧100米范围内以及鼠密度较高的疫源地等重点区域进行保护性灭鼠，累计灭鼠面积达1600公顷，投放烟雾炮6吨，从源头上遏制鼠疫发生。在医疗卫生机构、车站、集贸市场等重点场所设置鼠疫防控知识宣传栏120余处，累计制作发放鼠疫防控宣传材料2万余份，小区广播、村村响140余处，全旗户内外电子屏200多块，并发放鼠疫防控宣传册500余份及灭鼠药20公斤，疫区群众防治知识知晓率达到98%以上。

职业病防控 对服务行业从业人员进行体检，体检6258人，发现37人谷丙转氨酶超标。

【蒙中医药】 确定了“三院三厅三园七馆三十室建设”的工作思路，通过全国基层中医药工作先进单位复审。蒙医医院建设项目完成工程量80%，预计2020年6月投入使用。完成蒙医药文化展厅装修、蒙药中药资源普查，蒙药制剂园化验室设备已安装完毕，新打造蒙中医馆2个，蒙中医药服务能力逐步加强。

【医养结合】 2019年5月7日，鄂托克前旗医养结合创新创业基地揭牌仪式在阿吉泰健康养生园举行，市卫健委副主任刘郑，旗委书记辛晓瑞，旗委副书记、政府旗长布仁其木格，旗委常委、政府副旗长都日斯哈拉，旗委常委、组织部长白永峰，内蒙古国际蒙医医院心身医学中心主任、中国民族医药学会心身医学分会会长、鄂尔多斯“天骄英才”纳贡毕力格博士，市、旗有关部门负责人以及阿吉泰健康养生园全体工作人员参加。辛晓瑞与纳贡毕力格共同为鄂托克前旗医养结合创新创业基地揭牌。旗人民政府副旗长白同主持仪式。

【老年健康】 积极做好老年健康工作，开展2次主题宣传义诊活动，为

40 多位敬老院老人建立健康档案；开展“敬老月”系列活动，走访慰问老年人 4 户，送去慰问金 1200 元及慰问品；在公立医院开设老年病科、康复科和治未病科，全年累计服务老年人 2.5 万人次；免费办理老年人优待证，实施 60 周岁以上老年人免收普通挂号费政策，开通老年人就医绿色通道。

【区域合作】 继续加强与银川市的跨区域卫生合作，全年累计邀请专家到鄂前旗坐诊 177 人次，接诊 2736 人次；通过绿色通道转诊抢救危急重症患者 617 人次。

【旗级医疗卫生机构】

旗人民医院 位于敖勒召其镇沙日塔拉东街，占地面积 15459 平方米，建筑面积 15750 平方米，业务用房 200 多间，开放病床 180 张，是集医疗、教学、科研为一体的二级乙等综合医院，属非营利公益医院，是爱婴医院、城镇医保和新农合定点医院、旗 120 急救中心、危重孕产妇和新生儿救治中心。医院有职工 240 人，高级职称 25 人、中级职称 27 人、初级职称 123 人，医生 75 人、护士 78 人、医技 41 人；设有专科门诊 15 个、方便门诊 1 个、护理单元 8 个、辅助检查科室 4 个、特色诊疗室 3 个及 120 急救中心、健康体检中心；配备核磁共振、CT 机、数字乳腺钨靶机、DR、数字胃肠机、消化内窥镜、电子鼻咽喉镜、彩色超声诊断仪、生化分析仪、超声高频系统、腹腔镜等大型医疗设备。与北京、上海、银川、呼和浩特、鄂尔多斯等地 30 多家三甲医院结成长期合作关系，可实现专家坐诊、技术指导、手术支持和远程会诊等医疗服务。2019 年，接收门诊诊疗 122127 人次，住院治疗 7423 人次。

旗蒙医综合医院 鄂托克前旗蒙医综合医院是一所集蒙医药研究与治疗、预防、保健为一体的二级甲等蒙医综合医院。医院有职工 151 人，其中专业技术人员 128 人，主任医师 3 人、副主任医师 19 人（自治区级名蒙医师 2 名，市级名蒙医师 4 名）；设有临床科室 14 个，开放病床 150 张。配备 CT、DR、彩超、全自动生化分析仪、血细胞分析仪、肛肠科综合治疗仪、口腔科综合治疗仪等大中型医疗设备。2018 年新改建 3600 平方米的蒙药制剂楼，2019 年顺利通过验收取得制剂许可证，可生产 129 个品种的蒙药制剂。蒙医心脑血管科、消化内科被评为鄂尔多斯市重点专科，五种疗法科被评为市级特色专科，因其独特的疗法疗效，吸引着全旗及陕甘宁等周边地区众多患者前来就诊。2014 年起，与内蒙古国际蒙医医院建立医联体单位，2016 年与鄂尔多斯市蒙医医院建立医联体单位，服务水平显著提升，蒙医特色疗法疗效优势在保障健康、养老养生等方面进一步凸显。2016 年，为推动和发展鄂前旗养生、养老事业，扎实有效地开展了医养结合试点工作。2019 年接收门诊诊疗 30714 人次，收入 629.28 万元，出院 2331 人次，收入 980.81 万元。

旗疾病预防控制中心 属全额拨款副科级事业单位，位于敖勒召其镇沙日塔拉东街，占地面积 8857 平方米，建筑面积 2040 平方米，其中业务用房 863 平方米，实验室 720 平方米，行政用房 151 平方米，保障用房 306 平方米。内设办公室、免疫规划科、慢病科、地病科、检验科共 5 个科室，是全旗疾病预防与控制、应急预警与处置、疫情收集与报告、儿童规划免疫实施与管理、监测检验与评价、健康教育与促进、应用研究与指导、技术管理与服务的公共卫生专业机构，也是全旗疾病预防控制技术服务、培训和指导中心。中心核定编制 27 人，实有在编在岗 22 人，卫生专业技术人员 20 人，其中高级职称 4 人，中级职称 10 人，初级职称 6 人，管理人员 1 人，工勤技能 1 人。配备原子吸收分光光度计、高灵敏度电子分析天平、紫外分光光度计、酶标分析仪、半自动生化分析仪、离子色谱仪、气相色谱仪、原子荧光光度计、连续流动注射分析仪、α/β 低本底测定仪等先进检测、诊疗设备。

旗妇幼保健计划生育服务中心 2015 年 10 月，旗计划生育服务站与旗妇幼保健所合并，更名为鄂托克前旗妇幼保健计划生育服务中心，加挂妇幼保健所牌子。位于旗敖勒召其镇苏力迪街三段地南路，是一所集医疗、预防、保健、计划生育为一体综合医疗保健机构，建筑面积 2884 平方米，属非营利性公益医院，是爱婴医院、医疗保险定点医院、合作医疗定点医院。有职工 50 人，其中专业技术人员 43 人；高级职称 11 人、中级职称 16 人、初级职称 13 人；工勤一级 1 人，医生 16

人、护士 12 人、药师 3 人。设有妇女保健部、儿童保健部、孕产保健部、计划生育技术服务部、药剂科、护办室、检验科、超声科等 12 个科室。配备开立 S8、飞利浦 IU22 彩超、卓越科华 450 自动生化分析仪、迈瑞 BC3000 血细胞计数仪、优利特 500B 尿分析仪、麻醉机、钼靶、骨密度仪、电子阴道镜救护车及配套手术设备。2019 年，接收门诊诊疗 9533 人次。

【基层医疗卫生机构】

敖镇社区卫生服务中心 有职工 37 人，其中专业技术人员 34 人，高级职称 6 名、中级职称 2 名、初级职称 11 名。承担辖区居民的基本医疗和基本公共卫生服务，广泛开展家庭医生签约服务。为更好地提高敖镇基本公共卫生服务能力成立了干部保健室；为满足群众对母婴设施的公共服务需求，保障母婴权益，中心建立了母婴室。至 2019 年底，建立居民电子健康档案 21928 份，登记管理 65 岁及以上老年人 2797 人、高血压患者 2076 人、糖尿病患者 521 人。组织开展形式多样的健康教育活动，受益 2688 人。实现基层首诊、双向转诊、急慢分治、上下联动的分级诊疗服务。截至 2019 年底，接收门诊诊疗约 20205 人次。设立“新农合即时结报”窗口和健康扶贫“一站式”服务窗口，完成新农合、城镇居民“即时结报”工作和贫困户患者的先诊疗后付费工作，2019 年新农合报销共 2853 人次。

上海庙镇社区卫生服务中心 上海庙镇社区卫生服务中心成立于 2012 年 6 月，占地面积 780 平方米、建筑面积 690 平方米。辖区设立 3 个村、1 个社区服务站、2 个嘎查和 6 个居民小区，服务面积约 3871.2 平方公里，1.5 万多人口，其中户籍人口 1690 户，4920 人。内设：预防保健科、全科医疗科、康复医学科、医学检验科、影像科、收费处、药剂科等科室，开放床位 10 张，常用设备有 500 毫安 X 光机一台、12 导联心电图 2 台、B 超 1 台、120 救护车 1 辆、流动医疗服务车 1 辆，积极开展了卫生防疫、妇幼保健、健康教育、计划免疫、乡村医生业务培训等工作。有职工 21 人，其中主任医师 1 人、副主任医师 1 人、初级及以下职称 14 人，临时工 5 人。截至 2019 年 12 月 20 日，门诊诊疗人次约 5702 人次，医疗收入 380001.32 元（新农合门诊总报销人数 815 人，总报销费用 147784.21 元，实际补偿费用 67801.38 元）。新增仪器冷链冰箱一台；发电机一台。辖区常住人口 4481 人。2019 年发放教育印刷资料 12 种，健康教育宣传栏 12 期（院 10 期，村卫生室 36 期），开展健康知识讲座 53 次（院 10 次，站室 58 次），开展健康咨询活动 10 次；Ⅰ类疫苗接种 2883 人 2883 针次；辖区 0～6 岁儿童 480 人，健康管理 480 人，辖区内活产数 98 人，新生儿访视 98 人；辖区 65 岁及以上常住人数 496 人，接受健康管理 462 人，体检人数为 345 人；辖区内高血压 583 人，糖尿病辖区内 135 人；辖区严重精神障碍患者 33 人；全年监督检查公共场所 56 所共巡查 224 次。

城川镇中心卫生院 始建于 1957 年，一类甲等中心卫生院，承担辖区居民的基本医疗和基本公共卫生工作。全院有职工 27 人，其中卫技专业技术人员 23 人，大专以上学历 14 人、本科 9 人、副主任医师 2 人、主治医师 1 人、执业医师 5 人，主管护师 1 人，执业护师 1 人、执业护士 4 人、药剂师 2 人、主管检验师 1 人。2015 年，新建卫生院，占地面积 5000 平方米，建筑面积 2490 平方米，三层框架结构。开放住院病房 6 间，床位 16 张。可开展疝气修复术、阑尾切除术、剖腹产等普外手术。设有急诊科、内科、外科、妇产科、妇科、中医科等 12 个科室。配备 DR 数字影像设备，全自动生化分析仪、口腔综合治疗仪、胃镜等设备。2019 年重点工作强化医疗质量管理，提升医疗技术水平标准；做好优质医疗服务工作。至 2019 年底，建立居民电子健康档案 7387 份，登记管理 65 岁及以上老年人 1068 人、高血压患者 844 人、糖尿病患者 146 人，辖区居民家庭医生签约 2671 户 7387 人。2019 年接收门诊诊疗 31000 人次、住院治疗 83 人次。

昂素镇中心卫生院 始建于 1951 年，占地 6000 平方米，建筑面积 1349 平方米。有职工 13 人，在编在岗 11 人，雇佣工 2 人，主治医师 3 人，开设病床 12 张。设有内科、外科、蒙医科、口腔科、药房等科室。配置彩超、DR、心电监护仪、生化化验等常用医疗设备和流动医疗服务车、救护车各 1 辆，承担辖区居民的基本医疗和基本公共卫生服务工作。至 2019 年底，建立居民电子健康档案4505份，登记管理65岁及以上老年人366人、高血压患者608人、糖尿病患者76人。2019年接收门诊诊疗13264人次。

三段地卫生院 新建三段地卫生院于2015年8月份竣工并投入使用，建筑面积1032平方米。有职工15人，其中副高级职称1人，中级职称3人，初级及以下职称11人。设有全科、中医、药房等14个科室。配备DR、B超、血常规、生化分析仪等医疗设备。承担辖区居民的基本医疗和基本公共卫生服务。2019年常住人口3580人，建立居民健康档案3580份，建档率100%，签约3313人，家庭医生签约率92.54%；接收门诊诊疗14663人次、住院治疗114人次。

布拉格卫生院 始建于1950年，承担辖区居民的基本医疗和基本公共卫生服务。设有急诊科、内科、外科、蒙医科、五疗科等12个科室。有在职职工7人，雇佣工5人，其中副主任医师2人、主治医师1人、执业医师3人、助理医师5人、主管护师1人、其他专业技术人员3人。2019年，接收门诊诊疗4383人次、住院治疗10人次。

珠和卫生院 建于1958年，承担辖区居民的基本医疗和基本公共卫生服务。占地2000平方米。设有内科、外科、妇科、蒙医五疗科等科室，配备心电图、B超、手术床及救护车辆等设施设备。有职工10人，其中高级职称2人、中级职称3人、初级及以下职称5人，能够开展蒙医针灸、刮痧、拔罐、震脑等技术服务。至2018年底，建立居民电子健康档案3407份，登记管理65岁及以上老年人446人、高血压患者433人、糖尿病患者71人，2019年共接收门诊诊疗17758人次，综合使用多种蒙医药技术方法服务城乡居民，切实加强在基层防治常见病多发病中蒙医药适宜技术的推广与应用，进一步提升基层蒙医药服务能力，促进蒙医药特色优势的发挥，集中开展基本医疗、预防保健、养生康复等一体化蒙医药服务。

二道川卫生院 二道川卫生院始建于1965年，占地800平方米，业务用房500平方米。有职工7人，乡村医生4人，其中全科医师1人，中医师2人，护士3人，其他1人，开设病床10张。配备化验、B超，心电图等医疗设备，能够开展中医针灸、刮痧、拔罐等中医药技术服务，配备流动医疗服务车1辆。至2019年底，建立健康档案2240人，电子档案2219人，登记管理辖区65岁以上老年人360人，高血压患者401人，糖尿病患者55人，严重精神障碍患者29人。2019年，全年为二道川社区群众让利平价药品共计258038元。（其中处方11114支；诊疗费：10384.2元；处置：361.1元；售出西药：151814.9元；售出中成药：106223.1元）。

毛盖图卫生院 始建于1981年，承担辖区居民的基本医疗和基本公共卫生服务。占地面积864平方米，业务用房620平方米。有职工10人，其中副主任医2人、主治医师2人、住院医师1人、西医士1人、执业护士4人，开设病床4张，配有流动医疗服务车2辆。配备常用医疗设备，能够开展蒙医针灸、刮痧、拔罐等技术服务。至2019年底，建立居民电子健康档案2367份，登记管理65岁及以上老年人262人、高血压患者420人、糖尿病患者55人。2019年，接收门诊诊疗6819人次。

计划生育

【概况】 全旗总人口79996人，已婚育龄妇女16165人；本期出生909人，出生婴儿性别比为105.65%。人口出生率11.3‰；自然增长率9.5‰；符合政策节育率为97.2%。

【“幸福家庭”评选】 开展国际家庭日主题宣传活动，评选表彰旗级“健康家庭·幸福家庭”示范户20户。

【政策落实】 发放计划生育利益导向各项惠民资金394.1848万元，5558名计划生育人员受益，有力保障计划生育家庭权益。落实计生家庭系列保险，累计购买保险总额6.65万元。走访慰问失独家庭29户，发放慰问品1.45万元；特殊家庭成员免费体检58人，免除费用4万元。

社会保障

社会救助

【脱贫保障】 认真开展脱贫攻坚十项“清零达标”专项行动，制定《鄂托克前旗民政局对丧失劳动能力贫困人口兜底保障未覆盖“清零达标”整改实施方案》。入户走访排查2019年全旗未脱贫15户42人，将符合条件的国家级建档立卡贫困户全部纳入兜底脱贫保障政策，做到应保尽保；通过委托第三方机构入户排查与旗民政局抽查相结合的形式，对全旗2014—2018年建档立卡贫困人口正常脱贫的559户1411人（其中134户281人继续享受脱贫未脱低保政策），重点排查因病因残等完全丧失劳动能力和部分丧失劳动能力的兜底保障及“渐退期”保障情况，确保将符合条件的建档立卡贫困人口分别纳入低保、特困、临救等社会救助范畴。按照《鄂尔多斯市民政局扶贫开发办公室关于进一步加强农村牧区最低生活保障制度与扶贫开发政策有效衔接的补充通知》精神，旗民政局与旗扶贫办联合印发《鄂托克前旗社会救助与扶贫开发政策衔接实施方案》，发挥好“兜底脱贫一批”作用，按月与扶贫部门比对建档立卡贫困人口数据及动态情况，做到信息互查、互比、互衔接。

【最低保障】 2019年，鄂前旗城镇最低生活保障标准由每人每月611元提高到675元、农村低保标准由每人每月476元提高到514元。全旗城乡低保对象共有1390户2213人，全年发放城乡低保金870.2万元，其中城市低保300户462人、发放低保金257.2万元，农村低保1090户1751人、发放低保金613万元。不断提高城乡低保入户核查率，委托第三方入户调查1345户次。

【困难救助】 全旗共有特困供养人员98人，全年发放特困人员供养金96.566万元；发放丧失自理能力的特困供养人员照料护理补贴48人33.3291万元。临时救助困难群众339户次，发放临时救助金52万元。救助流浪乞讨人员162人次2.928万元，其中旗敬老院接收托养无名无址流浪人员1人。

【其他补助】 全年发放“三民”定补对象生活补助资金172人222.036万元，社救人员发放生活补助资金81人2.71万元。

【福利保障】

孤儿生活保障 2019年，发放城乡孤儿基本生活保障金3名6.48万元。全面摸底全旗困境儿童基本情况，有留守儿童15人，走访慰问困境儿童20名，送去慰问金2万元。

残疾人两项补贴 2019年，认定符合条件困难残疾人609名、重度残疾人1117名，全年共发放残疾人两项补贴360.7636万元。建档立卡贫困户享受残疾人两项补贴共12人，发放补贴1.59万元。

高龄津贴与商险 严格落实高龄津贴制度，制定印发《鄂托克前旗75周岁以上高龄津贴发放管理办法》。2019年，发放全旗75周岁以上老年人高龄津贴2582人368.195万元。由市民政局统一为全旗60周岁以上12869名老年人购买意外伤害险（15元/人），计19.3035万元。

（民政局）

就业创业

【概况】 2019年，全旗城镇新增就业994人，就业困难人员就业123人，城镇失业人员再就业164人，开展农牧民就业技能培训260人，城镇就业技能培训214人，创业培训241人，发放创业担保贷款1405万元，扶持128人成功创业，创业带动就业384人。

【公共就业服务】 健全和完善旗、镇、嘎查村（社区）三级公共就业服务联动机制和企业联系走访制度、企业用工备案制度及空岗报告制度，畅通招工与求职双向对接通道。2019年，组织大型人力资源交流洽谈会3次，企业专场招聘会11次，参会企业156家，提供就业岗位3836个，参会求职1300人，现场达成就业意向428人。

【职业培训工程】 采取本地培训、请进来培训和送出去培训的办法，加强对全旗培训工作的组织领导与督查指导，形成了大培训大就业的工作格局。2019年，农牧民就业技能培训260人，完成市定目标任务100%；城镇就业技能培训214人，完成市定目标任务107%；家庭服务业技能推荐培训100人，完成市定目标任务的100%。

【创业扶助工程】 健全创业服务体系，不断完善创业培训、项目开发、创业指导、就业见习、创业担保贷款和跟踪服务“一站式”工作机制，助推全旗创业工作向纵深发展。2019

年，创业培训 241 人，完成市定目标任务 200%；发放创业担保贷款 1405 万元，扶持 128 人成功创业，创业带动 384 人就业；实施青年就业见习计划，首次将就业见习补贴范围扩展至 16～24 岁失业青年，开发高校毕业生就业见习岗位 90 个，发放就业见习补贴 120 万元。

【就业援助工程】 在强化创业促进就业职业介绍和组织劳务输出的同时，结合就业扶贫大力开发卫生保洁、园林绿化、看门望户等公益性岗位，全面落实社保补贴和公益性岗位补贴政策及创业担保贷款扶持等措施，动员各行政事业单位广泛吸纳就业困难人员及时就业。2019 年，全旗共开发公益性岗位 521 个，发放公益性岗位补贴 398.02 万元（2019 年首次将就业困难人员公益性岗位补贴由 880 元调整至 1760 元）；发放就业困难人员社会保险补贴 55 人 28.33 万元；发放公益性岗位人员社会保险补贴 167 人 41.25 万元。

【就业扶贫工程】 精准识别，注重实效，全力打赢脱贫攻坚战。针对 2014 年后所有建档立卡贫困户 825 户 2087 人开展就业扶贫摸底调查，在摸底调查过程中为贫困户送政策、送岗位、送信息、送服务。2019 年公益性岗位就近就地安置 105 人（上年度续签 38 人、本年度新签 60 人、异地搬迁 7 人），共发放建档立卡贫困户岗位补贴 84.04 万元，将原补贴标准 880 元调整至 1760 元，每人每年增收 1.05 万元，真正实现"在家门口就业"和"一人脱贫，全家致富"，2019 年挂牌宏野农牧业有限公司、人人益公司为就业扶贫车间，结合当地特殊情况，租用贫困户的蔬菜大棚种植有机蔬菜带动贫困户 9 人灵活就业。

【失业保险】 采取有力措施，继续加大失业保险扩面征缴发放工作。2019 年，失业保险参保人数有 5197 人，失业保险征缴 318.95 万元，为符合条件的失业人员发放失业保险金及取暖补贴 25.66 万元，发放技能补贴 2 人 4500 元，发放率 100%，为全旗 19 家困难企业发放援企稳岗补贴 85.27 万元，保障企业职工工作岗位稳定，促进全旗就业工作持续发展。

社会保险

【概况】 至2019 年，全旗参加城镇职工基本养老保险和机关事业单位养老保险参保率均达 113%，职工工伤保险参保率达 112%。

【扩面征缴】 全面推开以社会保险全覆盖为目标的"全民参保登记计划"。旗社保局协调公安、民政、卫生计生等部门，调取本旗户籍人员的出生、死亡、迁入、迁出和享受低保及其他社会福利人员、参加新农合医疗人员等相关数据信息，以及流动人口相关数据信息，建成全民参保登记数据信息库，实现全民应保尽保。2019 年，全旗参加城镇职工基本养老保险 10752 人，城乡居民养老保险 29216 人；工伤保险 7925 人。

【基金运行】 2019 年，全旗城镇职工基本养老保险基金收入 13688 万元，支出 11128 万元，当年结余 2560 万元；城乡居民养老保险基金收入 7434 万元，支出 6380 万元，当年结余 1054 万元；工伤保险基金收入 381 万元，支出 375 万元，当年结余 6 万元。

【企业养老金发放】 2019 年，累计按时足额发放企业离退休人员养老金及遗属补贴 11128 万元。养老金按时足额发放率和社会化发放率始终达 100%。

【社会保险缴费补贴】 根据国家政策，为保障全旗下岗失业人员和灵活就业人员同等享受企业职工社会养老保险待遇的权益，给予每人每年发放社会保险缴费补贴 1500 元。2019 年，为 845 人发放社会保险缴费补贴 1267500 元。

【机关事业单位养老保险制度改革】 按照《鄂托克前旗人力资源和社会保障局关于转发〈鄂尔多斯市人力资源和社会保障局关于开展机关事业单位养老保险集中参保登记工作的通知〉的通知》要求，改革全旗范围内的机关事业单位养老保险制度，将退休费计发办法改为按缴费水平、缴费年限确定基本养老金待遇，更好地体现权利、义务相对应的原则。2019 年，完成机关事业单位养老保险参保登记和缴费核定工作。

医疗保障

【概况】 2019年1月，鄂托克前旗医疗保障局经历机构改革后正式组建成立。积极承接职责划转，统筹调度工作衔接，主动对接旗人社、民政、卫健委和发改委及社保局，全力推进人员转隶和职能划转接续工作，确保各项医保业务正常运行。在保障机关正常运转的同时，建立党建工作、考勤制度和服务行为规范等各类管理制度，形成规范、高效的运行机制。紧紧围绕"智慧医保 惠民先锋"这一党建品牌，努力构建多层次医疗保障体系建设，逐步实现医疗保险异地实时结算，城乡医保并行、医前救助、大病救助、商业补充大病保险等模式全面推行运营。

【医疗保障服务】 稳步理顺管理体制、完善服务机制、深入推进"三医联动"改革；为人民群众提供更加便捷、高效、优质、可及的医疗保障服务，提升人民群众获得感；充分利用现有资源，进一步夯实基本医疗保障，提升经办管理服务效能；开展医疗保障管理服务、健康扶贫兜底救助。

2019年，鄂托克前旗城镇职工基本医疗保险、城乡居民基本医疗保险和生育保险参保人数分别达12840人、58663人和8100人，基金总收入12950万元，总支出10268万元，基金总结余18863万元。城镇职工基本医疗保险和城乡居民基本医疗保险覆盖率分别达100%和95%，基本实现全覆盖。

【医疗服务行为规范】 年初与全旗49家两定机构（即定点医疗服务机构和定点零售药店）签订《服务协议》，明确责任，坚决以合同约定为抓手，进一步完善管理措施，确保服务对象获得优质高效的医疗医药服务。抽检旗内各定点医疗机构和定点零售药店11次，2家履约不到位的定点零售药店下达整改通知书责令整改落实；针对医疗服务、医保刷卡和药品、医疗器械招标采购等关系到患者切身利益的服务行为，联合卫健委组织两定机构工作人员专题培训2场，参训240余人/次。

以"打击欺诈骗保、维护基金安全"宣传月活动为契机，通过健全完善各项财务规章制度，进一步加大医疗票据审核力度，发放打击欺诈骗保宣传册、宣传单6000余份，公开举报电话，透明查处过程，着力营造全社会共同参与监督的浓厚氛围。

【兜底救助资金发放】 贯彻落实六重保障，降低贫困人员治疗负担。2019年，持续贯彻落实健康扶贫六重保障政策，多方协调核查待遇享受人员，及时足额发放兜底救助资金。全旗拨付健康扶贫兜底救助资金11.2万元，救助812人次，医疗救助66.5万元，救助889人次有效缓减困难群众的医疗负担。鄂前旗兜底救助资金发放15万元，救助1000余人次，医疗救助资金支出100万元，救助1000余人次。

【异地就医结算】 2019年，持续在职工和居民基本医疗保险中推广异地就医结算业务，方便疾病患者及时结算，减少报销等待周期。鄂托克前旗职工和居民参保人员异地就医备案1396人次，其中区外结算成功906人次，总费用1445万元，统筹基金支付1169万元，大额医疗支付3.8万元；区内结算成功185人次，总费用285万元，总统基金支付182万元，大额医疗支付4.2万元，极大减轻患者治疗负担和业务人员经办压力。

住房保障

【保障性住房】 2019年，全旗累计建成公共租赁住房2507套17.1万平方米，全部分配入住，解决住房困难5265人；全面完成敖镇1579户保障性住房合同续签工作，并通过大数据信息比对、群众监督举报等，查处公租房违规用房家庭9户。积极配合上级完成保障性住房信息系统的历史数据装载、流程配置、绿灯测试等相关上线工作，确保信息系统建设的顺利推进；严格按照"三审三公示"原则，向全旗符合发放条件的204户家庭按时兑付租赁补贴45.954万元。

【棚户区改造】 2019年，积极推进配套红色研学城川镇城中村棚户区改造项目269套，总投资1.87亿元，通过公开招投标的方式完成采购城川镇城中村棚户区改造项目安置房源住宅312套3.45万平方米，中标金额为7558万元，至年底住宅主体工程已完工，完成总产值的90%。

（住房物业中心）

【住房公积金】 2019年，归集职工个人住房公积金10632.32万元；个人住房公积金支取7116.87万元。当年发放职工个人住房贷款223笔，总金额8089万元。

教育资助

【贫困资助】 2019年，发放各类贫困学生教育资助金3858人505.8万元，其中建档立卡贫困家庭在校子女294人次41.64万元。组织社会爱心人士、社会组织、企业等开展捐助贫困学生活动27场次，累计捐助贫困学生物资446人次18.4万元。

【助学贷款】 办理大学生生源地信用助学贷款759人583.08万元。

社会应急保障

政府应急管理

【应急机构机制保障】 2019年，对接完成旗应急救援中队的组建和职责划转、人员转隶等工作，与友邻地区的救援组织签订应急救援互助协议，推动政府组建和社会应急救援力量形成合力，进一步提高突发事故和紧急事件的应急处置救援能力。完成8个专项应急预案的修订和65家企业应急预案审查备案工作。

【应急演练】 安全月期间，在内蒙古森泰天然气公司组织开展了政府、部门和企业三级联动全旗综合预案演练；防灾减灾日，在旗海军希望小学组织开展校园地震疏散演练；汛前，在大沟湾水库组织开展防汛应急演练；组织和参与工矿企业开展综合预案应急演练48次，着力提升全旗各级组织的应急救援实战能力。

【大应急体系建设】 依托“i前旗”智慧平台和旗应急管理信息化监控平台，收集整合应急管理与公安、住建、林草、气象、水利等部门的基础数据，实现自然灾害防范应对、风险隐患排查和应急救援处置为一体的大应急体系建设。通过组织应急管理干部赴伊旗、乌审旗、东胜区和事故易发行业主管部门负责人赴深圳、杭州等地区考察学习智慧城市及大应急整体架构建设经验做法，推动全旗应急管理体系向更精准、更智慧、更高效发展。

综合应急管理

【概况】 鄂托克前旗应急管理着力完善责任体系、管控安全风险、堵塞监管漏洞，全面开展安全生产“大排查、大整治、大宣传”行动，确保全旗安全生产形势持续稳定。2019年，监管全旗各类企业7000家，其中综合监管企业6748家、重点监管企业252家。

【安全生产】

责任落实 2019年，召开安全生产专题会16次，旗委政府主要领导、分管领导和应急管理局班子成员带队检查安全生产50余次，形成常态化调度、定期督查检查的机制。与66个安委会成员单位及300多家重点行业企业签订安全生产责任状，落实层层承诺制度，并通过建立危险化学品监管联席会议制度、约谈重点企业负责人、对45家危化企业通过进行安全管理评估、执行安全生产“红黑”名单制度、开展安全生产标准化创建及督查、考核等方式，推动行业主管部门落实监管责任，督促企业从严落实主体责任。

隐患排查治理 2019年持续深入开展安全生产大检查行动，结合重大节日、重要时段，在煤矿、危险化学品、烟花爆竹、非煤矿山、建筑施工、道路交通、人员密集场所、特种设备、城镇燃气、文化娱乐及电力、水利、油气管输等11个重点行业领域组织开展安全生产大检查和自查自改工作，各行业领域出动检查组1000余次，排查整改各类安全隐患4502项。扎实开展专项整治行动，春季对全旗5家粘土砖厂企业逐一进行复工验收。建立全旗危险化学品监管部门联席会议制度，定期会商研究解决监管难题。委托第三方服务机构对全旗危险化学品企业安全管理情况进行评估，截至2019年年底已完成45家企业评估。专项检查重大危险源，47处危险化学品储存场所和罐区及全旗瓶装液化气、烟花爆竹等生产经营企业9处，督促企业及时消除隐患。

专家排查 继续推行政府购买第三方服务，进一步充实安全生产“专家库”，增强安全生产专业技术支撑，解决企业遇到的技术问题，切实提高企业自查的成效。全年开展专家巡查21次，排查整改各类隐患1663项，帮助企业解决困难和问题，切实提高隐患排查治理成效。

信息化建设　依托“i前旗”智慧平台和应急管理局信息化监控平台，收集整合应急管理与公安、住建、林草、气象、水利等部门的基础数据，实现自然灾害防范应对、风险隐患排查和应急救援处置为一体的大应急体系建设。

【应急救援】　2019年，积极对接完成旗应急救援中队的组建和职责划转、人员转隶等工作，与友邻地区的救援组织签订应急救援互助协议，实行24小时在岗值班制度，进一步提高突发事故和紧急事件的应急处置救援能力；完成8个专项应急预案的修订和65家企业应急预案审查备案工作。在内蒙古森泰天然气公司组织开展政府、部门和企业三级联动全旗综合预案演练；在旗海军希望小学组织开展校园地震疏散演练；在大沟湾水库组织开展防汛应急演练；组织和参与工矿企业开展综合预案应急演练48次，着力提升全旗各级组织的应急救援实战能力。

【安全教育】　2019年，完成200多名危化、非煤等重点行业企业的“三类人员”培训考核，邀请自治区应急管理厅专家讲师，面向全旗180名领导干部进行安全生产和应急管理业务专题培训，强化企业和部门应急管理意识。通过组织应急管理干部、事故易发行业主管部门负责人外出学习智慧城市及大应急整体架构建设经验做法，推动应急管理体系向更精准、更智慧、更高效发展。借助微信、网站、电视、“i前旗”APP等新媒体，利用防灾减灾日、应急演练周等时间点，开展应急管理“七进”21次，发放宣传资料5万多份，普及防灾减灾知识和安全常识，营造浓厚的应急宣教氛围。2019年建成拥有60个计算机考位的安全生产考务中心并通过验收。

消防应急抢险

【概况】　2019年，全旗社会面火灾防控能力得到显著提高，火灾形势持续稳定，全年未发生较大以上大火灾事故。消防大队共接警21起，出动警力253人次、车辆50辆，抢救被困人员7人，抢救财产价值220.5万元。

【火灾防控】　组织开展“防风险保平安迎大庆”消防监督执法、出租屋及校园周边经营性场所消防安全治理等专项执法行动。参与旗委、政府领导带队安全检查6次，联合教育、卫生、民政及市场监督管理等行业主管部门进行安全检查18次，约谈辖区内所有消防安全重点单位2次，深入重点单位单独约谈6次，开展全旗公安派出所消防民警消防监督检查业务培训1次，在全旗社会单位中推广安装感烟探测器514个，圆满完成鄂托克前旗重大活动消防安保任务。全年共监督检查单位、行业场所1658家，督促整改火灾隐患2790处，发出《责令整改通知书》767份。

【演练宣教】　2019年，业务指导辖区企业专职消防队2次，参与组织实战演练84次、六熟悉124次，水源普查4次，参与旗应急管理局等部门组织开展的大型安全救援演练2次。结合“3·15国际消费者权益日”“安全生产月”“5·12防震减灾”“全国科普日”“开放消防队站”等宣传活动组织开展大型消防宣传、消防安全教育培训及疏散逃生演练，积极参与各行业主管部门牵头组织的安全知识宣传活动等多种方式进行消防宣传。全年深入各中小学幼儿园、社区、嘎查村（社区）进行消防安全知识宣传教育培训、演练12次，开放消防站12次，受教育累计达4000余人，张贴消防安全知识海报300余份。

能源行业应急管理

【煤矿安全责任落实】　2019年，鄂托克前旗煤炭安全生产坚定落实“党政同责、一岗双责”的监管职责，切实抓好煤矿企业主体责任落实。年初与各煤矿企业签订《安全生产责任状》，每季度组织辖区煤矿企业召开安全生产调度会；严格贯彻落实煤矿企业安全生产主体责任和矿领导带班入井制度；监督新建、改扩建矿井建设单位、施工单位和监理单位的安全责任落实到位。全旗煤矿企业安全生产形势持续稳定，全年安全生产实现“零死亡”目标。

【能源行业隐患治理】　持续强化安全监管队伍建设，不断加强安全监管执法力度，制定年度安全监管计划并组织实施，通过联合检查、专项检查和聘请专家检查等形式重点针对辖区内各能源企业开展119次安全执法检查，查出各类隐患1913条，全部整改到位。2019年，全旗能源企业安全生产形势持续稳定，安全生产实现“零死亡”目标。

【应急救援演练】 2019年，选派5名救护中、小队长参加指挥员综合业务培训，2名小队长和9名救护队员参加初训，10名救护队员参加复训，实现全体持证上岗。联合新上海一号煤矿开展地面防洪应急救援演练，联合长城二号煤矿开展井下水灾模拟应急救援演练；与旗应急管理局和供电分局组织开展2019年大面积停电事件联合演练活动；与长庆油田苏里格南作业分公司共同组织开展井涌、压井过程中硫化氢气体溢出事故的应急救援演练。参与由采气三厂承办的长庆油田分公司天然气处理厂燃气泄漏及轻烃储罐爆炸着火事故应急演练。累计投入资金140万元建设集危险救援设备存储、氧气充填、综合体能训练为一体的综合训练场地，已投入使用。

【安全宣传培训】 充分利用全国6月“安全生产月”活动契机，通过悬挂横幅、制作宣传展板、观看安全生产事故警示教育片、开展知识竞赛等多种方式进行宣传，切实提高从业人员的安全意识；全年累计举办煤矿从业人员安全培训班15期，共培训安全管理人员159人次，特种作业人员194人次，煤矿其他从业人员2426人次。实现培训率和持证率“双百”目标。

【数字能源】 及时更新完善“i前旗”数字能源模块，同时，辖区内煤矿企业冲击地压防控系统全部建成并实现与上级行业主管部门的联网运行；能源风险防控平台改造方案基本确定，正在筹划招标，实现对辖区能源企业分布实时展示、进行安全监测监管。

自然灾害应急救灾

【防震减灾】 全面推进防震减灾综合能力建设，有力促进全旗防震减灾工作稳步发展。实地检查全旗地震宏观监测点9处，对全旗医院、学校等重点行业建设工程进行地震安全监测检查，在海军希望小学组织开展地震应急疏散演练。

【救灾救济】 2019年，鄂前旗遭受不同程度的自然灾害2类3起，共造成206户653人受灾、造成经济损失428.43万元。全年累计争取到上级自然灾害救助款185万元，全部以“一卡通”形式发放给受灾群众，共计7181户，受灾群众基本生活得到保障。敖勒召其镇巴音社区在全国创建综合减灾示范社区活动中荣获2019年度“全国综合减灾示范社区”荣誉称号。

红十字会

【概况】 2019年，共收到140个行政机关、企事业单位“博爱一日捐”募捐款83.88万元；用于发放救助款231户27万元，购买救灾救助米面各800袋7.5万元，购买爱心被褥120套2万元，宣传费用2.44万元，“博爱家园”项目投入款31.71万元（其中发放生计金20万元）。收到企业专项捐款40万元。

开展造血干细胞知识普及宣传活动7次，无偿献血580人20.78万毫升，完成造血干细胞血样标本入库30例。

【救灾备灾】 2019年，更新维护灾害信息管理系统，新增100平方米应急救灾物资储备库，秉持“有灾救灾、无灾备灾”的原则，储备价值30余万元的备灾物资和42.7万元的备灾资金。开展野外生存救援演练2次，参加上级组织的救援演练2次。

【救助救护】 2019年，累计投入款物50.26万元，开展“红十字博爱送万家”活动，为184人发放人道救助资金24.6万元；发放救助物资7.5万元，受益群众800人；向旗人民医院、旗蒙医综合医院、旗蒙古族希望实验小学、旗汉族实验小学、海军希望小学、城川完全小学捐赠总价值18.16万元的物资物品；开展“光明行”公益活动，共筛查眼病患者480余人，为26人实施白内障手术。引进共享陪护床供应商，向旗蒙医综合医院无偿投放100张共享陪护床。利用现有培训基地，采取急救“五进”，急救进“广场大妈”“红领巾”“离退休”等特殊人群，急救进电力、化工等“高危行业”群体，“急救掌上学堂"等措施开展培训工作，收到良好社会效果。2019年，共组织普及性培训12期2216人次，406人取得救护员资格证书，9人取得讲师资格证书。

【"五个一"项目建设】

红十字示范学校建设 2019年，自治区红十字示范学校为海军希望小学。该学校红十字会组织机构健全，设立独立办公室，开展一系列红十字特色活动，起到示范带头作用。

红十字急救点、急救角建设 通过争取上级资金和自筹资金等渠道，在鄂前旗阿吉泰养生园、鄂前旗通用机场等人员密集场所设置了1个红十字应急救护角和1个应急救护点。

红十字人道文化传播点建设 在城川镇苏坝海子村建设鄂前旗红十字会人道救援救护培训基地，建筑面积490平方米，总投资337万元。该项目包括人道文化传播和生命安全体验两大板块，主要通过"红十字知识问答、模拟情景演练、人机互动、生命体验等形式，运用高科技手段实现'体验+'，运用全方位展示手段实现'展示+'，运用教学与实践相结合手段实现'培训+'，力争建成自治区级人道文化传播与生命安全体验基地。

"博爱家园"项目建设 投入337万元实施了博爱家园"项目。分别在敖镇乌兰社区和鄂前旗乐惠多商贸有限公司建立"博爱超市"，以"博爱超市"，推动"博爱家园"建设。鄂前旗乐惠多商贸有限公司投放"博爱家园"项目生计金10万元，解决困难居民10人就业问题。同时，超市采用积分兑换实物的方式，将生计基金带来的利润折成商品发放到红十字会志愿者手中，志愿者们按照志愿服务时间累积分换取商品。2019年，红十字会志愿者共参加3次志愿服务活动，兑换2000余元物资，推动鄂前旗红十字会志愿服务工作。

【旗红十字会第四次会员代表大会】 2019年4月30日，召开鄂托克前旗红十字会第四次会员代表大会，选举产生旗红十字会监事会，设立专职副监事长，并得到组织部任命。新组建的监事会，是内蒙古自治区首个旗县监事会，该模式得到自治区红十字会的高度赞扬和肯定，号召在全区推广。

社会监督管理

统计

【统计监测】 2019年，全旗地区生产总值增速4.7%，规模以上工业增加值增速7.2%，固定资产投资增长4.8%，社会消费品零售总额增长4.8%，城镇常住居民人均可支配收入增长6.8%，农村牧区常住居民人均可支配收入增长10.7%。

【统计调查】

人口变动抽样调查 全旗共抽查4个调查小区559户，登记人口1596人，分别对样本总量、出生人口、死亡人口和外出流动人口等基本数据以及人口结构和素质情况进行调查，完成PAD数据录入上报工作。

夏季农牧业普查 选聘普查指导员和普查员240名，登记总户数为11078户，全旗总播面积下降近20%，粮经草比例由2018年的37∶9∶54调整为48∶12∶40，经济作物播种面积占比更加优化。

第四次全国经济普查 "四经普"工作自正式登记后，成立工作领导小组及领导小组办公室，选聘普查指导员和普查员，积极做好普查培训、逐门逐户摸底、地毯式入户登记、数据审核、二次核对等各项工作，圆满完成第四次全国经济普查工作。全旗底册1820户，填报率100%。

常规调查 圆满完成常规调查工作。按照联网直报的要求，按月上报规模以上工业、固定资产投资、批发零售、住宿餐饮业等报表；按季上报全社会商贸流通企业购销存情况、建筑业企业生产情况、地区能源核算等报表。完成规模以下工业、限额以下商业、服务业、劳动力抽样调查，小微企业、个体经营户跟踪调查，城乡一体化住户调查等多项调查任务。

【培训指导】 加强统计业务培训。提高基层统计人员业务能力，分专业进行培训，年内组织旗内培训20余次。积极组织各镇、企业统计人员参加上级统计部门业务培训。通过在线监测、实地核查、分类指导等方式，扎实做好"企业一套表"工作，切实提高联网直报报送效率及准确率。年内,服务业、投资、工业能源等专业统计人员共深入企业实地指导54人次。狠抓名录库建设。坚持精准动态管理,夯实应统尽统基础,全旗有法人单位和产业活动单位1772家，更新、维护名录库数据2600多条。有“四上”企业43家,新上限企业12家，转专业上限1家，下限企业4家。

【统计服务】 及时发布《鄂托克前旗2018年国民经济和社会发展统计公报》,每月定期做好经济监测预警，在上级统计部门反馈数据的第一时间编印统计月报、季报和统计信息,通过微信公众平台,及时更新统计动态、统计分析,为旗委、政府科学决策提供服务。1—12月,撰写《统计信息》11期,《预警分析》5期,编印《鄂托克前旗统计月报》11期。

国土资源管理

【概况】 鄂托克前旗自然资源管理以“保障科学发展,保护耕地红线,保障普惠民生”为目标,坚持耕地保护和资源节约的基本国策。强化行政执法，妥善处理好依法行政和服务发展、保障供地的关系,保护国土资源、节约集约利用自然资源,尽心尽力维护群众权益。2019年,全旗土地总面积为1222085.56公顷,其中农用地1027271.55公顷（耕地22262.75公顷、园地315.31公顷、林地254057.21公顷、草地750636.28万公顷),占土地总面积的84.08%;建设用地15018.21公顷（城镇及工矿用地5000.69公顷、交通用地7461.56公顷、水利设施用地2555.69公顷），占土地总面积的1.23%;其他土地179796.07公顷,占土地总面积的14.71%。

【耕地保护】 耕地保护纳入全旗年度目标考核责任体系，层层签订耕地和基本农田保护责任状，保护任务具体分解压实到镇、村、户,共签订保护责任状4份、责任书61份、责任卡5727份，涉及农牧户10004户，全力确保全旗13000公顷永久基本农田和14733公顷耕地保有量数量不减少、质量不降低、生态有改善。完成耕地质量等别调查评价与监测工作和耕地质量分等定级工作,突出成果运用,注重耕地质量建设,全力推进耕地和基本农田数量、质量、生态“三位一体”保护。通过规划管控、严格用地预审、合理优化选址等措施，从源头控制建设占用耕地。

【土地利用控制规划】 2019年,全旗确定耕地保有量14752公顷,基本农田保护面积13000公顷，建设用地总规模7775.02公顷，新增建设用地216.5585公顷。

【地质环境保护】 坚持“边生产边治理”原则,按照绿色矿山建设方案要求，榆树井煤矿完成绿色矿山建设工作,长城1号、2号煤矿列入绿色矿山建设规划，长城煤矿完成二期面积0.18平方千米地质环境治理任务并通过市级验收。落实地质环境治理保证金制度，非煤矿山共缴存地质环境治理保证金186.24万元（缴存覆盖率100%)，根据实际,在闭坑时进行一次性恢复治理。

深入开展地质灾害排查活动,严格执行汛期24小时值班制度,定期巡查人员密集区和交通干线,在地质灾害隐患点设置警示牌23处,发放地质灾害“明白卡”,全力保障人民群众生命财产安全。

【土地节约集约利用】 2019年,加强土地供后监管，对已供地项目实施跟踪管理、全程动态监管、记录实地影像，并将相关情况上传至自然资源部土地动态监测监管系统中,进行实时监控，严防土地闲置和低效用地。全年土地供应率为89.71%,前三年为96.15%,位居全市前列。

【项目用地审批】 2019年,上报建设用地报件11个,总面积200.6574公顷,批复3个,面积64.7351公顷;2019年完成预审项目20项,旗级预审项目12项,总面积81.2033公顷;上级预审项目8项，总面积392.8203公顷；完成土地供应27宗,面积559.2104公顷,收取土地出让金3212万元。

交通基础设施项目用地 完成S26线敖镇至东道梁工程项目、上海庙能源化工基地至棋盘井公路项目、城川镇道路及管网建设项目、城川镇特色小镇景观绿化工程项目、城川镇污水处理建设项目划拨供地,面积共计526.54公顷。宁夏银川至乌审旗公路昂素至陶利段旧路改建工程项目和鄂托克前旗通用机

场公路项目用地报件已上报至自然资源部。

重点工业项目用地 完成S26线敖勒召其至东道梁(蒙宁界)公路工程供地,总面积494.2331公顷。上海庙能源化工基地至棋盘井公路供地,总面积14.3993公顷。完成鄂尔多斯市鑫祥能源再生有限责任公司40万吨/年天然气废弃物处理项目供地,面积1.93公顷;长城电厂2×100千瓦超超临界发电项目用地组件上报至自治区自然资源厅。鄂托克前旗大坤能源环保有限公司钻井岩屑及压裂反排液集中处理厂建设项目、鄂尔多斯盆地苏里格南区块天然气开发和生产项目用地正在组件。

民生项目和红色教育基地项目用地 完成布拉格卫生院、鄂托克前旗第三实验小学和城川镇110千伏、纳林35千伏等5个变电站项目划拨供地,面积共计7.56公顷。完成城川镇城中村棚户区改造项目出让供地,面积4.49公顷。完成城川镇党校新校区二期建设项目划拨供地4.07公顷。鄂托克前旗文旅局红色教育集训中心项目用地正在组件。

【不动产登记】 2019年,不动产登记中心日常业务量累计61412件,其中办理抵押登记1896个,办理产权证书7562个,办理查封、解封登记598个,公开查询30188个,开无房证明、首套房5411个,外业权籍调查3568宗。

【矿政管理】 严格落实生态保护,严禁在保护区进行生产经营和工程建设活动,在矿业权设置、农牧民宅基地审批中,严格进行实地核查和坐标套合,严禁在保护区内设置矿业权、审批宅基地。严格落实矿产资源规划,坚持生态优先,生产与生活并重的原则,以榆树井煤矿为样板,积极推进绿色矿山建设。认真开展矿业开发秩序专项整治行动,严厉打击私挖盗采等违法行为,不断规范矿业生产秩序,累计开展安全生产大检查11次,有效排除安全生产隐患,确保自然资源领域安全生产形势持续稳定。

人力资源管理

【概况】 鄂托克前旗全面实施“人才强旗”战略,牢牢把握“民生为本、人才优先”的工作主线,在创新实践中培育人才、发现人才、使用人才,充分发挥人才在经济社会发展中的引领和支撑作用。2019年,劳动监察两网化管理系统录入用人单位201户,从业人数达到5771人,信息录入达到95%以上。

【人才招引】 2019年,招考(引进)各类工作人员408人,其中教师122人、融媒体中心工作人员8人、政府雇用工作人员202人,引进人才46人,分配“三支一扶”和社区民生志愿者30人。

【专业技术人员管理】 2019年,进一步深化职称制度改革,完成全旗机关事业单位工作人员人事档案审核自查和信息采集工作。事业单位的补岗竞聘工作完成率100%;采集161个机关事业单位的3284名工作人员基本信息,人事档案标准化建设基本完成。专业技术人员继续教育学习累计4500人次。

【工资与离退休管理】 2019年,完成享受政府特殊津贴人员选拔推荐、离退休人员住房补贴基本信息登记和权限范围内机关事业单位工作人员2018年度考核工作。按时调整机关事业单位各类工作人员基本工资(津贴)和长期完全不能自理的离休干部护理费标准。

【人才振兴】 2019年,由鄂托克前旗人力资源和社会保障局牵头制定全旗《乡村振兴战略人才振兴实施方案》,为“人才强旗”描绘蓝图,着力培养一支懂农牧业、爱农村牧区、服务农牧民的乡村振兴人才队伍。

(人社局)

市场监督管理

【概况】 2019年,全旗新增非公有市场主体数1467户(其中新增私营企业281户,农民专业合作社48户,个体工商户1130户),其中,第一产业新增93户,第二产业新增154户,第三产业新增1220户。至2019年底,全旗非公有市场主体总数7607户,其中第一产业562户、占总户数的7.39%,第二产业799户、占总户数的10.5%,第三产业6246户、占总户数的82.11%。2019年,新增市场主体1484户、注册资金总额17.73亿元,其中内资非私营企业 17 户，同比增加 21.4%，新增就业 2797 人。至年底，全旗有各类市场主体 7834 户、注册资金总额 350.53 亿元，其中内资非私营企业 227 户、注册资本 260.39 亿元。

【市场监督】 聚焦民生关切，深入开展"衣食住行"领域专项整治，全面推进"双随机、一公开"监管，进一步优化知识产权服务，持续加大市场监管执法力度，组织开展商业广告、知识产权保护等各领域各类专项检查 70 多次，在元旦、春节、中秋、国庆等特殊时段和重要节点，部署开展大型集中整治行动 5 次，开展跨部门联合抽查、系统内综合抽查以及业务线条专项抽查 7 次，将 57 户违法违规企业列入经营异常名录，16 户企业因失信行为被限制进行银行信贷和参加政府招投标；全年新增注册商标 81 件，有效专利突破 100 件，万人有效发明专利拥有量达 14 件，"鄂托克前旗羊肉"地理证明商标获得国家知识产权局核准注册，将全旗 2 个镇 8 个嘎查村 3/4 的羊肉产业纳入保护范围；全年共查处各类违法案件 326 起，收缴罚没款 160 万元，受理并调解消费者投诉 102 件，查处侵权假冒名酒 396 瓶。

【食品药品监督】 持续巩固小作坊园区化管理成果，建立风险隐患清单制度，严格食用农产品市场准入，深入开展餐饮服务量化分级提档升级，强势开展专项整治，严厉打击违法违规行为。2019 年，共检查食品药品生产经营单位 9816 户次，查处违法案件 118 件，查获过期食品药品 1.1 吨，罚没款 62.3 万元；快检食品共 6723 批次，抽检食品 520 批次（工业加工食品 234 批次、食用农产品 286 批次），检测合格率达 99.4%，抽检药品 13 批次、医疗器械 4 批次、保健食品 2 批次、化妆品 4 批次，检测合格率 100%，全旗 708 家餐饮服务单位"明厨亮灶"率达 98%。全年全旗未发生区域性、系统性食品药品安全事件，安全形势平稳可控。

【质量技术监督】 大力推广"检务通"手机 APP 移动执法，实施电梯安全责任保险制度，推行特种设备安全隐患举报奖励制度，全年，共引导 40 台电梯参保，参保率 14%，聘请专家开展特种设备安全检查 8 次，累计排查隐患 216 条；以质量强旗为抓手，组织第二届旗长质量奖评审；以大抽检为支撑，大力开展产品质量监督抽检，全年，共抽检各类产品质量 88 批次，对 8 批次不合格产品企业进行了全数立案查处，评选旗长质量奖企业 2 家，兑现奖励资金 20 万元，检定强制检定计量器具 7000 余台件，首个国家级服务业标准化试点项目获批创建，2 项地方标准获批实施。

价格监督

【价格综合调控】 建立重要商品及服务价格运行监测分析机制，对 36 种商品价格实行周报动态管理。落实自治区管输天然气调价 2 次；取消管道内车用压缩天然气销售价格政府定价制度；启动 2019 年 5—12 月份社会救助和保障标准与物价上涨挂钩联动机制，享受临时价格补贴人数 19528 人，金额 42.33 万元。降低一般工商业电价 2 次，共降低 9.10 分。2019 年，开展各类价格认证案件 104 件，涉及金额达 135.3 万元，案件完结率达 100%。

【收费管理】 进一步清理规范行政事业性和经营性服务收费，对国家和自治区取消、降低、减免和放开的收费项目进行全面清理规范，实现收费管理全覆盖。2019 年，落实取消、降低、放开各类收费项目 6 项，涉及金额 103.922 万元。制定旗本级三张清单（行政事业性收费目录清单、经营性服务收费目录清单、涉企收费目录清单）并在旗级门户网站公示，作动态调整，接受社会监督。

道路运输管理

【概况】 2019 年，全旗共完成社会客运量 7.3 万人次，旅客周转量 2614.4 万人 / 千米；完成社会货运量 995.2 万吨，货物周转量 246657.9 万吨 / 千米。全旗营运汽车 1027 辆，其中营运普货车 516 辆，危货车 302 辆，营运客车 44 辆，出租车 158 辆；客运班线 17 条，其中省际班线 8 条，市际班线 3 条，县际班线 5 条，县内班线 1 条。有货运企业 16 家，危险品运输企业 2 家；机动车维修企业 136 家，其中一类维修企业 1 家，二类维修企业 35 家，三类维修企业 98 家。有驾驶员培训学校 2

家。全年开展执法检查 160 次，出动执法车 160 台次，执法人员 450 人次。

【运输企业监管】 督促运输企业落实安全主体责任，强化企业对道路运输管理人员和驾驶员等从业人员开展安全教育培训情况的检查力度。全年检查运输企业 14 家次，排查隐患 13 起，下达整改通知书 2 份，全部整改完毕；共受理投诉 26 起、处理 26 起，做到“事事有回音、件件有答复”。

【客运市场监管】 督促客运站严格执行“三关一监督”“三不进站、六不出站”制度。做好车辆动态监控管理，严禁客车在高速公路上停车载客，严格执行凌晨 2 点至 5 点临时停车休息的安全措施，严厉打击客运驾驶员违章操作、酒后驾驶、超速、超员等违法行为。全年检查客运汽车站 15 家次，检查客运车辆 2464 车次，排查隐患 9 起，下达整改通知书 2 份，全部整改完成。

【货运市场监管】 建立健全货运企业安全管理档案，把好企业经营证照、资质监督关，驾驶员从业资格关。督促危货等运输企业建立健全突发事件应急预案，建立车辆日常维护检验制度，健全货物运输从业人员的安全培训教育制度。检查货运公司 17 家次，排查隐患 12 起，下达限期整改通知书 5 份，全部整改完毕；检查危险货物运输企业 31 家次，排查隐患 32 起，下达整改通知书 9 份，全部整改完毕。

【出租市场整顿】 坚决取缔无证经营和扰乱运输市场的违法违章行为，对未经许可擅自从事道路运输经营活动的，从重、从快予以处罚并坚决取缔。实行出租车一车一档管理，对于更换驾驶员进行安全考核，考核合格后方可上岗，并按照《鄂尔多斯市道路运输驾驶员诚信考核计分表》对驾驶员实行诚信考核。2019 年，鄂前旗运管分局会同公安、交警、安监等部门多次联合开展净化道路运输市场打击“黑车”专项行动，查处“黑车”7 台；全年检查出租企业 12 次，检查出租车 200 余辆次，排查隐患 6 起，下达整改通知书 2 份，全部整改完毕。

【维修市场整治】 全面规范维修市场，以规范二类维修企业的经营行为重点，严厉打击超范围经营、倒卖二维资料和不按操作规程进行维护的违法行为。全年检查修理厂 438 家次，排查隐患 12 起，下达限期整改通知书 11 份，全部整改完毕。

【驾培学校监管】 执法人员不定期深入驾培学校，对教练员理论和实操课的授课情况及车辆性能进行检查，严厉打击非法私设培训点及其他从事驾培活动的不法行为。全年检查驾校 16 家次，排查隐患 7 起，下达限期整改通知书 4 份，全部整改完毕。

【宣传教育】 组织开展“道路运输平安年”“安全生产月”活动，营运大客车司机向乘客公开承诺在驾驶过程中做到“五不两确保”承诺行动。安全生产月期间，重点在道路客运、货运站场、旅游包车等人员密集场所开展旅客安全出行告知服务；开展新《安全生产法》、安全出行知识、安全警示案例的宣传、咨询服务；深入道路运输企业、社区开展安全生产宣传教育“七进”活动，发放《道路运输安全知识——校园篇》《安全带——命带》《抵制“黑车”告知书》等宣传资料，通过讲解安全小知识，现场操作演示客运班车的安全带、安全门、安全锤、逃生顶窗的正确使用方法和注意事项，提升学生安全出行意识和自我保护能力，构建人人都是“安全员”的良好氛围。中高考期间，组织志愿服务车队 27 辆开展“爱心送考”活动，已连续举办 15 届。开展扫黑除恶宣传 40 余次，发放宣传单 6000 余份，张贴扫黑除恶宣传横幅 40 条，制作宣传栏 3 个；联合旗公安机关、交警大队开展联合扫黑除恶宣传 6 次，LED 电子显示屏循环播放宣传图片 60 余张，播放次数 10 万余次，播放视频 5 万余次。

社会团体

总工会

【概况】 2019 年，新建工会 10 家，新增会员 546 人，换届基层工会 23 个；改扩建“爱心驿站”8 个；培育职工书屋示范点 11 家，自建 1 家。至年底，全旗共建立工会组织 174 家，职工会员 12792 人，建会率 99%，入会率 99%；建成劳模馆 1 处，职工书屋示范点 11 家，扩建职工“爱心驿站”8 个。2019 年，旗总工会被自治区工会授予“全区工会工作先进集体”。

【工会组织建设】 2019 年，举办全旗工会干部培训班、职工医疗互助保障工作培训班、工资集体协商业务培训班各 1 期。

【职工劳动竞赛】 推荐并表彰自治区级“工人先锋号”1 个，“五一劳动奖章”1 个；市级“工人先锋号”2 个，“五一劳动奖状”1 个，“五一劳动奖章”3 个，鄂尔多斯工匠 1 个；集中表彰旗级“工人先锋号”10 个，“五一劳动奖状”10 个，“五一劳动奖章”30 个，旗级五一巾帼标兵 5 名。在全旗 231 家在企业开展“六比一创”劳动技能大赛，参与职工 1 万余人。开展“十佳五小”职工技术创新成果评选、培育 1 个职工创新工作室。举办全旗关爱劳模关爱职工健康讲座和后备劳模结对活动和发扬劳模精神，争当务实担当的优秀职工专题报告会。联合鄂前旗应急管理局举办喜迎中华人民共和国成立 70 周年“安康杯”知识竞赛，全旗各部门和企业派出 17 支代表队共 51 名选手参加。

【职工服务扶困】 开展“春送岗位”“夏送清凉”“金秋助学”“冬送温暖”等“四送”活动。夏季，为奋战在生产一线的职工、环卫工、农牧民工 9000 人共送出西瓜 64500 千克、绿豆 1105 千克、白糖 730 千克、矿泉水 770 件。举行“夏送清凉·7.20 关爱园林工人日”活动，为一线园林工人送上 350 千克绿豆、140 千克白糖、130 个水杯、130 份食用醋等消暑慰问品；联合普惠合作商家麦优蛋糕店开展“不忘初心·牢记使命”主题教育系列活动暨普惠服务情暖职工“四季惠·秋季惠”慰问环卫工人活动，为工作在脏、苦、累一线的 200 多名环卫工人送去面包。教师节，为全旗 2344 位老师每人精心准备一份慰问品。中秋佳节，配合旗四套班子走访 28 个单位，慰问中秋、国庆两节期间在岗值班工作人员送去中秋月饼等慰问品计 1.4 万元。全年走访慰问困难职工、困难劳模、农牧民工 3158 人，发放慰问金 11.85 万元、米面油慰问品 3000 套；给 7 名困难职工家庭大学生发放助学金 4.55 万元，为 150 位入会农牧民工办理人身意外保险。

【和谐劳动关系建设】 旗总工会、人力资源和社会保障局、工商联共同组成协调劳动关系三方委员会督查工作组，充分发挥劳动关系三方委员会的作用，联合举办工资集体协商“要约行动季”启动仪式，深入上海庙经济开发区企业就《集体合同》和《工资专项集体合同》、集体协商、劳动用工、厂务公开、民主管理等工作进行专项督查和调研，并聘请 3 名集体协商指导员专门指导日常工作。

【工会互联网 +】 以加强宣传引导为目的，着力打造“一网一平台”，增强维权意识，突出模范引领，弘扬劳模精神。2019 年，累计上传工会动态 158 条，其中 143 条被各级媒体采用；通过手机微信创办《工会之声》2 期，在《今日鄂前旗》报创办《工会之家》2 期。

【党工共建】 创新“单周学理论，双周学业务，促进知识水平，促进工作能力，促进廉政意识”的“双学三促”的学习新模式，累计开展集中学习 32 次，讲党课 2 次。开展“不忘初心·牢记使命”主题教育学习，制定《鄂托克前旗总工会关于开展“不忘初心、牢记使命”主题教育工作方案》和《鄂托克前旗总工会“不忘初心、牢记使命”主题教育学习教育清单》，全年开展主题教育集中学习 14 次，主题研讨会 2 次，参观红色教育基地劳模展馆 1 次，对照党章党规找差距专题会议 1 次，观看北疆英模先进事迹报告 2 次，学习攻坚克难典型案例 2 次，参观警示教育基地 1 次，深入工业园区一线开展调研 3 次。创建“智善服务·仁德使者”党工共建品牌和机关文化“六五四一”活动，培养六个一，实现五个有，助推四个动，打造一个品牌。

【职工疗养基地创建】 申报市总工会建成“市级职工疗养基地”——阿吉泰市级疗休养基地。

【职工医疗互助】 2019 年，全面启动职工医疗互助制度。至年底，职工医疗互助注册会员单位 122 家、会员 5626 人，征缴医疗互助金 450080 元。

共青团

【概况】 鄂托克前旗坚持党建引领团建，印发《鄂托克前旗党建带团建工作制度》，将团建工作纳入党建工作整体考核。深化"大美前旗·青年建功"党建团建文化品牌，建设智慧团建、青年爱里（蒙古语译"青年之家"）、大学生创业园、青年志愿者四个团建工作平台，实施青春强基、青春领航、青春建功、青春关爱、青春育才五大团建工程，构建凝聚青年、服务大局、当好桥梁、从严治团四维工作格局，发挥品牌带动作用和凝心聚力作用，不断提升党团组织和团员青年的凝聚力和战斗力。2019年，全旗共有基层团（队）组织314个，其中上海庙经济开发区团委1个、镇团委4个，嘎查村（社区）团组织84个，机关事业单位团组织42个，学校团委4个、少先大队6个、少先中队135个，国有企业团委3个、团总支1个、团支部9个，非公企业团组织11个，青年社会组织团组织5个。共有团员2978名，专兼职团干部756名；14～35周岁青年23400人，14周岁以下少年6600人；创建"青年文明号"单位24家、"青年安全示范岗"7个、"青少年维权岗"6个。

【"智慧团建"】 树立"党建+"系统思维，依托智慧党建平台，进一步完善智慧团建"e家、五平台、多终端"联系服务青年工作体系，通过平台共用、设备共享、阵地共建，进一步整合资源，拓宽共青团联系服务青少年的渠道。

【共青团改革】 组织召开团旗委八届四次全会，传递团中央"大抓基层"的工作信号，研究部署共青团重点工作，强化团的领导机关科学决策能力。常态化开展"走转改"大宣传大调研和"驻校蹲点"活动，进一步摸清团员底数，切实走进青年、联系青年、凝聚青年、服务青年。组织召开2019年度团教工作联席会议暨中学共青团改革推进会和三届二次少工委全体会议，进一步推动中学共青团改革任务和少先队改革任务落地落实。在全旗4所中学打造4所规范化团校，健全团校组织机构和运行机制，配备学习资料，使之成为常态化开展团前教育和团员教育的有效平台。

【青春强基工程】

基层团组织规范化建设 印发《全旗团组织规范化建设工作实施方案》，明确步骤，规定时间，制定标准，推动各级团支部开展自查整顿工作。印发《团支部工作手册》，对团员信息、团费收缴、"三会两制一课"制度落实以及其他团务工作进行详细规范，并将"五好团支部"建设以及团支部工作手册完成情况作为党建带团建考核内容，督促各团支部规范开展团务工作，履行团支部工作职责。加强基层团组织、团干部、团员信息的准确录入，推动基础团务管理精准化、系统化。至2019年，录入各级团组织314个，团员2980人，专兼职团干部757人，其中专职团干部4人。"3·15"开展"规范使用团标队识"公益活动，深入商户排查整治，集中销毁不规范团标队识，通过微信、微博、抖音等网络渠道刊发原创宣传视频，不断深化团、队标志标识的规范化使用，在快递公司、饭店、超市、农牧区合作社等青年人集聚的地方新建团组织，发挥乡镇团委作为共青团面向基层的"桥头堡"作用，联系服务各领域团员青年。

队伍建设 年初举办全旗团干部专题培训班，邀请中央团校教授讲授基础团务课程，提升团干部业务工作能力。严格发展团员程序，加强团前教育，2019年度发展团员222名，初中、高中团学比分别控制在30%、60%以内；开展团籍档案专项核查工作，确保青少年的第一份政治档案合格合规。通过微信平台广泛宣传团组织关系转接相关信息，向社会公开旗、镇两级团委联系方式，以便"回家"团员顺利完成团组织关系转接事宜，全年接收团员394名。选树优秀团干部、团员青年等先进典型，专题宣传报道典型先进事迹50期，进一步扩大团干部、团员青年的影响力，增强团组织的凝聚力。

阵地建设 以"青年爱里"建设激发基层组织活力，按照青年需求，2019年新建"青年爱里"5个，向全旗55家"青年爱里"印发《青年爱里工作手册》，组织动员全旗各级团组织围绕政治学习类、青年发展类、青少年维权类等项目化服务菜单，常态化开展"五点半课堂""旧衣捐赠""免费公开课"等服务活动，并且针对青少年的个性化需求开展理论宣讲、读书分享、七彩假期教育关爱、应急救护培训、微心愿认领等丰富多彩的教育关爱活动100余次，增强团组织的凝聚力。

【青春领航工程】

“青年大学习”行动 以学习宣传贯彻习近平总书记“7·2”重要讲话和在纪念五四运动100周年大会上的讲话精神为重点，组织动员全旗各级团组织深入推进“青年大学习”行动，广泛开展学习座谈、红色研学、报告宣讲、主题观影、实践观摩等多种形式的学习活动60余场次，推动党的思想理论在青少年中入脑入心。

典型选树 围绕庆祝中华人民共和国成立70周年和纪念五四运动100周年等重要节点，开展纪念五四运动100周年表彰大会暨文艺会演，表彰全旗“青年五四奖章”“两红两优”“向上向善好青年”“青年文明号”等先进集体18个、先进个人52名，同时，向团市委和自治区团委报送鄂前旗先进集体和个人，受到市级以上表彰集体4个、个人6名。加强全团带队工作，开展“红领巾心向党 争做新时代好队员”庆祝中国少年先锋队建队70周年表彰大会，表彰全旗优秀少先队员、少先队辅导员以及少先队集体共61个，鼓励引导广大青少年学习先进、争做先进。

主题教育 坚持把思想政治工作贯穿所开展的全部工作中，组织开展“青春心向党 建功新时代”新团员主题教育活动，举办新团员集中入团仪式，强化团员意识。组织青少年开展“清明祭英烈 立志报祖国”“我与祖国共奋进”“讲好英雄故事 传承红色基因”“缅怀革命先烈 争做时代新人”“18岁成人礼”“民族团结一家亲”“足球联谊赛”等丰富多彩的主题教育活动，引导广大青少年厚植爱国主义情怀。

网宣平台建设 鄂前旗智慧团建工作以微信平台建设为主导，坚持每天1期，每期至少1个原创专栏，全年发布微信259期、微博发送原创内容410期，发起“五四精神传承有我”“扫黑除恶”等话题讨论45期。在春节、青年节、母亲节、教师节、中秋、国庆等重大节庆日，通过团属网络平台发布“谁言寸草心 报得三春晖”“新年新曙光”“新时代青年说”“百年五四”“家国70年——我与祖国同在”“我和国旗合个影”等节日特辑9期，强化网络平台宣传引导力。

【青春建功工程】

助力脱贫攻坚 开展“前旗有爱 阳光‘铸’学”活动，争取企业资助，为贫困学生捐资助学10万元。通过大学生“三下乡”支教活动、为社区“青年爱里”和学校少队室捐赠图书等方式关爱留守儿童。

助力乡村振兴 联合旗农牧局开展青年致富带头人专题培训，提高新型职业农牧民的科学种养殖水平。通过种植青年林2.6公顷、开展“保护母亲河 爱我鄂尔多斯”春季义务植树、组织“筑梦青春 建功北疆”绿色徒步活动等引导广大团员青年树立和践行生态文明理念。

助力新时代文明实践 发起“弘扬雷锋精神 培育时代新人”学雷锋志愿服务系列活动，动员全旗各级志愿服务队开展“青春志愿行 奉献新时代”助力春运、“爱心服务 助力高考”“传递书香 助力公考”“全国爱眼日近视防控公益讲座”“追梦新征程 社工在行动”、敬老助残等各类爱心志愿服务活动50余场次；招募、选拔、培训公务礼仪志愿者服务“冬运会火炬传递”“草原那达慕”“文创大赛”“全国青少年手球锦标赛”等全旗各类大型赛会志愿服务20余次；组织全旗1000余名志愿者定期开展文明交通志愿服务活动，助力创城。

【青春关爱工程】 深化“青少年维权岗”工作，联合旗检察院、司法局、禁毒办、红十字会、农商银行、消防队等部门和企业广泛开展“农信青春 守护未来”、“让青春不‘毒’行”“入队第一课”“消防知识进校园 安全意识驻心间”“网络安全进校园”“法律知识进校园”“应急救护进校园”等青春共成长系列活动30余次，推动社会各界力量关心关爱青少年健康成长。

【青春育才工程】 围绕青少年在校期间的学业需求，开展“情暖童心 点亮微心愿”活动，实现130余名贫困青少年微心愿。组织开展“高考心理辅导”“筑梦青春 扬帆未来”学习经验交流分享会，落实“葵花助学”“爱心小鸟”“天翔基金”等公益项目；围绕青年的创业就业需求，协调青创易贷项目，组织开展“创青春”创新创业分享会、“小微企业创业路演”等活动；围绕青年的职业需求，组织开展“绽放青春风采 讲好前旗故事”讲解员经验交流分享会、“传道授业 薪火相传”优秀教师经验交流分享会、西部计划志愿者经验分享会、“建国 70 周年 保密伴我行”等各类活动，引导广大青年积极向上、奋勇拼搏；围绕大龄青年的婚恋需求，进一步完善青年数据库建设，举办“相约草原 敖包相会”“团团有约 农商助力”等青年联谊活动，为全旗单身青年搭建交友平台。

妇女联合会

【概况】 全旗共有基层妇女组织 211 个，其中经济开发区妇女组织 1 个、乡镇妇女组织 4 个、嘎查村(社区)妇女组织 84 个、旗直机关事业单位妇女组织 73 个、国有企业妇女组织 17 个、“两新”妇女组织 25 个、其他领域妇女组织 7 个。

【创业就业】 2019 年，申请自治区妇联将旗巾帼英才创新创业基地打造为“布丝瑰行动计划”民族服装服饰产业示范基地；3 月，成功承办 2019 鄂尔多斯首届文化旅游产品设计大赛民族服装服饰类比赛，并布设为服饰类参展区。为传承发展民族服装服饰产业提档升级，搭建妇女创业致富平台，将旗民族职业中学民族服装服饰制作基地确定为全旗巾帼英才创新创业基地的培训制作坊，并将旗巾帼英才创新创业基地提升改造为红色研学点，使其成为集博览、互动、研学、体验、销售于一体的民族民俗综合体验馆，馆名暂定为“高优布丝瑰印象馆”(“高优布丝瑰”蒙古语译“美丽女性”)，方案设计施工效果图完成。6 月，旗妇联积极搭建服务、公益、参与“三个平台”，举行“女企业家协会”揭牌仪式，引领女企业家们积极弘扬中华民族传统美德，热心社会公益事业，推进创新创业，弘扬文明新风。2019 年，鄂托克前旗巾帼英才创新创业基地荣获“全国巾帼文明岗”荣誉称号。

【扶贫助困】 2019 年，围绕脱贫攻坚和乡村振兴战略，依托民族手工艺品制作培训班带动 300 余名妇女利用业余时间从事手工艺制作，增加经济收入达 150 多万元。走访慰问困境妇女儿童 44 户，送去慰问金(品)10.36 万元；启动“草原额吉”手拉手爱心帮扶活动，为 100 名贫困青少年捐资捐物 7 万元。

【精神文明建设】 2019 年，组织广大妇女围绕脱贫攻坚、生态文明建设、民族团结、创业就业、自我发展、家风家教、文化修养、个人梦想等内容开展形式多样的“70 年，我的家与国”女性恳谈活动，全年共开展各类恳谈活动 17 场(次)。实施“家家幸福安康工程”，常态化开展“最美家庭”评选表彰活动，宣传新时代家庭观，弘扬社会主义家庭文明新风尚，全年开展“家家幸福安康工程”宣讲进基层活动 10 场次，评选表彰“精巴媳妇”2 名、“闩整人家”3 户、“最美爱心妈妈”3 名、“最美巾帼微家”1 个、“最美家庭”8 户，获评自治区级“最美家庭标兵户”1 户、“市级最美家庭”2 户。

【改革创新】 2019 年，旗妇联创造性的在“两新”组织、红色教育实践培训点、妇联执委家、养殖示范户、企业学校等地打造“巾帼微家”，作为“妇女之家”的辐射和补充，为基层妇女提供宣传教育培训、文明风尚传播、妇情民意汇集、创业发展助推、妇女权益维护、公益志愿服务、文体娱乐活动等服务，凝聚和吸引妇女群众有事找微家、活动在微家、心聚在微家，实现服务妇女儿童“零距离”。在实施过程中，通过给予典型示范“妇女之家”1000 元奖励、“巾帼微家”全额补贴的方式，鼓励全旗各级妇女组织全面规范“妇女之家”建设、推进“巾帼微家”打造进度，充分发挥妇女组织辐射带动作用。2019 年，共挂牌成立“红色精神”“绿色养殖”“查汗伊德”“高优布丝瑰”“瑙牧泰”“恒坤化工”等 6 个各具特色、独具一格的“巾帼微家”，打造 18 个特色“妇女之家”，奖补资金共 2.46 万元。其中“高优布丝瑰”“巾帼微家”获评自治区级“妇女之家”建设优秀案例；“红色精神”“巾帼微家”斯庆花家庭获评自治区级“最美家庭”；苏力迪乳业“查汗伊德”“巾帼微家”获评市级巾帼文明岗。

【权益保障】 2019 年，联合旗司法局，成立由公、检、法、司及“好大姐”婚调委等单位组成“巾帼维权讲师团”，利用三八维权周、综治宣传月等平台，广泛开展扫黑除恶、男女平等基本国策、《妇女权益保障法》《婚姻法》《反家庭暴力法》《平安家庭倡议书》《家庭禁毒倡议书》等相关知识和法律法规宣传宣讲活动 50 多场次。全年接待和处理来信、来电、来访及婚姻家庭矛盾纠纷 45 件(次),其中“好大姐”婚调委调解家庭、邻里等各类纠纷 30 起。

【素质提升】 2019 年,举办“家家幸福安康工程”启动暨 2019 年妇女干部综合能力提升培训班,200 余人参训。与旗总工会、团旗委组团赴陕西定边县开展“学劳模促红色研学、工青妇做时代表率”主题党日活动,通过实地观摩学习劳模展馆、参观民间手工艺协会展厅、举行排球联谊比赛、召开座谈会等形式,进一步开拓视野和工作思路。联合旗教体局举办“全旗第十一届‘体彩杯’健身操大赛”,19 支代表队参赛。

工商业联合会

【概况】 全旗注册有中小微企业共 2379 家(其中 2019 年注册 358 家),正常运营的企业 1700 多家企业,一产企业 516 家、二产企业 428 家、三产企业 1077 家;5000 万元以下 3000 万元以上 51 家、3000 万元以下 1000 万元以上 218 家、1000 万元以下 500 万元以上 324 家;中小微企业中,中型企业 2.5%;小型企业占 10.78%;微型企业占 86.72%。全年民营企业贡献税收达 78.1%,民营企业吸纳城镇就业同比增长 10%,民营经济市场主体总量占全旗经济主体的 97.1%,民营经济成为鄂前旗经济发展的主导力量和关键支撑。

【工商联执委会】 2019 年 4 月 16 日,召开鄂托克前旗工商业联合会(总商会)五届二次执委会议,会议听取和审议《鄂前旗工商业联合会(总商会)五届二次执委会工作报告》,表决通过鄂前旗工商业联合会(总商会)人事有关事项,选举鄂前旗工商业联合会(总商会)增补五届执行委员会执委、副主席、副会长。旗工商联(总商会)有主席 1 名,党组书记 1 名(旗委统战部副部长兼任),副主席 18 名(专职副主席 2 名、兼职副主席 16 名),兼职副会长 13 名,执委 71 名。

【创建“五好”工商联】 2019 年,旗工商联自加压力、主动担当、大胆创新、务求实效,充分发挥桥梁纽带和助手作用,全面提高服务非公经济的能力和水平。2019 年 11 月 8 日,荣获“自治区‘五好’旗县级工商联”荣誉称号。

【培训考察】 组织非公经济人士参加由市工商联举办的税务、法律及相关政策知识讲座 3 次;特邀亚太国际税收教育研究会常务副会长宋洪祥教授授课,对增值税、企业所得税等相关减税降费政策进行讲解,全旗非公企业负责人和企业财务人员共 140 多人参加培训。组织全旗非公企业党组织负责人近 30 人赴延安考察红色研学产业活动;组织旗非公经济人士 30 余人赴浙江嘉兴南湖革命纪念馆、中共一大会址、银江智慧科技园、娃哈哈集团、杭州万事利集团等地考察学习。

【法律维权】 牵头成立鄂托克前旗总商会人民调解委员会,提升总商会服务能力,促进商会企业规范化、法治化和谐发展。9 月 18 日,与旗人民法院共同召开“优化法治营商环境、助力民企健康发展”座谈会。

【非公经济党建】 旗工商联充分履行抓非公党建职责,选派党建指导员跟踪指导非公企业开展“不忘初心、牢记使命”主题教育;“七一”期间,组织非公企业党组织负责人 30 余人赴延安开展“不忘初心·牢记使命”主题教育活动;邀请旗委党校讲师为 30 家非公企业讲“不忘初心、牢记使命”专题党课;邀请东方控股集团党委负责人作“提升组织力、培育软实力、厚植非公企业基层党支部根基”专题党建培训,80 余名民营企业家参训。

社会主义核心价值

思想文化宣传

【概况】 鄂托克前旗宣传思想文化战线始终坚持习近平新时代中国特色社会主义思想，紧紧围绕鄂前旗建设“三个中心”、打造“三大基地”发展战略，创新思维、主动作为，突出重点、狠抓落实，弘扬正能量、唱响最强音，凝聚起全旗各族干部推动经济高质量发展的磅礴力量。

【旗委中心组学习会】 始终把创新理论宣传作为做好宣传工作的重要手段，探索建立旗委中心组会前调研、会中导学、会后评比制度，组织开展专题学习 14 期，10 多位专家围绕全旗产业发展、红色旅游、脱贫攻坚等领域，提出建设性建议 30 多条；各级党组织按期组织开展学习研讨，定期上报学习动态，“我的旁听课”“农牧民夜校”“马上学习”“流动讲习”等特色学习活动，切实提升中心组学习实效。

第 1 次学习会 1 月 15 日在党政二楼大会议室召开。深入学习研讨习近平新时代中国特色社会主义思想和党的十九大精神，旗委理论学习中心组成员参加。

第 2 次学习会 3 月 8 日在敖镇涛龙宫召开。邀请内蒙古自治区扶贫办社会扶贫处处长高洪飞作题为《打赢脱贫攻坚战的行动指南——学习习近平总书记关于脱贫攻坚重要论述》专题讲座，副主任科员以上干部，旗扶贫办、旗委党校全体干部，市、旗、镇三级扶贫工作队长及工作人员、驻村第一书记参加。

第 3 次学习会 3 月 27 日在敖镇涛龙宫召开。邀请内蒙古大学博士生导师、研究生院副院长赵海东作《生态优先、绿色发展为导向的鄂托克前旗经济高质量发展道路思考——学习贯彻落实习近平总书记全国两会重要讲话精神》的专题讲座。全旗副主任科员以上干部及旗直有关部门环节以上干部参加。

第 4 次学习会 4 月 15 日在党政二楼大会议室召开。传达学习《中共中央关于加强党的政治建设的意见》《中国共产党支部工作条例(试行)》《中国共产党农村基层组织工作条例》《党政领导干部选拔任用工作条例》《中国共产党重大事项请示报告条例》内容。旗委理论学习中心组成员参加。

第 5 次学习会 5 月 28 日在敖镇涛龙宫召开。邀请内蒙古自治区党委统战部原副部长、宗教局原局长王月虎作题为《如何做好新时期宗教工作》专题讲座。全旗副主任科员以上干部，旗委统战部、民委全体干部参加。

第 6 次学习会 6 月 14 日在敖镇涛龙宫召开。邀请市委讲师团团长王华就生态优先、绿色发展，推动高质量发展作专题讲座。全旗副科级以上干部及相关部门有关人员在主会场参加。

第 7 次学习会 6 月 21 日在党政二楼大会议室召开。会议围绕《建设“三个中心”、打造“三大基地”，推动鄂托克前旗高质量发展》作研讨发言。市委组织部、宣传部有关同志，旗四大班子在家领导，旗人民法院院长参加。

第8次学习会 6月28日在党政二楼大会议室召开。会议围绕中美贸易进行学习。旗委理论学习中心组成员参加。

第9次学习会 7月22日在敖镇涛龙宫召开。邀请宁夏党校、行政学院法学教研部主任、教授周晓军同志作题为《扫除黑恶势力 净化社会环境》专题讲座。全旗副主任科员以上干部，旗委党校、旗扫黑除恶办公室全体工作人员，旗委宣传部、旗政法委、旗人民法院、旗人民检察院、旗公安局、旗司法局环节以上干部，市旗两级包联驻村工作队第一书记、队员、包村干部参加。

第10次学习会 8月19日在党政二楼大会议室召开。观看警示教育片，并开展研讨交流。全旗副县以上在家领导参加。

第11次学习会 8月26日在敖镇涛龙宫召开。邀请内蒙古大学生态与环境学院党总支书记、哲学教授、博士生导师李笑春作《不忘初心、牢记使命，深入学习贯彻习近平总书记考察内蒙古重要讲话重要指示精神》专题讲座。全旗副主任科员以上干部，旗委宣传部、党校全体干部参加。

第12次学习会 9月24日在敖镇涛龙宫召开。会议邀请北京市委党校公共管理教研部教授、行政学院政府研究中心副主任董晓宇作《坚守初心使命，为民责任担当》专题讲座。全旗副主任科员以上干部，敖镇相关人员参加。

第13次学习会 10月24日在敖镇涛龙宫召开。邀请自治区党委宣传部舆情信息处李志作题为《新媒体环境下政务舆情处置》的专题讲座。全旗副主任科员以上干部，旗委宣传部全体干部、各镇、各部门舆情信息员参加。

第14次学习会 11月25日在敖镇涛龙宫召开。邀请安徽省委讲师团专家、安徽省直机关讲师团专家、安徽金寨干部学院兼职教授高奎作题为深入学习贯彻党的十九届四中全会精神的专题讲座。全旗副主任科员以上干部，旗委党校、旗委宣讲团全体成员参加。

【基层大讲堂】 以“不忘初心、牢记使命”主题教育为主线，充分发挥5支“新时代讲习团”和“草原学习轻骑兵”的作用，结合新时代文明实践活动，构建起“理论宣讲＋”互联网、红色文化、文艺宣传、百姓名嘴的宣讲新模式，将党的新理论、新思想、新政策传递到基层一线，打通理论宣讲的“最后一公里”。分众化、分层次开展巡回宣讲500多场次，受众达3.5万人次，习近平新时代中国特色社会主义思想更加深入人心。

【“大宣传”格局】 统筹各类宣传资源，构建“大宣传”工作格局，将新闻宣传、网络宣传、社会宣传资源统一调配，形成宣传合力。

新闻宣传 紧紧围绕旗委、政府中心工作，精心组织红色研学、智慧党建、社会基层治理、扫黑除恶等系列宣传战役，对外宣传报道量质齐升。在中央电视台播出《内蒙古鄂托克前旗通用机场试飞成功》《旗委九届100次常委会会议》《鄂托克前旗结合十九届四中全会精神扎实推进主题教育》，在人民日报发表《内蒙古鄂托克前旗智慧交管平台 方便群众办事》，在农民日报发表《“大数据＋”为乡村振兴装上“智慧芯”–内蒙古鄂托克前旗 “乡村振兴战略指挥平台”发展纪实》，在科技日报发表《光控增绒技术 让“软黄金”的价值变得更“硬”》，在消费日报发表《内蒙古鄂前旗敖勒召其镇推动高质量农牧业发展》，在中国城市报发表《鄂托克前旗：小城故事多 文明花万朵》，在工人日报发表《党员带队上门服务 鄂托克前旗打造工会党建服务品牌》，在新华社《高管信息》发表《鄂托克前旗：“三个目标”打响三场“突围战”》，《参考消息》发表《鄂尔多斯市鄂托克前旗构筑融合民族革命传统的红色教育 “四段式”培训体系》，在中央媒体上刊播稿件180多篇条，在自治区级媒体刊播稿件170多篇条，在市级媒体上刊播稿件180多篇条。鄂前旗对外的知名度、影响力不断提升。其中，新华社客户端发布的《鄂托克前旗各族儿童“六一”同唱赞歌，献礼祖国70华诞》和《鄂托克前旗委书记辛晓瑞下乡笔记：为鄂托克前旗谋发展 为全旗各族人民谋福祉》两篇报道浏览量突破200万人次，《鄂托克前旗举办世界环境主题宣传活动》《童心向党、七一告白：我爱我的国，我爱我的家》《鄂托克前旗能源局同唱〈我和我的祖国〉，献礼祖国70华诞》《鄂托克前旗：水洞沟景区高质一体化发展带热旅游经济》等

21篇报道浏览量超过100万人次。通过高质量的宣传在地区内外产生较大的影响，受到社会各界的好评。

网络宣传 加快传统媒体和新兴媒体融合发展，整合93个政务微博和120个微信公众号，形成“统一管理、统一发声”的新媒体宣传矩阵。增强网上议题设置能力建设，组织开展“庆祝新中国成立70周年”“三大攻坚战”“扫黑除恶”等战役性网络宣传活动和“红色研学”启动仪式等重大网络宣传活动，《鄂托克前旗各族儿童同唱赞歌，献礼祖国70华诞！》等网络宣传作品点击量超过百万，形成强大网上宣传阵势，主旋律高昂。

社会宣传 拟定并印发《鄂托克前旗户外宣传管理办法（试行）》。2019年，全旗共有各类宣传载体1790个，其中楼宇广告牌3个、桥体广告牌5个、擎天柱24个、立地牌340个，出租车滚动屏158个、公交车滚动屏8个、大型户外电子屏3个、灯杆旗500副，大灯箱26个、小灯箱205个、单体字18个，嘎查村社区宣传载体260个，小区宣传栏200个。为宣传庆祝新中国成立70周年营造浓厚氛围，在敖勒召其镇的4条主干道、7个单体办公场所、7家工矿企业、2个公园广场、2个体育场所、2个交通枢纽等24处人流密集场所，悬挂国旗1100余面。

【繁荣文化】 以更好更优文化服务供给为导向，创造性地推出一批精品文艺剧节目，更好满足人民群众精神文化生活新期待。深入贯彻落实习近平总书记对乌兰牧骑事业发展的重要指示精神，不断壮大乌兰牧骑队伍建设，全年开展文化惠民演出113场次；积极参加深圳文博会、“鄂尔多斯神州行·成都站”等对外文化交流活动，音乐剧《石榴红了》在北京人民大会堂精彩演出，5000余名首都观众现场观看，央视新闻直播间、人民网、新华网等国家级主流媒体争相报道，点击量突破1000万。

统筹开展庆祝新中国成立70周年群众性活动，举办第二届中国农民丰收节及全旗那达慕大会、“我爱你中国”大合唱、“我和我的祖国”快闪、“升国旗、唱国歌”国庆日主题活动等20多场全旗性活动，先后开展“百日消夏”“美丽乡村”文艺汇演、“你好新时代”诗歌朗诵等群众性活动120多场次，让老百姓在家门口享受“文化大餐”。

旗文化志愿服务队与各镇、各民间艺术团体建立帮扶共建机制，常态化指导培训基层文艺人员，基层文化文艺更加繁荣。艾基木儿童合唱团受邀2次赴央视录制演出，歌曲《跳吧，唱吧》荣获自治区第十四届精神文明建设“五个一工程”奖。新闻出版、广播电影电视工作有序开展，广电网络基本公共服务入户、农村电影放映等重点惠民工程扎实推进，软件正版化通过自治区验收。

【新闻出版广电】

新闻出版 组织开展全旗软件正版化检查工作，参加2019年软件正版化版权及新闻出版广电工作培训。经梳理和数据统计，全旗草原书屋有62个、藏书量53306册，其中蒙文书17352册。

广电放映 全年共开展基层公益电影放映1012场（嘎查村816场，社区196场），对接融媒体中心，在电视台开设《中影剧场》专栏，安排的固定时间播放优秀电影节目，制定下发《“不忘初心、牢记使命”2019我的电影党课主题活动》，在全旗各机关事业单位、各镇、嘎查村、社区及矿厂企业开展我的电影党课主题活动42场次。

扫黄打非 制定印发五大专项行动和四大集中整治行动，调整工作领导小组，制定年度考核细则，转发自治区、市关于开展“百日清源”集中整治活动等相关文件；召开2019年度扫黄打非成员单位联席会议，重点部署“扫黄打非”工作要点，开展全市“扫黄打非”意识形态联合督查工作和彻查非法宗教邪教出版物及其经营活动检查工作。

精神文明建设

【概况】 深入贯彻全国、全区、全市文明办主任会议和全市宣传部长会议精神，以迎接第六届全国文明城市测评为统揽、加强“新时代文明实践中心建设”，深化“五大创建”活动和评选表彰“道德模范和身边好人”、提升“未成年人思想道德建设”推动新时代精神文明建设高质量发展。

【深化全国文明县城创建】 进一步加大对社会主义核心价值观、公益广告的宣传力度，在主次干道、商业大街、公园广场，以设置灯杆旗、打造宣传载体、景观小品等，提升社会主义核心价值观和“讲文明树新风”公益广告宣传数量和品质。

完善公共文化场馆、医院、社区志愿服务站点志愿者管理机制，根据自身工作特点，常态化开展志愿服务活动，完善服务记录。

结合鄂前旗地域文化特色，制作“节俭养德”“文明餐桌”“光盘行动”等温馨提示牌。责令未按要求设置禁烟标识、投诉箱、行业规范的窗口单位、宾馆饭店限期整改。

重点改造提升敖镇苏力迪街道路，重新规划德克士、元丰商城、陶伦市场等人流密集区停车位，打造新时代文明实践志愿服务站点43个、公交站牌22个、路标指示牌63个。制作15类实地测评标准明白卡，将各项任务细化分解到4个镇、92个部门和单位，各级各部门主动认领、主动担当，全力完成各项工作任务。

各包片单位累计入户走访1.5万人次，开展环境卫生集中整治活动500多次，发放调查问卷2万多份，内容包括社会主义核心价值观、市民公约、民生服务热线、知识问答等。

抓好老旧小区、背街小巷、农贸市场、城乡接合部等重点部位，抓好创城知晓率、参与率、满意度的提升，抓好创建活动、媒体宣传等重点任务，切实把好实地考察、材料审核、问卷调查三个关口，确保全面达标。

【乡风文明大行动】 推动全旗乡风文明建设，着力培育和践行社会主义核心价值观，持续开展评先树优活动，全旗3人获评鄂尔多斯好人，2人获评内蒙古好人，1户获评自治区文明家庭，向鄂尔多斯市文明办报送全国道德模范候选人1人、最美奋斗者2人。组织2名道德模范，4户文明家庭参加鄂尔多斯市第六届道德模范第四届美德少年暨第二届文明家庭颁奖典礼、评选旗级最美人物17名、“十星级文明户”20户。在机关单位、学校、社区分别开展4场全市道德模范、身边好人和文明家庭先进事迹基层巡讲活动，好家风好家训悬挂率达到30%，引导群众自觉践行社会主义核心价值观和家庭美德。

【文明单位创建】 迎接市文明办开展市级以上文明单位复查1次，区级文明单位复查1次；组织开展区级文明单位、文明村镇申报工作，共计申报区级文明单位标兵3家，区级单位3家，区级文明村镇5个，并配合市文明办完成新申报区级文明单位、村镇的测评工作；向市文明办校对报送新申报和往届审核通过的文明单位、文明村镇的名称，撰写文明单位创建专题调研报告1份，全旗创城创建专题报告1份；推荐上报全市“双美双优”示范窗口评选单位4个；报送创建文明城市宣传稿1篇；开展区级以上文明单位抽查1次。

各文明单位发挥自身优势以“共建共享”为主题，以“优质文明服务”为载体，开展为孤寡老人、优抚对象、残疾人和困难家庭解忧愁、献爱心、办实事，以“包联创建”为主题，组织全旗文明单位单位开展精准扶贫活动，积极为帮扶对象生活上扶贫、精神上扶志、智力上扶学、工作上扶业、发展上扶技为主要内容的包联创建活动。

【文明村镇创建】 落实《全市文明村镇创建五年行动计划》，制定全市乡村振兴示范嘎查村“文明星”创建方案，在各镇有针对的打造一批移风易俗示范村，加强农村牧区“十个一”和农牧户“五个一”创建工作；组织文明单位与嘎查村结对共建乡风文明、助力脱贫攻坚，推动文明村镇建设，全旗荣获区级文明镇3个、旗级文明镇1个，文明镇比例为100%，荣获国家级文明嘎查村1个、区级文明嘎查村4个、市级文明嘎查村4个、旗级文明嘎查村31个，文明嘎查村共计40个，所占比例达到59%。

【最美人物】 2019年，鄂托克前旗委宣传部拟推荐17人为鄂托克前旗2019年度“最美人物”，经征求相关单位意见，最终个人9人、团体2个8人被评为鄂托克前旗2019年度“最美人物”。

【文明家庭创建】 2019年，按照《关于推荐评选第九届内蒙古自治区文明单位、第六届内蒙古自治区文明村镇和第二届内蒙古自治区文明家庭的通知》文件要求，鄂托克前旗文明委将拟推荐上报第二届内蒙古自治区文明家庭纪旭红家庭及复

表 14　　鄂托克前旗文明单位名录

序号	级别	单位名称	年度	颁授部门
1	国家级(1个)	鄂托克前旗人民检察院	2017	中央精神文明建设指导委员会
2	省级标兵(2个)	鄂尔多斯电业局鄂托克前旗供电分局	2014	中共内蒙古自治区委员会 内蒙古自治区人民政府
3		鄂托克前旗公安局	2019	
4	省级(8个)	鄂托克前旗交通管理大队	2000	
5		鄂托克前旗财政局	2000	
6		鄂托克前旗公路管理工区	2003	
7		鄂托克前旗公安局敖勒召其派出所	2008	
8		鄂托克前旗道路运输管理分局	2008	
9		鄂托克前旗移动通讯支公司	2011	
10		鄂托克前旗气象局	2014	
11		国家税务总局鄂托克前旗税务局	2019	
12	市级标兵(5个)	鄂托克前旗蒙古族幼儿园	1986	鄂尔多斯市 精神文明建设委员会
13		鄂托克前旗农业银行支行	2003	
14		鄂托克前旗汉族幼儿园	2009	
15		鄂托克前旗审计局	2013	
16		鄂托克前旗民族职业高中	2015	
17	市级(19个)	鄂托克前旗林业局	1997	
18		鄂托克前旗水务局	1997	
19		鄂托克前旗邮政局	1997	
20		政协鄂托克前旗委员会	1997	
21		鄂托克前旗人民代表大会常务委员会	2001	
22		鄂托克前旗联合网络通信分公司	2002	
23		鄂托克前旗住房和城乡规划建设局	2003	
24		中共鄂托克前旗委员会办公室	2003	
25		鄂托克前旗烟草专卖分局	2008	
26		鄂托克前旗蒙医院	2009	
27		鄂托克前旗乌兰牧骑	2012	
28		鄂托克前旗档案馆	2013	
29		鄂托克前旗文化旅游广电局	2014	
30		鄂托克前旗环境卫生管理局	2015	
31		鄂托克前旗市场监督管理局	2015	
32		鄂托克前旗人民法院	2017	
33		城川民族干部学院	2018	
34		鄂托克前旗党务政务服务中心	2018	
35		鄂托克前旗推进现代服务业发展中心	2018	

续表 14

序号	级别	单位名称	年度	颁授部门
36	旗级（31 个）	鄂托克前旗蒙古族小学	2018	鄂托克前旗精神文明建设委员会
37		鄂托克前旗市场监管局敖镇工商所	2000	
38		鄂托克前旗人民法院昂素人民法庭	2000	
39		鄂托克前旗供电分局城川供电所	2000	
40		敖勒召其镇机关	2000	
41		鄂托克前旗市场监管局城川工商所	2000	
42		鄂托克前旗卫生防疫站	2000	
43		鄂托克前旗人民法院城川人民法庭	2000	
44		鄂托克前旗经济商务和信息化局	2000	
45		鄂托克前旗中学	2018	
46		鄂托克前旗蒙古族中学	2018	
47		鄂托克前旗老干部局	2009	
48		鄂托克前旗住房和物业管理中心	2009	
49		鄂托克前旗人民武装部	2009	
50		鄂托克前旗人民政府机关	2009	
51		鄂托克前旗教育体育局	2009	
52		鄂托克前旗社会保险事业管理局	2009	
53		鄂托克前旗就业服务局	2009	
54		鄂托克前旗人民医院	2016	
55		鄂托克前旗人力资源和社会保障局	2016	
56		鄂托克前旗昂素小学	2016	
57		鄂托克前旗园林绿化局	2016	
58		鄂托克前旗安全监督管理局	2016	
59		鄂托克前旗规划局	2016	
60		鄂托克前旗交警大队昂素中队	2016	
61		鄂托克前旗福城煤矿	2016	
62		国电双维内蒙古上海庙能源有限公司	2016	
63		山东能源内蒙古盛鲁电力有限公司	2018	
64		鄂托克前旗公安局上海庙派出所	2018	
65		中国电信股份有限公司鄂托克前旗分公司	2018	
66		鄂托克前旗大数据中心	2018	

表 15　　鄂托克前旗文明村镇名录

序号	级别	年度	单位名称	颁授部门
1	国家级	2011	昂素镇昂素嘎查	中央精神文明建设指导委员会
2	省级	2010	敖勒召其镇	内蒙古自治区精神文明建设委员会
3		2013	上海庙镇特布德嘎查	
4		2017	上海庙镇	
5		2017	上海庙镇八一村	
6		2019	城川镇	
7		2019	敖勒召其镇大沙头村	
8		2019	昂素镇哈日根图嘎查	
9	市级	2010	上海庙镇长城花园社区	鄂尔多斯市精神文明建设委员会
10		2013	城川镇呼芦素淖尔村	
11		2015	城川镇大沟湾村	
12		2015	敖勒召其镇查干巴拉嘎苏嘎查	
13		2015	敖勒召其镇巴音社区	
14		2015	昂素镇玛拉迪社区	
15		2015	城川镇糜地梁嘎查	
16	旗级	2016	昂素镇阿日赖嘎查	鄂托克前旗精神文明建设委员会
17		2016	敖勒召其镇三道泉则村	
18		2018	昂素镇巴彦柴达木嘎查	
19		2018	昂素镇明盖嘎查	
20		2018	昂素镇巴彦希里嘎查	
21		2018	昂素镇巴彦乌素嘎查	
22		2018	昂素镇克仁格图嘎查	
23		2018	昂素镇玛拉迪嘎查	
24		2018	昂素镇沙日胡舒嘎查	
25		2018	昂素镇苏力迪嘎查	
26		2018	上海庙镇拜图嘎查	
27		2018	上海庙镇芒哈图嘎查	
28		2018	上海庙镇公乌素嘎查	
29		2018	上海庙镇阿勒台嘎查	
30		2018	上海庙镇水泉子村	
31		2018	上海庙镇哈沙图嘎查	
32		2018	城川镇巴彦希泊日嘎查	
33		2018	城川镇大池子村	

续表 15

序号	级别	年度	单位名称	颁授部门
34	旗级	2018	城川镇二道川村	鄂托克前旗 精神文明建设委员会
35		2018	城川镇呼和陶勒盖嘎查	
36		2018	城川镇克珠日村	
37		2018	城川镇苏坝海子村	
38		2018	城川镇伊克柴达木嘎查	
39		2018	城川镇章昂希里村	
40		2018	城川镇大场子村	
41		2018	城川镇黄海子村	
42		2018	城川镇麻黄套村	
43		2018	敖勒召其镇塔班陶勒盖嘎查	
44		2018	敖勒召其镇马场井村	
45		2018	敖勒召其镇巴郎庙村	
46		2018	敖勒召其镇敖勒召其嘎查	
47		2018	昂素镇	

表 16　　鄂托克前旗最美人物名录

序号	姓名	性别	民族	政治面貌	工作单位或 家庭住址	个人或团体
1	郝桂梅	女	汉族	群众	城川完全小学教师	个人
2	武刚刚	男	蒙古族	中共党员	敖镇春苑社区	
3	乌云花	女	蒙古族	群众	蒙医综合医院	
4	慕翠兰	女	汉族	中共党员	党委家属小区	
5	刘晓苏	男	蒙古族	中共党员	旗委编办	
6	李树霞	女	汉族	群众	敖镇漫水塘村民	
7	李龙杰	男	汉族	中共党员	公安局	
8	海棠花	女	蒙古族	群众	环境卫生局	
9	徐　帅	男	汉族	群众	大数据中心	
10	王广斌	男	汉族	中共党员	访前调解工作室	团体
11	特古斯	男	蒙古族	中共党员		
12	张树梅	女	汉族	群众		
13	高光智	男	汉族	中共党员	老书记工作室	
14	陈岗	男	汉族	中共党员		
15	布音伊布格	男	蒙古族	中共党员		
16	杨清	男	汉族	中共党员		
17	田永福	男	汉族	中共党员		

表 17　　鄂托克前旗文明家庭名录

序号	类别	年度	姓名	家庭地址	颁授部门
1	自治区文明家庭	2019	纪旭红 牛文林	上海庙镇乌提嘎查	自治区精神文明建设委员会

表 18　　鄂托克前旗十星级文明户名录

序号	户主姓名	家庭地址	颁授部门
1	高保军	敖勒召其镇三道泉则村	鄂托克前旗精神文明建设委员会
2	陈占禄	敖勒召其镇三道泉则村	
3	杨秉琴	敖勒召其镇春苑社区	
4	高建林	敖勒召其镇育才社区	
5	李宏	敖勒召其镇漫水塘村	
6	张艳飞	上海庙镇龙辰宜合苑小区	
7	阿拉腾达来	上海庙镇特布德嘎查	
8	段世忠	上海庙镇水泉子村	
9	阿拉腾乌拉	上海庙镇拜图嘎查	
10	阿木尔斯迪	上海庙镇特布德嘎查	
11	阿拉腾瓦齐尔	昂素镇昂素嘎查	
12	乌都巴拉	昂素镇昂素社区	
13	苏娅拉其其格	昂素镇阿日赖嘎查	
14	布拉格	昂素镇玛拉迪嘎查	
15	嘎瓦迪	昂素镇玛拉迪嘎查	
16	吉日嘎拉图	城川镇伊克柴达木嘎查	
17	呼和牧仁	城川镇呼和陶勒盖嘎查	
18	王凤礼	城川镇苏坝海子村	
19	高树军	城川镇麻黄套村	
20	王玉霞	城川镇麻黄套村	

表 19　　鄂托克前旗 2019 年市级以上身边好人榜名录

序号	姓名	性别	民族	家庭住址	先进类别	入选时间
1	李永升	男	汉	敖镇公安小区	内蒙古好人	2019.8
2	苏占霞	女	汉	敖镇吉拉修配厂小区	鄂尔多斯好人	2019.12
3	仁庆苏布德	女	蒙	昂素镇巴彦乌素嘎查	鄂尔多斯好人	2019.12
4	肖亚珍	女	汉	敖镇防疫站家属区	鄂尔多斯好人	2019.12

查第一届内蒙古自治区文明家庭乌仁高家庭向旗法院、公安局等部门以及候选家庭所在镇、嘎查(社区)书面征求了意见。依据《内蒙古自治区文明家庭评选标准和评选办法(2019年版)》,第一届内蒙古自治区文明家庭乌仁高家庭被撤销荣誉称号,纪旭红、牛文林家庭被评选为自治区第二届文明家庭。2019年10月20日,鄂托克前旗精神文明建设委员会下发《关于在全旗开展“十星级文明户”评选表彰活动的通知》,经过各镇、各单位推荐,初评、联评、审定、公示等程序,在全旗范围内评选出“十星级文明户”20户。

【身边好人】 2019年,按照《关于组织开展2019年度“鄂尔多斯身边好人”评选表彰工作的通知》文件要求,鄂托克前旗文明办对仁庆苏布德、朱旭丽、肖亚珍、苏占霞、李龙杰等拟推荐参评人选,书面征求旗纪委监委、旗委组织部、法院、公安局等部门以及拟推荐候选人所在镇党委、嘎查党支部意见后,向上级部门报送。2019年12月,仁庆苏布德、苏占霞、肖亚珍3人被评为鄂尔多斯身边好人。2019年8月,李永升被评为内蒙古好人。

【网络文明】 鄂前旗文明网门户网站及时在头条位置转发中央、自治区、市文明网重要信息链接,并发布本旗区宣传思想文化和精神文明建设工作重要信息1200余条;稿件及时上报中央、自治区、市文明网,被鄂尔多斯文明网重点栏目采用18条,其他栏目采用共计33条,被自治区文明网采纳6条,中国文明网采纳5条。文明鄂前旗微信公众号,目前为止发布450余篇信息报道,其中“先进模范”“新时代文明实践”专题报道尤为受到网民的关注。“文明鄂前旗”新浪微博,开设“你在蚂蚁森林种了几棵树”的话题讨论,组织全旗各级文明单位在新浪微博围绕该话题进行讨论,阅读量达到12万,讨论量达到500余次。组织全旗干部群众开展“鄂尔多斯市十大不文明行为”投票活动。开展鄂前旗“绿水青山就是金山银山”暨“前旗有爱”先进典型、志愿者网络公益植树活动40多人自愿参加活动,种植树木1000多棵。

【志愿服务】 紧盯打通服务群众“最后一公里”这一目标,立足全旗“建设三个中心、打造三大基地”战略规划,做到“四个融合”,做好“盘活、搞活、用活、激活”文章,在内蒙古志愿云注册志愿者9000余人,开展志愿服务活动600余场次,受益3万人次。

融合阵地建设,盘活各类存量资源,延伸文明实践触角。制定出台《鄂托克前旗新时代文明实践中心工作方案》,在设立实践中心、所、站的基础上,延伸打造实践点,按照“六有”标准,示范带动分批试点打造中心、所、站、点,实现一个阵地,多种用途。

融合八大领域,搞活志愿服务队伍,丰富文明实践内容。构筑“1+8+N”服务队伍体系,成立1支志愿服务总队,组建8类常备队伍,组建志愿服务小队98支,发展社会志愿服务队伍15支。制定《鄂托克前旗志愿服务队工作方案》,策划8个主题志愿服务活动、8个自选服务活动,常态化开展志愿服务400余场次;采取“一对一”“多对一”等形式,开展精准化志愿服务活动100余场次。

融合线上线下,用活一张网一张图,打通实践“最后一公里”。构建需求收集网,吸纳全旗474名网格员、134名交通劝导员及爱心人士成为志愿服务者,编织群众需求收集网,深入嘎查村、农牧民家中征集群众需求,建立民情需求台账。实施“一张图”管理展示,以地图定位的方式展示新时代文明实践各机构点位,直观了解全旗新时代文明实践机构分布。

融合激励机制,激活群众参与热情,凝聚精神文明建设能量。出台《志愿服务礼遇办法(试行)》,对志愿者予以积分奖励,累计积分满300分、900分、1800分、3000分和4500分的,分别认定为一至五星级志愿者,享受相应的礼遇。将新时代文明实践中心建设工作与创建全国文明县城、乡村振兴战略、内蒙古“千村示范,万村行动”等工作相融合,在车站、公园、广场等人员密集场所设置志愿服务岗20余个,在10个示范嘎查村,突出抓实新时代文明实践工作,推进移风易俗工作,率先在4个“千村示范,万村行动”示范嘎查村打造“文明超市”“新风尚宴会厅”倡导文明新风。

【未成年人思想道德建设】 2019年,鄂托克前旗认真贯彻落实自治区、市文明委关于未成年人思想道德建设工作总体要求,结合实际,有序推进、顺利开展了未成年人思想道德建设工作。

主题教育 组织开展“书香满园”“携手促进发展 塑造有效课堂”、未成年人暑期“文明礼仪伴我行”、“诚实做人,诚信做事”主题演讲比赛等教育活动。鄂托克前旗中学、蒙古族中学共同开展“点燃读书邀请、共建书香校园”活动、“追寻红色印记,传承革命精神”研学活动,鄂前旗海军希望小学举办“我和我的祖国”红歌歌唱比赛,青少年活动中心附属幼儿园开展爱国主题活动,蒙古族学校举办普通话演讲比赛,教育幼儿园精彩快闪《我和我的祖国》,蒙古族幼儿园开展“我和我的祖国”系列活动。

测评选优 制定《鄂托克前旗先进典型评选推广办法》将新时代好少年、美德少年列入其中。广泛动员社会各界和群众推介身边的先进典型,在全旗形成学习、宣传、争做典型的良好氛围。制定完善《2019年“鄂尔多斯好人”“鄂尔多斯新时代好少年”发布仪式暨鄂前旗第五届道德模范表彰活动方案》,充分展示市、旗精神文明建设成果。2019年度“鄂尔多斯新时代好少年”申报6名、评选出鄂尔多斯新时代好少年2名(李洁和李卓阳)。

法制教育 开展普法教育,从预防青少年违法犯罪入手,组织法律工作者、心理学专家进学校开展专题讲座,进行法律法规宣传、加强学生心理健康教育,最大限度的预防未成年人犯罪。

净网行动 强化市场监管,督促文化执法部门形成常态化检查,推进网吧规范化经营,强化未成年人不得进入营业性网吧的硬性规定,净化未成年人的成长环境。

文明校园建设 落实校园安全责任制度、安全教育、安全检查、隐患整改等工作。学校的教室、宿舍、食堂、厕所等校舍用房、建筑物和设施、设备要符合国家规定的标准,校园及周边各类安全设施完备。在重点部位安装报警、视频监控设施,形成集人防、物防、技防为一体的校园治安防控体系。开展交通文明教育,重点加强“文明行车、文明乘车、文明行走”系列宣传教育,用良好的学生形象影响社会。加大校园网络信息技术防范和监督力度,进一步净化网上育人环境。鄂托克前旗中学、职业高中、城川完全小学、实验小学4所学校被评为市级文明校园。城川完全小学被评为自治区级文明校园,正在申报国家级文明校园。

乡村学校少年宫建设 2019年,建成中央专项彩票公益金支持鄂前旗建设乡村学校少年宫4所,即昂素完全小学、城川完全小学、蒙古族希望实验小学、民族职业中学;内蒙古自治区彩票公益金支持鄂前旗建设乡村学校少年宫2所即上海庙学校、海军希望小学;市级乡村学校少年宫1所,即旗实验小学。

新时代好少年 制定《鄂托克前旗先进典型评选推广办法》将新时代好少年、美德少年列入其中广泛动员社会各界和群众推介身边的先进典型,在全旗形成学习、宣传、

表 20　　鄂托克前旗中小学文明校园一览表

序号	学校名称	旗级	市级	区级	国家级	颁授部门
1	城川完全小学	√	√	√	申报中	内蒙古自治区精神文明建设委员会
2	旗中学	√	√	申报中		鄂尔多斯市精神文明建设委员会
3	旗蒙古族实验小学	√				鄂托克前旗精神文明建设委员会
4	旗民族职业中学	√	申报中			
5	旗实验小学	√	申报中			
6	旗蒙古族中学	√				
7	昂素完全小学	√				
8	上海庙学校	√				
9	敖勒召其海军希望小学	√				

争做典型的良好氛围。制定完善《2019年“鄂尔多斯好人”“鄂尔多斯新时代好少年”发布仪式暨鄂前旗第五届道德模范表彰活动方案》,充分展示市、旗精神文明建设成果。2019年度“鄂尔多斯新时代好少年”申报7名、评选出鄂尔多斯新时代好少年2名(李洁和李卓阳)。

表21　　鄂托克前旗乡村学校少年宫一览表

序号	学校名称	市级	区级	中央级	投资单位
1	旗蒙古族实验小学			√	中央专项彩票公益金
2	旗民族职业中学			√	
3	城川完全小学			√	
4	昂素完全小学			√	
5	上海庙学校		√		自治区彩票公益金
6	敖勒召其海军希望小学		√		
7	旗实验小学	√			鄂尔多斯市彩票公益金
8	旗中学	申报中			
9	旗蒙古族中学	申报中			

表22　　鄂托克前旗新时代好少年

序号	姓名	所在学校	所在班级	颁授部门
1	李卓阳(市级)	鄂前旗中学	初二309班	鄂托克前旗精神文明建设委员会
2	李洁(市级)	鄂前旗实验小学	四年级185班	
3	马旭霆(旗级)	鄂前旗中学	8年级300班	
4	娜米拉(旗级)	鄂前旗蒙古族希望实验小学	六年级103班	
5	年政有(旗级)	城川完全小学	三年级82班	
6	万佳乐(旗级)	鄂前旗中学	初三288班	
7	王埜(旗级)	上海庙学校	五年级2班	

融媒体

【概况】 鄂托克前旗融媒体中心成立于2018年11月28日,是自治区103个旗县中38个率先挂牌的试点旗之一,是鄂尔多斯市首批试点挂牌单位。

【电视台】 在电视网络上拥有自办频道1个,即鄂托克前旗电视台。主要常设栏目有《鄂托克前旗新闻》《天气预报》《教育体育园地》《法治时空》《科普鄂前旗》《马兰之韵》《直通开发区》《卫生与健康》《聚焦市场监管》《一线访谈》《杭盖之歌》(蒙语),实现电视节目全天候播出。新闻节目用蒙古、汉语两种语言播出,汉语新闻每周3期周一三五首播、六日重播,蒙古语新闻每周2期周二四首播;每期时长约15分钟,播出时间为每晚19点55分左右,重播时间为当晚21点30分。

【广播电台】 呼号为“鄂前旗人民广播电台”,调频为90.8兆赫。用蒙古、汉语两种语言广播,每周一三五为汉语广播、周六日重播,二四蒙古语广播。日播3次,汉语播出时间为7时至8时、12时至13时、18时至20时40分,蒙古语播出时间为8时至 9 时 30 分、12 时 30 分至 14 时、17 时至 20 时 30 分。

【报纸】 报纸发行有蒙古文、汉文版《今日鄂前旗》(内部刊物)。2019 年,发行汉文报纸 7.7 万份,增加电子报在"i 前旗"APP 上发布;蒙古文报纸发行 2.4 万份。汉文报纸每周发行 1 期,每期设计四版,第一版面为时政要闻版,第二版面为要闻、综合新闻版,第三版面为党建、理论、副刊、专刊,第四版面为社会关注、公示公告、专栏、公益广告;蒙古文报纸每两周发行 1 期,每期设计四版,第一版面为要闻,第二版面为综合新闻,第三版面为社会新闻,第四版面为政策宣传、文学艺术。

【新媒体】 2019 年,汉语新媒体微信平台粉丝量达 58725 人,发稿 2933 篇;微博粉丝量达 82774 人,发布信息 1192 条,点击量达 245 万次;抖音平台发布视频 116 条,获赞 4.6 万;推送 H5、微视频等新媒体作品 125 个。蒙古语融媒体开办"壮丽 70 年、奋斗新时代""脱贫攻坚""不忘初心,牢记使命""扫黑除恶"等多个专栏,微信平台共计发稿 1200 篇,点击量达 40 万次,粉丝量 16000 人。

【新闻内宣】 2019 年,电视播发新闻稿件 260 期 1867 条,报纸刊发稿件 87 期 1346 篇,广播播发稿件 154 期 1100 条,制作专栏节目 72 期。微信平台发稿 4128 篇,点击量达 294 万次;微博平台发布信息 1192 篇,点击量 245 万次;抖音平台发布视频 116 条,获赞 4.6 万;推送 H5、微视频等新媒体作品 256 个,承制主题宣传片 6 部。

【新闻外宣】 2019 年,外宣新闻稿件被市级媒体采用 530 条、自治区级采用 90 条、中央级采用 1 条,向"学习强国"推荐采用稿件 4 篇、向央视新闻移动网推荐采用稿件 2 篇、向人民网推荐采用稿件 2 篇、向新华网推荐采用稿件 5 篇、向内蒙古新闻网推荐采用稿件 2 篇,其中"鄂前旗打造鄂尔多斯高原冷菜产业基地"等多条原创新闻在新华网、人民网等各大主流媒体平台上传报道后点击量累计突破三个百万。通过直播平台进行实时图文视频直播报道共计 20 次、点击量突破 300 万,其中 2019 年中国农民丰收节暨那达慕大会点击量突破 67 万。

红色培训教育基地

【设施建设】 2019 年,鄂托克前旗规划建设"1+6"红色培训教育基地场馆服务中心项目 5 处,建设规模 2788.5 平方米,完工 2 处,并配备游客自动统计监控设备 1 台,智能导览讲解系统 171 套。实施延安民族学院城川纪念馆和三段地革命历史纪念馆展陈内容提升改造工程,新增国家领导人物雕塑 4 组,复原场景 2 处,国画油画 11 幅,沙画视频 2 个。联合文化产业企业围绕红色文化、民族文化、地方特色等研发设计文创文化产品 60 余款。

【红色培训教育培训】 2019 年,"1+6"红色培训教育基地安排来自自治区各盟市及北京、宁夏、陕西、宁夏、甘肃等省区市的干部教育培训主体班 797 期 31262 人,其中城川民族干部学院承接主体培训班 142 期 7052 人,旗内承接干部主体培训班 264 期 9279 人、青少年研学班次 391 期 14931 人。接待游客达 16.1 万人次。

文化广播电视

文化

【概况】 鄂托克前旗公共文化设施建成有国家一级图书馆 1 座,国家三级文化馆 1 座,民间博物馆 3 座;公共文化信息资源共享中心 1 个,镇级服务点 4 个,配备基层流动文化服务车 11 辆;镇综合文化活动中心 4 个,嘎查村(社区)文化活动中心 70 个;实施"数字文化走进蒙古包"工程安装数字文化基站 110 个("移动便捷式加油站"105 个,"一级数字加油站"5 个),提供 24 小时数字文化信息资源便民服务;培育民间文艺组织 47 个,农牧民家庭文化户 190 户,草原书屋 86 个。形成旗、镇、村、户四级公共文化服务网络,实现"城镇十分钟文化圈"和"农村牧区十公里文化圈"文化资源共建共享目标。

【民族文化博览园】 位于敖勒召其镇城区西南角,2014 年投入运营,项目总投资 2.8186 亿元。总规划占地面积 3.4 平方公里,总建筑面积

11.06 万平方米，共有建筑 45 栋，415 间 +6 厅。按建筑布局划分为两条主轴（塔拉额吉街蒙古族文化体验轴、乌兰红街旅游商业轴）七个功能分区的空间结构体系（文化创意区、科技与康养区、政务服务区、特色餐饮区、民族特色区、民俗体验区、文化演艺区）。园区整体入住率达到 94.7%，利用率达到 92%。

鄂托克前旗民族文化博览园立足优越的区位优势和浓郁的民族文化，围绕促进产业结构优化升级，加快以文化旅游业为主的现代服务业发展，以蒙古族民族文化为核心，坚持“民族文化 + 旅游带动 + 商业配套 + 宜居舒适”的发展理念，通过政府主导、市场化的运作方式，以研学为突破口，重点培育蒙古族文化 + 研学、蒙古族文化 + 康养、蒙古族文化 + 娱乐、蒙古族文化 + 文创等业态，打造成为集文化体验、研学教育、商品展销、生产加工、旅游休闲、购物娱乐、工作居住为一体的文旅商居四维一体文化产业园区。

【图书馆】 鄂托克前旗图书馆新馆位于文化产业园 F 区，为国家一级馆。建筑面积 2500 平方米，内设民族地方文献展厅，少儿阅览室、综合阅览室、电子阅览室，中文、蒙文、盲文书库，往期报刊室，采编加工室，多媒体培训室，公共活动服务大厅等。鄂托克前旗图书馆纸质藏书总量达 120165 册，全年接待读者 29650 余人次，图书流通 28342 册次。全年办理读者卡 355 张。认真做好报刊、杂志的分类、编目、上架、管理工作，2019 年订阅中文刊物 120 种，蒙文刊物 32 种，少儿刊物 54 种，报纸 27 种。完成 2018 年报纸刊物的装订、编目、系统录入工作。引进排架系统，更新排架标识，简化图书上架程序，提高工作效率。同时引进数字化一体机借阅机、阿法迪图书借阅设备，使读者享受到更便捷、更丰富、更高效、更舒适的读书服务。

【新华书店】 鄂托克前旗新华书店隶属内蒙古新华发行集团股份有限公司，是全旗唯一一家国有图书文化企业，担负着全旗中小学教材、政治读物及蒙文等图书的发行任务。书店位于敖勒召其镇苏力迪西街，占地面积 1700 平方米，设有敖勒召其镇书店和城川民院红色书屋 2 处网点。敖勒召其镇新华书店卖场经营面积 200 平方米，主要陈列图书、文化用品、玩具、家居厨具等，图书品种近万种，涵盖社会科学、文学艺术、少儿幼教、文化教育、科学技术五大类。2018 年 7 月 1 日，成立城川民族干部学院红色书店，店面 46 平方米，共计有红色相关图书及文创 2800 种。旗新华书店始终把社会效益和服务广大读者放在首位，积极开展各类公益讲座、全民阅读、文化惠民等活动，全年开展研学活动 4 次。

全年实现业务收入 527.87 万元、同比增加 62.97 万元，其中中小学教材实现收入 389.19 万元、同比增加 51.72 万元；一般书实现收入 138.68 万元，同比增长 11.25 万元。

【文化馆】 鄂托克前旗文化馆新馆位于文化产业园 H1 区，为国家三级文化馆，是鄂尔多斯原生态短调民歌教学基地、扎木苏原生态长调民歌教学基地和兔兔少儿舞蹈培训中心。建筑面积 2578 平方米，内设非物质文化遗产展厅，多功能演艺厅，录音棚，合唱排练厅、乐队排练室、舞蹈排练室，少儿舞蹈排练室、少儿美术书法室，电子阅览室，健身活动房、棋牌室等 11 个功能区。2019 年，文化馆共组织开展“百团千场”、“百日消夏” 等惠民演出，总计达 175 场，其中以“唱响舞动·大美前旗”为主题的“百团千场”送文化下乡惠民演出 65 场(包括文化日演出 10 场)、“百日消夏” 广场及社区惠民演出 110 场（红色研学学员走进文化馆体验“蒙古三学”互动活动 15 场)，吸引观众达 79800 人。截至年底，共新创文艺作品 28 件，其中：自编自创的舞蹈 9 支、小品 2 台、好来宝 2 段、歌曲(词)6 首、快板 1 段、器乐合奏 8 曲。

【博物馆】 建成民间博物馆 4 个、在建 1 个。

内蒙古民俗文化博物馆 位于旗科教职教园南区，临旗文化产业园，于 2015 年建成并投用。是一座以陈列、展示、弘扬鄂尔多斯民间民俗文化为主的综合性博物馆，集中展现春秋至明清时期鄂尔多斯一带游牧定居民族的农牧业、手工业及婚俗祭祀等生产生活习俗。博物馆建筑面积 5047 平方米、展厅面积 2123 平方米，分上下两层共 18 个展厅，主要由鄂尔多斯婚礼类、传统蒙医药和草药类、民族民俗用品类、蒙古族马文化类、游牧文化及农耕文化类、“文化大革命”时期展品类6大部分组成。馆藏展品2.6万件(套)，其中传统蒙古医药和草药类展品种类较为全面，极其珍贵、自成一体。2019年参馆8万人次。

曹纳木博物馆 位于旗文化产业园E6区，建筑面积2000平方米。馆内展品分为藏书和藏品两大部分。藏书分古籍和现代出版物两大类，古籍藏有手抄本、木刻本和活字铅印本，现代出版物包括社会科学类和自然科学类图书，有蒙古文图书15000余部、汉文图书5000余部、国内各地蒙古、汉文刊物(包括内部刊物)70余部5000余期（册)。藏品主要有近代蒙古族生活起居用品，鄂尔多斯蒙古服饰，化石、鼻烟壶等珍品，红色纪念品等。2019年参馆3万人次。

内蒙古蒙古文书法博物馆 位于旗科教职教园内。是为探究蒙古文字历史演变、传承和保护蒙古文书法而创建的内蒙古自治区唯一一家蒙古文书法专题博物馆。建筑面积2030平方米，分上下共两层，共5个展厅，划分为序厅、蒙古文字沿革展厅、蒙古族当代书法家作品展厅、成吉思汗箴言展厅、哈旺加卜蒙古文书法展厅。藏品11850余件。2019年参馆3万人次。

鄂尔多斯市铜镜博物馆 位于旗文化产业园区E区，建筑面积2100平方米。主要收藏有中国古代铜镜、中国历代钱币及丝路钱币、化石、青铜器、兵器、陶器、瓷器，以及民俗收藏、红色收藏、票证、烟标等十几个门类约2万多件藏品。

鄂托克部落博物馆(在建) 位于旗文化产业园E7区，建筑面积2500平方米。是以展示鄂托克部落的历史沿革及其承载的传统文化为主题的博物馆。

【乌兰牧骑】 1981年成立，排练厅等建筑面积4858平方米，演职员64名。曾代表自治区赴北京、上海、广州等多地巡回演出，受邀出访欧洲、东南亚等国家演出。首次将传统民俗文化《鄂尔多斯婚礼》以歌舞剧形式搬上舞台。荣获“全国服务基层先进集体”“自治区十佳乌兰牧骑”“自治区一类乌兰牧骑”“自治区职工职业道德十佳单位”“自治区优秀乌兰牧骑”“自治区五个一工程创作奖”“全区乌兰牧骑艺术节金奖”以及“全市专业团体文艺汇演金奖”等多项荣誉称号。2019年8月在第八届内蒙古自治区乌兰牧骑艺术节“一专多能”比赛中嘎希瓦荣获二等奖、孟克毕力格荣获三等奖；9月在第三届中国·国际蒙古舞蹈艺术展演中舞蹈《乐途》荣获表演优秀奖、创作优秀奖。全年开展文化惠民演出107场次，受众约5万人次；共完成新节目创作20个，其中有7首歌曲、3台小品、9支舞蹈、1段快板。

【艾基木儿童合唱团】 成立于2016年6月12日，由45名7～12岁的蒙古族儿童组成，主要演唱蒙古族童谣、传统民歌、颂歌及传统与现代原创艺术歌曲，是内蒙古唯一一支儿童合唱团。2019年5月受邀参加央视戏曲和音乐频道《民歌·中国》栏目组的录制；7月参加中华人民共和国第十四届冬季运动会火炬传递鄂尔多斯站启动仪式文艺演出；11月参加中央电视台《赞歌》栏目。9月，作品《唱吧 跳吧》获得内蒙古自治区第十四届精神文明建设“五个一工程”奖。

【“鄂尔多斯之韵”合唱团】 成立于2015年12月1日，是鄂前旗文化馆管理的公益性、示范性群众文艺团体，也是全旗第一个以无伴奏为主的合唱团。团员主要由文艺协会骨干和群众声乐爱好者组成，具备较高的艺术水准和独特的民族风格，共有团员40名。2019年7月9日，受邀远赴俄罗斯参加中俄蒙国际汽车拉力赛暨文化艺术节开幕式，荣获突出贡献奖。

【文物征集保护】 2019年，围绕“1+6”红色培训教育基地实物展览开展文物征集和馆藏文物鉴定工作，三段地工委党旗被评定为国家一级文物、阳早寒春手稿等4件(套)为国家二级文物，45件(套)定为国家三级文物，三段地工委党旗的成功定级，填补了鄂前旗馆藏国家一级文物的空白。在长城、查干巴拉嘎素古城等重点文物保护单位树立界桩850根，夯实文物安全基础。配合完成全旗17项重大项目地表文物踏查工作。组织开展2019年“5·18”国际博物馆日、9月草原文化遗产日等大型活动。组织申报城川城址和明长城(鄂托克前旗段)安防项目。全年开展实地文物安全巡查80余次。

【文化交流】 组织旗乌兰牧骑、优秀民间艺术团及传承人先后赴蒙古、俄罗斯等国及国内宁夏、香港、新疆、北京、福建、甘肃、陕西、广州、深圳、青岛等地开展文化交流20余次。5月，孛儿只斤·查干森布尔个人书画展在内蒙古图书馆成功举办；6月，乌仁堂乃艺术协会的《顶碗舞》荣获厦门全国优秀节目评选大赛金奖，中老年文化艺术协会远赴新疆参与“天山杯”文艺会演比赛二等奖；7月，巴彦浩来艺术团赴香港荣获“盛世夕阳红”庆祝新中国成立70周年文艺盛典活动金奖，鄂尔多斯之韵合唱团受邀参加2019“丝绸之路”国际汽车拉力赛俄罗斯赛段终点暨“草原的旋律”国际民族文化节荣获突出贡献奖；9月，自治区级鄂尔多斯蒙古族刺绣传承人姚凤琴代表内蒙古自治区赴蒙古国参加“感知中国·蒙古行”纪念中蒙建交70周年系列文化活动，使民族文化再一次绽放世界舞台。

【群众文化活动】 依托完善的基础条件，成功举办了首届“苏力迪杯”书法知识技能比赛（1月12日）、大学生春晚（1月24日）、新年音乐会（1月29日）、艾基木儿童合唱团2019年新专辑新闻发布会暨新年音乐会（1月29日）、少儿春晚（1月30日）、农牧民春晚（1月31日）、欢乐闹元宵（2月19日）、首届“马兰花读书节”（4月23日）、庆中华人民共和国成立70周年全旗大型合唱比赛（7月30日）、建党98周年红歌晚会（8月20日）、农民丰收节暨那达慕大会（9月19日）、黄金100秒（9月21日）、中华人民共和国成立70周年主题演讲比赛（9月21日）、国庆节专场晚会（10月1日）等20余项大型活动。圆满完成“世界诗歌日”（3月21日）、2020年第十四届全国冬季运动会鄂尔多斯站火炬传递开幕式文体活动（7月5日）、2019年全国青少年手球锦标赛”开幕式文艺演出（8月6日）等活动。“双百”惠民文化活动日趋常态化，累计开展活动282场次，（百团千场惠民演出172场次，百日消夏广场演出110场次），惠及群众近9万人次，公共文化服务能力和水平获得极大提升。

【文艺作品创作】 大型民族音乐剧《石榴红了》于12月亮相首都人民大会堂。8月，组织乌兰牧骑参加第八届内蒙古自治区乌兰牧骑艺术节“一专多能”比赛，嘎希瓦和孟克毕力格分获二、三等奖，选送舞蹈《乐途》参加第三届中国·国际蒙古舞蹈艺术展演活动荣获表演优秀奖、创作优秀奖；5月，艾基木儿童合唱团再次受邀参加央视戏曲和音乐频道《民歌·中国》栏目组歌曲录制；9月，歌曲《唱吧跳吧》荣获自治区第十四届精神文明建设（蒙语）歌曲类“五个一工程”奖。国家级非遗传承人曹纳木出版发行蒙汉译本《鄂尔多斯民歌1000首》书籍。组织整理编撰完成《鄂托克前旗文化旅游概览》《草原上绽放的马兰花》；录制旗乌兰牧骑首张民乐专辑，发布乌兰牧骑微课堂32节；以“乌兰牧骑+网络教学”的模式，为农牧民群众开展马头琴、三弦、四胡、笛子等文化辅导活动。至年底，共完成新创剧节目9个，作品48个（歌曲13首、小品5台、舞蹈18支、快板2段、好来宝2段、器乐合奏8曲）。

【非物质文化】《六十棵榆树》通过自治区文旅厅审核，顺利完成申报第五批国家级非遗项目；鄂前旗额仁其其格、布日尼亚等5人入选第六批自治区级非物质文化遗产代表性项目代表性传承人名录；“马头琴制作技艺”“蒙古文书法”“蒙古族传统绘画技艺”“鄂托克前旗剪秋季羊毛（绵羊）习俗”“嘎拉塔尔尼治疗法”等5个项目公布为第二批旗级非物质文化遗产保护代表性项目。2019年7月，组织参加全自治区蒙古族刺绣大赛，旗乌珠木巴拉、娜仁花荣获针法组一等奖，格日乐图雅荣获构图组一等奖，高耀花荣获针法组三等奖。6月组织优秀非遗传承人参加全区2019年“文化和自然遗产日”活动和8月的第八届鄂尔多斯婚礼文化日活动，取得优异成绩。

【文化市场】 推进“放管服”改革，做好权责清单建设、调整和管理工作，共梳理权责清单事项467项（其中行政确认1项、行政处罚420项、行政强制措施2项、行政监督检查29项、行政许可8项、其他行政权力7项）。其中451项划转给旗文化旅游综合执法局，4项行政许可事项移交宣传部。鄂前旗实有文化市场经营场所49家，其中网吧14家，印刷厂6家，出版物（音像、图书）18个，歌舞、娱乐场所7个，演出场所

4个。2019年共办理行政审批10项，其中出版物经营许可2项，变更法人3项，变更名称3项，变更地址2项。积极组织开展文化市场安全检查，共出动执法人员100多人次，检查营业场所410家次。

广播电视

【广播】 全旗建有广播发射台1处，广播基站1个，确保全旗农村牧区收听44套广播节目。为全旗68个嘎查村、16个社区、2个林场提供应急广播服务。

【电视】 全旗建有地面数字电视基站7个，确保全旗农村牧区电视用户收看70套电视节目。

文学艺术界联合会

【概况】 2019年，鄂前旗作家和文学爱好者在各类报刊杂志和文学期刊发表各类文学作品110件，出版文艺专著5部；编辑出版《巴彦杭盖》和《红柳河》蒙汉文刊物各2期。完成《马兰花诗集》的编辑、审稿、招投标和出版发行任务。

【文艺协会】 4月3日，成立旗音乐家协会、舞蹈家协会。改选作家协会领导机构，修订完善章程。

【文艺活动】 组织举办鄂前旗首届文艺界己亥年春节晚会暨文艺界联欢活动，晚会节目在鄂尔多斯市电视台、旗电视台录播，并通过网络媒体进行直播。

作家协会 8月，成功举办八省区首届《阿拉腾嘎达苏》杯蒙文原创诗歌大奖赛暨诗歌那达慕，来自新疆、青海、甘肃及内蒙古各地164人参加，其中鄂托克前旗12人参赛，1名选手获三等奖。

摄影家协会 举办“百名摄影家走进美丽鄂前旗—庆祝建国70大庆全国摄影大赛暨摄影采风创作展览”活动，征集到反映全旗经济、文化、社会、生态等领域的高质量摄影作品1000多幅。与旗委组织部、总工会等部门共同举办庆祝建党98周年书画摄影展。

音乐家协会 征集“神奇的鄂托克前旗”草原歌曲和“城川寨子”红色主题歌曲，已从全国征集到优秀作品100多首。

书法家协会 与旗妇联共同举办“不忘初心、牢记使命”主题文学书法绘画作品大赛。举办4期文艺

表23 鄂托克前旗籍2019年原创文艺作品一览表

序号	姓名	书名	体裁	出版社
1	曹纳木	蒙汉对照鄂尔多斯民歌1000首(上下)	诗歌	内蒙古人民出版社
2		《鄂尔多斯文献》(今译本)名词及古文典列	论文	内蒙古人民出版社
3		蒙藏汉合璧蒙古人藏名	说明文	内蒙古人民出版社
4	敖特根斯仁	鄂尔多斯民俗	纪实文类	内蒙古大学出版社
5	恩和布仁	祝诵巧语	诗歌	内蒙古大学出版社
6	额尔登乌拉	鄂托克前旗简史	记叙文	内蒙古大学出版社
7	白斯日古林	梁地草本植物图介	说明文	内蒙古大学出版社
8	巴彦贺喜格其其格	鄂托克名医甘露	散文集	内蒙古科学技术出版社
9	巴德荣贵	还原注解《蒙古源流》	论文	内蒙古教育出版社
10		人类世界(上)	诗歌	内蒙古文化音像出版社
11		人类世界(下)	诗歌	内蒙古文化音像出版社
12		神话世界(上)	诗歌	内蒙古文化音像出版社
13		神话世界(下)	诗歌	内蒙古文化音像出版社
14		悲哀世界(上)	诗歌	内蒙古文化音像出版社

续表 23

序号	姓名	书名	体裁	出版社
15	巴德荣贵	悲哀世界(下)	诗歌	内蒙古文化音像出版社
16		蒙古世界	诗歌	内蒙古文化音像出版社
17		明亮世界	诗歌	内蒙古文化音像出版社
18		我的故乡美丽的草原	诗歌	内蒙古文化音像出版社
19		故如歌研究	论文	蒙古国国际出版社
20		达希巴拉巴尔书法书	书法	内蒙古文化音像出版社
21	布赫图门吉日嘎	鄂尔多斯祝颂	诗歌	内蒙古少年儿童出版社
22	查汉生布尔	孛儿只斤查干森布尔绘画	画册	内蒙古文化音像出版社
23	苏日塔拉图	蒙藏汉合璧数的知识(鄂尔多斯文献 47)	说明文	内蒙古人民出版社
24	巴音格西格	普济杂方	说明文	内蒙古人民出版社
25	金　花	魂牵梦绕的草原	散文	内蒙古文化音像出版社

家增强“四力”培训班，其中鄂前旗青年音乐人呼戈创作的歌曲《唱吧、跳吧》荣获自治区精神文明“五个一”工程奖。

文化旅游

综述

鄂托克前旗旅游发展的总体思路是“文化引领、旅游带动、项目支撑、节庆造势、产业融合、协同发展”，以打造“旅游强旗”为目标，依托富集的红色资源和深厚的文化底蕴，主打“红色文化、民族风情、大漠风光、乡村休闲”四大类旅游产品，全力推进“德善草原·大美前旗”旅游品牌建设，统筹推动全域旅游长足发展。2019 年，共接待游客 125 万人次、同比增长 16.5%，实现旅游综合收入 38.51 亿元、同比增长 15.7%；“1+6”红色培训教育基地安排来自自治区各盟市及北京、宁夏、陕西、甘肃等省区市的干部教育培训主体班 797 期 31262 人，其中城川民族干部学院承接主体培训班 142 期 7052 人，旗内承接干部主体培训班 264 期 9279 人、青少年研学班次 391 期 14931 人。

草原文化旅游

【政策扶持】 制定鄂托克前旗《文化旅游实施意见》《文化旅游产业扶持奖励办法》等一系列政策措施。

【项目建设】 持续推动马兰花草原配套设施项目、水洞沟(北区)景区项目、大沙头生态文化旅游区项目等续建项目。其中马兰花草原 2019 年完成投资 1190 万元，完成部分绿化工程，着手马术俱乐部策划方案设计和温泉项目调研；水洞沟（北区）景区全年完成投资近 2000 万元；大沙头生态文化旅游区项目投资 400 多万元完成素质拓展区项目建设。

【旅游造势活动】 2019 年，成功举办中国·鄂托克前旗第四届圣火文化节暨冰雪那达慕、“国际博物馆日”“中国旅游日”暨“百日消夏”广场文化系列活动、第九届“大沙头杯”汽车场地挑战赛、第三届全国研学旅行户外教育培训暨交流研讨会、农牧民丰收节，积极筹划第五届圣火文化节和第二届冰雪节等 6 项大型品牌旅游节庆活动，丰富了全旗群众文化生活、吸引了大批周边游客。

红色文化旅游

【概况】 鄂托克前旗依托悠久的革命历史文化，充分挖掘独特的红色资源，布局建设“1+6”红色培训教育基地(“1”是以延安民族学院城川纪念馆和城川民族干部学院为中心，集中开展干部培训教育，“6”是以三段地革命历史纪念馆、城川红色国际秘密交通站陈列馆、阳早寒春三边牧场陈列馆、王震井纪念园、马良诚顾寿山烈士纪念陵园和滴哨沟战场纪念园6处红色历史文化纪念场所互为补充），并在城川民族干部学院的基础上，规划建设城川红色拓展基地和红色教育培训中心，打造集党性教育、国防教育、爱国主义教育、民族团结教育以及青少年红色研学、素质拓展、应急救援培训等为一体的综合性拓展训练基地，全面带动红色旅游多层次、多角度发展。

2019年，“1+6”红色培训教育基地安排来自自治区各盟市及北京、宁夏、陕西、甘肃等省区市的干部教育培训主体班797期31262人，其中城川民族干部学院承接主体培训班142期7052人，旗内承接干部主体培训班264期9279人、青少年研学班次391期14931人，共接待游客达16.1万人次。

【项目建设】 全面完成红色拓展基地项目建设，持续推动城川红色教育集训中心项目项目。其中红色拓展基地完成投资3000多万元，素质拓展区拓展器械全部安装完成；城川红色教育集训中心项目批准立项。

【融合发展】 促进红色革命文化与民族草原文化深度融合，以红色旅游促进文化旅游产业结构调整，连点组面，全力推动全域旅游发展。城川红色教育培训中心会同城川民族干部学院、旗文旅广局和文旅集团共同成立鄂托克前旗红色研学旅游联盟，初步制定红色旅游精品线路，促进红色旅游同乡村旅游、文化旅游、景观旅游等融合发展，带动观光游、体验游、田园风情游等业态快速发展。联合旗文旅集团，按照“企业+基地”的合作方式，同内蒙古中道文化产业发展有限公司围绕红色文化、蒙元文化、地方特色共研发设计60余款产品，其中核心文创产品40余款，关联文创产品20余款。配合旗文旅广局、文旅集团申报4A级旅游景区工作，积极参加各类旅游推荐会，加强地区间交流推广，进一步提高鄂前旗红色教育基地知名度和影响力。

【社会经济效益】 “1+6”红色培训教育基地的建成运行，实现红色文化资源优势向经济优势和产业优势的转变。越来越多的人前来参观学习，带动基地周边商户及“农牧家乐”不断发展壮大，既拓宽了农牧民的致富渠道，又促进了劳动力转移就业和创业增收。红色旅游已然成为全国干部洗礼的“大课堂”、当地群众受益的“致富路”、全旗旅游产业发展的“排头兵”，红色旅游开发建设带来的多重效应正日益凸显。特别是在红色基地建设过程中，改造装修城川红色特色小镇，建成1条高速公路、配套建成2条二级旅游公路，建设敖勒召其、城川2个通用机场等，全面提升鄂前旗经济社会发展的硬实力，为鄂前旗实现新常态下的经济转型升级筑牢基础。

鄂前旗全域发展红色产业，推动红色研学、红色旅游实现跨界融合发展。整合成立包含文化传媒、景区经营等子公司的文化旅游集团，组建成立内蒙古城川红色产业发展有限责任公司，推出与市场需求衔接、展现红色精神的文创产品，举办文化旅游产品设计大赛，加快优秀文创产品项目化落地，激发红色旅游消费市场活力。同时，把民族食品、民族手工艺品、绿色有机果蔬等有效链接到红色产业链上，构建产、学、研、销一体化的红色产品业态，带动1000多户合作社、农牧户和5000多农牧民的就业创业，人均增收突破1万元。

教育体育

教育

【概况】 2019年，鄂托克前旗有各类学校、幼儿园、中心共29所，其中完全中学2所、民族职业高中1所、九年一贯制学校1所、完全小学5所，公办幼儿园10所、注册民办幼儿园6所，早期教育中心、青少年学生校外活动中心、教研中心、电教中心共4所。全旗有在校学生及幼儿13391名（蒙授2660名），其中幼儿3566名（蒙授737名）、小学5329名（蒙授873名）、初中2270名（蒙授419名）、普通高中843名（蒙授120名）、职业高中1383名（蒙授511名）。学前三年入园率达98.21%以上，高中适龄人口入学率92.35%，小学、初中适龄人口入学率和巩固率均为100%。全旗中小学、幼儿园在岗教职工1492名，其中专任教师1206名（蒙授367名），专任教师学历合格率幼儿园、小学、初中均为

100%，普通高中98.02%，职业高中96.10%。

【学前教育】 2019年，全旗有早教中心1所、幼儿园16所（公办10所、注册民办6所），其中自治区示范园2所、市级示范园5所，一类甲级幼儿园1所、一类乙级幼儿园1所、二类甲级幼儿园1所。在园幼儿3566名（公办幼儿园3048名，民办幼儿园518名），其中蒙语授课幼儿737名；学前三年入园率达98.21%、学前一年入园率达98.29%。教职工396人，其中专任教师341人，专任教师学历合格率100%。

2019年，完成投用公立第三幼儿园，占地面积5000平方米、建筑面积3096平方米。继续开展品牌幼儿园、特色幼儿园建设和幼儿园类级评定工作，创建自治区示范园1所、一类甲级幼儿园1所、二类甲级幼儿园1所；开展"温馨教室"评选活动，5个班级评为市级"温馨班级"。派出48人赴全市各旗区幼儿园进行挂职交流学习，接收其他旗区48人到鄂前旗幼儿园挂职交流学习。全年组织教师参加各级各类培训2029人次，教师节表彰优秀教师31人。

【义务教育】 2019年，全旗义务教育阶段在校学生7599名（蒙授1292名），其中初中2270名（蒙授419名），小学5329名（蒙授873名）。有教职工787人，其中专任教师636人，专任教师学历合格率100%。

2019年，鄂托克前旗顺利通过义务教育均衡发展市级"复检"。继续对全旗义务教育阶段学校起始年级新生实施"阳光分班"政策和校长、教师交流轮岗制，全年组织教师参加各级各类培训1893人次，教师节表彰优秀教师78人。全旗89名汉授初中毕业生被市直学校录取，1名蒙授初中毕业生被内师大附中录取，41名蒙授初中毕业生被市蒙古族中学录取。

【普通高中教育】 2019年，全旗有普通高中教育在校学生843人，其中蒙授120人。教职工134人（汉授105人、蒙授29人），其中专任教师101人，专任教师学历合格率98.02%。

2019年，普通高中教育实施学生综合素质评价制度，教师节表彰优秀教师17人。全旗普通汉授高考254人参考，本科上线165人（一本21人，二本91人，艺术类53人），本科上线率64.96%；普通蒙授高考参考44人，本科上线31人（一本3人，二本17人，艺术类11人），本科上线率70.45%。

【职业教育】 2019年，旗民族职业高中有在校生1383名，教学班43个。教职工175名，双师型教师占49%，教师节表彰优秀教师17人。

2019年，进一步深化与蒙古国、日本等国家对外合作办学，招收蒙古国留学生13人，聘请3名蒙古国学者及资质专家指导民族手工艺制作、蒙餐加工专业和教师培训等活动，职中2名教师在蒙古国国立师范大学获得博士学位。10月13日，蒙古国国立教育大学师范学院派遣26名毕业生到旗民族职业中学进行为期一个月的学术交流及实习。加强校企合作办学，共与6家企业签订校企合作协议书，3个专业与企业进行联合办学。协同自治区民委、市文化局、旗民委、旗就业局等部门，承办八省区蒙古族中学教育协会第31届年会，160名蒙古族中学校长、副校长参会；承办自治区第四期民族手工艺制作培训班、八省区《哈旺扎布》蒙文书法培训班、全市首届民族手工艺制作等培训班7期，589人次参训，取得国家职业资格证书190人，结业率90%。旗民族职业高中于5月11日获得中国商业会计学会"科云杯"全国职业院校中职组财会职业能力大赛三等奖；5月20日，获得第三届鄂尔多斯市红十字应急救护比赛优秀奖；6月18日，被教育部评为"全国首批1+X证书制度试点院校"，在老年照护专业开展试点工作；6月22日，参加鄂尔多斯市第十六届"腾格尔——蒙古人"杯中学生技能大赛暨蒙古族中学传统体育艺术比赛获得高中体育竞赛团体二等奖；6月26日，在自治区"主席杯"校园足球中职中专女子足球获得第五名；8月28日，确定为"自治区第三批中小学知识产权教育试点学校"；9月15日，被教育部、人力资源和社会保障部评为"全国教育系统先进集体"；12月1日，获得第十六届全国高中信息技术与教学融合创新大赛活动优秀组织奖；12月10日，被鄂尔多斯市人力资源和社会保障局、鄂尔多斯市红十字会授予"全市红十字系统先进集体"。

【特殊教育】 2019年，安排特殊教育专项资金40万元用于支持资源教室建设、教师培训及配备设施设备，对鄂前旗16名残疾儿童少年开展入户调查和送教上门工作，认定筛查10名随班就读生接受义务教育。选派8名特殊教育管理人员、资源教师及随班就读教师参加鄂尔多斯市第三期随班就读师资培训和自治区特殊教育培训。

【民族教育】 2019年，在校蒙古族学生数3737名，其中在园幼儿986名。

2019年，落实自治区级民族教育专项资金30万元，市级民族教育专项资金100万元，旗级民族专项资金50万元，深入贯彻落实《鄂尔多斯市人民政府办公厅关于印发鄂尔多斯市贯彻落实〈内蒙古自治区民族教育条例〉实施方案的通知》精神，落实民族补助资金150万元，落实蒙古语授课教职工待遇。鄂前旗8所中小学幼儿园被评为鄂尔多斯市教育系统民族团结进步模范集体，旗教育体育局被评为市级民族团结进步创建活动示范单位。9月10日，旗教育体育局在城川民族学院研学基地举行民族团结进步教育基地挂牌活动。10月18日，旗教育体育局在昂素镇昂素嘎查吴日德萨矗立牧家进行民族传统文化教育实践基地挂牌仪式。12月20日，旗蒙古族实验小学艾基木儿童合唱团《唱吧 跳吧》获得自治区"五个一工程"奖。

【智慧教育】 2019年，大力推进教育信息化，组织各中小学幼儿园校长和信息技术教师参加"钉钉未来校园"培训、全旗新招聘教师信息技术应用能力提升培训、全旗安全与德育工作管理系统应用培训等10余场类培训活动，全年累计培训人数达862人次。组织开展全旗小学英语、数学、语文等学科远程互动教研活动6次，参加全市信息技术网络互动教研18次，组织教师参加全国职业院校、中小学、幼儿园教师信息技术与教学融合创新展示与培训活动，获一等奖3人、二等奖5人、三等奖5人。实验小学、海军希望小学和城川完全小学被列为"智慧教育套件与学习路网资源建设基地校"，邀请东师大专家开展基地校课堂教学指导及专业知识培训等活动。

表24 2019年鄂托克前旗教育事业基本情况表

学校类型	学校数	班级数	招生数	在校生数	毕业生数	高等院校录取人数		教职工	
						大专	本科	合计	专任教师
职业学校（中等）	1	43	355	1383	338	319	13	175	128
普通中学	2	85	1119	3113	968	—	—	431	336
高中	2	24	272	843	302	102	196	134	101
初中	3	61	847	2270	666	—	—	297	235
小学	5	145	1075	5329	880	—	—	490	401
幼儿园	16	136	835	3566	1348	—	—	396	341

体育

【学校体育】 全旗各中小学、幼儿园均配有户外运动场地，鄂前旗鄂尔多斯蒙古族中学、旗中学、上海庙学校等3所学校设有风雨操场，基本满足学校体育教学需要和学生课外体育活动需求。2019年，组织全旗各中小学举办第二十二届中小学学生田径运动会及第三届教职工田径运动会、"旗长杯"校园足球四级联赛等体育竞赛活动约50场次。旗蒙古族希望实验小学艾基木合儿童唱团声乐节目，参加全国第六届中小学生艺术展演活动，获得小学组"一等奖"，旗教体局被教育部评选为"优秀组织奖"。6月，鄂前旗两所学校足球队参加自治区"主席杯"校园足球四级联赛，蒙古族希望实验小学女子组获得全区"第三名"，民族职业高中女子组获得全区"第五名"。9月，旗民族职业高中舞蹈节目《毡房里的额吉戈泰》代表鄂尔多斯市中小学生，参加全区中小学生艺术展演，选入全区中小学生最佳优秀节目名单。

【群众体育】 鄂托克前旗建有全民健身乒羽馆、游泳馆大型健身馆2

个，全民健身中心1个，有鄂前旗体育总会及单项体育协会14个，体彩销售点21个，体彩销售额2245.41万元。2019年，主办和承办球类、健身操、各类运动会等健身活动20场次，其中主办全旗第十一届“体彩杯”健身操大赛、全旗五人制足球比赛等旗级活动11场次；承办全国青少年手球比赛、全国第十四届冬季运动会火炬传递鄂尔多斯站启动仪式等9场次，其中市级及以上活动5场次，累计参与人数达3.3万人次。“两馆一场”实行低收费和免费开放，两馆一场全年健身人数达64000余人次。

科学技术

科技创新

【概况】 鄂托克前旗深入实施“大众创业、万众创新”创新驱动发展战略，积极推进科技体制机制创新。着力改善科技创新环境，加强“双创”基地建设力度，不断提升实用专利技术的发明创造与应用水平。科技对全旗经济社会发展的支撑和引领作用日益凸显，为加快构建创新发展新格局、引领经济社会可持续发展提供了科技支撑。2019年，培育高新技术企业4家，新增众创空间1家；确定智能网围栏门、《一人灌》给羊灌药器2个市级先进适用技术推广项目；上海庙矿业公司团队获得中国创新创业大赛内蒙古赛区三等奖，是鄂前旗历年来首次获奖。

【科技项目】 紧紧围绕鄂前旗优势产业，掌握政策导向和资金投向，鼓励企业进行项目申报。2019年，推荐市级科技计划储备项目32项，共有14项科技项目获得自治区、市科技项目支持资金514.2万元。

【“双创”基地建设】 2019年，成功申报市级“星创天地”试点单位1家，市级认定“双创”补贴20万元。

科技服务

【科技人才】 2019年，推荐市级科技特派员项目3项，推荐“草原英才”个人5名，团队1个。组织旗科技特派员工作站申报自治区科技厅科技特派员工作站和星创天地助力脱贫攻坚项目1项，旗农牧局乌尼尔其劳、李桂林成功被补录为鄂尔多斯市科技特派员。

【科技培训】 组织开展“科技三下乡”、科技活动周及全旗第二十四届科普活动宣传周活动，加快实施“科技助民”行动，提升全民科学素质。2019年，共组织开展进社区、进企业、进校园10余次，发放各类宣传资料20000余份，生活小礼品3000余件，接受农牧民咨询600人次；组织企业、科技人才和农牧民参加杨凌农高会、深圳21届高交会，举办全旗党员农牧民致富带头人示范培训班，为提升全旗科技创新能力、加快乡村振兴战略步伐和创建“品质三农”提供科技支撑。

科技协会

【概况】 鄂托克前旗科学技术协会由企业协会、乡镇科技学会及农村专业技术协会组成。至2019年，全旗建立企业科学技术协会4个，乡镇科学技术学会4个，农村专业技术协会15个。

【全国科普示范旗建设】 2019年，充分发挥全国科普示范旗的示范引领作用，将科协组织的触角延伸到基层，在4个镇、9所中小学、4个大型企业成立科协组织，为4个镇新配备8套科普e站智能化设备。动员广大科普信息员注册推广“科普中多人”，注册活跃量从2018年的全市第七名跃居第二名。会同旗大数据中心在“i前旗”智慧服务APP平台上设立“科普鄂前旗”专栏，依托同方知网科普资源向广大农牧民群众精准推送种养殖业科普实用技术。实行科技工作者线上线下指导服务，已录入种植、养殖、水利、医疗、气象等领域科技专家35名，为农牧民群众释疑解惑1000余人次。

【科普宣传】 2019年，组织召开全旗全民科学素质提升领导小组成员单位协调会，组织协调有关部门，动员社会各界力量，以“科普之春”“科技宣传周”、科技文化卫生“三下乡”和“六进”社区、科普大篷车进校园、进社区、进农村牧区等活动为载体，针对未成年人、农牧民、城镇劳动者与社区居民、领导干部和公务员编制印发“四类重点人群”科普系列丛书，开展科普宣传、实践体验等形式的科学素质教育行动。全年深入各镇、嘎查村和学校共举办宣传活动10余场，参与群众达1万多人次，发放宣传品和宣传资料3000余份。配合自治区、市科协深入开展“百名专家走进盟市旗县科普传播行”春季活动，内蒙古自治区科普专家团专家走进学校、社区，为广大人民群众就疾病防治、航空航天等领域知识进行培训。会同旗融媒体中心、旗电视台深入农村牧区、工矿企业录制播放“科普鄂前旗”20期，用身边人、身边事讲好科学事例，普及科学知识。9月17日，鄂前旗承办全市“全国科普日”启动仪式，开展科技作品展示、无人机表演、专家义诊、农牧业实用技术讲座等活动，鄂前旗3名优秀科普工作者受到表彰。

【科普惠农】 开展新型农牧民培训，提升农牧民素质，组织各镇、嘎查村农牧民开展种养殖业实用技术专题讲座2场、培训农牧民100余人次；组织农牧民赴甘肃静宁县、宁夏盐池县、灵武市考察学习经济林及短期育肥发展模式；有序引进新品种、新产品，结合鄂前旗地理位置、气候条件、土地资源等情况，从靖边县梁镇引进了北斗晚熟桃，在城川镇、上海庙镇推广种植130余公顷；与内蒙古农业大学合作开展钙硒羊肉和猪肉试验，在城川镇城川嘎查建立钙果种植示范基地2处，推广种植钙果30余公顷；内蒙古蒙语新闻频道专访和宣传报道了鄂前旗赛希雅拉图等3名民间发明创造者。

【科技专利项目】 2019年，申报国家专利166项，推广使用132项。高压输水水锤防护分析、煤炭疏干水综合利用探究、牧区分散式饮水工程管理方式调查分析、“井电双控装置”在牧区节水灌溉中的应用4个研究课题分别荣获国家科技成果一等奖和国家科技进步一等奖。

【青少年科技创新】 2019年，全旗第十届“我创造·我快乐”青少年科技创新大赛中，共有1000多件发明创新作品和科幻画作品参加评选，大赛评选并奖励141项优秀科技作品、幼儿科幻画作品以及获得优秀科技辅导员荣誉的5名老师，从中选出18件优秀作品参加自治区、市青少年科技创新大赛评选，最终在全区第34届青少年科技创新大赛中荣获1金、7银。

档案方志

档案

【档案管理】 围绕美丽乡村建设、脱贫攻坚，加强相关档案整理、管理工作；监督指导镇、村级档案室规范化建设和土地、草原确权建档。积极指导全旗各单位规范建档，加强企事业单位、重点建设项目及城建档案的监督、指导和机构改革档案处置工作。全年为全旗70个单位提供档案业务指导。

加强到期档案移交接收进馆工作，印发《鄂托克前旗档案馆关于接收到期档案的通知》，接收全旗各镇、各单位2010年以前的永久、长期文书档案及2018年前的声像档案和实物档案进馆；同时，接收各镇各单位编写的汇编材料，包括组织沿革、基础数字汇编、大事记、年鉴、专业志或地方志书进馆。全年接收审计局、总工会等13个部门的到期档案421卷8396件。

【档案资源库建设】 加强档案史志资源建设，建立方志馆、名人档案库、文学档案库、声像档案库、南京知青档案库、书法展厅等。

历史档案征集 在第二历史档案馆、中央档案馆、内蒙档案馆等地征集到历史档案2855页。通过招投标的方式征集到声像档案1万多件。

口述历史档案建设 鄂前旗档案馆于2015年建立了全区首家口述档案室，购置口述档案采访录制设备，2019年专题采访50人。口述历史档案采访对象为老红军及后人、民族文化传承人、民间艺人，形成视频档案312卷，为开发利用这些视频档案，根据《国家档案局办公室关于开展2020年度国家重点档案保护与开发项目申报工作的通知》向国家档案局申报“2020年底编辑出版《鄂托克前旗斗争史》蒙古、汉文版各1册、《鄂托克前旗民俗文化》蒙古文版系列丛书4册，各印刷1000册，共计印刷5000册”项目。

建立名人档案库 为加强鄂前旗名人档案库建设，邀请社会各界人士召开名人档案工作研讨会，全旗13个单位负责人及3名退休老干部参加。至2019年,为鄂前旗籍100多人建立名人档案。名人档案库成为研究鄂前旗名人历史、撰写名人传记、编辑名人文集、举办名人事迹展览的基地。

建立文学档案库 征集到鄂前旗籍作家的文学作品244册,使鄂前旗文学艺术资源更加齐全、完整,对教育人、鼓舞人起到激励作用,在文化交流中起到展示地方特色、弘扬民族文化的作用。

建立南京知青档案库 为完整地保存南京知青在鄂托克旗、鄂托克前旗和乌审旗插队的这段历史,在广大知青中广泛开展南京知青档案征集活动。南京知青及鄂前旗知青落脚点的老百姓收到知青档案征集通知后积极配合,踊跃捐献,已征集到实物档案830件。同时开展南京知青展厅的布展工作,力争把南京知青展厅打造成全旗爱国主义教育基地及民族团结教育基地。

【档案开发利用】 实施馆藏档案资料数字化工程,加强档案资料开发利用和档案资料查阅服务工作,依法加大档案的开放力度。充分发挥馆藏资源优势,加强档案馆爱国主义教育基地展厅建设,利用馆藏档案资料和红色文化档案史料,举办建旗经济社会发展成就展和红色文化档案史料展。加强档案鉴定,建立数字化档案,依法开放档案,提供优质高效的查询服务,维护社会各界及公民个人依法查阅档案资料的合法权益。全年查阅利用档案资料者500多人次,利用档案资料1000多卷(册)。

【依法治档】 采取多种形式宣传档案法律法规,提高全社会的档案意识,2019年报送工作信息55条,在各级媒体上发表宣传报道30多篇。6月,组织旗各镇、各部门档案专职工作人员、年鉴编纂工作人员在旗档案史志馆集中开展形式多样、内容丰富的主题为"新中国的记忆"——庆祝"6·9"国际档案日系列宣传活动。开展档案咨询服务,各镇各部门档案管理人员、年鉴编纂人员现场学习、交流档案业务、年鉴知识;活动中表彰2个档案年鉴工作先进集体、4名先进个人、5名关心支持档案行业的先进个人;6名同志向旗档案馆捐赠声像档案;进行《鄂托克前旗年鉴(2016—2017)》首发仪式;书法家向旗档案史志馆捐赠书法作品;打造档案馆走廊文化,将党的一大至十九大精神简介、及"不忘初心、牢记使命"等主题以书法形式在走廊里悬挂、进行宣传。通过组织社会各界人士参观档案史志馆、认知历史,了解旗情、激发建设美丽鄂前旗的热情,增强公众档案史志意识、宣传档案史志工作价值。

地方志

【概况】 鄂托克前旗地方志编纂委员会于1995年编辑出版《鄂托克前旗志(1980—1990年)》卷,2010年编辑出版《鄂托克前旗志(1991—2009年)》卷,并完成二轮志书的蒙古文书籍的翻译出版。

2017年10月启动首创卷《鄂托克前旗年鉴(2016—2017)》编纂工作,2019年5月出版发行,填补了鄂前旗无年鉴记史的空白。2018年10月启动《鄂托克前旗年鉴(2018)》编纂工作,印发《〈鄂托克前旗年鉴(2018)〉编纂工作方案》,完成总编定稿和初次印刷排版。按照自治区地志办要求编辑上报《内蒙古年鉴(2019)鄂托克前旗篇》。

【方志馆】 建立鄂托克前旗方志馆,组织专人主要收集旗志、综合年鉴、行业志鉴和全旗各镇、嘎查村(社区)志鉴和周边地区以及全市各旗区、全区各盟市旗县等地区历年来编撰的志鉴进馆永久收藏。至2019年,共收集各地各类志鉴丛书510本。

水

综述

2019 年，鄂托克前旗共计完成水利建设投资 11259 万元，改造节水灌溉面积 407 公顷，完成水土保持综合治理面积 1.4 万公顷；改造集中供水工程 8 处，分散供水工程 183 处，改善农村牧区 696 户 1600 人饮水问题，置换机电井 484 眼；征收水资源税 534.3 万元，水土保持补偿费 777.9 万元。

2019 年，全旗实际取水总量为 1.0186 亿立方米，其中地下水 9723 万立方米，地表水 198 万立方米，疏干水 152 万立方米，中水 113 万立方米。万元工业增加值取水量控制目标为≤7 立方米 / 万元，实际值为 4.92 立方米 / 万元（按 2015 年不变价计算）；万元 GDP 用水量比 2015 年度下降 20%，实际值下降 20%（按 2015 年不变价计算）；农田灌溉水有效利用系数控制目标≥0.61，实测农田灌溉水利用系数为 0.62。

水务

【水资源管理】 鄂前旗有城市集中式供水单位 2 家，农村安全饮水工程 142 处已全部投入使用，其中设计日供水量 50 吨以上的有 65 处，大型旅游景点自备水源 3 处。

节水型社会建设 率先在全市开展县域节水型社会建设，编制《节水型社会建设规划》，建成节水型机关 29 个、事业单位 86 个、居民小区 4 个，并通过水利部总体核查及节水载体现场检查验收，被水利部列为全国第一批节水型社会建设达标县（区）。

地下水管理 认真落实自治区《关于加强地下水生态保护和治理的指导意见》和《农牧业生产取用水限额标准及水量核定办法》，举办以“坚持节水优先、强化水资源管理”为主题的世界水日相关活动、中国水周系列宣传活动，全力强化对地下水“总量、水位、用途、水质及机电井数量”的管控，与各镇签订地下水超采治理工作责任状，向各镇下达农业用地下水总量控制目标，其中，敖镇控制目标 1718 万立方米、上海庙镇控制目标 1224 万立方米、城川镇控制目标 3379 万立方米、昂素镇控制目标 2149 万立方米。

取水许可审批 按照行业用水定额标准和计划用水管理办法，对获得取水许可证的用水企业和自来水管网覆盖范围内的用水户下达用水计划指标。整治违规用水工业企业 8 家，核发取水许可证 9 个，审批机电井 484 眼，征收水资源税 534.3 万元，对 51 家用水企业核定水量 733.3 万立方米。

水土保持方案审批 全年共审批水土保持方案 22 个，开展开发建设项目水保方案执行情况巡查 130 次，征收水土保持补偿费 777.9 万元。

水指标争取 争取盟市间水权转让二期水指标138.42万立方米（其中：内蒙古宏利达煤焦精细化工有限公司年产100万吨焦炭0.5万立方米，恒坤化工130万吨捣固焦联产20万吨甲醇项目100万立方米，内蒙古悦江环保科技有限公司年产10万吨活性炭、环保装备制造一体化项目21万立方米，内蒙古兴源碳材料科技有限公司12万吨碳化硅、2万吨陶瓷16.92万立方米）。积极争取黄河水量供水调度指标，将上海庙能源化工基地460万立方米水指标，纳入黄河可供耗水量分配及汛期和非汛期水量调度计划，保障上海庙能源化工基地2018年11月至2019年9月期间工业项目用水需求。2019年，该工程累计向基地供水3100多万立方米。

【饮用水源地管理】 扎实开展水源地安全达标建设工作，已通过市级相关部门评估。

敖勒召其镇 水源地位于鄂托克前旗敖勒召其镇西南大沙头一带，属于鄂尔多斯闭流区。水源地共有水源井16眼，供水方式采用潜水泵抽取地下潜水或承压水，经管道输送、净水厂沉淀消毒后进入供水管网供居民使用。供水工程由鄂托克前旗自来水公司负责运营管理，并设有专人看管。水源地服务区域为敖勒召其镇城区，用水结构为生活用水和其他用水。设计取水量为188.2万立方米/年（5156.2立方米/天），实际年取水量为139.5万立方米/年。工程规模为Ⅱ型，供水人口约3.5万人，2020年规划供水人口7万人。

上海庙镇 水源地地处黄河流域，区域属无定河流域，鄂尔多斯波状高原，鄂托克前旗上海庙镇。区外主要水系是黄河，黄河位于上海庙镇西部，距上海庙镇区约11千米，现有水源井18眼。水源地供水方式采用潜水泵抽取地下潜水或承压水，暗管输送，经净水厂沉淀消毒后进入供水管网供居民使用。供水工程由上海庙富源水务公司负责运营管理，并设有专人看管。水源地服务区域为上海庙镇，用水结构为生活用水和绿化等用水。设计年取水量为300万立方米/年，日取水量为9201立方米/天，实际年取水量为220万立方米/年，工程规模为Ⅲ型，现年供水人口1.1万人，2020年规划供水人口3.5万人。

城川镇 水源地地处黄河流域，区域属黄河支流无定河流域，位于城川嘎查沙站，现有水源井2眼，水源地供水方式采用潜水泵抽取地下潜水或承压水，经管道输送至供水管网直接供居民饮用。供水工程由城川镇龙兴自来水公司负责运营管理，并设有专人看管。水源地所在区域的潜水水位浅水量贫乏、承压水水位浅水量中等开采区。上部潜水水位浅，埋深小于5米，单井涌水量小于100立方米/天，下部承压水水位浅，埋深小于10米，单井涌水量500~1000立方米/天，水质好，矿化度小于1克/升，该区位较有利的开采地段。可单独开采下部承压水或与潜水混合开采，适宜井深400~450米。水源地水源井井深380米，上层的潜水封堵不用，开采下部承压水。水源地服务区域为城川镇区部分居民和机关单位，用水结构为生活用水和其他用水。供水工程设计供水能力为69万立方米/年，日供水量为1900立方米/天，现年供水20万立方米。工程规模为Ⅲ型，服务人0.14万人。

【农村牧区饮水安全】 实施农村牧区饮水安全“清零达标”工程，该工程于9月3日获得旗政府批复，计划投资99.53万元，改造集中供水工程8处，分散供水工程183处，安装改造单户水处理设备696套，铺设输水管道5.5千米。10月8日工程完成招投标，10月15日开工建设，农村牧区696户1600人饮水问题得到全面改善。

【河湖长制】 根据全旗实际情况，制定河湖长制工作计划，印发2019年总河湖长1号令，组织召开鄂托克前旗河湖长制工作会，全面安排部署河湖长制工作。根据人员调整情况，完成各级河湖长调整和公示工作，实现河湖长工作体系“全覆盖”。更新完善河湖长公示牌、宣传牌，全面公开河湖信息、河湖长信息、管理保护措施等内容。严格落实水域岸线和水生态空间管控，完成全旗境内13条河流和6个湖泊水域岸线管理保护范围划定，正在开展《河湖管理范围划定和水域岸线保护利用规划》编制工作。扎实推进河湖“清四乱”专项行动，逐河逐湖开展“四乱”（乱堆、乱占、乱建、乱采）清查，据实建立问题清单，共排查整改完成“四乱”问题12个，清理河湖垃圾109.2吨、淤积800立方米，拆除违建房屋10间，旱厕1处、渔塘1座，河道内及周边环境得到明显改善。围绕河湖实际，编制生活垃圾填埋场可研报告，设置垃圾清运转运设施16处，更换清运垃圾箱86个。完成公共厕所改造工程4个，户厕改造3130户，农村牧区人居环境显著提升。完成敖镇污水处理厂提标改造工程，出水水质稳定并达标排放，实现无害化处理。以生态清洁小流域工程为抓手，优化河湖生态环境，累计新增流域治理面积50公顷，实现年保水总量0.9万立方米，年保土量0.17万吨。积极推进大沟湾水库至苏坝海子水库生态补水工程，通过水库水系连通和水生态修复，进一步提高地表水资源利用率，促进水生态文明建设。按期对无定河水质进行监测，经检测，无定河鄂前旗段河流水质全部符合相关标准。依规开展河湖长巡河巡湖工作，旗、镇、嘎查村三级河湖长累计开展巡河333次、巡湖121次，巡查发现的各项问题已采取现场直办和反馈协调等方式予以解决。

【地下水超采区治理】 通过在敖镇和三段地两个地下水超采区持续实施综合治理措施，超采区水位与水量已达到采补平衡。1月下旬，水利厅对地下水超采区治理效果评估报告进行审查，5月出具审查意见，同意敖镇、三段地地下水超采区办理销号手续。8月经自治区人民政府同意，内蒙古自治区水利厅印发《关于鄂尔多斯市乌审旗查干苏莫等四个地下水超采区销号的函》(内水资〔2019〕102号)文件，对鄂前旗敖镇、三段地地下水超采区问题予以销号。为进一步加强超采区后续巩固治理工作，旗水利局以控制取水量，修复超采区地下水生态环境为目的，编制《地下水超采区治理后续巩固工作方案》，经合规性审查后，旗人民政府于5月23日印发。

【防汛抗旱安全生产】 以行政首长负责制为核心，落实水库、淤地坝等防洪设施的三个责任人及名单备案、公示，与各镇签订防汛工作目标责任书，在水库库区、淤地坝坝区分别设置公示牌、警示牌。6月3日开展水库、淤地坝“三个责任人”上岗培训，结合实际，开展水库、淤地坝等防洪设施和在建、已建水利工程、涉水企业安全运行情况隐患排查，及时整改存在隐患。投入资金570万元，实施农村基层防汛预报预警体系建设。完成全旗各行政村洪涝灾害调查评价，新建自动雨量站31处、自动雨墒共享站4处、水位站2处、水位图像综合站1处、视频监测站2处。及时修订完善《鄂托克前旗防汛抗旱应急预案》等4个应急预案，贮备防汛抗旱物资。6月14日，在大沟湾水库组织开展防汛应急演练。

节水建设

【节水型社会建设】 鄂前旗全力落实目标责任和保障措施，扎实推进县域节水型社会达标建设工作。2019年，顺利通过水利部总体核查及节水载体现场检查验收，3月13日，鄂托克前旗被水利部公布为第一批节水型社会建设达标县(区)。

【牧区节水灌溉工程】 该工程于10月25日由市水利局批复，计划总投资1274.27万元，实施节水改造面积800余公顷，灌溉形式为滴灌。11月初发布招标公告，12月开工建设，2019年完成投资计划的80%，剩余工程预计于2020年5月底完工。

水土保持

【京津风沙源水利水保项目】 2018年项目于2018年10月25日开工建设，2019年5月全面完工。累计完成投资620万元，完成小流域综合治理面积800公顷，建成水源工程20处，节水灌溉工程37处。2019年项目于2018年10月15日获市水保局批复，变更设计于2019年8月8日获市水利局批复，9月23日完成招投标，计划新增水土保持综合治理面积1500公顷，水源工程50处、节水灌溉工程50处。12月底，完成治理面积600公顷，水源工程50处，节水工程50处，剩余工程计划于2020年10月完工。

【国家水土保持重点工程】 该项目包括城川镇游草沙梁生态清洁小流域、敖镇塔班陶勒盖嘎查生态清洁小流域和上海庙镇牧场生态清洁小流域水土保持综合治理项目。工程于2019年3月获水利厅批复，4月完成招投标，5月开工建设，完成治理面积5600公顷，完成投资2374万元。

【水土保持返还治理工程】 该项目包括红色教育基地和无定河流域西滩两个水土保持综合治理工程，项目于2018年12月获市水保局批复，2019年2月完成招投标，4月初开工建设。9月底全面完工，完成投资478万元，完成治理面积110.95公顷。

森林草原

生态建设

【概况】 鄂托克前旗生态建设按照生态优先、绿色发展的总体要求，深入推进林业和草原重点项目和重点区域绿化，持续加强生态保护修复，大力发展绿色富民产业，全旗基本形成乔灌草、带网片相结合的东南部防护林体系和以原生植被恢复为主的西北部生态屏障，生态环境明显改善。

至2019年，全旗累计造林212140公顷，其中人工造林77500公顷、飞播造林96000公顷、封沙育林24000公顷、退化林分改造10007公顷、森林抚育3934公顷和森林保险699公顷。全旗森林总面积292470公顷，森林覆盖率23.93%。森林管护面积513647公顷，其中国有林面积7627公顷、集体(个体)所有林面积506020公顷。全旗林业用地面积598590公顷，其中有林地17274公顷，灌木林地275196公顷，未成林造林地28067公顷，宜林荒山荒地228159公顷，其他林用地49894公顷。

【自治区级自然保护区】 内蒙古西鄂尔多斯毛盖图自然保护区是2003年经内蒙古自治区人民政府批准建设的自治区级自然保护区，属于荒漠生态系统野生植物为主要保护对象的自然保护区。保护区位于上海庙镇乌提、阿勒台嘎查，昂素镇阿日赖、明盖嘎查，敖勒召其镇伊克乌素嘎查，总面积83246公顷，占全旗国土总面积的6.8%。其中核心区27206公顷，缓冲区9280公顷，试验区46760公顷。

【植树造林】 2019年，完成生态林建设7934公顷，其中林业重点工程项目3667公顷、义务植树等其他工程4267公顷。完成2020年京津风沙源治理二期工程草原生态保护建设项目典型设计及2019年退化草原生态修复项目实施方案、作业设计编制工作。

森林防护

【森林资源督查】 森林资源保护发展问题整改全面完成，国家林草局下发的2018森林资源督查图斑304个，经现地核实，违法使用林地图斑231个700公顷；2015、2016年林地变更结果显示疑似违法地块图斑共4395个，面积11520公顷，经现地核实违法面积7867公顷，全面完成整改，其中恢复森林植被4400公顷、自然恢复3467公顷。

【森林防治检疫】 2019年，完成旗境内746公顷苗木产地检疫检验自查，产地检疫率100%，调运检疫苗木6573.24万株，复检苗木132.75万株，检疫木材0.14万立方米，引导中标单位自行退回处理苗木1800株。全年共挂设各类诱捕器及虫情测报灯40余套，发布虫情预测预报16期，测报率达95.3%，实施无公害防治作业面积4200公顷。

【森林草原防火】 加强全旗森林草原防火巡护巡查，全旗未发生大的森林草原火灾，全年森林和草原火灾受灾率分别控制在1%和3%以内。共计发放宣传手册、宣传品2万余份，悬挂森林草原防火标语70条，出动宣传车50辆。

【森林保险】 2019年，森林保险项目投保面积293011公顷，总保额227912万元，受灾面积1100公顷，理赔323万元。

林沙经济

【概况】 编制了《鄂托克前旗建设“北纬37度经济林”发展规划(2019—2023年)》，着力构建“南部果树、西部葡萄、全域枣树”的经济林发展格局，推动经济林产业又好又快发展。

【文冠果良种繁育基地续建项目】 为2012年项目，总投资793万元(国家投资633万元，地方投资160万元)；项目区建设规模为50公顷，其中生产区48公顷，管理区2公顷(其中生产工程建设实验室、种子晾晒场等用地0.15公顷)。至2019年，完成投资308万元，完成总投资的40%;建成生产区48公顷，生产工程实验室建筑面积550平方米，种子晾晒场1000平方米;采集180个家系种子260份，完成358个家系种子资源收集圃育苗0.3公顷8万株，种子园苗木移植抚育35公顷4.4万株，完成实验、检验设备的配置，完成实验示范区16个家系的试验检测。

【林沙产业】 积极发展林下经济、森林旅游、林产品加工等特色产业。种植枣树、苹果、葡萄等经济林1333公顷。

林政

【林政管理】 2019年，共办理征占用林地审批55件，面积1267公顷，其中临时占用林地30件，面积353公顷，永久占用林地25件，面积1067公顷;审批临时占用草原申请事项71件，草原面积67公顷;对修建直接为草原保护和畜牧业生产服务的工程设施使用草原的审批，依法审批8件，涉及面积6.7公顷;永久占用草原申请事项6件，涉及草原面积20公顷。

【数字林业】 2019年，更新全旗林地“一张图”数据，更新31394小班、617758公顷;国家级公益林重新落界和林地权属专项整治工作。对照草原确权成果，重新校正林权面积达509372公顷。

草原保护

【草原监测】 2019年，全旗天然草原平均覆盖度38.7%，草群平均高度27.54厘米，平均产草量846.1千克/公顷，总产草量71778.59千克。

【草原确权】 2019年，全旗应确权草原面积114.6万公顷，颁发农牧民草原承包权证、草原经营权证书5277个，涉及68个嘎查村13250户，涉及草原面积111.3万公顷,颁证率为97%。

【生态奖补】 2019年，全旗落实新一轮草原生态保护补助奖励机制总面积97.83万公顷，其中禁牧面积28.49万公顷，草畜平衡面积69.34万公顷，发放草原生态补奖资金4927.24万元。

生态环境

环境保护

【环境监测】

空气监测 2019年，鄂托克前旗设敖勒召其镇和上海庙镇2个站监测空气质量，空气质量共监测365天，有效天数为352天，空气质量优良以上天数比例为86.9%,较上年同期下降2.7个百分点;PM2.5平均浓度为28微克/立方米，较上年同期上升4微克/立方米。

水质监测 完成集中式饮用水水源地水质等年度监督性监测和例行监测，共出具监测报告54份，获得各类监测数据2044个。

污染源监测 重点污染源监控企业在线联网数据传输有效率达95%以上，完成重点污染源、非重点污染源自动监控设施现场核查等日常监管工作。辖区内3家联网企业均完成监测设备比对工作。开展辖区高污染柴油货车摸底工作，排查1033辆，完成辖区内非道路移动机械编码登记25辆。

【环评审批】 环境影响评价制度执行率达100%,共审批环境影响报告表57个，备案环境影响登记表122个，无新增环保“未批先建”项目;辖区内无重大或特大环境污染事件。

【全国第二次污染源普查】 2019年，牵头开展全国第二次污染源普查，鄂托克前旗105家企业纳入污染源普查，集中开展5次数据集中会审，完善普查工作报告和总结报告编制，待验收。

环境治理

【污染防治】 鄂托克前旗污染防治攻坚2019年工作排名全市第一。

大气污染防治 坚持以PM10为治理重点，认真落实大气污染防治各项措施，全面深入开展燃煤小锅炉、粉状物料堆场等领域专项整治。全年完成燃煤锅炉淘汰6家，检查油品质量5批次，完成企业端视频安装10家并均与鄂尔多斯市生态环境局联网。全封闭煤棚建设已完成总工程量的70%。声环境功能区划分技术方案已通过专家评审，待编制印发。

水污染防治 大沟湾水库在线监控视频已安装并联网；已完成12个嘎查村农村环境综合整治任务和全旗所有加油站的双层罐改造任务。

土壤污染治理改造 上海庙能源化工基地渣场建成并安装高清摄像头。全面开展畜禽养殖、农业面源污染专项整治活动，完成绿色防控任务20133公顷，统防统治22133公顷。按要求完成重点行业企业土壤基础信息调查，确定土壤环境重点监管企业名单，且相关企业已完成每年一次的自行监测，并向社会公开；完成西鄂尔多斯毛盖图藏锦鸡儿自然保护区内2台高空视频监控安装工作。

核辐射及危废物管理 对涉危企业进行常态化监督检查，均达到危险废物规范化管理指标。

环境监管

【环境执法】 2019年，共检查企业800家次，查处环境违法行为64起，其中实施查封扣押16起，按日计罚2起，限产停产5起。充分发挥"12369"投诉受理平台作用，着力解决群众反映的环境突出问题，查处各类信访案件23起，投诉处理率100%。

【问题整改】 2019年，牵头督促督察整改工作落实，截至年底，2016年中央环保督察组反馈的11项问题和2017年自治区生态环保大检查反馈的8个问题全部完成整改；2018年中央环保督察"回头看"反馈的19项，完成整改15项，剩余4项正在全力推进；2019年鄂尔多斯市"雷霆斩污"行动共反馈鄂托克前旗146项问题，已完成整改140项，剩余6项持续推进。

【宣传教育】 2019年，组织开展环保设施公众开放日活动3场次，开展"进企业、进社区、进学校、进乡镇、进集市"环境普法宣传活动26场，其中开展基层环保普法讲座5次；利用微信、微博等平台不定期发布环境法律法规知识及其他各类法律知识。6·5世界环境日期间，组织开展以"美丽中国，我是行动者"为主题的系列活动，共计发放各类宣传资料8000余份，接受群众咨询300余人次，发放各类宣传品1500余件，参与群众达到20000余人。

人居环境

城市管理

【城市治理】 鄂托克前旗城市管理积极采用"延时执法、错时巡查"等方式，合理借助街路长、社区网格员、4050人员等力量，共同整治镇区乱堆乱摆、乱停乱放、乱涂乱画、乱搭乱建等违法行为。2019年，累计签订"门前五包"责任书4700份，整治店外堆放现象11200次；清理、粉饰各类"三乱"小广告9600条，清除破旧春联11800条、条幅840条；查处随意倾倒建筑垃圾、生活垃圾现象264次；治理扬尘污染、露天烧烤污染186次；制止破坏市政设施行为346起、镇区道路挖掘32次、噪音扰民78次，捕获镇区流浪犬347条；合理疏导乱停车辆36100辆次，规范摆放非机动车47600辆次，依法张贴违法停车告知单6901张，上传交警网4508张。

【智慧城管】 2019年，充分利用智慧城市管理指挥中心、可视化APP、无人机、小广告寻呼系统、移动执法终端等科技设备辅助执法人员开展工作，有效形成人防、技防和物防为一体的城市管理新体系。累计使用无人机航拍执法48次，寻呼系统不间断追呼400万次，利用指挥平台督查96次，可视化调度各执法中队解决各类不文明行为83次，实现线上发现问题、线下解决问题的管理模式。

【便民服务】 2019年，组织召开全旗二手车交易、电动车经销商座谈会，着重对僵尸车位盘活、便民服务点设置等工作进行研判、分析，协调旗工信局、市场监督局、运管分局责成镇区所有二手车、电动车经销户协商进入敖镇物流园区经营，妥善解决镇区停车位不足及乱停乱放、乱堆乱摆等问题。全年共清理、处置各类僵尸车76辆，拖送停车场20辆，实现停车泊位利民、便民、惠民的目标。

园林绿化

【概况】 鄂托克前旗以打造更加宜居、宜业、宜游、宜赏的人居环境为目标，按照“突出特色、增花添彩、提升档次、建设精品”的园林绿化思路，持续巩固和拓展国家园林县城和全国文明县城的创建成果，城镇绿地品质显著提升。2019 年，鄂托克前旗建成区绿地面积 313 公顷，建成区绿地率 37.53%、绿化覆盖率 42.09%、人均公园绿地面积为 23.89 平方米。

【园林绿化工程】 2019 年，实施敖勒召其镇景观提升工程、锦绣丽岛小区北侧及政务中心北侧花海种植工程、三段地革命历史纪念馆至通用机场一期绿化工程，完成绿化和改造提升绿地面积 33.3 公顷；树篦子安装续建工程铺设树篦子 2180 平方米；完成敖勒召其镇东南部生态修复工程——乡土植物园（生态园）绿化总工程量的 30%，实现“小而精、精而美”的城市景观效果。实施城川镇“1+6”红色教育基地景观提升工程、城川民族干部学院周边道路绿化工程，完成绿化、改造提升绿地面积 6.2 公顷。

【园林景观培育】 聚焦居民所需，创新造景之策。在园林养护方面以植物造景为主线，在马兰花广场，打造“祝福祖国 70 华诞”主题花雕 1 处；以生态园林为基调，在草原城镇特置置石 5 处；以引进新技术为抓手，在公园、广场等人员密集区打造新型灌溉系统雾森景观 7 处；以亲民园林为落脚点，在圣火公园、马兰花广场打造可嬉戏沙滩 300 平方米，同时引进人工造雪技术，在现有的草坪上进行人工造雪，满足群众随时亲临雪景的需求，确保草坪返青率。

城乡环境卫生

【概况】 旗环境卫生局负责鄂托克前旗府所在地敖勒召其镇镇区环境卫生日常清理，公厕、垃圾填埋场、油水分离站、干化池、停车场及各镇垃圾压缩中转站等的运营管理。日清扫面积 275 万平方米，机械化清扫面积约 189 万平方米，机械化率达 71%以上，清运垃圾约 60 吨，运行垃圾清扫清运车辆 32 台。敖镇镇区现有地坑式垃圾箱 40 个，地面垃圾箱 365 个，街道垃圾桶 396 个，果皮箱 204 个，公厕 167 座（其中水冲式公厕 135 座），生活垃圾填埋场 1 座，大型车辆停车场 1 处，油水分离站 1 座、粪便干化池 1 座，垃圾压缩中转站 9 个，环卫工人 274 人。

【环卫日常管理】 按照管理网格化、考核菜单化、作业精细化、城镇靓丽化的目标，实行包片负责、责任到人。在道路保洁实行大型扫路车和人工清扫相结合的方式，机械化清扫面积约 189 万平方米，机械化率达 71%以上。主次干道坚持一天一普扫，10 小时保洁；公厕保洁方面，水厕实行专人管理，一日三清扫，12 小时保洁，旱厕实行一日一清扫，十日一清掏的管理机制；镇区垃圾桶、垃圾箱实行专人巡回日保洁，定点定时全封闭清运，确保垃圾“日产日清”，全年共清运垃圾 2.5 万吨，垃圾清运率达 100%，居民区、垃圾中转站垃圾随满随清，垃圾填埋场日处理垃圾 70.6 吨，垃圾无害化处理率达 98.4%以上；主要负责将陶伦路及东西延伸 200 米的沿街商户产生的污水和餐厨垃圾清运至油水分离站进行处理，每日上午、下午各收集一次，全年共清运餐厨污水 1.4 万吨。

【环卫创城】 开展生活垃圾分类知识宣传工作，累计发放垃圾分类投放倡议书 2000 份、宣传手册 500 本，创城创卫宣传彩页 500 份，悬挂宣传条幅 20 条；对 9 座垃圾中转站地面、外墙、大门、污水井、指示牌等进行维修，确保垃圾转运工作正常运行；在停车场打水井 1 口，保障日常街道洒水、填埋场灭火除尘、清洗车辆等的用水需求；集中清理镇区暴露垃圾 8 处，累计清理 260 余吨；对镇区 166 座公共卫生间内外部破损设施设备进行全面维修，为所有水冲式公共卫生间安装纱窗、灭蝇灯等；在镇区街道新增果皮箱 65 个，维修灯箱式果皮箱 35 个。

城川镇垃圾转运站在全旗范围内率先引入“生活垃圾低温热解闪蒸矿化处理器”设备 1 台，垃圾经处理后体积重量减少 95%以上，排出水蒸气 90%以上，无垃圾渗滤液。

【重大活动保障工作】 圆满完成全市“追寻红色印记，传承革命精神”研学活动启动仪式、鄂前旗通用机场试飞仪式、上海庙重大项目开工仪式、第十四届全国冬季运动会鄂尔多斯市站城川镇火炬传递仪式、第九届“大沙头杯”汽车、摩托车沙漠挑战赛、全市基层社会治理暨人民调解工作现场观摩会、全旗乡村振兴暨产业扶贫工作观摩交流会、全区红色旅游创新发展现场会及鄂前旗2019年中国农民丰收节暨那达慕大会等重大活动期间环境卫生保障工作，累计出动骨干工作人员50名，调度移动公厕、大型洒水车、大型扫路车等车辆及设备20余次。

【关爱环卫】 积极开展节假日慰问一线环卫工人活动。与宣传部文明办、总工会共同举办夏送清凉活动，为环卫工人送上西瓜、矿泉水、绿豆、白糖等解暑食品；组织爱心企业为环卫工人送上牛奶、食用油、月饼等慰问品。

美丽乡村建设

脱贫攻坚

综述

【概况】 2019年，鄂托克前旗全面强化"三精准、三落实、三保障"政策，走出一条产业扶贫、机制带贫、发展减贫、精准脱贫的攻坚之路。全年共减贫15户43人，实时监测脱贫户1户、边缘户5户，顺利完成市委、市政府下达的减贫任务。至年底，全旗2014年以来的666户1759名建档立卡贫困户全部实现脱贫，脱贫攻坚取得决定性成果，为决战决胜全面脱贫奠定坚实基础。

【产业扶贫】 深入开展"百企帮百村"行动，着力构建农企利益联结机制。全年实施产业扶贫项目52个，总投资1428万元，扶持43个嘎查村发展集体经济，带动困难户326户817人，基本保障每个适宜产业扶持的贫困户至少参与到1个产业扶贫项目中，实现稳定增收。

【百企帮百村】 全面开展摸底调研工作，共走访调研40家帮扶企业、27个嘎查村，对帮扶进度缓慢的10家非公企业和嘎查村进行约谈，引导企业积极投身精准帮扶行动，对12家优秀帮扶企业进行了表彰，对16家帮扶企业进行了调整。

【健康扶贫】 全面落实"六重"医疗保障政策，把落实"三个一批"行动计划作为健康扶贫的重要抓手，开通"一站式"综合服务窗口11个，实行农村牧区困难人口先诊疗后付费机制。为继续享受政策的建档立卡贫困人口代缴城乡居民基本医疗保险费30.2万元，实施家庭医生签约439户1050人，救治筛查核准的慢性病患者359人、大病患者30人，并实行台账管理。全年全旗困难人口门诊、住院就医1170人次，"一站式"救助299.7万元，实际报销比例达90%以上。

【教育扶贫】 健全完善教育资助制度，严格执行贫困学生和少数民族学生资助政策，完成义务教育阶段疑似辍学学生核查，贫困学生建档立卡率达100%。全年为394名贫困学生发放春秋季资助金48.25万元。

【社会保障】 将高龄、残疾以及无劳动能力的低收入农牧民全部纳入低保范围，实现应保尽保。建立健全低保精准进出机制、养老保险覆盖机制和残疾人口扶持机制，持续改善低收入农牧民的生活条件，兜底保障实现全覆盖。

行业扶贫

【林业生态扶贫】 2019年，旗林业和草原局把生态建设和全旗扶贫攻坚相结合，累计建立28个扶贫造林专业合作社，社员人数达269人，覆盖4个镇28个嘎查村105户贫困户301名贫困人口。全年合作社承揽4298公顷林业工程项目建设任务，直接收入达163.76万元；建成果园10个，种植以枣树、苹果、杏树、桃树、梨树等为主的经济林68.6公顷。

【水利扶贫】 制定《鄂托克前旗水利扶贫三年行动实施方案》，组织专人全面摸底调查全旗693户建档立卡贫困户饮水情况，建立贫困人口饮水台账（其中：510户通过集中式供水工程解决饮用水问题，183户通过分散式供水工程解决饮用水问题）。组织编制《脱贫攻坚饮水安全“清零达标”集中供水改造工程实施方案》，实施农村牧区饮水安全“清零达标”工程，安装改造单户水处理设备696套，改善696户1600人饮水问题。

【农牧业扶贫】 选聘产业发展指导员35名，入户指导贫困户500余人次，荣获2019年全区优秀产业发展指导员1名。全年累计投入各类扶贫资金2396.66万元，重点扶持发展嘎查村集体经济，促进一二三产融合发展，推动全旗666户1759个建档立卡贫困人口全部脱贫。

【文化扶贫】 2019年，依托嘎查村文化阵地，积极组织开展“三八”、“七一”等节庆文化活动，不断丰富群众文化生活。立足文化行业特色和优势，借助“百团千场”“百村千场”“图书下乡免费阅读服务”等活动平台，组织开展送演出、送图书、送电影等送文化下乡活动30次。扶助建立民间文艺演出团队47个，开展文艺辅导和演出200余次。2019年5月，邀请马具制作人查汉东老师和自治区级蒙古族刺绣传承人姚凤琴老师到城川镇巴彦希泊日嘎查开展培训班并授课，推动地区特色产业发展，带动农牧民增收致富。

【工商联扶贫】 召开“百企帮百村”脱贫攻坚推进会，对帮扶企业进行集体约谈，调整帮扶企业5家，协调相关部门多方引进有实力的国有企业22家。至2019年底，结对帮扶的50家民营企业均有实质性进展，累计投入帮扶资金3800多万元，帮扶人数6800余人。

单位包扶

【旗委办】 2019年，入户走访包扶上海庙镇拜图嘎查180多人次，完成脱贫攻坚“回头看”问题排查整改和2019年度扶贫对象动态管理工作，嘎查贫困人口由4户15人降至3户8人；协调争取驻地企业为建档立卡贫困户送去帮扶资金44000元；争取各类项目，建成各类棚圈10处，进一步夯实发展基础。发展壮大集体经济，以打造集养殖、加工、销售为一体的新型畜牧业产业链为目标，在政府项目之外争取企业帮扶资金共计93万元，分别建成布拉格交通服务区项目、短期育肥牛羊产业基地项目、风干肉加工基地项目，建设乡村柏油路28千米，解决沿路156户牧民出行难问题。全年拜图嘎查集体经济收入增至19.4万元，其中经营性收入由2018年的5.8万元增至8.4万元，同比增长51.7%。

【人大办】 会同包扶城川镇新寨子嘎查制定产业发展规划方案，以嘎查集体土地和“塞上行”生态园的边界地带为基础，发展以特色养殖业为主的集体产业基地，积极挖掘乡村旅游产品，壮大集体经济。

【政府办】 协助上海庙镇芒哈图嘎查制定年度集体经济发展规划；协调项目资金20万元，建成100平方米少数民族特色奶食品加工晾晒项目；协调实施58户农牧民储水窖项目，申请40余万元新打集中供水井2处；开展帮扶慰问和七一系列活动，投入资金3万余元。

【政协办】 为包扶昂素镇苏力迪嘎查多渠道筹资140多万元，建成短期育肥、畜种改良为一体的规模化养殖基地，为当地农牧民调整养殖业结构、增收致富奠定基础。

【城川民族干部学院】 为包扶城川镇章昂希里村1户贫困户购买8000元农家肥、3000元液态肥、1.6万元三轮车一辆；投入7万元为1户贫困户建设房屋54平方米，为1户贫困户建设房屋80平方米。实施温室大棚建设项目，增加集体经济收入，带动农牧民增收。

【上海庙开发区】 通过协调有关部

门解决养殖棚圈、道路、饮水井等生产生活设施，引导农牧民种植特色经济作物、经济林等方式，帮助上海庙镇特布德、公乌素2个嘎查的6户贫困户稳定脱贫。创新实施企业帮扶嘎查村、贫困户工作机制，园区19家企业分别对10个嘎查村、19户相对困难户、33名困难职工和22名贫困学生进行联系帮扶，累计发放各类帮扶资金13万元。

【纪监委】 协调相关部门为包扶敖镇大沙头村2户重点贫困户建设羊棚、自动饮羊系统等设施，协调供电局为大沙头村争取电网改造项目，解决60多户农牧民的生产生活用电问题。

【人武部】 深入昂素镇巴彦乌素等嘎查开展扶贫、生态林建设等工作。投入25万元资金，帮扶2个嘎查村、3个贫困户进行产业扶植，完成危房改建、种植养殖、棚圈改造等项目，资助3名贫困学生。

【法院】 包扶城川镇大池村6户贫困户中4户稳定脱贫。

【检察院】 包扶上海庙镇水泉子村巩固脱贫户10户，累计投入扶持资金5万多元，资助贫困大学生1人，资助家庭困难学生2人、通电1户、帮助就业3人、化解矛盾纠纷16起。走访慰问水泉子村老党员5名、生活困难群众5户。

【公安局】 资助包扶上海庙镇沙章图村集体经营的货运公司等项目建设费用1万元，协助村“两委”制定村乡振兴规划，开展扫黑除恶宣传和线索摸排，推进乡风文明建设。帮助五保户、孤寡老人、脱贫户解决农用物资，改善生活环境，为“五保”户、孤寡老人、老党员、生活不宽裕户赠送春节慰问品和慰问金3000元。2019年，沙章图村无新识别贫困户，实现整体稳定脱贫，全村人均纯收入超过1.5万元。

【旗委组织部】 为包扶上海庙镇哈沙图嘎查购买种羊137只，建成育肥基地和饲草料基地，促进集体经济稳步增收；打机井1眼，有效解决嘎查农牧民饮用水困难问题；组织全体组工干部为嘎查因病致贫户捐款7000元，参与调处草牧场纠纷30多次，毁林毁草整改全部完成。持续加强在职党员进社区活动3次，慰问困难群众15户，解决实际困难15件。高度重视扫黑除恶和信访维稳工作，严格落实“谁主管、谁负责”的原则，协调解决“文革伤残人员”抚恤金补发案件。

【旗委宣传部】 完善2014年至2019年马鞍桥村5户(20人)建档立卡贫困户线上、线下档案。全年累计为马鞍桥村争取脱贫攻坚、乡村公路建设、产业发展等项目4个，资金150多万元。争取到旗级扶贫项目资金30万元，马鞍桥村申报的扶贫项目已经进入城川镇扶贫重点项目库。协调中国移动鄂前旗分公司为马鞍桥村提供27只“滚动扶贫羊”，将扶贫羊发放给积极肯干的生活困难户，助力产业发展。针对2014年以来的5户建档立卡贫困户分类施策精准帮扶。2019年建档立卡贫困户1户5人脱贫。积极扶持村裕丰牧草饲料有限公司打造地区草饲料品牌。

【政法委】 制定包扶城川镇糜地梁嘎查贫困户帮扶措施，8户贫困户有6户稳定脱贫。完善“糜地梁鄂尔多斯婚礼实景体验基地”，制定以鄂尔多斯婚礼基地为核心，鄂尔多斯婚礼主题酒店为载体的村集体经济发展规划。协调村级固定资产投资60余万元，村集体经济收入10万元。维修5.8千米入户道路，解决23户村民出行难问题。推进197户厕改工程，不断巩固环境整治的成效。累计排查矛盾纠纷7起，化解矛盾纠纷6起。

【旗委统战部】 协调市委统战部为包扶嘎查昂素镇囫圇嘎查新建2条乡村道路，共30千米，其中一条柏油路、一条砂石路，全面改善囫圇嘎查基础设施建设；协调市残联争取困难残疾人救助金13500元，为囫圇嘎查27户持证残疾人提供救助。积极引导“百企帮百村”帮扶企业鄂尔多斯新中新交通设施公司为囫圇嘎查新建集体经济优质肉牛改良养殖基地，建成360平方米养殖圈舍1栋、630平方米储草棚1座、购进西门塔尔种公牛80头，无偿捐助流动资金30万元，为囫圇嘎查集体经济增收8万元，实现囫圇嘎查经济实体从无到有的突破，以集体经济的发展带动农牧民的积极性，达到以点带面的效果。

【编委办】 协助包扶城川镇克珠日嘎查"两委"班子探索建立"党支部+合作社+农牧户"发展模式，争取肉牛养殖、果蔬种植等项目扶持政策和项目扶持资金，拓宽农牧民增收渠道。扶植产业示范户16户；安置1名有劳动能力且有就业愿望的贫困户为保洁员；为贫困边缘户敖特根其劳1户2人协调落实低保政策；落实危房改造、产业扶持，协调住建、民委等相关部门，为贫困户吉日木图新建63.05平方米砖房、新建400平方米羊棚和储草棚，帮助打水井、安水泵，购买种子、滴灌带等措施，支持发展种养殖业实现脱贫；为2014年建档立卡贫困户中的1名大学生每年补贴3000元、1名小学生每年补贴2000元。

【档案史志馆】 包扶城川镇呼芦素淖日村2014年以来建档立卡贫困人口13户41人，脱贫13户41人（稳定脱贫6户22人）。2019年为未稳定脱贫户落实扶持政策，其中教育扶持6人、贷款贴息5户、春耕扶持资金2000元、健康扶持商业保险和代缴医疗保险7户19人，申请低保3人、申请凿井5户。协调企业为村集体经济投入资金50万元，在村委集体耕地上种植枣树5.33公顷，并实施打井配套、拉网围栏、压防渗管道等基础工作，成活率达80%。

【党校】 协调资金350万元帮扶昂素镇毛盖图嘎查建设"昂素现代农牧业产业园"，园区占地18公顷，项目集饲草料加工、牲畜养殖、活畜交易、小杂粮、冷库仓储5个功能区，拟引进成熟农牧企业统一运营，全年集体经济实现收入14万元。毛盖图嘎查扶贫合作社以土地入股的方式引进合作企业北京嘉禾天华节能环保公司投资3000万元建设扶贫环保砖厂，设计生产能力1亿块环保砖，项目于2019年11月开工，预计2020年8月份建成。坚持"立草为本、节水增效、增草增收"的发展理念，协助毛盖图嘎查发展柠条生态林、枣树经济林、牲畜养殖产业，共种植柠条80公顷、有机枣树20公顷；成立蜂蜜养殖协会，利用柠条、枣树错峰开花的特性养殖蜂蜜，年产有机蜂蜜500斤。协助开展扶贫工作"回头看"，嘎查4户7人签订"公益性岗位"用工合同，每人每月收入1760元，实现稳定就业。

【融媒体中心】 包扶敖镇查干巴拉嘎苏嘎查7名在校生实现教育救助，3名无劳动能力的特殊贫困人口享受到最低生活保障，实现所有登记造册贫困户"两不愁、三保障"，9户建档立卡贫困户全部脱贫。扶持嘎查大力发展羔羊育肥、辣椒种植、肉牛养殖等特色产业，为52户养殖户争取羔羊育肥饲料补助，为33户27.7公顷辣椒种植申请补助15万元；争取地方财政"一事一议项目"100万元，建成牛羊养殖基地700平方米。通过公开竞标形式将嘎查集体经济项目以8.4万元对外承包，协调旗交通部门完成敖镇到东布社的4.2千米柏油路和12千米乡村砂石路建设，协调有关部门为巴拉嘎苏嘎查农牧民争取到5处大型养殖棚圈、15处标准化羊棚、2个危房改造、9个变压器和86处户厕改造等项目。

【总工会】 帮助包扶城川镇麻黄套村建设农畜产品交易市场、配套冷库、储藏库、玉米烘干塔，新建500平方米榨油厂和500平方米冷链储存库；招商引资新建日处理300吨马铃薯淀粉及粉条、粉皮加工厂，项目占地6700平方米，注入集体流动资金30万元，推动麻黄套村振兴经济。协调水利部门为麻黄套村争取水土保持项目，绿化二社三社沙地267公顷，种植精品果林区10公顷，新修水泥路600米，硬化农畜产品交易市场16100平方米；协调市旗两级水利部门，投入资金15万元改造村自来水9300米；协调市包扶单位资助10万元。改造户厕126户、建成水冲式厕所1处（60平方米），组建秧歌队、广场舞队，推动村容村貌和农牧民精神面貌实质提升；在村三社穿沙公路两侧植树9.3公顷2.5万株柠条；建设"红色研学+农耕文化"研学点，在麻黄套村筹备建设农机博物园。

【团旗委】 资助陶利嘎查贫困学生2名，走访慰问贫困家庭和老党员。

【妇联】 协调爱心企业为包扶村昂素镇明盖嘎查捐赠发展资金3万元，协调女企业家协会会员为2户困难户捐赠5万块砖。

【科协】 在昂素镇珠和社区开展高钙富硒猪肉试验，取得突破性进展，预计2020年高钙富硒猪肉将走进市场，促进乡村振兴和产业结构调整。

【红十字会】 给2014年以来城川镇哈日色日嘎查基础薄弱、有一定的发展潜力且有劳动能力的6户建档立卡户，协调金融扶贫贷款30万元；开展慰问老党员6人，救助慰问生活困难户19户，带去慰问金及物资0.7万余元。

【文联】 为敖镇乌兰社区内560头牛、300头羊等牲畜接种疫苗，联合安华农业保险公司将辖区内98户118.4公顷农作物纳入自然灾害防控保险；协调有关部门，将社区生活较为困难的26户纳入低保，年底慰问贫困户2户；协调旗红十字通过“博爱家园”项目为老年人、残疾人免费发放价值1000余元常规药品，为乌兰社区赞助5000元党建活动经费。

【财政局】 帮扶城川镇大场则村开展建档立卡贫困户“回头看”行动，走访贫困户140余次，制定帮扶村和贫困户发展计划，投入8.8万元为4户贫困户新建库房1处、羊棚两处和打井一眼，为10名贫困人员落实公益性岗位，帮助贫困户持续增收致富，防止发生“返贫”现象。投资90余万元打造786平方米农产品交易电商服务中心，争取资金46万元用于7.2千米乡村道路改造。

【卫健委】 帮助城川镇苏坝海子村完成植被恢复工作，排查化解矛盾纠纷23起。协调投入7.5万元，建设1座现代化猪棚，资助红砖11500块。

【文旅局】 帮助制定城川镇巴音希泊日嘎查《集体经济三年发展规划》《2019年驻村帮扶工作计划》，建立农牧民信息台账，落实“菜单式”扶贫举措。

【文旅执法局】 帮助城川镇大池村建立“支部＋合作社＋农户”珍禽养殖产业模式，成立众赢农牧业专业合作社，利用闲置土地搭建网棚，采购珍珠鸡、柴火鸡、大雁鹅等品种禽苗1500只，打造“宏罡达”品牌。2019年10月，大池村参加第二届鄂尔多斯农产品展洽会，吸引大批洽谈商和参观者前来咨询。

【水利局】 帮助包扶村城川镇大沟湾村将2018年水土保持返还治理项目中的部分防护林带变更为山桃、山杏、樟子松混交林，共8.5公顷；投入4.3万元维修包扶村自来水工程，更换水泵2套，配套变频控制系统2套，砌筑检查井1眼，保证正常供水；争取到无定河河道“清四乱”专项工作经费5.1万元，用于本村内道路沿线、水库周边及重点区域的垃圾清运、环境整治等日常工作；慰问老党员及困难党员、建档立卡贫困户10人，发放慰物资8000元。

【交通运输局】 投入资金近940万元，其中为包扶村建设乡村公路约9.5千米，投入项目资金930万元，为下一步发展村集体经济及农牧民规模化养殖提供便利的交通出行条件；为贫困户解决水泵配套设备一套，花费资金1.2万元；为贫困户购买三轮车一辆，价值1.5万元；慰问老弱病残户10户，花费1万元；协调有关单位举办种养殖培训班1期；为黄海子村争取到农牧局项目羊棚10套并列入2020年计划。

【公路管理工区】 投入3万元帮助城川镇克泊日嘎查发展壮大嘎查集体经济。

【工信和科技局】 完善包扶城川镇城川嘎查2014年以来5户18人建档立卡贫困户线上、线下档案工作，5户建档立卡贫困户全部脱贫，其中4户属于稳定脱贫户。申请到水利局160公顷节水灌溉项目，投资约70余万元，申请到市扶贫办扶贫项目资金160万元用于建设嘎查集体经济项目泡沫箱厂建设，协调旗盐化厂发放食用盐14吨。

【能源局】 为包扶点阿勒台嘎查争取“一事一议”项目资金43万元、扶贫专项资金10万元用于新建短期育肥羊养殖棚圈一处，协调解决15万元贷款作为周转资金购买架子羊和饲草料，嘎查集体经济项目年收入5万元。协调煤矿企业为鄂前旗15户建档立卡贫困户每户送去5吨“暖心煤”，为包扶点布拉格社区、阿勒台嘎查送去142吨冬季取暖用煤。

【住房中心】 帮扶昂素镇克仁格图

嘎查利用现有嘎查集体草原，争取育肥养牛项目投入100万元，建设养牛育肥基地，购置种牛和肉牛饲养，增加集体经济收入。积极争取“一事一议”项目45万元，强化包扶嘎查阵地建设，拓宽为民服务功能，新建活动阵地300平方米，全部安装空气能热源装置。

【园林绿化局】 帮扶敖镇巴郎庙村投入资金1万元，建成柠条颗粒饲料加工厂1座、功能房1处、猪圈1座、改造养殖棚圈7座；继续巩固扶持巴郎庙村8户建档立卡贫困户；村欢乐牧场项目投产运行。

【人社局】 创新“党支部＋示范户＋农牧产品认领”发展模式，打造5个示范户，以传授农牧产品制作技巧和帮助推广销售农牧产品为抓手，辐射带动包扶嘎查城川镇巴音呼日呼嘎查农牧户开展特色手工农畜产品消费体验，拓宽销售渠道，增加收入。全年帮助农牧户推广销售畜产品及土特产，累计销售金额达30多万元。

【自然资源局】 多方争取扶贫资金86万元，帮扶敖镇洪山塘村村委在三段地建立占地5.3公顷的香菇种植示范园，建成出菇棚4座，培育菌棒5万多棒，累计产出香菇10万多斤，实现净利润6万多元，建成产菇棚4座，生产菌棒15万棒，10万棒自用，5万棒已签订销售合同，帮助12名贫困群众解决就业，通过村集体经济，向5户贫困户发放补助5000元。

【教体局】 2019年1月至3月，慰问原包扶敖勒召其镇三段地社区困难户10户，送去米面各1袋。自2019年3月起，组织调整包扶昂素镇巴彦希里嘎查，帮助、指导嘎查开展强化基层党组织建设、脱贫攻坚、产业发展、人居环境整治、培育文明乡风等工作。投入5.8万元，为巴彦希里嘎查阵地新建篮球场1处、排球场1处，为培育良好文明乡风奠定基础。投入3.6万元资金，用于组织开展庆建党98周年系列活动和新时代文明实践全民健身体育志愿服务活动——巴彦希里嘎查欢乐草原那达慕，丰富嘎查农牧民文化体育生活。

【民委】 投入1.3万元在阿日勒嘎查阵地会议室安装LED电子屏幕、党徽、电视架，购置办公设备；在2018年100万少数民族发展资金“发展肉牛养殖 壮大集体经济”项目的基础上，进一步筛选出绿色饲草料颗粒加工建设项目和肉牛养殖棚圈建设项目作为2019年嘎查集体经济发展项目，完成项目申报工作。

【税务局】 出资20.5万元积极开展包扶村昂素镇玛拉迪嘎查扶贫攻坚，扎实开展百企帮百村活动，已与两家企业达成协议，助推帮扶村实现规模化种养，标准化生产。

【市场监管局】 帮扶敖镇敖勒召其嘎查深入推进基层党组织规范化建设，积极推动生态保护和修复，大力发展生态循环农业，协助嘎查“两委”完成植被恢复360余公顷，发展经济林60余公顷。搭建村企帮扶共建模式，整合土地、协调资金，建设嘎查集体经济项目“鄂尔多斯高原冷菜”种苗育苗基地，吸纳嘎查2户贫困户，形成由支部牵头、村集体集资入股、贫困户共同参与的链接机制，为嘎查集体经济增收25万元，2户建档立卡贫困户稳定脱贫。

【应急管理局】 协调旗水利局为帮扶村城川镇二道川村配套打井1眼，解决80多户300多人饮水安全问题；为壮大村集体经济，与镇党委政府协调解决4公顷集体经济建设用地手续，并协助建设日光温室大棚2座，已完成手续办理和土地平整等前期工作，建成后每年将为村集体增收5万多元。

【生态环境分局】 帮助包扶上海庙镇长城花园社区协调企业等部门有效解决贫困农牧民家生产生活困难18件，看望孤寡老人13户；协助社区“两委”组织召开扫黑除恶专项斗争工作部署会6次、组织宣传活动8次、入户宣传40余次。协调上海庙经济开发区为天骏佳苑小区筹建公厕一处投资53万元。

【司法局】 帮扶城川镇乌定希泊日嘎查争取到重点扶贫村项目资金20万元、旗农牧局棚圈项目10户、旗民委项目资金54.2万元；实施少数民族危房改造建设8户，养殖棚圈建设4户，储草棚建设6户；实施“厕所革命”工程46户，协调大坤能源环保有限责任公司，争取资金1.8

万元,如期完成项目并验收合格。

【民政局】 帮助包扶城川镇克珠日村通过申请临时救助、贫困学生救助、免息贷款、医疗救助、社会兜底保障等措施进一步巩固脱贫成效,临时救助6户建档立卡贫困户和11户生活困难户共计1.8万元,有5户20人稳定脱贫,1户3人正常脱贫。

【住建局】 帮扶包扶村敖镇马场井村8个社开展15天环境污染大整治行动,排查问题30余项全部整改。协调在辖区投放健身器材、硬化部分村公共巷道、集中处理垃圾、污水。竣工村2座温室大棚,即将投入使用。

【供销社】 组织城川镇伊克柴达嘎查34名党员到神木县学习养殖技术。

【政务服务局】 帮助上海庙镇乌提嘎查在全旗率先成立集体股份经济合作社,盘活嘎查牧区资产资源,增强集体经济发展活力,增加群众财产性收入。协调旗委组织部为嘎查争取壮大集体经济草颗粒厂项目资金10万元、协调供电部门为经济草颗粒厂通电。为包扶嘎查投入资金1万元,用于改善嘎查办公条件;走访入户93户,化解矛盾纠纷6件、解决群众生产生活问题15件。

【审计局】 深入推行“政策扶贫输血、产业扶持造血”帮扶机制,协助昂素镇哈日根图嘎查制定产业发展三年计划、乡村振兴发展三年计划;与嘎查“三委”成员、网格员在嘎查委员会组织召开“精准施策助脱贫强本固基促增收”专题座谈会。为嘎查争取滴灌设施4公顷、建设羊棚4处、打流沙井1眼、解决矛盾纠纷4起。协助嘎查恢复林地77公顷。

【烟草专卖局】 捐赠敖镇巴郎庙村扶贫资金2万元,用于生产建设。资助4名贫困学生助学金3400元。

【交通运输执法局】 联合城川镇敦达图嘎查村规划的《城川镇敦达图嘎查温室大棚果蔬育苗基地项目》获批市委组织部“发展嘎查村集体经济”试点项目;协调旗交通运输局和镇党委政府为嘎查新修6.8千米村道,解决覆盖村道沿线40余户农牧民出行难的问题;协助嘎查完成142个图斑非法开垦森林资源的恢复工作,共恢复公益林种植面积184公顷。

【退役军人事务局】 走访包扶敖镇漫水塘村农牧户1120人次,争取项目资金100余万元,为漫水塘村新建连栋大拱棚1栋、日光温室2栋,运营后集体经济经营性收入突破7万元。

【推进现代服务业发展中心】 制定城川镇大发村帮扶计划。协调申请村史馆项目,总投资35.5万元,财政拨付建设村史馆专项资金30万元,自筹5.5万元,项目正在建设中。申请45万元肉羊养殖项目,完成项目可研报告及预算。

【环卫局】 深入包扶村城川镇章昂希里村慰问困难群众9户,提供米面9袋、有机肥料40桶,帮助贫困学生2名资助学费3000元;提供环境整治帮扶资金7000元,协助新建2个温室蔬菜大棚,协助解决村集体上电困难等问题。

【公共资源交易中心】 为城川镇巴彦希里嘎查争取到帮扶项目2个,落实到户2户建档立卡贫困户扶持项目2个。按照“合作社订单+贫困户生产”“合作社用工+贫困户就业”“合作社经营+贫困户入股分红”的模式,带动嘎查发展林果产业。年底9户贫困户稳定脱贫。协助嘎查修建篮球场、排球场,10月份资助嘎查成功举办“巴彦希里嘎查首届那达慕及昂素镇首届排球比赛”,丰富了农牧民业余生活。

【城市执法局】 累计出资5.1万元帮扶敖镇三道泉则村基础设施建设、党建、脱贫攻坚等工作统筹推进。与鄂尔多斯市转型发展有限公司、包扶村共同谋划,全面调整村产业发展结构,在三道泉则村移出区规划建设林果基地33.3公顷。筹资2.6万元购置100辆垃圾清运手推车予以发放。

【市场执法局】 为包扶城川镇巴彦希里嘎查村民争取到8个羊棚和3个草棚项目,价值19万元;针对2014年以来的4户建档立卡贫困户,资助5000元为贫困户打井配套,帮助争取到月领取1680元岗位补助的4个农村公益性岗位；化解草场纠纷6起，组织种、养殖培训3次推动土特产超市、肉牛养殖项目落地，壮大嘎查村集体经济发展。

【就业服务局】 7月4日组织包扶昂素镇乌兰胡舒嘎查部分党员及有种养殖愿望的农牧民40余人赴旗部分养殖大户及合作社进行观摩考察。开发集体麻黄基地4.6公顷，累计投资资金近20万元用于修建房屋、完善水、电等基本设施。协助嘎查争取中国银行鄂前旗支行6万元肉驴养殖项目基础建设资金，协调嘎查利用扶贫资金29万元及创业担保贷款30万元购买优质肉驴近100头，出售50头，集体经济收益突破5万元。协调相关部门修建毛盖图社区至哈达图牧业社乡村道路18千米，基本完工。

【残联】 深入包扶昂素社区开展入户调研200余次，表彰奖励14位社区居民、2名优秀党员，开展各类文体娱乐活动和"守望相助"志愿服务活动。深入开展扫黑除恶入户宣传活动，设立涉黑涉恶线索举报箱。

【统计局】 帮助包扶城川镇呼和陶勒盖嘎查完成富硒高钙有机羊试点项目；给嘎查农牧民更换变压器1台，为嘎查争取少数民族发展资金30万元；发扬传承红色文化，打造2个红色研学点，每年为嘎查增加1万元集体收益。

【城川红色教育培训中心】 为城川镇希里嘎查协调60万元建设三网合一手机信号发射塔一座；通过一事一议项目，为嘎查争取阵地维修经费30万元；为贫困党员新建200平方米兔舍一处，购买种兔20只。

【大数据中心】 帮助包扶敖镇三段地村发展壮大村集体经济，协调涉农部门建设养殖棚圈12处，对接时友矿业有限公司投资10万元新建水泥路0.5千米，争取2019年财政专项扶贫资金40万元建成集体经济塑料大棚11座、智能温室大棚1座，村集体经济收入在5万元以上。

【农牧水务执法局】 协调相关部门为昂素镇阿日赖嘎查5名符合条件的扶贫户提供公益性岗位，每人每月增收1760元；发展壮大嘎查嘎查集体经济，集体年增收7万元；修建乡村道路建设约6千米。

敖勒召其镇

综述

敖勒召其镇建于1983年10月，是鄂托克前旗政治、文化、交通和商贸中心。地处旗境中部，东邻昂素镇，南接城川镇，西北连上海庙镇，西南与宁夏盐池县接壤。S216、敖银线、敖昂线等干线公路贯通全境，距上海庙镇90千米、银川市120千米，交通便利。地质地貌以沙川和硬梁地为主，是典型的农牧结合地区。全镇土地总面积16.21万公顷，其中耕地总播种面积1万公顷，草原面积11万公顷，林地面积3.82万公顷，森林覆盖率达23.56%。下辖12个嘎查村、7个社区。户籍总人口13617户38212人，其中蒙古族等少数民族人口2093户7754人、占总人口20.3%，农业户籍人口5236户16589人，农业常住人口3162户9794人，城镇化率60.3%，是一个以蒙古族为主体，汉族占多数的少数民族聚居区。

敖镇物产资源丰富，天然中药材有野生麻黄、甘草、银柴等，可供开采的矿产资源有天然气、石膏、陶土等10多种。旅游资源独具特色，形成以三段地革命历史纪念馆红色旅游和大沙头沙漠旅游区、农家乐牧户游、草原生态观光等人文和自然景观为主题的旅游格局。

敖镇荣膺"内蒙古自治区卫生先进镇""内蒙古自治区六星级文明城镇""内蒙古自治区'五个好'乡镇党委""鄂尔多斯市文化示范镇""鄂尔多斯市'十佳苏木乡镇党委'"等称号。

政治建设

【党风廉政建设】

党委主体责任落实 2019年，镇党委认真落实主体责任，始终将党风廉政建设与重点工作同部署、同推进，组织召开党风廉政建设专题会议4次。制定"两个责任"任务分解清单，逐项落实到党政领导班子成员及各责任部门，细化任务、明确要求、责任到人。认真落实党委书记"第一责任人"、班子成员"一岗双责"责任，坚持将中心工作同党风廉政建设工作同部署、同推进，主要领导与班子成员、班子成员与分管部门进行廉政谈话120人次，听取党政领导工作汇报18人次，进一步强化党员干部的廉洁自律意识。坚持抓督查促落实，督查各项重点工作、重大项目70余次，印发督查通报12期，督查反馈快报29期。

纪委监督责任落实 2019年，深入整治形式主义、官僚主义和“四官”问题，严格贯彻落实“三重一大”事项集体决策制度、中央八项规定及实施细则精神。充分发挥监督执纪职能，监督检查主体责任落实情况4次，对全镇各职能部门、嘎查村社区“3+5+N”专项整治进行督查100余次。以“高质量办案年”为契机，受理信访举报及上级转办问题线索14件，其中直接了结3件、初核了结5件，立案1件，“上访变下访”化解1件。选树清风干部127名。整改落实任务70余项，责令作出书面检查2人，提醒谈话3人，通报批评11人。

宣传教育 2019年，镇党委开展全镇干部职工理想信念教育2次、廉政党课2次、廉政警示教育2次，深化建设廉政嘎查村1个，打造廉政文化示范户2户。统筹嘎查村、社区“两委”和监委成员、驻村第一书记、驻村工作队等力量，走村入户联系居民群众7983次，累计发放扫黑除恶专项斗争、产业发展、党风廉政建设等宣传资料13000余册(张、次)，廉政风气持续向上向好。

【政府廉政建设】 2019年，深入贯彻落实中央八项规定精神，严格落实政府系统党风廉政建设主体责任，多渠道公开各类信息动态67条，干部作风进一步好转，政府公信力、执行力不断增强。扎实开展“不忘初心、牢记使命”主题教育，隆重庆祝新中国成立70周年。自觉接受镇人大监督，支持镇人大开展各类视察调研活动，人大代表意见建议办结率100%，服务型政府建设成效显著。

【基层党建】

主体责任落实 2019年3月，组织召开全镇基层党建工作专题会议，制定《2019年基层党建工作要点》，明确年度目标任务、工作责任，推行“一月一清单、一月一通报”工作模式，组织召开基层党建推进会6次，开展专项督查10次，印发督查通报10期，确保基层党建工作有人抓、有人管。

具体任务落实 2019年，严格党内组织生活，认真执行“三会一课”、组织生活会、民主评议党员等制度，指导各基层党组织制定“主题党日”推进计划，开展庆祝建党98周年“八个一”系列活动。开展软弱涣散党组织排查2轮次，对照“十星级党支部”标准，三段地社区、三段地村2个后进党支部完成转化升级，挂牌成立党群服务中心17个，开展“两委”换届选举“回头看”工作，针对联审反馈的6项问题逐一核查排除。强化智慧党建平台维护与推广应用，实施“头雁”工程，抓好党组织带头人队伍建设，抓实党员队伍教育管理，储备嘎查村社区后备干部36人，发展党员20人，培养入党积极分子32人，开展党员“戴党徽、亮身份”和党员户挂牌活动，进一步增强党员荣誉感，激励党员强化示范引领，提升服务水平。

意识形态 2019年，组织召开意识形态工作部署会、专题研判会2次，开展专项督查1次，制定《2019年党委理论学习中心组学习方案》《2019年党员干部职工学习方案》，开展党委理论中心组学习19次、干部职工集中学习43次。通过“敖勒召其镇发布”微信平台编发信息360余期，发布各类原创信息447条，旗级以上媒体刊发、报道56条，刊发主题专栏3期。围绕新中国成立70周年、产业发展、扫黑除恶等主题，更新沿路宣传牌14块，张贴悬挂宣传横幅65条，更换灯杆旗90多组。挂牌成立镇级新时代文明实践所，组建成立12支志愿服务队，开展志愿服务活动16次。

包联驻村 2019年，强化驻村工作队日常管理力度，召开推进会5次、业务培训会4次，实地督查9次，印发通报7期，各驻村工作队走访入户3000余户，解决群众实际困难161件，协调落实产业扶持资金620余万元、贫困户帮扶资金30万元，投入村级活动资金和集体经济扶持资金100余万元。

创新做法 2019年，探索推出“赛罕红色业委”“乌兰老书记工作室”“巴音相约星期二”“育才党员积分榜”“同心圆梦微心愿”等党建工作特色做法，打造城市基层党建示范点2个，构建起“区域化”城市基层党建格局。

经济建设

【经济运行】 2019年，敖镇地区生产总值23.59亿元，增长4.6%，其中工业总产值13.36亿元，增长5%；农牧业总产值3.20亿元，增长4.3%。固定资产投资18.06亿元，增长4.8%。社会消费品零售总额完成16.63亿元，增长4.7%。城镇居民人均可支配收入47688元、增长7%，农牧民人均可支配收入19300元、增长6.5%。农作物总播面积10000公顷，其中辣椒、西瓜等特色经济作物种植面积2666.67公顷；玉米、马铃薯等作物投保面积6943公顷，参保率99.32%。年牲畜饲养量42.72万头只，出栏20.25万头只、出栏率达47.4%，年末存栏量22.47万头只，良种率98.63%，免疫率98.74%。

【农技推广应用】 2019年，坚持"引进来"和"走出去"相结合的原则，加强农牧业技术服务指导，组建农牧业技术服务队，推行"农技人员包村联户"服务模式，开展实用技术轮训36场3000余人次，组织新型职业农牧民外出观摩学习5次，培育科技示范户150户、乡土人才20人，农牧民种养殖技术能力和水平明显提升。

【农牧产业化发展】 2019年，种植西瓜、辣椒等经济作物2667公顷，落实耕地地力提升项目533公顷；新建塑料拱棚120座、日光温室9座、香菇种植大棚8座；继续推广"企业＋合作社＋基地＋农牧户"经营模式，鼓励扶持500余户农牧民从事设施农业，发展拱棚瓜果蔬菜种植47公顷。实施良种繁育、绒山羊增绒工程，健全质量追溯体系，发放阿尔巴斯绒山羊、萨福克、杜泊等种公羊80只，完成追溯认证肉羊5000只；落实标准化养殖棚圈项目45处、农综饲草料项目200公顷，发放小粮仓123个。壮大新型农牧业经营主体，扶持农牧业龙头企业3家、合作社7家，深化5个扶贫产业示范嘎查村创建，培植种养殖示范户36户，申报家庭农牧场20户。

社会建设

【法治政府建设】 2019年，进一步精简优化行政权力事项，强化依法行政，严格落实法治政府建设各项制度，基层整合审批服务执法力量改革稳步推进。继续加强信息公开工作，多渠道推进政务信息公开，累计公开各类政府信息67条。

【综合行政执法】

城乡建设管理 2019年，敖勒召其镇综合执法局开展综合执法巡查730余次，联合旗农牧水务执法局、城市管理执法局、市场监督执法局、安监局等部门执法14次。继续加大对城乡接合部日常巡查力度，出动执法人员1000余人次，开展日常巡查400余次，对6家无证经营的沙场下达限期整改通知书6份；排查城乡结合部的房屋及棚圈180余起，制止违法违规行为23起，下达责令整改通知书23份，拆除违法建筑7起。加强四大出口环境卫生日常巡查，及时整改巡查出现的问题。同环城路沿线商家店铺签订"四包一讲"责任书39份，制止随意倾倒建筑垃圾10余起。

安全生产和食品安全 2019年，开展安全检查123次，其中镇主要领导参与检查19次，排查安全隐患5处。与各企业、幼儿园等签订《安全生产责任书》95份。持续加大重点危化企业的监督检查力度，检查加油站15家、气站5家、烟花爆竹销售36家。开展辖区餐饮行业、学校食堂等食品安全检查18次，下达停业整顿通知2份，责令2家流动餐厅限期登记造册备案。配合旗安委会完成安全月的宣传工作，联合安全大检查5批次，发放宣传资料1万余份。

【脱贫攻坚】 2019年，着力解决"两不愁三保障"面临的突出问题，加强脱贫攻坚与乡村振兴统筹衔接，协调做好建档立卡贫困户和"边缘户"政策支持，优先落实产业扶贫政策，统筹落实健康扶贫、教育扶贫、兜底保障政策。为2014年以来的建档立卡贫困户购买脱贫保险和财产保险，教育扶持86人；针对2019年的建档立卡贫困人口3户6人，每户落实产业扶持资金2万元，全部实现正常脱贫。全面开展扶贫对象动态管理和脱贫人口"回头看"工作，回退正常脱贫人口3户7人，无监测户和边缘户，全镇建档立卡贫困人口档案实现"机、账、实"统一。

2019年，强化易地扶贫搬迁后续产业扶持，建立和完善脱贫攻坚项目库，争取扶贫项目资金530万元，实施和储备项目23项。积极发展特色养殖产业，养殖肉驴200余头、杂交肉兔2000余只，探索推行“一地三金”模式，有效保障贫困户“搬得出、稳得住、能致富”。

【城乡建设】 2019年，强化基础设施建设，积极推进深化县城文明城市创建工作，常态化录入更新“i前旗”智慧移动平台数据信息。强化重点项目服务保障，完成三完小、殡仪馆和部分农牧业项目征地工作，人防基地、城川至三段地红色旅游公路征地工作有序推进。实施危房改造8户，完成转移农牧民小区巴音家园屋顶防漏雨改造工程。强化人居环境改善，将开展建设美丽乡村整治重点区域环境乱象“百日攻坚专项行动”与深入推进农村牧区人居环境综合整治同步推动，政府购买主要公路沿线保洁服务增加至242千米，组建保洁管护队伍12支，完成三道泉子村陶伦社污水管网和三段地社区、巴郎庙村五千米搬迁区污水集中收集总体规划，实施户厕改造1368户，改建水冲式节能厕所2处。

【社会事业】

医疗卫生 2019年，全镇有各类医疗卫生机构39所，其中公立医院2所（旗人民医院、蒙医综合医院），专业公共卫生机构2个（旗疾控预防控制中心、妇幼保健计划生育服务中心），乡镇卫生院2所，社区卫生服务中心2所，社区卫生服务站3个，嘎查村卫生室9个，企业医务室1个，学校医务室3个，个体诊所15个，门诊部2个。全镇卫计系统实有各类卫生计生人员503人，执业医师42人，注册护士51人，床位数378张；每千人拥有执业（助理）医师11人、拥有注册护士13.3人、拥有床位9.9张。

计划生育 2019年，全镇新生婴儿398人，政策生育率92.4%，综合节育率91.3%，出生男女性别比为101∶100，人口自然增长率7.2‰。全年免费妇检7217人次，开展育龄妇检3425人次，免费孕前优生健康检查831人，农村牧区目标人群覆盖率达85.9%。补贴农村牧区独生子女（双女）户养老保险缴费938人49.2万元，城镇独生子女户养老保险缴费316人29.4万元。发放农村牧区独生子女奖励资金115户57.2万元，农村牧区奖励扶助40户4.86万元，计划生育家庭特别奖励扶助9人7.68万元。

爱国卫生 2019年，深入开展爱国卫生运动，严格落实鼠疫等重大疫病防控制度，结合“三八”妇女节、第31个“爱国卫生月”、第72个“世界红十字会日”“5·15国际家庭日”、第32个“世界无烟日”等节日，开展健康知识讲座20场，健康知识宣传活动22场，发放中国公民健康素养66条、鼠疫防治、艾滋病防治读本、高血压病、手足口病、健康生活常识等各种健康宣传手册、书籍20多种3.9万余份。家庭医生签约覆盖率达到70%以上，城乡居民健康档案实现全覆盖。

交通 2019年，鄂托克前旗通用机场建成通航，实现敖镇航空运输“零”的突破，构筑起公路、航空等多种运输方式组成的现代化立体综合交通运输体系。

【社会保障】

创业就业 2019年，开展创业就业培训480多人次，新增就业325人；安置“4050”人员261人，发放“4050”就业保险补贴273人81.6万元；发放转移农牧民就业奖励资金249人81.2万元。收回创业小额担保贷款267人1356万元。

社会救助 2019年，发放贫困人口医疗救助补贴89户52.3万元；发放城镇低保437人274.2万元、农村低保797人289.4万元。发放“三无”人员供养资金11人13.45万元、“五保”户补贴34人发放13.55万元、孤儿补贴1人1.32万元；发放自然灾害救灾款398户15万元；发放老年人高龄补贴987人168.36万元。发放现役军人家属补贴35人92万元、优抚对象抚恤金54人99.7万元、退役军人自助就业地方经济补助12人97.6万元。

社会保险 2019年，新农合参保人数15094人，参保率达97.5%；新增城镇养老保险参保人员48人、累计20987人，参保率达95.6%；新增农村牧区养老保险参保人员113人、累计14948人，参保率达95%。

住房保障 2019年，分配转移农牧民住房52套4000余平方米，解决52户150余名居民群众的住房需求。

【退役军人服务】 2019年，着力推进退役军人“两站”标准化、规范化建设，组建镇级退役军人服务站1处、嘎查村社区服务站19处，完成烈属、军属和退役军人等家庭悬挂光荣牌及各类信息采集工作。

【社会治理】

综治维稳 2019年，充分发挥镇村两级标准化综治中心作用，完善网格化服务管理体系，聘任网格员171名；结合"下基层、访民情、办实事、保稳定、促发展"主题活动，会同综合执法、综治、司法、土地和派出所等部门，成立矛盾纠纷调处工作组，累计下乡调解矛盾纠纷85次，分别答复市长热线、旗长热线58件和7件，及时将矛盾纠纷化解在基层。

法治 2019年，持续深入开展法律"六进"（进机关、进嘎查村、进社区、进学校、进企业、进单位）活动，以镇党委中心组学习会、每周干部职工学习日等为载体，集中学习宪法和法律知识4次；聘请律师为群众免费提供法律服务132人次、代写文书595份；开展"七五"普法宣传活动3次，广大群众依法办事、遇事找法、解决问题用法、化解矛盾靠法氛围日益浓厚。

扫黑除恶 2019年，深入开展扫黑除恶专项斗争，着力在统筹调度、宣传发动、线索摸排、深挖彻查上下功夫，先后召开专题会、推进会14次，结合推进乡村振兴、扶贫政策宣传、森林资源保护发展问题整改工作，开展宣传宣讲活动60余次、线索摸排12轮次。全面完成中央扫黑除恶第15督导组反馈问题整改，累计办理完成扫黑除恶专项斗争转办案件15件。

文化建设

【文化旅游】 2019年，全年放映公益电影209场次，组织民间文艺团体惠民演出30场次。发展"农牧家乐"旅游接待点17家，申报自治区级农牧家乐接待点1户，市级农牧家乐接待点8户，年接待游客2.9万人次，实现综合收入400多万元。围绕中华人民共和国成立70周年，举办或协办百日消夏广场文化惠民演出、圣火祭祀、大沙头沙漠越野赛、群众性主题文化活动、乌兰牧骑进社区等活动40余场次。

【教育】 2019年，全镇有幼儿园10所（公办6所、民办4所），在园幼儿2187名（公办1946名，民办221名），其中蒙古族幼儿431名，教职工227人（公办197人、民办30人）；小学3所，在校学生3475名（蒙授749名），教职工323人；中学2所，在校中学生2334名（蒙授560名），教职工429人；职业学校1所，在校生1383名，教职工175人。全年资助贫困学生21人，发放助学资金4.8万元。

【乡风文明建设】 2019年，继续通过"美好敖镇讲习团"、开办夜校等形式，将理论知识、惠民政策送到嘎查村（社区）、田间地头、农牧户家中。评选三八红旗集体3个、三八红旗手2人、最美女职工6人、妇女工作先进个人2人、"精巴媳妇"6人、巾帼致富带头人2人、巾帼脱贫标兵2人、最美家庭8户、精准脱贫栓整人家4户。

【文明城市】 2019年，持续深化文明城市创建，召开创城推进会，制定2019年深化文明城市创建工作方案，分解细化创城指标，配合完成对标创建，顺利完成2018年度测评迎检工作。

【文明实践创新】 2019年，挂牌成立敖勒召其镇新时代文明实践所，19个嘎查村、社区挂牌新时代文明实践站。其中在巴音社区新时代文明实践站围绕"巴音邻里情"群众文化品牌，组建志愿服务队并制定"邻里乐""邻里学""邻里和""邻里帮"四大项目，广泛开展志愿服务，满足居民群众需求；在三道泉子村，打造"一场一台一市一廊一街一基地"6个新时代文明实践载体，通过制定"和谐家园""春风化雨""家园美化""公益菜蓝""健康相伴"5个品牌志愿服务项目，引导村民积极参与文明实践，营造文明乡风。

生态文明建设

【水资源保护】 敖勒召其镇水源地位于镇西南大沙头一带，属鄂尔多斯闭流区。水源地共有水源井16眼，供水方式采用潜水泵抽取地下潜水或承压水，经管道输送、净水厂沉淀消毒后进入供水管网供居民使用。供水工程由鄂前旗自来水公司负责运营管理。水源地服务区域为敖勒召其镇城区，用水结构为生活用水和其他用水。设计取水量为

表 25　　2019 年敖镇三八妇女节表彰名录

奖项名称及数量	获奖集体或个人	单位
三八红旗集体(3 个)	育才社区	育才社区
	三段地村	三段地村
	社会事务和扶贫办公室	社会事务和扶贫办公室
三八红旗手(2 人)	沙仁高娃	爱卫办
	李　波	党政办
最美女职工(6 人)	王　静	社会事务和扶贫办公室
	马图娅	计生办
	许俊梅	党政办
	王云珍	乌兰社区
	王晶晶	巴音社区
	郇　琼	满都拉社区
妇女工作先进个人(2 人)	刘　洁	春苑社区
	高彩虹	伊克乌素嘎查
精巴媳妇(6 人)	徐飞瑜	三道泉子村
	高　瑞	满都拉社区
	张艳荣	伊克乌素嘎查
	姚　翠	漫水塘村
	张　玲	三段地村
	郭美霞	巴郎庙村
巾帼脱贫标兵(2 人)	李金芳	三段地村
	喜吉日	查干巴拉嘎苏嘎查
巾帼致富带头人(3 人)	刘艳芳	乌兰社区
	谢桂梅	乌兰道崩嘎查
	魏　霞	三段地社区
最美家庭(8 户)	刘红梅	漫水塘村
	刘志爱	巴郎庙村
	苏雅拉花	查干巴拉嘎苏嘎查
	康春玲	赛罕社区
	赵秀丽	满都拉社区
	赵仲梅	乌兰社区
	张月英	巴音社区
	张晓瑞	大沙头村
精准脱贫栓整人家(4 户)	王锡琴	马场井村
	刘菊玲	马场井村
	王　梅	三道泉子村
	乌兰其其格	乌兰道崩嘎查

188.2 万立方米 / 年，日取水量为 5156.2 立方米 / 天，实际年取水量为 139.5 万立方米 / 年。工程规模为Ⅱ型，供水人口约 3.5 万人。

2019 年，深入落实河湖长制工作，累计巡河 77 次，国家水土保持项目塔班陶勒盖嘎查清洁小流域工程全面完工，新增水土保持综合治理面积 2000 公顷。严格落实以水定开发政策，办理打井申请 143 件，全面制止开荒扩灌、非法打井工作，查处非法钻井 4 起，持续加强对超采区用水的监管。

【土地草原保护】 2019 年，查处制止非法开垦 16 起 23.4 公顷，其中责令自然恢复 4 起、移交执法主管部门 2 起；查处制止偷牧、夜牧 237 起，处罚 112 起；协助森林公安局立案毁林非法开垦 2 起。审批人工草地 19 户 33.4 公顷，发放各类草原生态保护补助奖励资金 514 万元。

【植树造林】 2019 年，动员干部群众 630 余人次，完成镇村两级义务植树造林 168 公顷，在洪山塘村、巴郎庙村、马场井村等生态恢复区实施柠条平茬 1333.33 公顷。严守生态红线，完成森林资源保护发展问题整改 2073 公顷，引导农牧民种植蒙枣、北斗晚桃等经济林 383 公顷。发放各类林业生态效益补偿资金 331 万元。

【环境保护】 2019 年，联合旗生态环境分局开展生态环境领域安全隐患排查 5 次，重点针对油气勘探开采领域的生态环境隐患进行了排查，先后排查隐患 3 起，通过立行立改，年内全部整改完成。

上海庙镇

综述

上海庙镇位于鄂托克前旗西部，宁、蒙两区交界，西连宁夏宁东能源化工基地，北接银川滨河新区，区位优势明显。镇府距旗府所在地敖勒召其镇 89 千米，银川市中心 35 千米、宁夏河东国际机场和银川综合保税区 25 千米，境内三新铁路与太中银铁路贯通，交通条件十分便利。境内煤炭资源得天独厚，是自治区级重点能源化工基地，是鄂托克前旗的工业重镇。被评为“国家卫生镇”“全国重点镇”“全国特色景观旅游名镇”“自治区园林示范城镇”“自治区文明村镇”。

上海庙镇下辖 3 个社区，11 个嘎查村，63 个自然村。总人口 25644 人，其中户籍人口 3336 户 9550 人（农村户籍人口 2683 户 7865 人，非农户籍人口 653 户 1685 人），外来从业人员等临住人口 16094 人；农村常住人口 2636 户 7801 人，转移农牧民 1134 户 4350 人、占农村户籍人口的 50.9%；蒙古族 1316 户 3399 人，占户籍人口的 35.49%，是一个以蒙古族为主体，汉族占多数的少数民族地区。上海庙镇土地总面积 3873.3 平方千米，植被覆盖率 54%，森林覆盖率 16.68%，农作物总播面积 6651 公顷，年均牲畜饲养量 45.3 万头只，年牲畜出栏 25.3 万头只。

政治建设

【党风廉政建设】 2019 年，上海庙镇党委制定下发《党风廉政建设主体责任清单》，先后召开党风廉政专题部署会议 4 次，组织集体廉政学习 12 次，组织开展廉政谈话 176 人次，有效提升全镇党员干部的反腐倡廉意识。坚持问题导向，持续巩固巡察成果，有序推进各项巡视巡查反馈问题的整改。至年底，对自治区第十四巡视组巡察反馈的 6 个方面 25 个具体问题，已完成整改 24 个问题，整改率为 96%。

2019 年，开展中央八项规定、扶贫领域腐败和作风问题、“大棚房”整治、矿产资源领域突出问题等专项监督检查 97 次，在重要节点专项检查违规公务接待等问题 6 次，围绕“不忘初心 牢记使命”主题教育、学习贯彻中共十九届四中全会等情况开展监督检查 17 次，发现问题 10 个，下发廉政风险提醒通知书 8 期，纪律检查建议书 4 份。廉政谈话 19 人次，集体谈话 1 次，编发督查通报 5 期。累计组织整改“回头看”14 次。查处侵害群众利益问题 1 起，立案审查扫黑除恶问题线索 6 件，成案数量约占当年立案审查总数的 60%。开展警示教育 4 次，以案促改 1 次，纪委书记讲廉政党课 2 次，推送廉政信息 81 条，评选清风干部 53 名，完成干部廉政档案基础数据的录入工作，评选出廉政宣传示范户 1 户，廉政建设示范村

1个，为示范嘎查村、示范户购置图书2套。

【基层党组织建设】

主体责任落实 扎实开展嘎查村、社区党支部评星定级工作，评定一类基层党组织11个、二类基层党组织3个，完成相对后进嘎查（阿勒台嘎查）的转化提升工作。组织开展形式多样的主题教育，围绕“追寻初心、感悟信仰”，组织全体党员干部在城川民院重温入党誓词、抄写“老三篇”，并开展警示教育基地参观、红色拓展等系列活动，不断弘扬时代精神，凝聚团结力量，以实实在在的业绩体现责任担当，让人民群众感受到实实在在的变化。帮助嘎查村协调落实集体经济项目建设资金556万元（其中财政支持资金406万元，对口单位帮扶、社会捐赠、企业赞助等资金150万元），11个嘎查村集体经济收入共完成123.2万元（圆满完成嘎查村年底集体经济收入突破5万元的目标任务）。

党员干部队伍建设 2019年，按期转正预备党员18名，新发展党员22名，培养入党积极分子73名。完成14个嘎查村社区党支部书记、主任的县级党委档案备案工作，核实完善全镇122名村干部基础信息，协助哈沙图嘎查和芒哈图嘎查选优配强了支委班子，向特布德嘎查选派党支部书记1名、副书记1名。核定、上报嘎查村（社区）“两委”和监委会成员及离任老村干、老党员工资142万元；慰问生活困难党员、离任老村干等31人。

包联驻村工作 按照包联驻村工作要求，对市旗两级选派的14支包联驻村工作队进行组织管理，注重抓包联驻村。认真落实《包联驻村工作实施办法》，组织第一书记参加市、旗、镇各类业务培训会20余次，驻村工作队、第一书记累计提供代办服务700余项，为群众办实事54件，协助11个嘎查村制定发展规划，嘎查村集体经济保障和带动贫困人口致富能力明显增强。

意识形态建设 2019年，组织召开专题会议研究意识形态工作2次、专题学习会4次，党委中心组理论学习12次；严把“两微一端”发布关，累计发布微博信息249条、政务公开信息126条，更新微信平台220期1327条，网评跟帖278条，报送网评文章9篇、舆情信息15篇，转发上级媒体跟帖信息50余条，做到正能量充沛、主旋律高昂，舆论引导水平不断提高。

智慧党建 组织嘎查村、社区党支部书记、党务工作者等召开座谈会；在镇便民服务大厅打造智慧党务服务区。2019年，组织专题学习会15次、集中研讨3次、现场教学2次；各基层党组织集中学习80余次，460余名党员通过“学习强国”和智慧党建平台自学，举行升国旗仪式等活动15场次，定期维护党建电子地图、智慧党建2.0平台。

“不忘初心、牢记使命”主题教育 2019年，上海庙镇按照习近平总书记在内蒙古考察并指导开展“不忘初心、牢记使命”主题教育时“四个到位”指示精神，紧密结合镇情实际，科学谋划、周密安排。通过专题学习会和个人自学、重点领学和研讨交流、现场教学和理论宣讲相结合的方式，聚焦主题主线，组织开展党委专题学习会15次、集中研讨3次、现场教学3次，组织机关党员和嘎查村社区党组织书记赴城川镇开展“追寻初心、感悟信仰”实践活动1次，组织嘎查村社区党组织开展集中学习70余次，举行“升国旗、庆华诞”仪式15场，组织基层党支部书记参加全旗主题教育党支部书记专题培训班。紧扣“五个围绕”开展专题调研，结合区域定位和“书记项目”，确定“企地共建”专题调研和产业发展、民生事业等8个调研课题。专题调研企地共建、污染防治和部分嘎查村集体经济发展项目建设情况68次，形成调研报告9篇，发现问题33个，制定整改措施28项，整改完成33个，党政领导班子和各党支部书记结合实际讲授专题党课累计28场。在“上海庙发布”开辟专栏专刊，展播领导干部调研报告，专题报道各基层党组织的好经验好做法，发布微信平台65期，报送主题教育动态60余条。组织开展“开门纳谏”，广泛听取农牧民对领导班子和班子成员的意见建议。征求农牧民意见建议11条，解决群众关于供暖供电、通讯信号、各类补贴等操心事、烦心事、揪心事。以“整改进行时”等方式公开整改结果9件，接受群众监督。

换届选举 2019年，上海庙镇坚持以中共十九大精神为指导，坚持党的领导，充分发扬民主，严格依法办事，切实保障选民和代表的民主权利，严格程序，于11月7日在上海庙镇第三届人民代表大会第四次会议上选举产生人大主席1名、政府镇长1名和政府副镇长3名，全面完成换届选举工作任务。

镇人民代表大会

主　席　布仁巴特尔(蒙古族)

镇人民政府

镇　长　巴音孟克(蒙古族)

副镇长　贺晓宇　孙世峰

　　　　嘎尔迪(蒙古族)

经济建设

【经济运行】 2019年，上海庙镇完成工业总产值130.5亿元，增加值31.2亿元；固定资产投资575万元，农村牧区人均可支配收入20519元。农业耕地总面积6651公顷；年牲畜出栏25.3万头只，年末存栏量20万头只。全年接待游客60万人次。

【土地收储】 2019年，完成土地收储119公顷，矿区搬迁442公顷，积极协调新矿内蒙能源、上海庙矿业两大煤炭开发主体企业兑付矿区塌陷区转移农牧民补偿安置资金2830万元，搬迁转移矿区塌陷区留居农牧民17户，全年协调解决企地纠纷67起，解决10家企业项目施工临时用地165.2公顷。

【农牧产业】 2019年，上海庙镇持续完善绒山羊种业基地配套设施，大力推进畜种改良和有机地理标识认证工作，全面推广羔羊短期育肥技术。绒山羊种业基地配套建成配种站3处、温控增绒棚3处、内部柏油路6千米、网围栏59.1千米、输水管道14.77千米，引进阿尔巴斯超细绒型绒山羊2400余只；新增羔羊短期育肥户282户，建设棚圈91套，协调发放颗粒饲料2336.18吨，认证有机阿尔巴斯山羊8万只、草原红牛2000头，牲畜出栏25.3万头(只)。将农作物病虫害防治作为保障种植业安全发展的重要前提，引导农牧民种植粮食作物3733公顷、经济作物1133公顷（其中枣树、桃树、苹果树等经济林种植面积379公顷，西瓜种植面积585公顷，辣椒种植面积152公顷，蔬菜等其他经济作物种植面积53.5公顷)、饲草料2467公顷，粮经饲比例由2018年的67∶8∶25优化为51∶15∶34，其中经济作物和饲草料种植面积较去年分别提高了7和9个百分点，粮经饲比例进一步优化、种植业结构调整取得全新突破。

社会建设

【法治政府建设】 2019年，上海庙镇把执政为民作为政府工作的第一理念，深化“放管服”改革工作，推进“互联网＋政务服务”系统建设，提升政府行政效能，主动公开政务信息126条，政府规范性文件报备率、规范率和及时率均达100%。

【综合行政执法】

城乡建设管理　2019年，上海庙镇综合行政执法局拆除国电双维违建围墙1400余米；及时制止7处违章建筑；针对非法开采行为，下达《停止违法行为通知书》5份，已全部停工限期整改恢复；立案查处非法采矿1处；立案查处违法占地行为5起；对113个自然资源卫片执法图斑进行外业核查和系统填报；巡查违建别墅120余次；巡查毁林开垦户子植被恢复情况50余次，现场勘验50余次。

安全生产执法　2019年，上海庙镇走访排查落实“管行业必须管安全，管业务必须管安全，管生产经营必须管安全”的安全责任。形成一级抓一级层层抓落实的安全生产工作格局。与各企业各嘎查村、加油站等单位签订安全生产责任状49份，结合全镇实际全面加强煤矿、危化品、建筑、道路交通等重点行业领域的安全生产工作，并按照全面覆盖彻底检查原则，落实行业主管部门日常事故隐患排查治理责任，进行安全隐患排查19项，整改19项，整改率100%。

【城乡规划建设】 2019年，积极贯彻落实自治区、市、旗实施乡村振兴战略的总体部署，以“产业兴旺、生态宜居、乡风文明、治理有效、生活富裕”为总要求，围绕“五星达标、特色创建”标准，全面推进实施乡村振兴战略，推动农牧业提质增效、嘎查村文明进步、农牧民增收致富。结合上海庙镇实际，协助完成特布德嘎查和沙章图村建设市级乡村振兴示范嘎查实施方案。

【社会治理】

信访工作　2019年，上海庙镇接待群众来访38批次149人，办理市长热线95件、旗长热线5件，按期办结自治区党委第十四巡视组和中央第十五督导组转交办信访事项22件。围绕早发现,早介入,早处理的原则,深入推进社会矛盾纠纷排查化解工作,全年累计调处各类矛盾纠纷74起,达成《调解协议》2起。排查出重点信访案件27件,均按照"三到位一处理"信访工作机制逐一落实包案领导、包案部门及包案民警。2019年,全镇区无发生影响社会稳定的政治事件,无集体上访事件。

扫黑除恶 在交通要道、显要位置、各嘎查村(社区)阵地张贴展板70余块,宣传标语50余条,利用企业、商铺电子屏滚动宣传标语23条,推送宣传信息78条,开展集中宣传活动15场次,发动干部入户宣传3000余人(次),发放扫黑除恶通告180份、宣传材料5000余份,安排社区矫正对象观看"扫黑除恶"专项斗争警示教育片7场。

普法宣传 开展综治宣传月、"3·15"消费者权益日、"6·26"国际禁毒日、扫黑除恶专项斗争宣传、"12·4"国家宪法日等专题宣传活动15场次,宣传入户1200余户、发放宣传材料4000余份,通过微信公众号、微博、短信平台等新媒体推送各类宣传信息4000余条,全面提升农牧民法律素质。

社区帮教 2019年,上海庙镇建成"绿洲家园"社区康复中心1处,做好社区康复人员监管工作。

【脱贫攻坚】 2019年,上海庙镇根据扶贫动态管理工作方案要求,对2014年以来的建档立卡贫困户进行动态管理和数据信息采集、核查、核准等相关工作,并严格按照"两不愁、三保障、一达标"的标准,累计识别贫困户55户142人,稳定脱贫(不享受政策)32户81人,正常脱贫(享受政策)20户50人(原共计52户132人,其中1人通过2019年11月动态管理自然减少),3户10人符合清退标准,已按照程序清退,2019年新识别出边缘户3户11人。

坚持"聚焦精准、群众参与、公开透明、公告公示"原则,严格执行"两公示一公告"和嘎查村申报、镇审核的程序,科学规范推进项目库建设,送审19个扶贫项目入库。经上级审核,10个扶贫项目获得市级财政专项扶贫资金248万元,其中,产业扶持资金188万元,扶贫重点嘎查村产业扶持资金60万元,按照"先建后补"的扶贫资金使用要求和项目建设进度均已拨付到位,保证资金精准高效使用。认真做好建档立卡贫困子女上学救助工作,为15名贫困学生申请教育扶持资金,其中,学前教育阶段3名,义务教育阶段7名,普通高中阶段1名,中等职业教育阶段3名,高等教育阶段1名。

【社会保障】

创业就业 2019年,新增创业就业34人,城镇登记失业率稳定控制在3%以内。组织未就业大学生和农牧民参加就业局春秋两季大型人才劳动力招聘会,开展就业创业培训两期12人。为5人发放企业养老保险"4050"人员补贴1.5万元。

社会救助 2019年,上海庙镇发放"五保"低保、"三民"、优抚优待、医疗救助、残疾人补贴等各类津贴救助90.36万元。

全年通过一卡通共发放城乡最低生活保障金25.39万元,其中农村牧区低保39户63人22.71万元,城镇低保6户6人2.68万元;供养"三无"人员1人、"五保"户12户12人,发放供(抚)养金20.33万元;发放优待补助金现役军人家属优待9人5.63万元;发放"三民"定补12人24.15万元;发放高龄补贴288人40.39万元;发放自然救灾款50万元、临时救助18.3万元。"博爱一日捐"共捐款1.3万元。

计划生育奖励 至2019年底,农村牧区奖励扶助55人发放补助资金52800元;少生快富2户4人,发放补助资金6000元;独生子女家庭奖励15户,发放奖励资金7200元,特别扶助2户4人,每人每年6480元,4人共发放补助资金25920元;发放农村牧区45~59周岁独生子女、双女户养老保险补助620人298342元、城镇45~59周岁独生子女、双女户养老保险9人8100元。

社会保险 2019年,农村养老保险参保5472人、参保率87%,共缴费217.58万元,养老保险中断率控制在4%以内;养老保险待遇支付1239人640.04万元。农村合作医疗保险参保6627人、参保率96%,共缴费110.54万元。

搬迁安置 完成矿区塌陷区搬迁农牧民26户财产清点的工作,签订并办理矿区塌陷区农牧民搬迁补偿安置协议17户(其中新矿内蒙能源公司完成搬迁11户,上海庙矿业公司完成搬迁6户),搬迁补偿面积

442 公顷，兑付搬迁补偿安置资金 680 万元。

住房保障 2019 年累计为 28 户 81 人转移农牧民落实保障性安置住房 28 套 3221.56 平方米，其中敖镇地区 1 套、上海庙地区 27 套。整理规范了全镇 1521 户转移农牧民保障性住房档案。

【社会事业】

医疗卫生 全镇有公立医疗卫生机构 14 所(布拉格社区中心卫生院、上海庙镇社区卫生服务中心、上海庙社区卫生院、特布德嘎查卫生室、八一村卫生室、芒哈图嘎查卫生室、水泉子村卫生室、哈沙图嘎查卫生室、沙章图嘎查卫生室、阿勒台嘎查卫生室、拜图嘎查卫生室、陶利嘎查卫生室、公乌素嘎查卫生室、乌提嘎查卫生室)，企办医院 1 所(新汶矿业集团中心医院内蒙能源分院)；个体诊所 2 个。有卫技人员 43 人，其中执业医师 13 人，乡村医生 12 人，每千人(常住人口)拥有执业医师 2 人；注册护士 13 人，每千人(常住人口)拥有注册护士 1.5 人；有病床位数 56 张，每千人(常住人口)拥有床位 6.4 张。防疫妇幼保健工作有序开展，疫苗接种率 100%。

计划生育 2019 年，全镇共出生人口 150 人，其中男 79 人、女 71 人；符合政策生育率为 98.8%，性别比为 100∶90；流入人口 3796 人，流入已婚育龄妇女 1087 人，流入出生 58 人，综合节育率为 88.3%。

爱国卫生 2019 年，安放灭鼠毒饵盒 810 个、粘鼠板 300 张、捕蝇笼 30 套；对镇区内 88 家个体工商户开展灭蟑活动；悬挂宣传横幅 74 条，增设大型宣传展牌 5 块，设置灯杆旗 400 余面，张贴爱国卫生门腰带 120 余条、禁烟标识 1500 余张，设置健康教育宣传栏 30 余处，发放宣传资料 7000 余份；5 月 31 日世界无烟日开展禁烟活动，在公共场所张贴禁烟标识 500 余份。

文化建设

【乡风文明建设】 打造新时代文明实践所 1 处，长城花园社区、特布德嘎查等实践站 6 处。开展各类志愿服务活动 35 次，选树宣传道德模范、文明家庭等先进典型 215 户，协助 14 个嘎查村社区制定完善村规民约，组织上海庙镇秧歌协会、阿勒台原生态艺术协会等民间艺术团队，编排贴近群众、贴近生活的文艺作品，用群众喜闻乐见的形式巡回演出 8 场次，乡村文化繁荣发展，文明程度整体提升。表彰奖励“产业大王”12 名、先进基层党组织 4 个、优秀共产党员 8 名、优秀党务工作者 7 名和优秀第一书记 4 名。

【群众文体】 2019 年，积极参加鄂尔多斯市首届文化创意大赛、旗那达慕大会等全旗重大活动 4 次；申报自治区、市级农牧家游示范户各 1 户，组织开展“我爱你中国”合唱比赛、上海庙草原那达慕等庆祝中华人民共和国成立 70 周年系列活动 6 次；开展“一月一主题”系列文化活动 12 场。2019 年共打造新时代文明实践所 1 处，长城花园社区、特布德嘎查等实践站 6 处。

【文化旅游】 2019 年，上海庙镇按照错位发展、差异化推动的原则，打造“1350”即打造乡村旅游风景线 1 条(察靖线)、乡村旅游示范村 3 个(阿勒台嘎查、芒哈图嘎查、乌提嘎查)，发展农牧家游示范户 50 户(察靖线沿线)，在乡村旅游示范带(察靖线段)，发展农牧家游示范户 55 户，开展马兰花旅游文化节、草原那达慕等大型特色活动 3 场，开展消夏广场文艺汇演、民俗文化体验拓展等特色活动 24 场，吸引入境游客 60 万人次、同比增长 11%，延伸带动商贸、物流、食宿、文化等产业同步发展、互促共进。

【教育】 2019 年，上海庙镇有全日制学校 1 所，公办幼儿园 1 所，私立幼儿园 1 所。上海庙学校有在校学生 823 人，其中小学共 18 个教学班 604 人、初中共 6 个教学班 219 人；教职工 133 人，其中专任教师 114 名。公办民族幼儿园共有幼儿 272 名，教职工 41 名，其中专任教师 29 名；私立世纪星幼儿园共有学生 187 名，教职工 25 名，其中专任教师 19 名。

生态文明建设

【水源保护】 上海庙镇水源地地处黄河流域、鄂尔多斯波状高原地带，黄河距上海庙镇区约 11 千米。上海庙镇水源地有水源井 18 眼，供水方式采用潜水泵抽取地下潜水或承压水，暗管输送，经净水厂沉淀消毒后进入供水管网供居民使用，供水工

表 26　　2019 年上海庙镇党委政府表彰先进集体个人名录

奖项名称	获奖个人	单位
产业大王（12 名）	杨海昌	沙章图村
	陈建忠	上海庙社区
	格日乐	拜图嘎查
	辛满强	八一村
	特古斯巴雅尔	公乌素嘎查
	王建国	乌提嘎查
	胡毕斯哈图	阿勒台嘎查
	康波	陶利嘎查
	乌日根达来	芒哈图嘎查
	安治荣	特布德嘎查
	伊日很毕力格	哈沙图嘎查
	黄志富	水泉子村
优秀共产党员（8 名）	韩志鹏	布拉格社区
	黄志富	水泉子村
	阿日并其木格	哈沙图嘎查
	苏雅拉图	阿勒台嘎查
	王仙丽	党教中心
	张嘉轩	党政综合办公室
	那顺朝格	农牧业服务中心
	斯日木德	财政所
优秀党务工作者（7 名）	贡达来	芒哈图嘎查
	刘占山	沙章图村
	康波	陶利嘎查
	纪娜	长城花园社区
	付飞飞	党政综合办公室
	王晓娟	党教中心
	孙世宏	信息中心
优秀第一书记（4 名）	吉仁巴雅尔	布拉格社区、阿勒台嘎查
	李建军	水泉子村
	何志文	乌提嘎查
	钱达来	长城花园社区
先进基层党组织（4 个）	上海庙社区党支部	
	八一村党支部	
	拜图嘎查党支部	
	乌提嘎查党支部	

程由上海庙富源水务公司负责运营管理。水源地服务区域为上海庙镇区生活用水和绿化等用水。设计年取水量为 300 万立方米 / 年，日取水量为 9201 立方米 / 天，实际年取水量为 220 万立方米 / 年，工程规模为Ⅲ型，年供水人口 1.1 万人，2020 年规划供水人口 3.5 万人。2019 年，建成人畜饮水困难地区水窖 436 座，建成京津风沙源项目保护井 9 眼、压设饮水输送管道 14.77 千米。

2019 年，按照“河长制”工作任务要求，每月巡查镇内的河湖，通过巡查及时上报上海庙镇辖区内河湖概况、及时治理存在的问题。

【城镇园林绿化】 至年底建成区绿地面积 322 公顷，绿地率达 42%，城镇居民人均公园绿地面积 230 平方米。

【植树造林】 2019 年，完成春季义务植树 6.7 公顷，共计 5700 株樟子松。发放国家公益林补助面积 16403 公顷、补助资金 350.41 万元 208 户。发放地方公益林管护补助 60660.1 公顷、补助资金 272.97045 万元 496 户。

【草原保护】 2019 月 4 日 23 日下发森林草原整改销号图斑共计 126 个、面积 1003 公顷，率先完成整改和销号工作。2019 年 8 日 20 日下发图斑共计 207 个 379 公顷，完成 2019 年度的 41 个图斑 98 公顷的整改和销号工作，剩余 166 个图斑 281 公顷预计在 2020 年 4 月 20 日前全部完成整改销号工作。

城川镇

综述

城川镇位于鄂托克前旗西南部，地处蒙、陕、宁三省区交界，属黄河一级支流无定河流域上游，东邻乌审旗无定河镇，南与陕西省靖边县柠条梁镇、东坑镇和定边县堆则梁乡、白泥井镇接壤，西连宁夏盐池县，北靠敖勒召其镇、昂素镇，素有自治区“南大门”之称，原名“包日巴拉嘎苏”，因唐朝宥州古城座落于此，并建在两涟尖沙之间，故名城川。城川镇历史悠久，文化底蕴深厚，是古“河套人”文明的发祥地、汉唐雄风的边陲重镇，更是中国共产党在内蒙古开辟最早的革命根据地之一。城川镇区位优势明显，物产资源富集，旅游资源得天独厚，是蒙陕宁三省区交界处最具活力和影响力的旅游贸易物流中心。

城川镇东西长 140 千米，南北宽 75 千米，总土地面积 3200 平方千米。作物总播面积 3.2 万公顷，林地面积 6.33 万公顷，草原面积 24.33 万公顷，植被覆盖率达 90%，年牲畜饲养量 75 万头只。下辖 3 个社区，29 个嘎查村、126 个农牧业社。户籍总人口 8757 户 25383 人（常住人口 5262 户 16252 人），蒙古族人口占 22.3%，是一个以蒙古族为主体，汉族占多数的少数民族聚居区。

政治建设

【党风廉政建设】

党委主体责任落实 坚持“党委统一领导、党政齐抓共管、纪委组织协调、部门各负其责、依靠群众参与”工作机制。镇党委年初与各嘎查村（社区）签订《党风廉政建设目标责任状》，推进党风廉政建设向基层延伸。落实“一岗双责”责任，镇党委书记与领导班子成员签订《一岗双责责任书》和廉政承诺书，主持召开党风廉政建设专题会议 9 次，听取廉政汇报 4 次，与班子成员、党支部书记进行廉政谈话 51 人次、集体谈话 4 次；领导班子成员每季度与分管部门负责人开展廉政谈话 1 次。

纪委监督责任落实 2019 年度，城川镇纪委以习近平新时代中国特色社会主义思想为指导，按照鄂托克前旗纪委监委和镇党委的部署要求，坚持稳中求进工作总基调，忠诚履行党章和宪法赋予的职责，担当尽责、真抓实干。扎实开展党风廉政宣传教育，增强廉洁自律意识；深入推进监察体制改革，探索加强监察职能；严肃查处违纪违法案件，持续保持高压态势；在弘扬正能量上下功夫，评选打造“清风干部”；深化运用监督执纪“四种形态”，推动管党治党全面从严；深入推进专项整治工作，注重从源头上预防；抓好纪检队伍自身建设，提升专业履职水平；扎实开展“高质量办案年”活动，强化纪检监察工作；圆满完成全市纪检监察现场会相关工作。全年共受理信访案件 16 件，其中上级纪委转办11件，镇纪委自办5件。受理的16件信访案件中初核了结10件，立案6件，党纪处分7人。

制度建设 修订和完善干部职工日常管理等制度3项，确保用制度管人管事。实行"领导包片、部门包村、干部包户"联系服务群众机制。

宣传教育 全年对嘎查村（社区）"两委"成员进行专题培训1期，镇党委书记讲廉政党课4次，组织廉政集中学习7次，开展廉政警示教育2次，打造廉政文化廊道1处，树立廉政文化示范户3户。

【基层党组织建设】

队伍建设 建立基层党组织负责人教育培训、监督管理、考评激励机制，注重党员干部人才培养，储备嘎查村（社区）后备干部102人；注重在嘎查村（社区）干部、致富能人、退伍军人和返乡知青中发展党员，全年新发展党员43人、培养入党积极分子134人。强化党员日常管理，打造"北疆先锋大讲堂"29个，录入"全国党员管理信息系统"党员898名。

组织建设 2019年，城川镇认真践行管党治党责任，紧紧围绕全旗建设"三个中心"、打造"三大基地"总体发展思路，充分发挥基层党组织战斗堡垒作用，不断提升基层组织力和凝聚力。坚持党建工作与经济工作同安排、同部署、同落实，做到"两手抓、两促进、两不误"。强化基层组织建设，创建"红色先锋，亮丽城川"党建品牌，进一步提升党组织的组织力、凝聚力、战斗力和创新力，建成一类基层党组织15个、二类基层党组织14个，32个党群服务中心功能全部完善。扎实抓好书记项目，以现场教学、现场观摩和现场实践体验为核心，建成苏坝海子"一锅饭"等红色研学点和研学户22处；充分发挥基层党组织引领、联动作用，推动北纬37度优质果蔬经济带建设，发展经济林467公顷、特色经济作物8667公顷。发展壮大集体经济，坚持以基层党支部为引领，整合包扶单位、龙头企业和社会力量，把贫困户紧紧吸附在特色产业链上，带动嘎查村经济社会全面发展，29个嘎查村集体经济全部突破5万元。

经济建设

【经济运行】 2019年，城川镇实现地区生产总值6.759亿元、同比增长5.2%，其中农牧业总产值3.43亿元、同比增长0.13%。固定资产投资总额11.71亿元，同比下降14.1%。城川镇农牧民人均可支配收入19500元，同比增长4.59%。全镇推进北纬37度优质果蔬经济带建设，特色经济作物突破2667公顷，北斗晚熟桃、苹果、红枣、葡萄等林果达800公顷，年牲畜饲养总量达75万头（只），牲畜良种率达98%以上，年出栏量25万头只，年末存栏量50万头只。

【农机农技推广应用】 2019年，配套各类农机具267台套，提高农业生产效率和生产技术，降低生产成本。引进滴灌带生产厂5家，推广农作物新品种35个、农牧业实用技术5项。组织科技培训8起，培育农牧业科技示范户300户，累计达486户，组织新型农牧民职业技能集中培训368人次。

【农牧业基础设施建设】 2019年，新建塑料拱棚57户83栋。发展节水灌溉优良牧草种植312公顷，落实农综项目棚圈52套。引进细毛种公羊43只，牲畜良种率8%；新建肉羊养殖棚圈40座，建成规模养殖示范户19户。建成温室育苗基地12栋。积极培育新型农牧业经营主体，扶持农牧业龙头企业3家，培育家庭牧场7个、成立专业合作组织27家，直接带动农牧户800户，累计发展家庭牧场146户，专业合作组织达到95个。

社会建设

【法治政府建设】 城川镇人民政府始终将纪律和规矩挺在前面，严格履行重大行政决策程序，坚持依法履职、高效理政，自觉接受人大监督和社会舆论监督，规范履职水平持续提升，把依法行政、执政为民作为政府工作的第一理念，将为民办实事、办好事作为一切工作的出发点和落脚点，进一步深化综合行政执法体制改革和"放管服"改革，加快推进"互联网+政务服务"系统建设，提升政府行政效能。全年依法公开政务信息105条，政府规范性文件报备率、规范率和及时率均达到100%，进一步将政府决策、执行、监督全过程纳入法治化轨道，保障权力在阳光下运行，政府的公信力、执行力不断增强，法治政府建设迈上新台阶。

【综合执法】

城镇管理执法 2019年，城川镇综合执法局开展整治店外堆放现象300余次，依法拆除违规牌匾、户外广告20块。拆除违建2处68平米，拆除乱搭乱建40平米。查处随意倾倒建筑垃圾、生活垃圾现象20余次，整治渣土运输车辆312次。制止破坏市政设施行为2起，制止镇区道路挖掘2次。合理疏导乱停车辆200辆次，规范摆放非机动车150辆次，依法张贴违法停车告知单300多张，上传交警网300多张。

土地草原保护 全面排查辖区内非法占地、非法采矿等各类土地、矿产资源违法行为。坚持每周全面巡查一次，重点巡查二次，全年共巡查125次，巡查发现违法行为15起，现场制止违法用地行为15起。国土卫片执法6起，已立案6起。与国土所联合检查境内沙场3处，已全部关停；检查拌合站8处，1处正常运营，其他全部关停；检查污泥处理厂1处，并督促办理手续，整改存在问题。

安全生产检查 2019年，开展安全检查63次，排查安全隐患31处。配合旗安委会完成安全月的宣传工作，联合安全大检查7批次，发放宣传资料5万多余份。开展安全生产日常监督检查72次，其中镇主要领导参与检查24次；与各嘎查村、社区、企业、幼儿园等签订《安全生产责任书》64份。开展辖区餐饮行业、学校食堂等食品安全检查36次，下达停业整顿通知17份，责令19家流动餐厅限期登记造册备案。加强重点危化企业的监督检查力度，共检查加油站4家、烟花爆竹销售18家。

扫黄打非行动 2019年，通过组织观看宣传视频、张贴海报、发放“绿书签”、宣读倡议书、反侵权盗版签名等形式，积极开展“扫黄打非”“护苗2019”“清风”专项行动和“绿书签”进校园、进嘎查村（社区）宣传活动。

【市政基础设施建设】 2019年，城川镇成功创建“全国卫生镇”和“自治区文明村镇”；完成棚户区改造17栋，完成金元街、富川路沿街立面改造2.7万平方米；城川垃圾填埋场启动建设；红色集训中心、文体活动中心主体结构已完成；城川红色拓展训练基地一期工程已建成投用，二期生态补水项目已开工建设；昂素至城川、城川至三段地2条红色旅游公路征地工作正在收尾；农牧户“户厕改造”超额完成；农村牧区人居环境“百日攻坚专项行动”深入推进，城乡环境明显改善。

【精准扶贫】 2019年，城川镇把脱贫攻坚与实施乡村振兴战略有机结合、统筹推进，聚焦精准识别、突出产业扶贫、抓好金融扶贫，有力推进脱贫攻坚工作的顺利开展。全镇建档立卡贫困户2014年－2019年共有贫困户186户560人，其中2019年5户20人，已全部实现正常脱贫。

扶贫产业项目采取先建后补、分类实施的方式，经验收合格后兑付产业补助资金，2019年累计兑付到户产业扶持资金8万元。通过到户产业扶持，贫困户实现顺利脱贫且收入逐年稳步递增。累计拨付嘎查村集体经济项目扶持资金400万元，通过发展集体经济吸附本嘎查村有劳动能力的贫困户到产业链中，解决贫困户就业，增加贫困户收入。

坚持生态优先，绿色发展，优先聘用贫困户为生态护林员，按时为贫困人口发放国家公益林补贴和禁休牧补贴。2019年全镇有2个嘎查村聘用贫困户为生态护林员。

斩断贫困代际传递，摸清贫困户中在校学生的基本情况并报旗教体局教育资助中心落实补贴政策，2019年累计为36名贫困学生发放补贴103715元，为考入大学的贫困大学生争取社会资助项目。邀请市、旗农牧业技术专家为贫困户开展2场实用技术和农牧民技能培训，协调旗就业局为15户26人贫困群众在居住地解决公益性岗位，每月发放1760元。

落实医疗救助政策，为未稳定脱贫的贫困户缴纳基本医疗保险和大病商业保险，落实贫困人口大病医疗救助政策，防止贫困户出现因病返贫的现象。

协调旗农商银行，累计为贫困户发放贷款3155000元，贴息112977.25元。完善扶贫资金的管理制度、公示制度，实现两公开一机制（即公开扶贫资金计划分配和使用情况、公开项目实施情况，建立风险防控机制、防止扶贫资金流失)。

2019年,建成克珠日村肉兔养殖、马鞍桥村天然饲草料银行、苏坝海子一锅饭等一批极具特色的扶贫产业项目,带动贫困户致富效果明显;已完成2020年初步计划入库36个项目的前期收集、上报等工作;对照"十项清零"达标台账开展4次"回头看"工作,查出问题全部整改。

【社会事业】

医疗卫生 2019年,全镇有公立医疗卫生机构3所(城川卫生院、珠和卫生院和二道川卫生院),嘎查村卫生室19个,药店3个。全镇有卫技人员39人,其中执业医师13人,每千人拥有执业医师1人;注册护士11人,每千人拥有注册护士0.5人。有病床位数39张,每千人拥有床位2.4张。

人口与计划生育 2019年,全镇新出生人口141人,其中,男75人,女66人,政策内生育率90%,性别比25∶22,人口自然增长率为1%。做好全面二胎政策实施前后奖励扶助和社会制约政策的衔接,长效结育率为49%。

【社会保障】

民政救助 2019年,全镇农村低保538人,城镇低保20人,审核发放农村居民最低生活保障金538人1225648元,城镇居民最低生活保障金20人61503元。抚养孤儿0人、供养三无人员3人、五保户17人,发放供(抚)养金192120元;发放现役军人家属优待金778232元、发放退伍军人补助金157800元。三民定补73人904161元、高龄补贴900人1288650元;医疗救助33人205396元;共计2098207元,全部通过一卡通发放到位。

社会保险 2019年,共收缴养老保险资金11210人4485400万元,享受养老待遇人员5124人,2019年新增参保人员633人;完成困难群体代缴705人,为136名去世人员家属发放丧葬费;追缴养老保险资金37328.39元。

医疗保险 共收缴2020度新型农村牧区合作医疗资金295.5万元,共计20673人,并完成建档立卡贫困户211人的医疗保险代缴工作和125人医疗报销工作。

创业就业 公开招聘就业困难公益性岗位17名,建档立卡贫困户公益性岗位36名,并签订劳务合同;办理就业困难人员养老补贴2名,核实32名乡村医生生存现状并及时发放养老补贴资金。

【社会治理】

综治 为有效提升社会综合治理能力,建立便捷高效的服务体系,城川镇探索推行"148"社会治理模式,社会综合治理成效明显。"148"社会治理模式:"1"指"一站式"服务,即"一站式"矛盾纠纷调解服务模式:打破传统矛盾纠纷调解"踢皮球"现象。接到矛盾纠纷调解的申请后,由镇综治中心根据矛盾的实际情况组织司法、公安、农牧、纪检等相关涉事部门采取流动调解方式上门为百姓服务。"4"指"四级联动"网格化管理,通过精细划分责任,建立旗、镇、嘎查村(社区)、网格员"四级联动"网格化社会治理体系,按照强化基层基础的原则,在四级联动网格精心打造"一格两队",构建起"网格党小组网格管理服务团队"的组织架构,明确其"包管理、包服务、包教育、包提高"的群众工作职责,提供个性化和全方位服务,实现干部走村入户全到位,联系方式全公开、反映渠道全畅通,服务管理全覆盖,形成城乡统筹、上下联动、条块结合、社会协同,公众参与的工作格局。"8"指"八种方法"助推矛盾纠纷多元化解,城川镇采取协商法、救助法、启发法、法定法、调解法、心理疏导法、第三方参与法、评议法"八法"集中化解疑难复杂信访案件。通过探索推行"148"社会治理模式即:"一站式"服务强创新,"四级联动"强管理,"八种方法"强推进。2016年至今,城川镇成功化解矛盾纠纷1258起,化解率达99.36%,有效提升社会治理工作能力和水平,为城川镇的和谐稳定提供坚强的保障。建成镇级和嘎查村级标准化综治中心4处,畅通社情民意和群众诉求"两条渠道";加强网格员队伍建设,全镇聘任网格员135名。

维稳 提升群众自我管理、自我服务水平。严格落实党政领导有访随接、下乡接访、包案化解、定点接访等群众信访制度;成立矛盾纠纷调处工作组,联合综合执法、信访、土地、司法、公安等部门,组建巡回调解服务队,深入田间地头排查化解矛盾。全年受理信访案件、调解矛盾纠纷共319件,其中接待群众来访、来电来访201件,办理旗信访局交办件5件,网访4件,市长热线

74 件，旗长热线 5 件，办理自治区巡视组交办案件 30 件，已成功化解 311 件，化解率为 97.5%，未化解 8 件属历史遗留和疑难复杂案件，在全镇范围开展扫黑除恶工作，禁毒、邪教、全面开展矛盾纠纷排查化解工作，完成旗业务部门交办的各项工作。

法治 通过法律“六进”（进机关、进嘎查村、进社区、进学校、进企业、进单位）活动，以镇党委中心组学习会、每周干部职工学习日等为载体，集中学习宪法和法律知识；全年聘请律师为群众免费提供法律服务 15 人次、代写文书 7 份；开展多种形式的“七五”普法活动，广大群众依法办事、遇事找法、解决问题用法、化解矛盾靠法成为社会新风尚，干部职工依法行政、依法办事能力明显提升。

文化建设

【红色培训教育基地建设】 坚持“小而精美、凸显特色”的建设要求，着力优化布局、完善功能、注重和谐、传承文化、扩大名气，城川红色文化旅游景区成功获批国家 AAAA 级景区，基础设施日臻完善。推进党校二期工程建设，办公楼已投入使用；推进城中村棚户区改造项目建设，计划改造房屋面积 5 万平方米，新建住房 7.2 万平方米；启动建设城川民族干部学院文体活动中心，建筑面积 1.3 万平方米；城二线、城昂线两条旅游公路主体工程已完工。2019 年，城川红色教育培训基地承接主体培训班 797 期 31262 人，其他培训班及学习团队 1900 个 16.1 万人次，培训学员总数 19.2 万人次。

【文化旅游】 2019 年，以现场教学、现场观摩和现场实践体验为核心，全力推进红色拓展训练基地建设，建成苏坝海子“一锅饭”、糜地梁鄂尔多斯婚礼体验基地、呼和陶勒盖蒙元风情露营地等红色研学点和研学户 22 处，接待游客及培训人员达 18 万人次，红色旅游发展势头强劲，依托城川镇境内丰富的文化资源，不断延长产业链条，做大、做强、做细“红 +”产业融合发展体系，织牢、织密形式多样、功能完善、内涵丰富的红色产业网，推进非遗文旅商业区建设，加强“城川寨子”品牌建设力度，初步形成了“城川寨子”为品牌的民族特色产品和民俗文化，将“红色与特色”互相融合，形成多元化发展新格局。

【教育】 2019 年，城川镇有小学 1 所，即城川完全小学，共有教职工 85 名，专任教师 62 人（蒙授 9 名），在校生 684 名（蒙授 32 名），有幼儿园 2 所，即城川幼儿园和二道川幼儿园，城川幼儿园共有教职工 65 名，其中专任教师 52 名（蒙授 7 名），在园幼儿 315 名（蒙授 37 名）。二道川幼儿园是一所发展中具有乡村特色的寄宿制公办幼儿园，全园共设置 5 个教学班，可容纳 160 名幼儿，在园幼儿 51 名，实有教职工 18 人，专任教师 14 人，学历合格率均为 100%。

【乡风文明建设】 2019 年，城川镇深入推进乡风文明建设，培育和践行社会主义核心价值观。持续开展全民阅读活动，在沿路沿线印刷乡风文明文化墙，扎实推进“乡风文明大行动”。积极组织开展新时代文明实践活动，切实巩固党在基层的执政基础和群众基础。大力弘扬社会主义核心价值观，深入实施公民道德建设工程，全面推广开展“传家训、立家规、扬家风”活动，提升城乡居民文明素养。扎实推进“门整人家”、文明家庭创建。同时，进一步完善村规民约，健全群众自治组织建设，褒扬乡村新风，反对不良风气，弘扬孝亲敬老文化，着力提升全镇精神文明创建再上新的台阶。累计开展培训 16 次，培训农牧民 15000 人次，文艺演出进嘎查村 64 场，营造相互督促，共同进步的良好氛围。

【科普宣传】 全年开展种养殖业和科技培训 6 次，发放宣传资料 2 万余份，培训农牧民 5000 余人次，做到每户有一个农牧业生产明白人。全面完成第三次全国农业普查工作，为科学制定“三农”发展政策提供依据。

生态文明建设

【草原保护】 2019 年，严格执行禁牧、休牧、划区轮牧和以草定畜等政策，强化执法督查与宣传力度。全年开展巡查 330 次，处罚偷牧、夜牧行为 35 起 5800 头只。

【植树造林】 2019 年，完成公益林

表 27　　2019 年城川镇党委政府表彰先进集体个人名录

奖项名称及数量	获奖集体或个人	单位
优秀共产党员（10 人）	贺建雄	纪检监察室
	张彦慧	党群部
	高　飞	财政所
	郝　奇	规划办
	郝金柱	文化站
	李向军	退役军人服务站
	特日格勒	党政办
	张金梅	综治办
	郭利平	农牧业服务中心
	李笑天	社会公共事业办
	刘　洋	扶贫办
	乌　拉	政务服务中心
	乌云娜	农牧业服务中心
	曹春宏	城川社区
	宝鲁德	珠和社区
旗级优秀个人名单（22 人）	贺建雄	纪检监察室
	张彦慧	党群部
	高　飞	财政所
	郝　奇	规划办
	郝金柱	民宗办
	白　伟	政务服务中心
	苏锦涛	文化站
	张旭杰	党政办
	李佩瑶	党群部
	哈斯敖其尔	民宗办
	李　茜	党政办
旗级优秀个人名单（22 人）	刘　洋	扶贫办
	巴音森布尔	农牧业服务中心
	郭利平	农牧业服务中心
	苗文馨	外宣办
	赵永明	综合执法局
	赵　娜	财政所
	张金梅	综治办
	关丽蓉	扶贫办
	王　凤	政务服务中心
	刘　波	社会公共事业办
	唐克斯	农牧业服务中心

续表 27

奖项名称及数量	获奖集体或个人	单位
先进工作者（15 人）	哈　斯	农牧业服务中心
	那　定	应急管理办
	乌　拉	政务服务中心
	特日格勒	党政办
	孟　克	党政办
	张　婷	党群部
	张海波	纪检监察室
	王小军	财政所
	武　燕	政务服务中心
	李向军	退役军人服务站
	边晓燕	机关事务中心
	董少波	规划办
	刘广海	综合执法局
	吉日克	综合执法局
	张宏娇	财政所
嘎查村(社区)优秀个人（10 人）	吉日嘎拉图	伊克柴达木嘎查
	特德布	克泊日嘎查
	张凤材	巴彦希里嘎查
	斯庆扎布	阿日勒嘎查
	宋占祥	大发村
	刘小刚	克珠日村
	薛永军	呼芦素淖日村
	曹春宏	城川社区
	马飞盛	章昂希里村
	伊拉图	乌定希泊日嘎查
实绩考核嘎查村一等奖	阿日勒嘎查	
实绩考核嘎查村二等奖	城川嘎查	
	章昂希里村	
实绩考核嘎查村三等奖	城川社区	
	大池村	
	伊克柴达木嘎查	
实绩考核镇直部门一等奖	党政综合办	
	扶贫办	
实绩考核镇直部门二等奖	党群部	
	农牧业服务中心	
	综合执法局	
实绩考核镇直部门三等奖	外宣办	
	综治办	
	财政所	
	政务大厅	

生态建设47333公顷，完成义务植树370公顷，落实人工种草278公顷，实施水土保持项目3060公顷，全镇林地面积达63335公顷，草牧场面积达180000公顷，森林覆盖率和植被覆盖度稳定在25%和37.8%，生态环境明显好转，达到历史最好水平。

昂素镇

综述

昂素镇建于2000年5月，地处旗境东北部、三旗交界，东邻乌审旗，北连鄂托克旗，南接城川镇，西依敖勒召其镇、上海庙镇。X628线、敖昂线等干线公路，在建陶利至上海庙铁路横穿全境，距旗府敖勒召其镇55千米。地质地貌以荒漠草原为主，是农牧结合以牧为主的牧业镇。全镇土地总面积43万公顷，其中耕地总播种面积1.1万公顷，有机草牧场面积12万公顷，藏锦鸡儿自然保护区1.33万公顷，天然柠条5.33万公顷，森林草原植被覆盖率达85%。全镇下辖3个社区、16个嘎查及78个牧业社，总人口3743户10721人，其中蒙古族人口总数占总人口的71%，是一个以蒙古族为主体、以牧为主的少数民族聚集区。

昂素镇油气资源富集，天然气远景储量462亿立方米，全镇现有天然气井1100多眼，年产天然气达到了33亿立方米；农牧业资源丰富，全镇可利用草牧场总面积37.33万公顷，优质牧草种植面积0.33万公顷，水浇地面积1.2万公顷，农牧户户均草牧场面积113公顷；农牧业基础坚实，水电路讯等基础设施较为完善，全镇柏油公路总里程近1000千米，农牧户养殖棚圈覆盖率达95%以上，牲畜饲养总量达70万头只，户均牲畜饲养量达270头只，全镇现有农牧业专业合作组织63个、种养殖大户240户、肉羊肉牛养殖基地8个，2019年，农牧民年人均纯收入2.3万元，扩大再生产的投入能力较强。

昂素镇是鄂尔多斯地区蒙古族传统文化保存较为完整的地区之一，民间曲艺、民族服饰、民族饮食、民族歌舞、民族手工艺等蒙古族传统文化独具特色，草原那达慕文化、走马文化、敖包祭祀文化源远流长，闻名于世的蒙古族三大纛矛之一的阿拉格苏勒德（花纛）、包日陶勒盖敖包、哈日根图庙等一批具有浓厚民族文化特色的景观位于境内。马良诚顾寿山革命列士纪念陵园和17个红色教育实践点常年对外开放，红色文化底蕴深厚。

政治建设

【党风廉政建设】

责任落实 昂素镇2019年认真落实党风廉政建设“两个责任”，制定印发“两个责任”清单，先后召开4次会议调度部署党风廉政工作。领导班子成员认真落实“主体责任”，及时听取分管部门廉政情况汇报，先后开展廉政谈话四轮83人次。先后开展廉政主题学习教育活动6场次。

监督机制 从严抓好干部日常监督教育管理，2019年先后围绕“四风”问题、“四官”整治等开展监督检查60次，发布通报5期20人，开展提醒谈话5人次，强化监督执纪问责，推动“四官”问题整治取得明显成效。

制度建设 从严落实领导干部述职述廉、“三重一大”集体决策、“五个不直接分管”等制度机制，制定完善机关考勤、公务车管理和重点工作督查等15项制度，精文减会，持续推进工作作风转变。有效地推进党委政府决策和机关日常运行管理制度化、规范化，实现以制度管人、以制度管事。

问题整改 抓好中央巡视“回头看”反馈意见、自治区巡视反馈意见。及时召开党委会、党政联席会和专题会，制定整改方案及措施，明确具体责任人，按整改时限建立工作进度台账，涉及昂素镇5个方面70个问题完成全部整改。

宣传教育 强化学习教育。以习近平新时代中国特色社会主义思想和各级党委、政府重大决策部署为重点，先后开展镇党委中心组理论学习活动4次、干部职工集中学习17场次2040人次；加强典型选树。严格按照《昂素镇“清风干部”选树创优活动实施方案》要求，通过摸底清查、民主评议、推荐公示、会议研究等程序评选昂素镇“清风干部”51人，其中股级以上2人、机关干部职工20人，嘎查社区29人，营造风清气正的政治氛围。

【基层党组织建设】

队伍建设　全面开展“不忘初心，牢记使命”主题教育，深入推进“两学一做”学习教育常态化制度化，先后开展党性教育、作风教育、廉政教育、红色教育、民族团结等主题教育活动6场次500余人次，党员参训率达90%以上。实施“领头雁”工程，储备嘎查“两委”后备干部53名，落实“青蓝结对”机制，后备干部培养全面推进。

组织建设　严格落实“三会一课”等党内生活制度，组织开展形式多样的“支部主题党日”活动。对照“十星级”管理标准，完善嘎查社区阵地功能。严格落实“532”工作法等民主议事制度机制，持续推进“三务公开”常态化、制度化，通过民生监督平台、政务平台、公开栏等载体各类信息1200余条。启动党建品牌创建活动，基层党组织建设持续深化。

【“两学一做”】　强化党员干部思想政治教育，认真落实意识形态建设工作责任制，全面开展“不忘初心，牢记使命”主题教育，深入推进“两学一做”学习教育常态化制度化，先后开展党性教育、作风教育、廉政教育、红色教育、民族团结等主题教育活动6场次500余人次，党员参训率达90%以上。

经济建设

【经济运行】　2019年，昂素镇地区生产总值19.5亿元，增长3%，其中农牧业总产值14亿元，增长3.5%；固定资产投资1200万元；社会消费品零售总额完成3.75亿元，增长5.7%。农牧民人均可支配收入2.3万元，增长9.5%。农作物总播面积10667公顷，其中粮食作物种植面积8067公顷，经济作物种植面积667公顷，经济林177公顷。牲畜饲养量72万余头只，年出栏40万头只。

【农牧产业】

新型经营主体培育　先后围绕科学种养等内容组织开展农牧民外出考察、学习培训10期1100多人次，新组建成立集体经济合作社7家，启动240户种养殖示范户培育工作。落实各类惠农惠牧补贴3374.8万元、饲料补助3000余吨。

品质农牧业建设　推进农牧业产业升级，围绕优质肉羊短期育肥、优质肉牛生态养殖、林果蔬菜三大主导产业，全面实施“一村一集体经济”计划，多方筹集集体经济发展资金和产业发展资金1582余万元，落实农牧业项目31项、嘎查集体经济项目10项，玛拉迪嘎查等7个嘎查集体经济养殖基地建成投用；持续抓好种养殖结构调整，全镇新建各类蔬菜种植拱棚38座、棚圈等养殖设施117处，完成粮食作物种植9467公顷，辣椒等经济作物707公顷、枣林192公顷，苜蓿种植面积达3353公顷，育肥肉羊5.1万只、肉牛0.9万头，优质肉羊短期育肥、优质肉牛养殖产业初具规模，粮经饲比例由2018年的76：5：19优化为66：7：27，农牧业产业结构持续优化，产业发展基础进一步夯实。

社会建设

【法制政府建设】　2019年，昂素镇全面推进依法行政，严格依照法定权限和程序行使权力、履行职责，从严落实“三重一大”集体决策、行政执法公示、执法全过程记录、重大执法决定法制审核等制度。严格落实意识形态工作责任制，推动意识形态工作全面加强、全面过硬。积极稳妥推进机构改革工作，调整优化了内设机构和工作职能，承接上级职能96项；深化政务信息公开，加强干部队伍作风建设，制定完善15项内控制度，强化监督检查，政府工作效能进一步提高。

【综合行政执法】

土地草原执法　坚守生态红线，严格执行禁牧休牧、以草定畜政策，利用草原动态监管系统，加大草原执法力度。围绕非法开垦、偷牧夜牧等违法行为，开出禁牧处罚单据7单、责令停止违法行为通知书8份，下达行政处罚决定书9份，共处罚金20.7万元。

安全生产执法　先后围绕食品安全、安全生产开展隐患排查14次，整改隐患4处，及时通过微信工作交流群向嘎查、社区传送气象灾害预警，安全生产形势持续向好。

专项行动　深入开展扫黑除恶专项斗争和扫黄打非专项行动，扎实推进矛盾纠纷大排查大化解专项行动，成功调处各类疑难复杂矛盾纠纷19起。落实专项工作经费7万元，开展党员干部和嘎查“两委”成员、网格员专题培训5场次340余人次，在各嘎查社区阵地、辖区内主要交通干道沿线设置悬挂各类宣传栏、条幅、海报近 500 处，入户摸排走访常住农牧户 100%覆盖。

【社会治理】

维稳　建立健全矛盾纠纷分类分级化解机制，严格落实领导包案化解制度，开展矛盾纠纷大排查大化解专项行动，成功调处疑难复杂矛盾 23 起，化解各类历史遗留矛盾纠纷 63 起，中央、自治区督导组反馈的 30 起案件全部限期内完成答复。

法治　积极构建“网格化、专业化、智能化三化联动，德治、自治、共治、法治四治融合”的乡村治理体系，启动基层综治中心和网格化管理规范化建设，纵深推进扫黑除恶专项斗争，深入推进“七五”普法，扎实开展农牧民积分制管理模式试点建设，深入开展“无访、无案、无黑、无赌毒、无邪教”平安嘎查社区创建活动，完善社会矛盾纠纷“三个四”体系建设，妥善处理涉农涉土、环境保护等领域社会矛盾。持续推进法治宣传教育，以《中华人民共和国宪法》《中华人民共和国草原法》《中华人民共和国环境保护法》等为重点，利用“党日活动”、集市等开展党员干部法律教育、禁毒等宣传活动 26 场次，实现普法服务全覆盖。

自治　规范完善各嘎查、社区村规民约和禁毒禁赌会、村民议事会等村民自治组织工作机制，持续开展乡风文明示范户、身边好人等先进典型选树活动，选树各类典型人物 55 人。

【脱贫攻坚】　2019 年，昂素镇按照“两不愁、三保障、一高于”的标准，全面落实“一户一档”“一户一卡”“一户一码”精准管理机制，落实 2019 年度扶贫专项资金 340 万元，78 户脱贫人口实现稳定增收，完成年度减贫任务 6 户 14 人，全镇建档立卡贫困户人口全部脱贫。

【城乡建设】　实施农村牧区镇村道路新建改造项目 7 个，建设里程约 77 千米，昂素社区环城路、昂素社区至玛拉迪社区红色旅游公路建成投用；新建纳林 35KV 变电站 1 处、改造升级电路线路 180 千米；建成巴彦乌素嘎查农牧民活动中心，镇村两级退役军人服务管理中心、站所全部挂牌成立。

【社会事业】

医疗卫生　全镇有公立医疗卫生机构 2 所（昂素中心卫生院和毛盖图中心卫生院），嘎查村卫生室 12 个，药店 1 个。全镇有卫技人员 30 人，其中执业医师 12 人，每千人（常住人口）拥有执业医师 1.7 人；注册护士 8 人，每千人（常住人口）拥有注册护士 1 人。有病床位数 16 张，每千人（常住人口）拥有床位 2.18 张。

计划生育　2019 年，全镇新出生人口 33 人，其中男性 13 人、女性 20 人，人口自然增长率为 0.1‰。

交通　2019 年，启动昂素至城川红色旅游公路“三”改“二”工程，新建乡村柏油公路 8 公里、砂石路 2 条 45 公里。

【社会保障】

社会救助　2019 年，昂素镇最低生活保障共计 228 户 344 人，其中城镇 12 户 15 人、农村 216 户 329 人；发放低保金 112.5 万元，其中城镇 6.7 万元、农村 105.8 万元。发放优抚金 15.9 万元，残疾人救助资金 316 人 52.1 万元，重大疾病救助 2.29 万元；发放“孤儿”供养金 1.7 万元，高龄津贴 43.6 万元；发放农村“五保”分散供养金 5.6 万元，城镇“三无”人员供养金 1.8 万元。发放救灾救济款 45 万元，临时救助 10 万元。

社会保险　2019 年，城乡居民养老保险参保人数 5200 人，参保率 94%；新型农村牧区合作医疗保险参保人数 7021 人，为常住人口的 98%，社会保险的覆盖面进一步扩大。

文化建设

【文化旅游】　2019 年，昂素镇以文化体验实践为重点，以阿日赖、玛拉迪、昂素和巴彦柴达木嘎查为主线，集中打造 4 个各具特色的文化旅游基地。以嘎查、社区为单位培育民族乐团、蒙古族民歌合唱团和蒙古族舞蹈队等群众文艺团队，打造文化示范户 20 户。加快撰写《昂素志》，出版印刷《昂素地区敖包足记》。积极争取对少数民族特色村寨保护发展工作的项目和资金支持，深化阿日赖和巴彦乌素嘎查少数民族特色村寨建设。引进企业参与重点文化旅游项目开发建设，以庆祝建旗 40 周年为主题，举办那达慕大会、生态主题摄影、书法比赛等群众性文化活动。整合各嘎查奶食品制作资源、规范制作流程，引导鼓励农牧民和奶食品加工、销售企业发展“订单式供货”；加大蒙古刺绣等非物质文化遗产的开发力度；有针对性地邀请旗级及以上媒体开展文化旅游宣传营销，提升特色文化体验游的影响力和知名度。

【群众文体】 建成19个嘎查、社区综合性文化活动室。成功举办昂素镇农牧民那达慕，组织开展农牧民丰收节等各类群众性庆祝活动19场次，协助有关部门成功举办8个省区诗歌比赛，群众性文化活动蓬勃开展。

【教育】 2019年，昂素镇有完全小学1所，共有教职工43名，其中专任教师32名(蒙授23名)；在校生160名（蒙授131名）。有公办幼儿园1所，共有教职工34名，其中专任教师26名；有在校生126名(蒙授97名)。

【乡风文明建设】 2019年，昂素镇坚持以新时代文明实践引领乡风文明建设，打造新时代文明实践站、所、点9处，开展各类新时代文明实践活动24次、理论宣讲40多场次、6000多人次；规范完善19个嘎查、社区村规民约和禁毒禁赌会、村民议事会等自治组织工作机制，深入开展扫黄打非专项行动，持续开展乡风文明示范户、身边好人等先进典型选树等活动，选树各类典型人物55人；深入开展“新时代文明实践示范户”“乡风文明示范户”“产业调整示范户”“生态建设示范户”“集体经济发展示范嘎查”“脱贫攻坚先进集体”等评选活动，表彰奖励70余人次，充分发挥好榜样、先锋模范、带头人的先进示范作用。大力推行移风易俗，积极倡导“婚丧简办、团拜新办、余事不办”文明新风，乡风文明建设迈出坚实步伐。

生态文明建设

【水资源保护】 镇区水源地共有水源井3眼，供水方式采用潜水泵抽取地下潜水或承压水，经管道输送、净水厂沉淀消毒后进入供水管网供居民使用。供水工程由鄂前旗自来水公司负责运营管理。水源地服务区域为昂素镇昂素社区、玛拉迪社区、毛盖图社区，用水结构为生活用水和其他用水。设计取水量为10万立方米/年，日取水量为200立方米/天，实际年取水量为7万立方米/年。工程规模为Ⅱ型，供水人口约1000人。

坚持以水定开发和以草定畜不动摇；加大节水灌溉技术推广，新增节水灌溉333公顷以上，全力保障农牧业高效发展；持续推进“湖长制”工作，镇、村两级河长、湖长先后开展河道巡查工作22次。

【草原保护】 严格落实禁休牧政策，依托草原3S管理技术，加强对草原植被的动态监控，深入开展非法开垦、偷牧夜牧专项整治。

【植树造林】 完成森林资源保护发展问题整改7333公顷，实施义务植树、天保工程、京津风沙源等生态项目933公顷；启动百万亩柠条种植行动，种植柠条3333公顷。

【人居环境整治】 以创建全国卫生镇为抓手，全面实施“五清三治一改”行动，完成1550户户厕改造，社区水冲式厕所改造3处，绿化村级道路沿线14.2千米，清理乱堆乱放、乱搭乱建110余处，拆除违建和危房1000多平方米，清运垃圾1368吨，人居环境进一步改善。

表 28　　2019 年昂素镇表彰农村牧区先进集体个人名录

奖项名称	获奖集体或个人	单位
新时代文明实践示范户	乌力吉德力格尔	巴彦乌素嘎查
	斯仁塔日娃	哈日根图嘎查
	孟克巴雅尔	昂素嘎查
	吴召日格图	昂素嘎查
乡风文明示范户	阿日幷吉日嘎拉	巴音希里嘎查
	阿拉腾陶格斯	乌兰胡舒嘎查
	阿拉腾珠拉	巴彦乌珠日嘎查
	阿拉腾宝勒德	克仁克图嘎查
	阿拉腾花	玛拉迪嘎查
	单生尼玛	巴彦呼日呼嘎查
	陈玉治	毛盖图嘎查
	陈喜林	哈日根图嘎查
	格日勒图娅	昂素嘎查
	郝光治	毛盖图嘎查
	王国云	苏力迪嘎查
	张永斌	明盖嘎查
	阿拉腾乌拉	玛拉迪嘎查
	额日和木达来	巴彦乌素嘎查
	阿木尔吉日嘎拉	昂素嘎查
	吴美勇	巴彦柴达木嘎查
	余巴图	玛拉迪社区
	乌仁其木格	玛拉迪嘎查
	赛西雅拉	苏力迪嘎查
产业调整示范户	浩斯巴雅尔	巴音希里嘎查
	孟克吉日嘎拉	阿日赖嘎查
	达楞好雅尔	巴彦柴达木嘎查
	那顺德力格尔	毛盖图嘎查
	吴云山	巴彦乌珠日嘎查
	苏日塔拉图	巴彦呼日呼嘎查
	云吉德	毛盖图嘎查
	召日格图	昂素嘎查
	阿拉腾瓦其尔	昂素嘎查
	布音阿日幷	苏力迪嘎查

续表 28

奖项名称	获奖集体或个人	单位
产业调整示范户	黄巴雅尔	乌兰胡舒嘎查
	宋培智	巴彦乌素嘎查
	森　格	哈日根图嘎查
	额日德木图	巴彦柴达木嘎查
	张治平	乌兰胡舒嘎查
	那希嘎娃	玛拉迪嘎查
生态建设示范户	阿拉腾布	沙日呼舒嘎查
	巴图珠拉	哈日根图嘎查
	额登图	圐圙嘎查
	王和平	沙日呼舒嘎查
	谢中华	巴彦乌珠日嘎查
	常建光	巴彦柴达木嘎查
	陶格图呼	毛盖图嘎查
	李柱乡	圐圙嘎查
	李林山	昂素嘎查
	孟根乌拉	巴彦乌素嘎查
	吉日嘎拉	阿日赖嘎查
	斯仁尼玛	巴彦乌素嘎查
	孟克巴雅尔	苏力迪嘎查
	其老巴特尔	巴彦乌珠日嘎查
	达楞巴雅尔	圐圙嘎查
	薛召有	玛拉迪嘎查
集体经济示范嘎查	玛拉迪嘎查	
	圐圙嘎查	
	巴彦乌素嘎查	
	巴彦希里嘎查	
	毛盖图嘎查	
脱贫攻坚工作先进集体	哈日根图嘎查	
	苏力迪嘎查	
先进基层党组织	沙日胡舒嘎查党支部	
	乌兰胡舒嘎查党支部	
	昂素完全小学党支部	
	巴彦希里嘎查党支部	

附录

重要文献

鄂托克前旗2018年国民经济和社会发展计划执行情况与2019年国民经济和社会发展计划草案的报告（摘编）

——在旗十届人大三次会议上

发展和改革局

2019年1月23日

一、2018年国民经济和社会发展计划执行情况

（一）经济运行总体平稳。始终坚持发展要务，有效落实和出台积极稳妥政策措施，实现了稳增长和提效益有机统一。主要经济指标保持在合理区间，全年实现地区生产总值133.4亿元，同比增长5%；公共财政预算收入完成10.56亿元，同比增长31.8%；全社会固定资产投资完成55.9亿元，同比下降28.5%；社会消费品零售总额完成24.5亿元，同比增长6.9%；城乡居民人均可支配收入分别达到44652元和18283元，同比增长7.5%和8%。全社会用电量、大工业用电量等先行指标分别增长8.13%、7.1%，社会货运量同比持平，经济运行实现了稳健发展。

（二）产业结构稳中提质。全力以赴推动项目开工建设，加快培育发展动力，促进三次产业转型升级；实现了转方式和调结构同步推进。农牧产业步伐稳健。一产增加值达到13亿元，增长3%。预计完成农作物总播面积99.8万亩，粮食总产量达到1.04亿公斤，粮经饲比例优化为49：20：31，牧业年度牲畜出栏量与蔬果年产量分别达到140万头只和20万吨。农牧业供给侧改革持续推进，新增自治区级龙头企业2家、市级龙头企业3家，认定生态家庭农牧场60户，培育农牧民合作社59家。成功举办“鄂尔多斯高原冷菜”农商洽谈会，搭建起了农畜产品外销全国的市场平台。工业经济体系健全。上海庙至山东电力外送通道具备送电条件；盛鲁电厂完成土建工程总任务90%以上，全面转入设备安装阶段，国电双维电厂、长城电厂均已开工建设。长城1号煤矿升级改造项目与长城3号、5号、6号新建煤矿项目及巴愣煤矿项目即将获得核准，困扰我旗多年的煤矿未批先建违规情况得到有效改善。华星40亿立方米煤制天然气项目正在开展二次环评审查，华星60万吨烯烃项目已列入《鄂尔多斯市十三五现代煤化工规划》。全旗煤炭、煤化工、天然气产量分别达到1430万吨、120万吨、35亿立方米，以煤为基、延长链条、多元转化的绿色循环工业经济正在形成。第三产业健康发展。围绕"1+6"红色培训教育基地启动建设了红色拓展基地、培训中心项目，城川红色文化旅游区被评为国家4A级旅游景区。新增自治区星级农牧家乐6家、市级乡村旅游示范村2个、市级农牧家乐典型示范户21家，全年累计接待游客109.58万人次，同比增长16.7%，实现旅游综合收入36.1亿元，同比增长20.3%。现代服务业快速发展，上海庙煤炭储配交易中心煤炭销售额达到5000万元，17家电商平台销售额完成2亿元，金融机构存贷款余额分别达到60.25亿元和34.54亿元，阿吉泰健康养生园被认定为首批国家中医药健康旅游示范基地，三产比重提高至32.5%。

（三）城乡发展统筹协调。针对发展薄弱环节，坚定不移补欠提质，不断提高支撑能力，实现了补短板和强基础互促共进。城乡环境显著提升。加快推进品质城镇建设，集中实施了21项市政基础建设项目，新增改造绿地42万平方米，完成立面改造6万平方米，顺利通过全国县级文明城市复检。加快美丽乡村建设，全力推动农村牧区人居环境整治三年行动，加快农村牧区生活污水处理、生活垃圾处理及厕所治理项目前期工作，建成自治区级示范嘎查村1个、市级示范嘎查村2个，完成户厕改造600户，农村牧区面貌焕然一新。基础建设不断改善。陶上铁路鄂上段完成可研评审，敖宁铁路正在办理前期手续。敖东高速正式通车，S216线敖镇至掌高图二级公路具备通车条件，S317线昂素至陶利段公路正在加快建设，昂素至城川和三段地至城川旅游公路大修工程已开工实施，察盐一级公路与敖东高速连接线和机场路连接线积极推进前期手续办理。鄂前旗通用机场飞行区场道工程已竣工验收，连通内外的立体化交通网络体系正在形成。新建、改造10千伏农网线路303.85公里、0.4千伏线路313.11公里，配电网网架结构更趋完善，供电能力日益增强。生态文明持续向好。严格执行禁牧休牧和草畜平衡制度，全面推行河长制，启动实施湖长制，认真贯彻落实最严格水资源管理制度。完成草原建设任务50万亩、生态建设19.5万亩、水土保持综合治理28.3万亩、改造节水灌溉9.1万亩，建成牧区储水窖工程525处，全旗森林资源总面积达438.2万亩，森林覆盖率达到23.9%。

（四）改革创新持续深化。牢固树立全局意识，全力推进创新开放，集中抓好改革攻坚，实现了可持续和激活力双向提升。加快推进科技创新。推荐申报各级各类科技项目26项，积极培育、壮大适合我旗发展战略的科技项目。2家企业通过专家评审正在申报国家高新技术企业，推荐认定自治区级众创空间、星创天地各1家，宏野农牧业创评市级农牧业科技示范园区。积极推进智能网围栏门、一人灌给羊灌药器等先进适用技术推广入户，全旗每万人口发明专利拥有量达3.6件，农牧业科技贡献率达到65%以上。不断深化重点改革。年初确定的102项改革任务全部完成。农村土地改革稳步实施，土地确权登记颁证和农村产权制度改革试点工作全面推进，土地与草牧场承包经营权确权确率、颁证率均达到95%以上。持续推进电力市场化改革中，全旗一般工商业目录电价每千瓦时降低6.4分。全区首家旗县级融媒体中心组建成立，"互联网+文化执法"典型经验做法、党务政务服务体系分别在全区、全市推广应用，基层法治政府建设"大部制"改革获第五届"中国法治政府奖"。投融资体制、财税体制、医药卫生体制、综合执法体制等改革取得实质性进展。全面优化营商环境。深化"放管服"改革，全力"瘦身"行政审批，111项行政审批服务事项实现了"最多跑一次"，223项政务服务事项实现了即时办、就近办。新登记各类市场主体1315家，新增注册资本（金）15亿元。全面推进社会信用体系建设，率先实行在政府采购、招标投标、行政

(核准)许可等行政管理事项中查询和使用信用记录。借助招商推介会、进口博览会等国内大型平台，签约招商引资项目9项，总投资227.2亿元，着力集聚发展动力。

（五）民生保障更加有力。聚焦发力“三大攻坚战”，夯实高质量发展基础，持续加大民生投入，实现了保稳定和惠民生统筹兼顾。三大攻坚战成效显著。坚持综合施策防风险，从严控制政府项目债务增量，多措并举、分类处置各类政府债务，完成年度化债目标任务12.54亿元的137.3%，率先在全区完成“十个全覆盖”工程债务化解，金融机构累计清收与处置不良贷款1.54亿元，进一步缓解了累加债务、推高风险的隐患。坚持全力以赴助脱贫，有效落实产业扶贫、机制带贫、发展减贫、精准脱贫，深入推进“百企帮百村”行动，全年累计投入各类资金5622.92万元减贫171人，贫困发生率下降至0.07%，全面消除了绝对贫困。坚持严守红线治污染，完成中央环保督察反馈、自治区生态大检查问题及中央环保督察“回头看”交办案件整改，环评执行率达100%，集中式饮用水水源地水质实现稳定达标，全旗PM2.5平均浓度同比下降4.17%，优良天数比例达到93.6%，污染防治攻坚工作位居全市第一。社会民生持续加强。完成民生投入23.13亿元，占财政总支出的81.89%。深入实施“创业鄂前旗”行动，新增城镇就业1500余人，城镇登记失业率降低至2.09%。教育事业均衡发展，新增校舍1.8万平方米，引进北京衡越教育公司联合旗中学与上海庙学习合作办学，成功创建3所国家级足球特色学校。医疗卫生体系不断健全，旗蒙医医院即将建成投用，4所基层卫生院投入运行，跨区域医疗合作保障水平不断提升，成功创建为自治区慢性病综合防控示范区。文化惠民活动深入基层，蒙古族祭火和筷子舞文化获评全区民间文化艺术之乡，《石榴红了》获得自治区草原文化节金奖，公共文化服务水平进一步提升。低保、医保和养老保险扩面提标，社会事业与民生保障水平全面提升。社会大局和谐稳定。率先在全区建成旗级法务服务中心，荣膺全区首届“法治政府建设示范旗县”称号。狠抓安全生产责任制落实，安全生产形势总体平稳。“平安鄂前旗”建设深入推进，全面开展扫黑除恶专项行动，应急处置能力不断提升。信访渠道进一步畅通，信访批次和人次分别下降4.58%和7.48%。稳控非洲猪瘟疫情，价格水平保持平稳。精神文明、军民共建、民族宗教、人才工作、妇女儿童等各项工作扎实推进，社会环境和谐稳定。

回顾2018年，经济运行中依然存在一些困难和问题，主要表现为：产业结构不尽合理，发展质量和效益不高，产业融合仍需破题发展；固定资产投资增速放缓，大项目、好项目储备不足，稳增长的压力仍然较大；城乡基础设施建设、生态环保、社会事业等领域还需继续补齐短板。对此，我们必须高度重视，以更加积极的态度、更加有力的措施，标本兼治，切实解决。

二、2019年国民经济和社会发展计划

2019年，全旗经济社会发展的总体要求是：坚持以习近平新时代中国特色社会主义思想为指导，全面贯彻党的十九大和十九届二中、三中全会精神，认真贯彻中央、自治区、市、旗重大决策部署，统筹推进“五位一体”总体布局，协调推进“四个全面”战略布局，坚持稳中求进工作总基调，创新新发展理念，以供给侧结构性改革为主线，坚定不移打好“三大攻坚”战，统筹推进稳增长、促改革、调结构、惠民生、防风险工作，持续改善民生福祉，全面推进经济社会高质量发展，以优异成绩庆祝中华人民共和国成立70周年。2019年，全旗经济社会发展的主要预期目标是：实现地区生产总值增长5%左右，公共财政预算收入增长13.5%左右，全社会固定资产投资增长15%左右，社会消费品零售总额增长7%左右，城乡居民人均可支配收入分别增长7.5%和8%左右。围绕上述目标，重点抓好以下五个方面的工作：

（一）坚持以问题为导向，着力打好三大攻坚战。统筹各项政策、工作重点和力量配备向“三大攻坚战”聚焦发力，为决胜全面建成小康社会打下坚实基础。

有效防范化解重大风险。严格规范政府投资项目、举债融资、基金运作和政府购买服务行为，从严控制债务增量。通过争取债券置换资金、财政预算安排等措施，统筹做好政府性债务化解工作，完成年度化债任务6.07亿元。严厉打击逃废金融债务和非法融资行为，有效化解金融风险和民间借贷风险，切实守住不发生系统性金融风险的底线。

凝心聚力打赢脱贫攻坚战。对标“两不愁三保障”总要求，认真贯彻落实“四个切实、五个一批、六个精准”方针，把脱贫攻坚与实施乡村振兴战略有机结合，因地制宜、因户施策、因人施策。精准识别“三类人”，推进“百企帮百村”行动，构建贫困户发展产业利益联结机制，重点扶持贫困户发展致富增收产业、嘎查村壮大集体经济。严格执行精准退出标准和程序，协调好建档立卡贫困户和“边缘户”的政策支持，巩固脱贫成果，确保所有建档立卡贫困人口全部精准退出。

全力以赴做好污染防治。巩固中央、自治区、市环保督察及“回头看”反馈重点问题整改成果，建成污水处理厂提标改造、上海庙能源化工基地渣场等环保项目。加大对环保违法行为的打击力度，落实最严格水资源管理制度，持续保护和改善旗域水、土壤和空气质量。落实新一轮草原生态补助奖励政策，严格执行基本草原保护、禁牧休牧划区轮牧和草畜平衡政策。持续推进生态建设，组织实施京津风沙源治理、水土保持治理、天然林保护等重点生态项目，完成造林 12 万亩、水土保持治理 10 万亩、草原保护 80 万亩，逐步形成“多元共治”的生态环境治理体系。

（二）坚持以融合为方向，着力构筑现代产业新体系。深入实施“建设三个中心、打造三大基地”战略目标，有效融合一二三产业协调发展，以提升产业发展质量带动经济社会实现全面高质量发展。

积极发展循环工业经济。从供需两端发力，积极释放先进煤炭产能，加快推动长城 1 号煤矿升级改造项目与长城 3 号、5 号、6 号新建煤矿项目及巴愣煤矿项目核准建设，煤炭总产量稳定在 2000 万吨以上，全面启动上海庙煤炭储配交易中心，年内煤炭吞吐量突破 1000 万吨。坚定不移走以煤为基、多元转化之路，加快电厂及送出工程建设步伐，盛鲁电厂年内全线投产运转，争取神华电厂、华星煤制气项目核准开工，推进华星煤制烯烃项目手续办理，尽快形成多极煤转化产业链条。加大油气资源开发利用力度，推进凝析油产业化综合项目开工建设，稳定天然气生产规模，积极发展光伏发电产业，引进新材料、装备制造、生物科技等产业，打造战略性新兴产业经济增长点。

培育发展绿色农牧产业。大力实施乡村振兴战略，推进一二三产业融合发展。深化“稳粮、优经、扩饲”行动，发展农企利益联结紧密的田园综合体，建设高标准、现代化种植基地，打造北纬 37 度优质果蔬经济带，新建塑料拱棚 500 栋，新增蔬菜种植面积 2 万亩以上。加快转变农牧业生产经营方式，强化家庭农牧场、合作社、龙头企业等经营主体培育力度，发展市级以上龙头企业 4 家。共享“鄂尔多斯高原冷菜”“鄂前旗牛羊肉”区域品牌，不断开拓农畜产品销售市场，发展以三段地为中心、覆盖全旗的物流配送网络，建设绿色畜产品生产基地。

融合发展红色文化品牌。积极放大“1+6”红色培训教育的带动效应，建成红色教育集训中心、城川红色拓展基地等研学旅游项目，加快完善以红色元素为依托的景区、景点基础配套，建设内蒙古西部红色旅游集散服务中心，打造全国红色培训教育基地。大力实施“红色旅游+”战略，开发红色旅游多元产品，推出一批以红色旅游资源为主体的品牌，带动红色旅游与农牧业、文化、服务等产业深度融合发展。

（三）坚持以城乡为基础，着力优化发展环境。进一步优化城镇空间布局，更加注重基础设施建设和功能完善，构建城乡一体发展格局。

建管并重提升城镇品质。坚持完善功能与提升品位并重，加强市政管网、道路交通、环卫设施等基础配套，对老旧公共服务基础设施实施集中改造，构建布局合理、功能齐全、设施先进、适度超前的现代化城镇基础设施体系。有序推进智慧城市建设，拓展大数据中心功能，全面提升信息技术服务城镇发展的能力。

因地制宜建设美丽乡村。紧盯农村牧区人居环境问题，推进城乡环卫一体化建设，着重配足配齐垃圾、污水处理等所需设施设备，逐步推进城乡环境整治一体化。加大垃圾分类投放引导力度，完善环卫保洁长效机制，培育美丽休闲乡村示范点建设，让农村牧区的“内在气质”和“外在颜值”同步提升。深入开展乡风文明大行动，全面提升农牧民文明素质。

全面配套完善基础建设。进一步优化路网建设，力争陶上铁路鄂上段开工建设，加快敖宁铁路前期手续办理；S317陶利至昂素公路、昂素至城川和三段地至城川旅游公路建成通车，积极推进敖镇北出口至敖东高速连接线、S317敖镇至昂素公路前期手续办理。全面落实“四好农村路”建设，着力补齐农村交通基础设施短板。继续实施配电网建设改造工程，切实增强农村牧区用电的可靠性。

（四）坚持以改革为抓手，着力培育发展动能。纵深推进全面深化改革，不断加强区域合作，全面提升服务质量，优化发展环境，为经济社会发展注入动力活力。

深化重点领域改革。全面完成新一轮机构改革，进一步深化事业单位改革，积极推进政事分开、事企分开、管办分离。推进供给侧结构性改革，在“巩固、增强、提升、畅通”上下功夫，优化存量资源配置，扩大优质增量供给。继续深化行政审批制度改革，优化“互联网＋政务服务”工作。认真抓好农村牧区集体产权制度改革，引导农村土地有序流转，促进农业规模化经营。统筹推进各领域改革，破除制约经济社会发展的体制机制。

扩大区域合作开放。加快融入“一带一路”“中俄蒙经济走廊”等发展战略，深化与蒙古国科技交流、人才引进合作。主动融入呼包鄂协同发展和呼包鄂榆城市群区域发展，积极构建与宁夏区域合作长效机制，深化与宁夏在文化旅游、医疗卫生、教育交流、科技创新、基础共建和“互联网＋”等方面进行全方位合作，发挥产业互补优势，推动区域一体化协同发展。

优化创新发展环境。全力支持民营经济发展，认真落实促进民营经济高质量发展政策措施，保持政策稳定性和连续性。持续深化“放管服”改革，多措并举降低企业成本，加快诚信体系建设，构筑公平公正、诚实守信的市场环境。深入推动“大众创业、万众创新”，积极培育科技创新平台，吸引各领域高端人才汇聚，不断营造更加宽松的创新创业环境。

（五）坚持以人民为中心，着力保障和改善民生。紧抓群众最关心最直接最现实的利益问题，加强普惠性、基础性、兜底性民生建设，不断增进民生福祉。

提升社会保障水平。坚持以发展促就业、以创业带就业、以政策保就业，统筹做好高校毕业生、农民工、城乡就业困难人员创业就业和退役军人安置工作。继续深化医药卫生体制改革，加快分级诊疗和医共体建设，提高家庭医生签约服务质量，加快妇幼保健院项目建设，提高医疗服务整体水平，争创国家计划生育优质服务先进旗。扎实开展全民参保行动，稳步提高社会保险待遇，年内建成殡仪馆，全面做好城乡低保户、贫困大学生、五保户、“三无”人员、孤儿和残疾人等困难群体的救助保障工作。

繁荣社会事业发展。优先发展教育事业，提高学前教育普惠性发展水平，启动建设第三实验小学，深化与北京衡越教育公司战略合作，加快发展民族教育、职业教育，推动教育向优质均衡迈进。促进文化事业全面发展，稳步实施文化惠民工程，启动群众文化活动中心，加强公共文化服务体系建设。不断提高乌兰牧骑队伍素质，创作一批具有地方特点、民族特色的精品演出曲目，宣传新思想，传播正能量。大力发展群众体育，支持和鼓励举办各类群众喜闻乐见的群众体育活动。

创新社会治理能力。深化“法治鄂前旗”“平安鄂前旗”建设，完善公共法律服务网络，持续开展扫黑除恶专项斗争，严厉打击各类违法犯罪行为。全面落实安全生产责任制，保持打非治违高压态势，坚决遏制较大以上事故发生。加强防灾减灾救灾能力建设，提升抵御自然灾害的综合防范能力。确保社会大局和谐稳定。

鄂托克前旗2018年财政预算执行情况和2019年财政预算草案的报告（摘编）

——在旗十届人大三次会议上

财政局

2019年1月23日

一、2018年财政预算执行情况

2018年，以打赢“三大攻坚战”、建设“三个中心”、打造“三大基地”为重点工作，全力促进增收、优化支出、化解债务、深化改革、机关建设上下功夫，推进全旗经济社会实现高质量发展。

（一）公共财政预算收支情况。2018年全旗各项收入完成43.86亿元，其中：本级公共财政预算收入10.56亿元（含上海庙经济开发区0.93亿元），同比增长31.84%，上级财政补助收入16.46亿元，上年结余收入6.96亿元（包括置换债券结余3.62亿元），地方政府一般债券转贷收入9.88亿元（包括新增债券5.4亿元）。全旗各项支出完成38.9亿元，其中：一般公共预算支出30.61亿元，上解支出0.19亿元，置换一般债券还本支出6.69亿元，待偿债置换债券结余1.41亿元。年终滚存结余4.96亿元。

——分税种看，公共财政预算收入中，四大主体税种完成2.95亿元，占公共财政预算收入的27.94%，同比增加0.52亿元，增长21.4%。其中：增值税完成1.86亿元，同比增长18.47%；企业所得税完成0.14亿元，同比增长55.56%；个人所得税完成0.17亿元，同比增长30.77%；资源税完成0.78亿元，同比增长21.88%。

——分征收部门看，国税部门完成1.94亿元，完成年度预算的97%，同比增加0.31亿元，增长19.02%；地税部门完成4.44亿元，完成年度预算的105.71%，同比增加1.11亿元，增长33.33%；财政部门完成4.18亿元，完成年度预算的181.74%，同比增加1.13亿元，增长37.05%。

——分行业看，采矿业3.06亿元（其中煤炭行业完成1.55亿元，同比增长6.9%；天然气行业完成1.47亿元，同比增长5.76%）；制造业完成0.19亿元，同比增长280%；电力行业完成0.34亿元，同比增长47.83%；建筑行业完成0.31亿元，同比降低26.19%；交通运输业完成0.08亿元，同比增长166.67%；房地产行业完成0.29亿元，同比增长190%；批发和零售业完成0.29亿元，同比降低17.14%；住宿和餐饮业完成0.02亿元，同上年持平；服务业完成0.03亿元，同比降低25%；金融业完成0.17亿元，同上年持平；其他行业完成5.78亿元（主要包括非税收入和其他行业税收收入等），同比增长53.72%。

2018年，全旗一般公共预算支出完成30.61亿元，同比增长19.38%，其中：旗级支出29.91亿元，上海庙开发区支出0.7亿元。

（二）政府性基金收支情况。2018年政府性基金收入完成1.63亿元，其中旗本级收入0.42亿元，上年结余收入0.82亿元，专项收入0.39亿元；政府性基金支出完成0.88亿元，其中旗本级支出0.42亿元，上年结余支出0.45亿元，专项支出0.01亿元。政府性基金结余0.75亿元。

（三）社会保险基金收支情况。2018年全旗社会保险基金收入完成3.12亿元，同比增加1.07亿元，增长52.2%；全旗社会保险基金支出3.12亿元，同比增加1.07亿元，增长52.2%。

2018年财政工作和预算执行的主要特点

（一）全力推进综合治税，不断夯实财政收入。全面规范税费征管征收秩序，加强对历年欠税欠费的清理，印发全旗综合治税工作方案，成立了综合治税工作领导小组，下设办公室和5个专项工作组，形成了由34个相关部门参与的治税工作队伍。同时，抽调5名专职工作人员统一集中办公，建立了微信公众平台，加大宣传力度。先后赴长庆油田等7家重点企业，开展走访调研60余人次，组织召开座谈会18次，综合治税工作成效凸显，全年累计清欠各类税费1.2亿元。

（二）全力优化支出结构，有力保障民生需求。紧紧围绕“稳增长、促改革、调结构、惠民生、防风险”各项工作任务，加快财政资金整合力度，集中财力办大事、办实事。用于教育、医疗卫生、社会保障、脱贫攻坚、交通运输等重点民生支出达25.18亿元，占总支出的82.26%。同时，按照旗委、政府打好“三张牌”、建设“三个中心”、打造“三大基地”部署要求，全方位、多层次统筹资金，红色教育集训中心、文化活动中心、人防应急疏散综合训练基地及两条旅游线路等重点项目得到有力保障。

（三）全力支持重点工作，打好“三大攻坚战”。

打好防范化解重大风险攻坚战。严格执行区、市、旗各项决策部署，成立了以旗委书记任组长，政府旗长任第一副组长的防范化解财政金融风险工作领导小组，下设1个办公室和12个专项工作组，形成了由12名县级领导牵头带队、36个部门参与的强大工作合力，同时抽调14名业务精干的工作人员，组建化债办，专抓化债工作。按照市定规划目标任务，结合我旗经济体量小、可用财力薄弱、债务率较高的现实旗情，细化年度化债方案、处置国有资产化债、清税化债等9个专项方案，确定了预算安排、资产处置、债权债务抵顶、审计核减核销等7种化债方式，全力推进政府债务化解。2018年全年，化解政府债务17.2亿元（预算安排6.8亿元、审计核销核减3亿元、处置国有资产4.4亿元、债权债务抵顶3亿元），完成年度化债目标任务12.54亿元的137.3%。同时，按照市级“百日攻坚”部署要求，我旗“十个全覆盖”工程债务已于4月底前全部化解完成，走在了全区前列；化解与“十个全覆盖”10项工程直接相关的工程债务0.8亿元，完成年度目标任务0.5亿元的160%。

打好精准脱贫攻坚战。按照全旗精准脱贫攻坚三年规划要求，积极做好扶贫资金安排、分配、监督和管理，制定《鄂托克前旗财政专项扶贫资金管理办法（试行）》，统筹整合使用财政专项扶贫资金，向扶贫重点嘎查村倾斜，向产业扶贫、健康扶贫领域倾斜，向精准脱贫攻坚主战场集中，有效发挥资金整体效益。2018年，累计投入财政资金3953万元，全力保障脱贫攻坚顺利推进。同时，建立完善了扶贫资金动态监管系统，并通过系统积极完成了全年扶贫资金的登记、分配、审核等绩效评价工作。

打好污染防治攻坚战。全面落实三年污染防治攻坚工作方案，加大资金保障力度。2018年用于污水处理厂提标改造、环境综合整治、生态奖补等环保支出完成9150.36万元，有效促进了生态环境改善和人居环境提升。

（四）全力深化财政改革，实现财政可持续发展。一是进一步理顺资金审批流程，实行会签会审，加强预算内切块资金和未明确用途的专项资金管理，切实从源头上严防增量债务。二是认真落实财政部“建立定期清理机制，压缩结转结余规模”的要求，全面清理各类财政存量资金和结转结余资金，统筹用于各项重点支出。三是强化政府采购内控管理，不断提升政府采购的效率。2018年，完成政府采购1.73亿元，节约资金913.5万元，资金节约率5.52%，切实提高了政府采购资金的使用效益。四是积极实施政府购买服务，将公交、物业、污水处理厂运营等服务通过政府购买的方式实施，有效提高公共服务水平及社会治理能力。2018年，共实施政府购买服务14项，涉及资金5569.98万元。五是大力推进已落地的2个PPP项目，鼓励社会资本与政府进行合作，参与全旗公共基础设施建设。六是积极对接中泽融信管理咨询公司，制定符合我旗实际的国有企业转型发展方案，通过企业兼并重组、注入资本金、增加有稳定收益的国有资产、规范盘活平台公司原有优质股权和资产等途径，加快推进平台公司向市场化、实体化运营转型，培育地方新兴国有支柱企业。

（五）全力加强财政监管，提升依法理财水平。坚持以科学化、精细化管理为着力点，不断完善财政监督机制，积极营造监督大环境，打造监督新常态，确保财政资金安全运行。一是大力压缩"三公"经费支出。全年"三公"经费累计支出1350万元，同比降低5.06%，一般性公用支出实现"零增长"。二是2018年累计争取到专项转移支付资金13.15亿元，已兑付6.62亿元，兑付率50.34%。三是正确处理好发展与化债的关系，积极争取新增债券5.7亿元（包括棚户区改造专项债券0.3亿元），用于支持我旗教育、文化、市政、公路、美丽乡村等项目稳步推进。四是对政府投资项目形成的资产进行清查、登记，提高了我旗国有资产信息化管理水平，确保了国有资产安全完整、保值增值。遵循属地管理原则，协调完成新矿内蒙古能源有限责任公司职工家属区"三供一业"分离移交工作，进一步深化国有企业改革，促进国有企业轻装上阵。组建鄂托克前旗上海庙昌能供热公司，由正腾公司独资并派出公司执行董事和财务管理人员，完成了对热力公司现有资产和负债的全面评估、固定资产移交手续办理及设备检修工作，保障了上海庙地区的正常供热。同时，为全面加强对国有企业的监管，按照市级相关制度条例，印发了国有企业机构设置和劳动用工管理及国有资本收益收取管理2个暂行办法，初步拟制了我旗关于国有企业规划投资、产权管理、业绩考核等17个基本管理制度。五是全面开展会计信息质量、"三公经费"、预决算公开相关监督检查5次，杜绝财政资金使用过程中存在的违规行为。同时，进一步加强了对改善民生和扩大内需等财政专项资金监管，有效提升了财政绩效管理水平，提高了财政资金使用效益。六是按照"职责明确、结构合理、运行高效、制衡有力"的原则，通过查找和梳理预算编制、预算执行、机关运转等过程中潜在的风险，制定财政内控制度及内部控制办法8项，规范内部控制，提高财政内部管理能力。七是通过横向延伸查资金、纵向贯穿清人员、横纵相接找问题的方式全面开展"一卡通"清理核查工作，共发现4类问题，涉及21人、2.95万元，已全部整改到位，有效保障了"一卡通"资金及时、准确、安全发放。2018年已通过"一卡通"发放各类惠农补贴资金1.94亿元，受益农牧户达24741户，户均受益7841元。

当前财政运行中还面临一些不容忽视的困难和问题，主要是：受财力和资金的双重影响，地方财政收支矛盾异常突出，对民生、化债等保障力度还需加大；对上级政策、资金的争取力度仍需加强，发挥财政职能、改进工作作风方面还需进一步提升；部分财政资金使用效益不高，财政绩效评价工作还需要积极推进等。我们将高度重视这些问题，采取有力措施，努力研究解决。

二、2019年财政预算草案

（一）2019年财政预算编制的指导思想

以习近平新时代中国特色社会主义思想为指导，全面贯彻落实党的十九大精神，按照中央、自治区党委、市委和旗委各项决策部署，坚持稳中求进工作总基调，坚持新发展理念和高质量发展要求，全面加强财政收支管理，全面管控财政金融风险，全面深化财政改革创新，为坚决打好防范化解重大风险、精准脱贫、污染防治三大攻坚战和坚决守好发展、民生、生态三条底线提供坚实财力保障。

（二）具体编制遵循以下原则

一是实事求是，积极稳妥。与地区生产总值、固定资产投资等经济发展目标相适应，考虑重点项目投达产、政策性减税降费等增减收因素，实事求是设定收入预期目标。按照统一预算编制、统一执行管理、统筹安排使用原则，进一步完善综合预算管理，做到应编尽编，应列尽列。

二是统筹兼顾，保障重点。调整优化财政支出结构，始终坚持"保运转、保基本民生、保化债、促发展"的原则，建立厉行节约长效机制，全面管控好政府债务，确保不发生财政金融风险。

三是深化改革，科学规范。严格执行《预算法》等财经法律法规，全面落实深化财税体制改革的工作任务，加快推进预算管理制度改革措施落地，更好地发挥部门的预算编制和执行主体作用。

四是强化管理，注重绩效。进一步严肃财经纪律，依法依规及时公开财政预决算、部门预决算和“三公”经费预决算。加大盘活财政存量资金力度，推进财政资金统筹使用，全面开展财政资金绩效评价管理工作，不断提升资金使用效益。

（三）一般公共预算

1.一般公共预算收入

2019年，我旗一般公共预算收入建议安排36.52亿元，其中：本级公共财政预算收入预计完成12亿元（包括开发区0.87亿元），同比增长41.18%（较2018年实际收入增长13.64%）；上级转移支付收入预计完成19.56亿元，同比增长9.95%；上年结余4.96亿元（包括新增债券结余2.78亿元）。

2.一般公共预算支出

依照《预算法》相关规定，结合我旗实际需要，2019年一般公共预算支出建议安排36.52亿元（含上海庙开发区支出0.75亿元），同比增长23.75%（较2018年实际支出增长19.35%）。

（1）按照经济科目分类，人员支出预算建议安排6.71亿元，占一般公共预算支出的18.37%；公用经费及事业费支出预算建议安排1.3亿元，占一般公共预算支出的3.56%；项目支出预算建议安排28.51亿元，占一般公共预算支出的78.07%。

（2）按照功能科目分类，各功能科目支出如下：

1）一般公共服务支出2.83亿元，占一般公共预算支出的7.75%；

2）公共安全支出0.65亿元，占一般公共预算支出的1.78%；

3）教育支出2.88亿元，占一般公共预算支出的7.89%；

4）科学技术支出0.14亿元，占一般公共预算支出的0.38%；

5）文化体育与传媒支出0.38亿元，占一般公共预算支出的1.04%；

6）社会保障和就业支出1.37亿元，占一般公共预算支出的3.75%；

7）医疗卫生与计划生育支出0.79亿元，占一般公共预算支出的2.16%；

8）节能环保支出0.06亿元，占一般公共预算支出的0.16%；

9）城乡社区支出0.43亿元，占一般公共预算支出的1.18%；

10）农林水支出0.7亿元，占一般公共预算支出的1.92%；

11）交通运输支出0.13亿元，占一般公共预算支出的0.36%；

12）资源勘探信息等支出0.05亿元，占一般公共预算支出的0.14%；

13）商业服务业等支出0.02亿元，占一般公共预算支出的0.05%；

14）自然资源海洋气象等支出0.07亿元，占一般公共预算支出的0.19%；

15）住房保障支出0.02亿元，占一般公共预算支出的0.05%；

16）粮油物资储备支出0.01亿元，占一般公共预算支出的0.03%；

17）灾害防治及应急管理支出0.06亿元，占一般公共预算支出的0.16%；

18）预备费0.37亿元，占一般公共预算支出的1.01%；

19）其他支出25.56亿元，占一般公共预算支出的70%，包括：上海庙开发区支出0.75亿元；注册资本金3亿元；发改局确定的政府投资重点项目配套资金0.3亿元；公车改革0.59亿元；房改补助0.2亿元；网格员工资0.06亿元；职业年金0.09亿元；创建全国文明城0.05亿元；精准扶贫0.06亿元；智慧党建0.04亿元；上级专项支出9.5亿元；结转会签会审0.2亿元；上解支出0.02亿元；惠民工程0.3亿元；会议费、培训费、维修费、协会运行费、慰问等0.15亿元；非税弥补事业费0.2亿元；“一事一议”、电子商务发展0.05亿元；政府采购0.3亿元；政府购买公共服务0.3亿元；项目前期费用及地方配套0.2亿元；化债支出4.82亿元；债券付息支出1.3亿元；ppp项目运营支出0.3亿元；新增债券支出2.78亿元。

（四）政府性基金预算

2019年，政府性基金收入预算建议安排2.16亿元，同比降低34.74%。其中：①旗本级政府性基金收入1.16亿元；②上年结余收入0.75亿元；③提前下达专项收入0.25亿元。政府性基金支出预算建议安排2.16亿元，同比降低34.74%。

（五）社会保险基金预算

2019年，社会保险基金收支预算建议安排2.63亿元，同比增长36.27%。其中：养老保险基金收支预算1亿元，同比降低21.26%；失业保险基金收支预算0.02亿元，同比降低50%；医疗保险基金收支预算0.57亿元，同比增长3.64%；工伤保险基金收支预算0.03亿元，同比降低32.01%；生育保险基金收支预算0.02亿元，同比降低19.03%；机关事业单位基本养老保险基金收支预算0.93亿元；职业年金收支预算0.06亿元。

（六）国有资本经营预算

2019年，国有资本经营收入预算建议安排0.87亿元；国有资本经营支出预算建议安排0.87亿元。

截止2019年1月21日，一般公共预算支出0.56亿元。

按照功能科目分类，各功能科目支出如下：

1）教育支出0.06亿元；

2）社会保障和就业支出0.03亿元；

3）交通运输支出0.07亿元；

4）其他支出0.4亿元（信贷类债务还本付息）

三、2019年财政工作的主要任务

（一）着力加强地方财源建设，助力实现更可持续的发展。一是建立招商引资工作长效机制，积极引进基础建设、制造业、加工业和商贸物流等产业，要做到引得来、留得下、能发展、有成效，努力打造财政收入新的增长点。二是抢抓机遇，加大对中央预算内投资、重大项目安排、地方债券发行规模等政策研究力度，建立健全财政项目库，制定招商引资和项目资金争取激励机制，协调配合各镇、各部门全力争取国家、自治区、市级专项资金支持力度，破解发展瓶颈。三是规范政府购买服务行为，大力推进政府和社会资本合作（PPP）模式，广泛吸引社会资本参与基础设施建设。四是密切关注国家税制改革动态和走向，加强重点领域、重点行业等税源的动态性分析和潜在税源、零散税源的管理，严格执行税收征管法规，全面推进综合治税工作，加强沟通协调力度，准确把握组织收入的力度、节奏和方向，全力推进欠缴税费征缴工作，从源头上遏制“跑、冒、滴、漏”现象发生。

（二）着力保障改善基本民生，助力实现更加公平的发展。坚持促发展与惠民生相结合，完善制度政策，牢固树立“过紧日子”思想，大力深挖行政事业单位节支潜力，压缩“三公”经费等一般性支出5%以上，严控行政运行成本增长幅度，规范财政供给范围，加强对教育、科技、医疗卫生、节能环保、社会保障等领域资金保障力度，加大农、林、牧、水、交通、城乡建设等资金整合力度，助推乡村振兴，使人民群众更有获得感、幸福感和安全感。

（三）着力深化财税体制改革，助力实现更有效率的发展。一是加大供给侧结构性改革力度。大力整合财政存量资金、专项资金和政府债券等资金，推进政府重大项目和工程建设；抓好“放管服”、财政管理体制等关键改革，进一步发挥好财政政策的导向作用和财政资金的杠杆作用；继续巩固“营改增”和涉企行政事业性收费项目“零收费”改革成果。二是加大预算绩效管理改革力度。建立健全规范透明、标准科学、约束有力的预算制度，全面推进开展财政绩效评估工作，在预算编制环节突出绩效导向，将绩效关口前移；在预算执行环节加强绩效监控，坚持“谁支出、谁负责”；在决算环节全面开展绩效评价，加快实现政策和项目绩效自评全覆盖；建立绩效评价结果与预算安排和政策调整挂钩机制，绩效管理要覆盖所有财政资金，确保不留死角，做到“花钱必问效、无效必问责”，硬化绩效管理约束，提升资金使用效益。三是加大财政监督力度。继续保持严肃财经纪律高压态势，坚持财政资金日常监督和专项督查相结合，强化追责问责，提高财政监督效能，确保财政资金安全、高效运行。四是加大国有资产监管力度。按照深化简政放权、放管结合、优化服务的改革要求，以管资本为主加强国有资产监管，全面落实政企分开、政资分开和市场化改革要求，切实加强国有资产基础管理；整合各类优质资产、资源，按照现代化企业管理制度，增强旗属国有企业自我造血功能，推进国有企业实现平稳转型，实现国有资本保值增值。

（四）着力支持打赢三大攻坚战，助力实现更高质量的发展。一是盯紧目标，持续打好债务化解攻坚战。在巩固历年化债成果的基础上，不断推进债务管控长效机制。严格执行政府举债“上管一级”工作机制，全面落实违规举债终身负责制，从严控制隐性债务增量。紧紧抓住隐形债务化解工作，通过厚植财源、资本转化、压减支出等举措，按时完成2019年6.08亿元隐性债务化解任务。扎实做好金融风险防控，建立风险储备金，坚决守住不发生系统性金融风险的底线。二是全力以赴，持续打好精准脱贫攻坚战。充分发挥财政预算的约束和导向作用，积极会同相关部门，区分轻重缓急安排扶贫项目和资金。瞄准建档立卡对象，精准使用扶贫资金，确保贫困人口受益。全面加强扶贫资金监管，构建扶贫资金动态监控机制，实行精细化管理，为打赢脱贫攻坚战再助力。三是做好保障，持续打好污染防治攻坚战。坚持问题导向，针对薄弱环节，加大财政支持力度，确保将污染防治各项决策部署落到实处。对现有支持污染防治的各项资金和其他相关专项资金进行梳理，加大资金结构调整力度，增加用于污染防治重点工作的投入，支持打好大气、水、土壤污染防治“三大战役”。

荣　誉

一、综　合

表 29　　鄂托克前旗 2019 年国家级集体荣誉名录

获奖单位	荣誉称号	颁授部门
城川镇	国家卫生镇	全国爱国卫生运动委员会

表 30　　鄂托克前旗 2019 年国家级个人荣誉名录

姓名	单位	荣誉称号	颁授部门
斯仁塔日娃	昂素镇哈日根图嘎查	全国民族团结进步模范个人	国务院

表 31　　鄂托克前旗 2019 年省部级集体荣誉名录

获奖单位	荣誉称号	颁授部门
林业和草原局	全国生态建设突出贡献先进集体	国家林业和草原局
城川镇大沟湾村	国家森林乡村	
城川镇巴彦希里嘎查		
敖镇巴音社区	全国综合减灾示范社区	国家减灾委　应急管理部 中国气象局　中国地震局
昂素镇巴彦乌素嘎查	中国少数民族特色村	国家民族事务委员会
民族职业高中	全国教育系统先进集体	人力资源和社会保障部　教育部
旗委统战线部	中国统一战线宣传工作先进单位	中共中央统战部　中国统一战线杂志社
旗巾帼英才双创基地	全国巾帼文明岗	中华全国妇女联合会
公安局	自主研发 APP 优秀创新案例	中央政法委员会
	自治区文明标兵单位	自治区文明建设委员会
宣传部	旗县级融媒体中心建设先进单位	自治区党委宣传部
总工会	全区工会工作先进集体	自治区总工会
妇联	全区“妇女之家”建设优秀案例	自治区妇女联合会
法院审判管理办公室	全区法院审判质效突出集体	自治区高级人民法院
教育幼儿园	自治区示范园	自治区教育厅
税务局	国税地税征管体制改革先进集体	自治区税务局
工商业联合会	全区“五好”旗县级工商联	自治区工商业联合会
红十字会	全区先进集体	自治区红十字会

表 32　　鄂托克前旗 2019 年省部级个人荣誉名录

姓名	单位	荣誉称号	颁授部门
辛海娥	旗委统战部	中国统一战线宣传工作先进个人	中共中央统战部、中国统一战线杂志社
边兆有	宣传部	全区优秀宣讲员	自治区党委宣传部
乌云花	退役军人事务局	全区退役军人工作模范个人	自治区人力资源和社会保障厅　自治区党委退役军人事务工作领导小组办公室　自治区党委组织部　自治区退役军人事务厅　内蒙古军区政治工作局
巴日斯	司法局	全区模范退伍军人	
林　楠	上海庙镇政府	先进个人	自治区人力资源和社会保障厅 自治区统计局
朱旭丽	人民医院	五一劳动奖章	自治区总工会
斯庆花家庭	呼和陶勒盖嘎查	自治区级"最美家庭"标兵户	自治区妇女联合会
朱旭丽	人民医院	北疆亮丽女性	
徐颖宏	妇幼保健计划生育服务中心	"三八"红旗手	
纪彦虎	能源局	全区煤矿安全生产先进个人	自治区能源局
崔　彩	气象局	综合气象业务技术带头人	自治区气象局
刘先锋		2018-2019 年度　嘉奖	
李勇忠	人民法院	全区办案标兵	自治区高级人民法院
魏文娟		全区教育培训先进个人	

表 33　　鄂托克前旗 2019 年市级集体荣誉名录

获奖单位	荣誉称号	颁授部门
审计局	先进基层党组织	中共鄂尔多斯市委员会
财政局		
上海庙经济开发区党工委		
纪委监委	"高质量办案年"活动先进集体	市纪委监委
推进现代服务业发展中心	文明单位	市精神文明建设委员会
党务政务服务中心		
城川镇	全市文明苏木乡镇	
农牧局	民族团结进步创建示范单位	市委宣传部　统战部　民委
	全市扫黑除恶专项工作先进集体	市扫黑除恶专项领导小组
旗多元矛盾纠纷人民调解委员会	全市"十大人民调解先进集体"	市委全面依法治市委员会 市委政法委　市委宣传部
妇女联合会	先进基层党组织	市社会组织委员会　民政局
敖勒召其海军希望小学	全市教育体育系统先进集体	市教育体育局
上海庙经济开发区管委会	工会先进集体	市总工会
大数据中心	五一劳动奖状	
妇女联合会	"三八"红旗集体	市妇女联合会
可汗苏力迪乳制品公司	巾帼文明岗	
人民医院	青年文明号	共青团鄂尔多斯市委员会
法院刑事审判庭	全市法院先进集体	市中级人民法院
统战部	全市统战信息工作先进集体一等奖	市委统战部

表 34　　鄂托克前旗 2019 年市级个人荣誉名录

姓名	单位	荣誉称号	颁授部门
燕世荣	人民政府法务中心	全市十大法治人物	市委全面依法治市委　市委政法委　宣传部
李　婧	旗委宣传部	基层服务先进个人	市委宣传部
蒋世伟	人武部	武装工作先进个人	市军分区
刘永红	气象局	嘉奖	市气象局
希尼特	农牧局扶贫办	精准脱贫攻坚先进个人	市包联驻村领导小组
王　霞		扶贫宣传先进个人	市扶贫领导小组
巴德玛	蒙古族希望实验小学	全市优秀班主任	市教育体育局
付冬梅	敖勒召其海军希望小学		
高冬霞	实验小学		
部睿智	中学		
刘鹏飞	城川完全小学		
桑丹其其格	蒙古族中学		
王光斌	民族职业高中		
娜布庆花	人口早期教育指导中心	全市优秀教师	
李　慧	三段地社区幼儿园		
苏乙拉其其格	蒙古族中学		
孙学义	中学		
乌云达巴拉甘	昂素完全小学		
徐　倩	城川镇幼儿园		
张　磊	教育幼儿园		
格日乐	教育教学研究中心	全市优秀教育工作者	
那顺吉日嘎	青少年学生校外活动中心	全市优秀科普工作者	
刘蓉蓉	上海庙学校	全市德育工作先进个人	
柳　鹏	信访局	五一劳动奖章	市总工会
图　娅	沙日胡舒嘎查	三八红旗手	市妇女联合会
钱晶晶	乌兰牧骑		
乌云娜	昂素镇政府	巾帼建功标兵	
曹丽娜家庭	昂素镇昂素嘎查	全市廉洁守法最美家庭	
苏雅拉其木格家庭	敖镇满都拉社区	全市热心公益最美家庭	
金　花	人民法院	全市优秀法官助理	市中级人民法院
代志勇		全市法院执行能手	
刘懌磊			
朝　宝		全市法院先进个人	
慕彦斌	公安局	个人三等功	市公安局
高士岗			
刘国涛			
孙有君	人民政府	鄂尔多斯市最美拥军人物	市委宣传部　市退役军人事务局 市军分区政治工作处
乌云花	退役军人事务局		
巴日斯	司法局	鄂尔多斯市最美退伍军人	
辛海娥	统战部	全市统战系统优秀信息员	市委统战部

表 35　　鄂托克前旗2019年工青妇表彰先进集体名录

单位名称	奖项	颁奖单位
市旭信物业服务公司	五一劳动奖状	旗总工会
青少年活动中心		
交管大队		
市场监督管理局		
财政局		
环境卫生管理局		
旗委改革办		
园林绿化管理局		
教育幼儿园		
水务和水土保持局		
三新铁路公司上海庙站区	工人先锋号	
长城五号煤矿安全生产部		
榆树井煤矿采煤工区		
民政局城乡低保办		
自来水公司工程部		
城川镇政府文化站		
人民医院急诊科		
粮食储备库仓储		
敖勒召其镇社保所		
文旅执法局综合业务执法室		
中学工会	“规范建设年”活动先进集体	
文化和旅游局工会		
三新铁路公司工会		
敖镇满都拉社区工会		
旗委办公室工会		
检察院工会		
兴源水务集团公司工会		
上海庙矿业公司工会		
森泰天然气公司工会		
可汗苏力迪乳制品公司工会	党工共建示范单位	
教育体育系统团委	五四红旗团委	共青团鄂前旗委员会
上海庙学校团委		
敖镇育才社区团支部	五四红旗团支部	
上海庙镇沙章图村团支部		
城川镇珠和社区团支部		

续表 35

单位名称	奖项	颁奖单位
文化旅游集团公司团支部	五四红旗团支部	共青团鄂前旗委员会
兴宇旅游文化投资公司团支部		
中学 296 班团支部		
民族职业高中 192 班团支部		
上海庙学校九年级一班团支部		
发展和改革委员会	青年五四奖章集体	旗委组织部　宣传部　统战部 团旗委　青联 旗工商联　融媒体中心 旗人力资源和社保局 旗文化和旅游局
政务服务局		
融媒体中心		
大数据中心		
山东能源内蒙古盛鲁电力公司		
纪委监委	三八红旗集体	旗妇女联合会
扶贫开发领导小组办公室		
机构编制委员会办公室		
融媒体中心		
园林绿化管理局		
昂素镇妇联		
城川镇妇联		
敖镇赛罕社区		
上海庙矿业公司		

表 36　　鄂托克前旗 2019 年工青妇表彰先进个人名录

姓名	单位	奖项	颁奖单位
张乌拉	交管大队	五一劳动奖章	旗总工会
张丽峰	妇幼保健计划生育服务中心		
辛海娥	旗委统战部		
王小平	旗委改革办		
郭安朋	内蒙古盛鲁电力公司		
高兆伟	旗委办公室		
李建军	检察院		
郝安礼	人民医院		
李媛媛	自然资源局不动产登记中心		
付晓婷	敖镇育才社区		
方　军	环境卫生管理局		
乌松花	妇女联合会		

续表 36

姓名	单位	奖项	颁奖单位
苏雅拉其其格	蒙古族实验小学	五一劳动奖章	旗总工会
额尔敦尼	共青团鄂前旗委员会		
邵丹丹	住房和城乡建设局		
那顺朝格	上海庙镇人民政府		
刘永军	自然资源局		
郭利平	城川镇人民政府		
冯玉海	人力资源和社会保障局		
哈那格尔	人民政府办公室		
任海珍	文化旅游综合执法局		
杨智丽	统计局		
孟克布音	人大常委会办公室		
杨永红	人民法院		
杨　如	旗委组织部		
邵　帅	敖勒召其海军希望小学		
李　昕	总工会		
萨仁其其格	文化和旅游局		
布鲁德	房征与政府工程项目中心		
斯特古乐	住房保障和物业管理中心		
咏　梅	水务和水土保持局	五一巾帼标兵	
杨晓荣	非税收入管理局		
杨再琴	敖勒召其镇汽车站		
蔡娟娟	发展和改革委员会		
王凤飞	公共资源交易中心		
温海燕	汉幼儿园工会	“规范建设年”活动先进个人	
伊布格勒图	教育体育局工会		
阿拉腾木仁	上海庙经济开发区工会		
张晓燕	住房和城乡建设局工会		
乌日斯哈拉	财政局工会		
其木格	文旅综合执法局工会		
杨　娜	大数据中心工会		
康树峰	文旅集团工会		
巴图张嘎	档案局工会		
斯庆塔娜	老干局工会		
乔振东	公安局工会		
春　梅	政协办工会		

续表 36

姓名	单位	奖项	颁奖单位
赵粉梅	文化和旅游局工会	“规范建设年”活动先进个人	旗总工会
许琳娜	内蒙古盛鲁电力公司工会		
赵　江	总工会机关工会		
王子娟	总工会团支部书记	优秀共青团干部	共青团鄂前旗委员会
王雪冬	旗委团支部		
乌云宝力高	人民法院团支部		
边瑞洁	青少年活动中心团支部		
苏妮哈拉	大数据中心团支部		
李余杰	财政局团支部		
张　卉	团旗委组织部		
庞　慧	上海庙经济开发区团委		
贺西格达来	民族职业中学团委		
高　欣	民族职业中学 192 班团支部		
万新宇	中学	优秀共青团员	
王　杰	正腾投资公司办公室		
乌宇格腾	蒙古族中学		
达古拉	民族职业高中		
刘丹宇	中学		
孙　赫	城川镇人民政府党群部		
李　娜	团委办公室		
郑国庆	水利局水资源股		
宝迪稍	人民法院		
钟　亚	人民医院急诊科		
柴勒汗	蒙古族中学		
高耀伟	民族职业高中		
郭志文	中学		
郭彤彤	上海庙学校		
翟学婧	园林绿化管理局办公室		
万　媛	旗委组织部	青年五四奖章	旗委组织部 旗委宣传部 旗委统战部 共青团鄂前旗委员会 旗青年联合会 旗工商联 旗融媒体中心 旗人力资源和社保局 旗文化和旅游局
巴日斯龙	乌兰牧骑舞蹈组		
卢　磊	敖镇人民政府		
刘永贵	顺丰快递		
刘　燕	人民医院		
祁　伟	公安局		

续表 36

姓名	单位	奖项	颁奖单位
阿拉腾金丝	社会保险事业管理局	青年五四奖章	旗委组织部 旗委宣传部 旗委统战部 共青团鄂前旗委员会 旗青年联合会 旗工商联 旗融媒体中心 旗人力资源和社保局 旗文化和旅游局
罗慧芳	中学		
秦　娟	城川民族干部学院		
康　波	利民农牧业专业合作社		
万　旭	旗委办	爱岗敬业好青年	旗委宣传部 共青团鄂前旗委员会 旗融媒体中心 旗青年联合会
刘蓉蓉	上海庙学校团委		
赵美霞	住建局		
赵　霞	敖镇育才社区居委会		
莫日根	水利局		
呼毕斯	人社局	创新创业好青年	
王九鑫	上海庙学校	勤学上进好青年	
王占虎	发改委办公室	扶贫助困好青年	
苏日古吉拉	上海庙经济开发区财政局		
陈　龙	纪律检查委员会	诚实守信好青年	
赵乾雯	市飓风网络科技公司		
王红丽	人民医院妇产科	孝老爱亲好青年	
余　佳	政务服务局	三八红旗手	旗妇女联合会
额尔登其其格	民政局		
杨永花	教体局		
薛　英	团委		
斯庆格日勒	水利局		
金　花	民族宗教事务委员会		
布·乌日娜	脑牧泰民族文学创作中心		
翟云芳	敖镇育才社区		
边晓燕	城川镇敦达图嘎查		
苏布德其其格	昂素镇乌兰胡舒嘎查		
魏文娟	人民法院	优秀妇女工作者	
邵　霞	市场监管局		
武有珍	政协		
肖美荣	人民医院		
孟根陶格斯	城川镇政府		

续表 36

姓名	单位	奖项	颁奖单位
奇秀梅	上海庙镇政府	优秀妇女工作者	旗妇女联合会
张世霞	敖镇满都拉社区		
张艳飞	上海庙镇长城花园		
赵　静	上海庙镇布拉格社区		
额尔克木其其格	昂素镇克仁格图嘎查		
斯庆其木格	昂素镇昂素嘎查	巾帼脱贫标兵	
邓丽英	城川镇大场子村		
娜仁高娃	昂素镇巴彦乌素嘎查	巾帼创业之星	
郝丽珍	城川镇大场子村		
娜布其	环卫局	精巴媳妇	
高凤霞	敖镇马场井村		
乌云其木格	城川镇克珠日嘎查	栓整人家	
许翠梅	敖镇伊克乌素嘎查		
娜仁花	昂素镇昂素嘎查		
薛金娜	人社局	最美爱心妈妈	
何林芹	旗委办		
霍星星	农牧局		
斯琴花	城川镇呼和陶勒盖嘎查	最美巾帼微家	
聂松花家庭	气象局	最美家庭	
杨利霞家庭	中学		
李婧家庭	宣传部		
乌都格日乐家庭	上海庙镇阿勒台嘎查		
贾美珍家庭	敖镇三段地社区		
其其格家庭	昂素镇昂素嘎查		
云吉德家庭	昂素镇毛盖图嘎查		
王应莲家庭	城川镇章昂希里村		

二、单 项

中共鄂托克前旗委员会 旗人民政府表彰：

全旗 2018—2019 学年度教体系统先进集体及先进个人名单

（2019 年 9 月 9 日）

先进集体（3 个）

鄂托克前旗民族职业高中

鄂托克前旗实验小学

鄂托克前旗教育幼儿园

优秀班主任（24 人）

张文馨、张广琼、周世恒、杨小虎、葛根塔娜、铁尔格乐、张丽、高贤、曹飞霞、阿拉腾都西、哈斯达来、杨塔娜、李海霞、陈丽、脑明图雅、乌云娜、郑晓娟、李艳、张春学、田红梅、张萌、刘秀梅、斯庆花、南迪

优秀教师（48 人）

曹丽娜、杨卉、王彦玲、肖崇祎、闹干布拉格、乌云花、高志宝、肖亚轩、孟根珠拉、王文军、秦凤、刘飞、苏晓兰、张格雅、萨如拉、巴图巴格那、燕林钦、辛德亮、苏小芳、张月媛、李占兵、曹月荣、陈颖、梁清华、哈斯其其格、朝克、张旭娥、张旭、解鑫、阿其图、乌云达日、咏梅、常立明、马金贤、訾慧霞、曹艳、白晓晔、李春艳、李采哲、呼占莲、娜仁图雅、张金玲、杨永宏、娜贺雅、阿那日德、张文婷、乌云其其格、满都日娃

优秀教育工作者（24 人）

王晓琳、张玉海、傅瑾、乌日娜、敖日格乐、郝牧仁、高娃、张彦东、乌松花、乌兰图亚（大）、斯庆图雅、尉帅、柳树亭、马治军、于玉荣、马金戈、刘永梅、陈峰勇、冬梅、高志光、乌日娜、伊拉图、那音德力格尔、胡玲贤

教学成绩突出者（27 人）

刘建贵、周世翠、思彩霞、苏占玉、冯云飞、白小燕、高娜、王彦、苏春莲、马增光、斯琴必力格、敖特根其其格、布仁其木格、斯庆玛、何斯琴、于佳、李丹凤、乌兰图亚、胡海霞、武小燕、萨日娜、朱海燕、李亚亚、刘俊芳、通拉嘎、常丽婷、布音生布尔

德育工作先进个人（10 人）

张惠、何巨业、达拉图、根占、王平、阿拉腾哈达、邵帅、赵冉、邢红红、乌日格希拉图

尊师重教先进个人（1 人）

綦彦斌　鄂托克前旗公安局刑警队教导员

鄂托克前旗 2018 年度考核工作实绩突出单位名单

（2019 年 8 月 1 日）

考核"优秀"等次镇（2 个）

敖勒召其镇、上海庙镇

考核"良好"等次镇（2 个）

昂素镇、城川镇

旗直部门年度考核"优秀"等次单位（共 21 个）

县级单位（4 个）

组织部、旗委办、政府办、公安局

政府部门（6 个）

发改委、交通运输局、林草局、财政局、工信局、农牧局

党群部门（4 个）

团委、妇联、红十字会、党校

事业单位和挂靠单位（6 个）

园林绿化局、文化旅游综合执法局、供销社、党务政务服务中心、信访局、扶贫办

二级事业单位（1 个）

财政国库支付中心

协管部门年度考核"优秀"等次单位（1 个）

自然资源局

全旗优秀共产党员、优秀党务工作者和先进基层党组织表彰名单

（2019年6月30日）

优秀共产党员

王彦豹	敖勒召其镇马场井村党支部书记
斯仁旺扎拉	上海庙镇拜图嘎查党支部书记
巴雅尔芒来	城川镇呼和陶勒盖嘎查监委会主任
斯仁塔日娃	昂素镇哈日根图嘎查牧民
莫日根吉雅	市委统战部派驻昂素镇圐圙嘎查第一书记
边兆有	旗委宣传部讲师团团长
阿木尔	旗人民医院内科主任
慕翠兰	旗好大姐婚姻家庭调解服务中心负责人
张方升	上海庙鹰骏环保科技公司董事长、总经理
问海林	旗联合运输公司工作人员

优秀党务工作者

苏治兵	敖镇伊克乌素嘎查党支部书记、委员会主任
布仁吉日嘎拉	上海庙镇公乌素嘎查党支部书记、委员会主任
王占福	上海庙镇长城花园社区党支部书记、居委会主任
斯庆扎布	城川镇阿日勒嘎查党支部书记、委员会主任
吉日木图	昂素镇沙日胡舒嘎查党支部书记
胡晓君	旗委办公室法规文电室主任
高智涛	旗委组织部人才室负责人
牛　媛	旗人民政府办公室督查室副主任
张春燕	旗文化旅游集团有限公司党群部副部长
朝乐孟图雅	喜乐中老年传统文艺协会党支部党建指导员

先进基层党组织

上海庙经济开发区机关党支部
敖勒召其镇赛罕社区党支部
上海庙镇水泉子村党支部
城川镇黄海子村党支部
城川镇伊克柴达木嘎查党支部
昂素镇苏力迪嘎查党支部
旗纪委监委机关党支部
旗财政局党支部
旗园林绿化管理局党支部
旗蒙银村镇银行股份有限公司党支部

企业选介

煤炭

【新矿内蒙能源】 新矿内蒙古能源有限责任公司成立于2007年12月，注册资金15亿元，位于鄂托克前旗上海庙镇。是山东能源新矿集团的重点骨干企业，是鄂尔多斯市“十二五”期间重点培育的“双百亿”企业之一。主要经营煤炭开采、精细化工、设备制造等产业。公司遵循煤炭开发与就地转化原则，构筑以“煤炭为基础、煤化工为主导、电力为辅助”的循环经济产业集群，建设“五矿四厂一中心”。

五矿 上海庙西部矿区建设5座煤矿，设计煤炭年总产能1560万吨，为长城一矿年产能300万吨、长城二矿年产能400万吨、长城三矿年产能500万吨、长城五矿年产能180万、长城六矿年产能180万吨。其中长城一、二矿建成投产，长城三、五矿治灾开采，六矿正在建设。长城三矿井田面积82.6平方千米，地质储量14.98亿吨，可采储量4.64亿吨，为优质气肥煤；矿井设计年产能500万吨，服务年限62年，计划总投资34.9亿元，其中500万吨选煤厂投资7亿元。长城五矿井田面积为13.84平方千米，地质储量2.01亿吨，可采储量1.13亿吨，为优质气肥煤；矿井设计年产能180万吨，服务年限51年，计划总投资12亿元。长城六矿井田面积为9.15平方千米，地质储量1.75亿吨，可采储量1.12亿吨，为优质气肥煤；矿井设计年产能180万吨，服务年限50年，计划总投资20.39亿元。至2019年，长城1号煤矿扩改建、长城3号煤矿、长城5号煤矿、长城6号煤矿等5座煤矿获得核准，长城2号煤矿取得采矿证。

四厂 上海庙精细化工园区建设年产130万吨捣固焦联产10万吨液化天然气、30万吨煤焦油深加工、10万吨精制粗苯的综合精细煤化工厂；2×35万千瓦煤矸石热电厂；年入洗能力1000万吨矿区洗煤厂；年加工能力6万吨的矿区机械制修厂。其中综合精细化工厂、中心洗煤厂和矿区机械制修厂装配车间建成投运。煤矸石热电厂开展前期工作，该电厂由国电电力发展股份有限公司与新矿内蒙古能源有限责任公司共同出资组建，位于上海庙西部矿区，项目规划占地面积20.5公顷，总投资28.6亿元；项目建成后年发电量达33亿千瓦时、供热量781万兆焦，年消耗煤泥矸及劣质煤250万吨，集中对上海庙工业区及生活区供热。

一中心 建成建筑面积为50万平方米的办公、生活综合服务中心。

【长城一矿】 鄂托克前旗长城煤矿有限责任公司简称长城一矿，位于上海庙西部矿区，为新矿集团内蒙能源有限责任公司控股子公司（新矿内蒙古能源有限责任公司持股65%，华电国际电力股份有限公司持股35%），注册资本67618.03万元，2008年12月验收投产，年产能60万吨。

长城一矿井田面积16.02平方千米，地质储量1.93687亿吨，可采储量1.32433亿吨；矿井设计年产能180万吨，服务年限52.6年，计划总投资19.8403亿元，至2019年完成投资18.1亿元。煤质具有低灰、低硫、低瓦斯、特低磷、高发热量等特点，煤种有气肥煤、气煤；产品有动力精煤、冶炼精煤及洗末煤、煤泥等附加产品，主要销往周边电厂、焦化厂以及晋、宁、冀、陕等地区。长城1号煤矿扩改建获得批准。

【长城二矿】 鄂托克前旗福城矿业有限责任公司简称长城二矿，位于上海庙西部矿区，2006年5月注册成立，注册资本83760.36万元，由新矿内蒙能源公司持股65%和华电国际持股35%共同出资组建。

井田南北长7.3千米，东西宽6.2千米，面积40.83平方千米，地质储量3.46亿吨，可采储量2.37亿吨，有效可采量1.09亿吨；矿井设计能力400万吨，服务年限52年，分两期建设，一期120万吨/年、二期 400 万吨 / 年。2019 年，长城 2 号煤矿取得采矿证。

公司获得内蒙古自治区 “工人先锋号”“全区示范化企业工会”“晓霞”创新工作室、“职工创新工作室”荣誉称号，被鄂尔多斯市政府命名为“园林式单位”，获山东能源集团“省外创业先进集体”“优秀基层党组织”“泰安市 AAA 级劳动关系和谐企业”“山东省企业文化建设先进单位”等荣誉称号。

【新矿内蒙古能源洗煤分公司】 新矿内蒙古能源有限责任公司洗煤分公司位于上海庙精细化工园区，始建于 2009 年 8 月，总投资 11 亿万元，承担着新矿内蒙能源权属矿井的煤炭洗选任务，是新矿内蒙能源实现煤炭资源转化、打造循环经济产业链条的重要一环。2017 年 5 月 8 日，新矿集团正式批准成立洗煤分公司，下设中心洗煤厂和长城三矿洗煤厂。所属中心洗煤厂一期工程（设计洗选能力 300 万吨 / 年）于 2010 年 6 月投产，二期（设计洗选能力 400 万吨 / 年）于 2012 年 12 月投产；长城三矿洗煤厂于 2015 年 10 月实现联合试运转。选煤工艺为“预先脱泥—两段两产品重介旋流器—粗煤泥 TBS 分选—细煤泥浮选柱分选—尾煤泥压滤回收工艺”“预先脱泥—块煤重介浅槽—末煤两产品重介旋流器—粗煤泥 TBS 分选—细煤泥浮选柱分选—尾煤泥压滤回收工艺”。属目前国内最先进工艺技术，是大型现代化炼焦煤或动力煤选煤厂建设的优选模式。同时拥有 “风吹式带式输送机清扫装置”“一种分级振动筛防堵筛板”“基于入浮矿浆预稳流截粗的浮选设备” 等共七项自主知识产权技术专利。

公司深化“煤炭资源不可再生，必须吃干榨净，让精煤颗粒归仓”理念，发挥管理技术优势，推广智能化、自动化应用，深化技术工艺改革，推进硅煤课题研究。公司大力推行节能环保工艺，生产水取用生产、生活污水再生水，生产过程中采用闭路循环工艺，整个生产过程没有物料、煤泥水外排。

【内蒙古上海庙矿业】 内蒙古上海庙矿业有限责任公司于 2008 年 5 月 29 日注册成立，注册资本 47 亿元，位于上海庙镇。由中国双维投资公司与山东临沂矿业集团共同出资组建。公司以煤炭开采、洗精煤、煤矸石综合利用、电力、热力、煤化工等为一体的大型现代能源化工集团，是第一家进驻上海庙能源化工基地的国有大型企业，旗下拥有新上海庙 1 号和榆树井 2 座煤矿。

新上海 1 号煤矿 井田面积 39.7 平方千米，探明地质储量 5.19 亿吨、可采储量 3.49 亿吨；矿井设计生产能力 400 万吨 / 年，服务年限 63 年，总投资 53.5 亿元。该矿于 2008 年开工建设，2012 年 9 月试生产，配套洗煤厂及铁路专用线同步建成投运。

榆树井煤矿 井田面积 24.56 平方千米，探明地质储量 4.5 亿吨、可采储量 2.8 亿吨；矿井设计生产能力 300 万吨 / 年，服务年限 74 年，总投资 14 亿元。该矿于 2006 年 10 月开工建设，2011 年 7 月正式投产。

煤机装备制造

【山能重装集团内蒙古装备制造厂】 山东能源重装集团内蒙古装备制造厂位于上海庙西部矿区，占地面积 0.34 平方千米，建设总投资 12.6 亿元，其中设备投资 1.8 亿元。下设 10 个专业化公司，服务矿区规模 60Mt/a，是西北地区最大的煤矿成套装备制造企业，年煤机装备制造能力达 15 亿元规模水平。2019 年实现产值 2.53 亿元。

公司综合实力雄厚，拥有技术研发、机械加工、铆焊加工、产品装配、计量检测、综合实验 “六大中心”，在煤机制造领域有较强的自主研发、自主检测、加工制造等优势，配有 30000KN 大型液压支架试验台、采煤机试验台、光谱分析仪等先进的检测仪器，以及自动焊接机器人、激光加工系统、各类数控加工设备等“高精尖”装备。公司拥有完善的技术研发体系，设有博士后工作分站，并依托山东能源重装集团，与清华大学、中国矿业大学、辽宁工程技术大学、北京煤科院及山东科技大学等 5 所高等科研院校合作开展重点项目攻关。山东能源重装集团属国家级高新技术企业，承担着中国煤炭工业协会 “千万吨综放工作面设备选型研究及其应用” 的标准制定和科技部国家科技支撑计划，完成 “煤矿用液压支架立柱和千斤顶激光熔覆再制造技术要求” 标准的起草。

公司制造产品涵盖煤、电、化等3大行业160余个品种。主要有矿山机械设备、煤化工装备、工程机械、压力容器以及冶金、建材、环保设备。制造的橡胶制品及其他(高压胶管、高压胶管总成、各类密封元件;玻璃器皿;干发乙炔发生技术)为主。再制造产品以矿山机械设备、煤化工装备、工程机械及其配件再制造,以及各类零部件再制造为主。特别是采用了国际先进、国内领先的固态半导体激光器熔覆技术对刮板机中部槽、轴类、液压支架立柱等矿山设备进行再制造。

电厂

【盛鲁电厂】 内蒙古盛鲁电厂位于上海庙东部矿区,由山东能源集团内蒙古盛鲁能化有限公司投资建设。建设规模为新建2×100万千瓦超超临界间接空冷燃煤发电机组,同步建设脱硫、脱硝和除尘装置,项目总投资70.84亿元,投产后年供电量110亿度。该项目于2016年7月18日获自治区发改委批复文件,2017年5月24日开工建设。2017年,1#2#汽机底板、汽机联络平台浇筑完成100%,锅炉钢架吊装完成一层,1#2#间冷塔支墩浇筑各完成48个,烟囱基础浇筑完成100%;完成投资142300万元。至2019年,发电机定子已就位,汽机房封闭、DCS受电、化学出合格水、锅炉水压试验、汽轮机扣盖、厂用电受电等13项里程碑节点任务已完成;土建工程、设备安装基本完成,已全面进入单体调试阶段。

【国电双维电厂】 国电双维电厂位于上海庙东部矿区,于2011年7月由国电电力发展股份有限公司占股51%和中国双维投资有限公司占股49%共同出资组建的国电双维内蒙古上海庙能源有限公司投资建设。国电双维电厂2×100万千瓦燃煤发电项目,于2016年7月15日获自治区发改委批复文件。项目总投资70.65亿元,建设规模为2×100万千瓦煤电,预计项目投产后年供电量119亿度。至2019年,厂前区临建、食堂已完工投入使用,1#机组间冷塔0m板施工完成90%,主厂房框架柱钢筋绑扎完成100%,第二层锅炉钢架开始吊装;2#机组间冷塔环梁浇筑完成75%,主厂房汽机联络平台钢筋安装完成20%,第二层锅炉钢架吊装完成50%,启动锅炉底座完成80%,烟囱外筒壁浇筑完成37节(共154节)。

【长城电厂】 长城电厂位于上海庙经济开发区能源化工园,于2004年1月由内蒙古能源建设投资(集团)有限公司控股、北方联合电力有限责任公司和山东能源新汶矿业集团有限责任公司参股共同组建的华能内蒙古长城发电有限责任公司"投资建设。长城电厂2×100万千瓦高效超超临界空冷燃煤发电机组工程项目,静态投资610925万元、动态投资647005万元,于2017年8月11日获自治区发改委批复文件。机组主要设计技术参数达到国内同类型机组先进水平,设计发电标煤耗271.1g/kWh、供电标煤耗283.1g/kWh、厂用电率4.25%、水耗0.052m³/s.GW,废水全部回收利用,实现零排放。至2019年,开展"五通一平"。

天然气

【苏里格南作业分公司】 苏里格南作业分公司是中国石油与全球第四大石油公司法国道达尔公司首次开展合作的天然气开发项目,是中国石油首个在陆上主导的国际石油合作公司,并由中国石油担任作业方。

苏南公司作业区块面积2392.4平方千米,其中鄂托克前旗境内面积1700平方千米,已开发面积600平方千米。至2017年,在鄂前旗境内建成集气站2座,分别由作业一区和作业二区管辖,其中作业一区主要负责开发位于乌定什泊尔、克泊日等嘎查区块,建成各类井从45座;作业二区负责开发位于哈日根图等嘎查区块,建成各类井从35座;共开发总井数500余口,年产天然气产量约18亿立方米。

2019年,新增投产7个井从63口井,年生产天然气22亿立方米。

【长庆油田分公司第三采气厂】 第三采气厂隶属于长庆油田分公司,成立于2001年9月,是苏里格气田开发最早的单位,生产区域包括鄂尔多斯西部三旗和陕西省定边县,承担着整个苏里格气田的天然气集输任务。采气三厂矿权管护面积3.15万平方千米,含气面积1.01万平方千米,探明地质储量1.27万亿方。至2019年,动用地质储量

3230.4亿方、储量动用率24.1%，累计投产气井5230口(其中自营区块2920口，风险合作区块共计2310口)、日均开井3713口，形成配套产能80亿方/年。鄂托克前旗作为第三采气厂主要生产建设区域，涉及苏14、苏47、苏48、苏120四个开发区块，开发矿权面积5573.17平方千米，占第三采气厂开发矿权面积的52.61%，境内探明地质储量8255.3亿方，占总储量的65%，在鄂托克前旗境内建成投运天然气处理厂1座、集气站26座，投产天然气井1700口。

【渤海钻探苏里格分公司】 中国石油集团渤海钻探工程有限公司苏里格分公司是以油气合作开发服务为主的专业化公司，重组成立于2008年8月，主要从事原油、天然气勘探开发研究，工程地质设计、工程施工、油气处理输送、技术咨询等业务。天然气合作开发拥有三个区块：苏20区块、苏25区块和苏76区块。分公司所属苏20天然气开采区块有三分之一区域位于鄂托克前旗昂素镇毛盖图嘎查境内，拥有苏20-4站增压集气站1座、气井126口，天然气年生产能力为11000万方。

【时达绿能天然气公司】 鄂托克前旗时达绿能天然气经营有限责任公司成立于2010年8月19日，注册资本1.6亿元，由北京元景鼎泰投资有限责任公司、北京泰和瑞德投资有限责任公司共同出资组建的高科技能源企业。主营业务为天然气管道输送、天然气液化及下游油改气全产业链开发，所实施的项目为国家重点支持的民生基础设施建设项目、低碳节能减排清洁能源项目。前身为鄂尔多斯市时达房地产开发集团有限责任公司下属能源事业部，从事天然气产业投资建设十余年，先后投资建设了鄂前旗敖勒召其镇城网、长蒙管道、时泰7万吨/年液化天然气、玛拉迪至上海庙天然气管道等多个天然气项目，是自治区最早进入天然气行业的民营企业。公司主要建设项目为2×20万吨/年LNG项目，以及蒙宁边界的C/LNG加气站项目。能极大地优化区域能源结构，有利于节约能源，改善大气环境质量，实现节能减排目标和可持续发展战略，具有显著的经济效益和社会效益。

化工

【恒坤化工】 内蒙古恒坤化工有限公司属新矿集团内蒙古能源有限公司子公司，位于上海庙精细化工园区，2008年11月注册成立，注册资本6亿万元。项目为520万吨/年捣固焦、30万吨/年焦炉煤气利用(LNG、甲醇)、60万吨/年煤焦油及30万吨/年苯加氢深加工，概算总投资163.5亿元，到2019年完成投资18亿元。项目共分四期规划建设，已投产一期130万吨/年捣固焦项目投资9.7亿元，焦炉炉型选用双联下喷、废气循环、捣固型焦炉，技术先进、低耗减排，年耗煤量182万吨，主要产品为焦炭、粗苯、焦油、硫铵、焦炉煤气；一期1.2亿Nm^3/年焦炉煤气制液化天然气(LNG)项目，引进英国Davy公司世界领先技术，投资4.7亿元，成为世界首家投产的焦炉煤气制液化天然气(LNG)项目，实现炼焦煤气资源利用的新突破。二期260万吨/年捣固焦及综合利用项目首期复工建设。

【华星新能源】 内蒙古华星新能源有限公司位于上海庙经济开发区能源化工园，于2012年8月25日注册成立，注册资本金10亿元人民币。公司主要从事煤化工技术开发及利用，以建设40亿立方米煤制气项目为基础，配套完成50万吨煤焦油加氢项目、合成氨项目、综合利用热电厂项目、粉煤灰制砖项目和年产150万吨粉煤灰制水泥项目，实现国家“减量化、再利用、资源化”3R原则。华星煤制气项目总投资244亿元，建设规模为年产40亿立方米煤制天然气；华星煤制烯烃项目总投资171亿元，建设规模为年产60万吨烯烃。2017年，该项目取得除环评外的所有前期手续。至2019年，该项目所有前期手续全部取得，项目核准申请报告已报至国家发改委待批复。

铁路运输

【三新铁路】 内蒙古三新铁路有限责任公司位于上海庙镇，于2007年7月注册成立，注册资本金5.82亿元，由鄂尔多斯市国有资产投资经营有限责任公司、中国双维投资公司(中国烟草)、中国神华能源股份有限公司、山东临沂矿业集团有限责任公司、新矿内蒙古能源有限责任公司、鄂托克前旗国有资产投资经营有限责任公司6家股东共同出资设立。公司经营范围为铁路建设和运营，煤炭、建材及化工产品经销。2019年运量约850万吨。

文化旅游

【文化旅游集团】 鄂托克前旗文化旅游集团有限公司于2017年4月27日正式注册成立，注册资本11.68亿元人民币。是旗人民政府独资国有企业，办公场所位于文化产业园，建筑面积800平方米。

集团公司组建鄂尔多斯市快乐牧场旅游有限公司、鄂尔多斯市西部旅游营销有限公司、鄂尔多斯市宥州文化产业发展有限公司、鄂尔多斯市寻忆旅行社有限责任公司、鄂托克前旗红色文化教育培训有限公司等5个全资运营子公司，1个控股公司即鄂托克前旗天脉科技网络有限责任公司，在银川成立鄂尔多斯旅游营销中心。

打造全国红色教育培训基地。 高起点投资建设总占地面积73万平方米的城川红色拓展基地，打造集党性教育、国防教育、爱国主义教育、青少年素质拓展、应急救援培训等为一体的综合性拓展基地，累计接待学员6000余人，红色研学影响力不断提升。

打造鄂前旗文化旅游品牌。 完善和提升“中国最佳休闲旅游目的地”“一乡两基地”等荣誉名片，创新推出“音乐小镇·乐光之城”“花沙骑径”“快乐牧场”等特色休闲产品，构建“休闲圣地·运动天堂”系列产品体系，树立鄂前旗文化旅游品牌，带动全旗交通、住宿、餐饮、商贸流通等相关行业产业的发展。

打造西北地区草原特色的文化休闲旅游目的地。 建设“快乐牧场”项目，通过筛选全旗180余户农牧家乐，确定快乐牧场10+1发展方向和计划，即首期打造10个服务标准化牧场，同时带动特色农牧家乐，使鄂前旗成为辐射周边500公里范围内草原休闲度假目的地。启动敖镇音乐小镇项目，以敖镇为中心，深入挖掘蒙元音乐文化、特色文化，依照打造特色主题小镇模式，构建音乐休闲、养生度假、文化创意、节庆经济等旅游产业链，以打造国家级音乐特色小镇“音乐小镇·乐光之城”为品牌，以鄂前旗现有的音乐合唱团、乌兰木骑等艺术团体为主体，融入吃、住、行、游、购、娱及体验等旅游产业要素，深度融合和开发独具魅力的音乐艺术产品和度假旅游产品。建设大沙头景区项目，全面提升大沙头景区品质，规划制定21个建设项目。启动建设“草原逸栈”品牌民俗音乐客栈项目，顺应个性化、慢生活和深度体验的休闲度假游、乡村旅游市场需求，依托鄂前旗独特的民俗文化特点，积极探索和培育个性突出、特色鲜明、服务规范的鄂前旗民俗音乐客栈。启动建设草原观光夜市项目，引进旅游新业态，挖掘鄂尔多斯饮食文化和旅游特色产品，推动鄂前旗旅游转型升级，打造“音乐小镇·乐光之城”核心旅游餐饮区域，实现以旅游带动消费、以消费促进旅游产业多元发展。把快乐牧场草原观光夜市打造成为内蒙古西北地区特色旅游品牌，构筑鄂前旗文化旅游产业链的形成。编制“田园综合体总体规划”项目，按照鄂尔多斯市把小城镇建设为“一镇一品牌”“一镇一特色”要求，加快培育乡村文化旅游发展新动能，探索乡村旅游发展新模式，打造敖镇三道泉则村、三段地村、漫水塘村为“乐光庄园”田园旅游综合体，推动文化旅游、农业现代化与城乡一体化互促共进。开发宥州古城遗址旅游项目，着重对古城遗址进行保护性开发，以文物保护规划为依据，编制旅游规划和修建详细规划，完成了景区大门设计、《宥州古城文物保护规划》编制、古城遗址考古调查勘探，已进入自治区文物局评审阶段，并转报国家文物总局进行审核批复。

【上海庙马兰花草原旅游景区】 上海庙马兰花草原旅游景区位于上海庙镇以北，与银川市隔河相望，成立于2011年5月，注册资金2亿元，后期由内蒙古鄂尔多斯市东联控股集团投资建设。是国家AAAA级景区、银川滨河新区全域旅游AAAAA级成员单位，是中国最佳休闲旅游目的地、中国鄂尔多斯文化之乡、内蒙古文化产业示范基地、内蒙古摄影家创作基地、银川市摄影家协会会员创作基地、宁夏大学人文学院旅游管理系实践基地。景区核心面积约1333公顷，建设项目计划投资9亿元，至2017年完成投资4.5亿元。建成景点包括国际赛马场、蒙古部落、上海庙福敖包、马兰花草原、欢乐那达慕、草原恰特以及席尼浩特景观等。2019年，累计接待游客约18万人次，营业收入720万元。

【大沙头生态文化旅游区】 旅游区是内蒙古兴宇旅游文化投资有限公司于2008年开始建设的重点项目，总开发面积1108公顷，已开发641公顷，划分为综合接待区、沙漠主体公园、中央游憩区、大漠之舞艺术城、沙漠生态经济示范区五大功能区。综合接待区有景观广场、蒙古民俗商业街、美食文化街、沙漠之星主题酒店群（蒙古帝王主题酒店、回族风情主题酒店、蒙古民俗主题酒店）等。

旅游区于2012年8月14日被全国旅游景区质量等级评定委员会评为国家AAAA级旅游景区，是中国内蒙古摄影发祥地、中国西部摄影家创作基地、中国鄂尔多斯婚礼文化传承基地、中国内蒙古沙漠赛车基地。2019年，累计接待游客约24万人次，营业收入960万元。

【上海庙生态旅游公司】 上海庙立体生态旅游公司位于鄂托克前旗上海庙镇，是亿利资源集团投资建设的集餐饮、住宿、旅游、休闲为一体的现代化旅游基地，距宁夏首府银川58千米、旗府所在地70千米。

亿利资源集团公司通过围封保护28667公顷天然甘草，建设以天然优质甘草为主、辅以优质牧草和沙旱生珍稀植物的中蒙药材基地，形成立体生态景区，成为内蒙古自治区西部最大的草原观光旅游接待区。公司始建于2000年，于2002年8月2日正式对外营业。旅游区具有接待400人用餐、100人住宿的规模。景区划分为大汗行宫休闲度假区、苏勒德民族文化村、综合娱乐项目和现代农业养殖示范区。旅游区以驰名中外的梁外甘草和紫花苜蓿为自然景观，以浓郁的蒙古族特色和悠久的民族文化为依托，充分展示了蒙古族的历史与现实文化。2019年，累计接待游客约0.2万人次，营业收入10万元。

【上海庙旅游公司】 内蒙古上海庙欢乐大草原文化旅游区位于上海庙镇区北，是内蒙古文化产业示范基地、国家AAAA级景区、银川滨河新区全域旅游AAAAA级成员单位。核心面积约1333公顷，建设项目计划投资9亿元，至2017年完成投资4.5亿元。建成景点包括国际赛马场、蒙古部落、上海庙福敖包、马兰花草原、欢乐那达慕、草原恰特以及席尼浩特景观等。2019年，累计接待游客约8.2万人次，营业收入810万元。

【自治区级农家乐】

尚氏天骄生态园 位于鄂托克前旗敖勒召其镇大沙头村四社，距离旗府所在地镇区7千米，总占地面积4000平方米，建筑面积2800平方米，设有餐饮蒙古包、纯绿色采摘园、休闲垂钓区、体育运动项目区，可同时接待游客260人。

常设旅游文化活动项目有生态园观光、休闲垂钓、纯绿色天然食品采摘、游客体验项目及运动健身活动、民族篝火晚会及小型演唱会、冬季滑冰项目、户外踏青及烧烤野炊等。

佳日湾婚礼文化城牧家乐 位于敖靖线16.8千米南1千米处，占地面积100公顷，钓鱼场2500平方米，特色采摘园2个。设有可容纳800人的酒店、生态停车场、沙漠旅游区、有机种植区。建立以保护开发鄂尔多斯婚礼和马文化为主的民族文化保护基地、蒙元文化体验式游学基地和三智生命文化教育基地。以蒙古民族风味美食为要素，经营蒙古族奶食品、茶点、肉食。旅游项目有，蒙古传统射箭、赛马，品尝民族美食、自助烧烤，欣赏沙漠风景、鄂尔多斯婚礼表演、马技表演等。

草原情歌牧家乐生态园 位于鄂托克前旗昂素镇昂素嘎查21号，距昂素镇8千米、距旗府所在地66千米，总占地面积5800平方米，建筑面积1350平方米，可同时接待游客350人。有平层别墅150平方米、传统蒙古包4个480平方米，草原书屋80平方米、饮食文化体验馆500平方米、停车场1万平方米、凉亭2个300平方米、篝火场地400平方米、赛马场3公顷。2013年成立昂素镇昂素新牧区牧家乐文化旅游协会，组建艺术团队“亲兄弟组合”。

生态园具有现代家庭牧场特色，有草牧场187公顷、配备可手机操作的远程全自动监控草原设备和智能网围栏门；现代设施农业有手机远程监控操作的大型喷灌地21公顷、种植优质苜蓿草13公顷；建成现代养殖设施2000平方米、养殖羊 360 只，配置自动饲喂机和自动感应饮水器；建有温室蔬菜大棚 1 座，蔬菜种植基地 0.08 公顷。

旅游文化活动项目有组织游客观光草原、沙漠风景，骑马、射箭等；参观蒙古族餐饮文化体验区，体验炒炒米、捣炒米、制作奶食品，品尝手指羊、烤全羊、羊背子、蒙古奶茶等饮食；欣赏民族歌舞文化，由亲兄弟组合提供民族歌舞及乐队伴奏，游客互动卡拉 OK、篝火晚会狂欢、草原书屋静心等。可为久居城市的人们提供一处感悟大自然、放松身心、调整心态的静谧舒适环境、轻松休闲之地。

金氏绿源蒙古风情园 位于鄂托克前旗城川镇呼和陶勒盖嘎查，有草牧场 100 公顷、水浇地 10 公顷，蒙古族饮食文化体验基地 400 平方米，草原书屋 16 平方米藏书 200 余册，平层别墅 240 平方米、蒙古包 113 平方米，旅游超市 30 平方米，篝火场地 400 平方米、赛马场地 1 万平方米、停车场 800 平方米，可同时接待游客 150 人。

旅游文化体验项目有，游客与牧民一同制作奶制品、大棚有机蔬菜采摘，品尝原味奶制品、手指羊、蒙古式风干肉、烤全羊等饮食；观光旅游骑乘蒙古马、勒勒车、大篷车、沙漠越野车、沙漠摩托、沙滩自行车；体验牧民生活参观牧羊圈、奶羊羔、挤牛奶；旅游商品有牧民手工奶制品、自制奶糖、风干牛羊肉、蒙古族手工艺制品银器、鼻烟壶及蒙古书法作品；开展摔跤、射箭、垂钓、台球、乒乓球、篮球、足球、羊毛球、投标、放风筝、草原 KTV、大型电玩、咖啡书屋、棋牌麻将、观赏露天电影、篝火狂欢等活动。

南迪娜牧家乐 位于鄂托克前旗敖勒召其镇城区 12 千米处，建有餐饮、住宿蒙古包，标准排球、篮球场，大型赛马场，垂钓池等，提供豪华大巴车接送，可同时接待游客 140 人。以蒙餐及蒙古族传统接待仪式为主，特色餐饮有手指羊、烤全羊等蒙古套餐，有敬酒哈达献歌、民间乐队伴奏、篝火晚会等文艺活动，设竞技场供游客学习蒙古族骑马、摔跤、射箭技艺。

鑫汗牧家乐 位于鄂托克前旗上海庙镇特布德嘎查 1 社 39 号，距离银川市 57 千米、旗府所在地 54 千米。占地面积 10 万平方米，建筑面积 1500 平方米，床位数 150 张，可以同时接待游客 200 人。

旅游文化活动项目有文物古迹明长城、古城兴武营怀古，原生态草原观光宿营，沙漠露天游泳、草原垂钓，品尝蒙古风味茶点、羊肉等，秋季举行那达慕大会、敖包会、赛马、摔跤、博克、射箭等民族文化系列活动。

新蒙古牧家乐 位于鄂托克前旗昂素镇玛拉迪嘎查，距昂素镇 13 千米，距鄂前旗政府所在地 67 千米。建成游客接待平层别墅 168 平方米、平房有 160 平方米，蒙古包 410 平方米，停车场、厨房等配套设施 1125 平方米，同时可接待 100 余人。

旅游文化活动项目有草原观光、游泳、钓鱼，体验民族餐饮文化、品味蒙古茶点、手指羊、手抓肉、羊背子、风干牛羊肉等天然绿色健康食品，欣赏民间艺人演艺的原生态民族歌舞及民乐，游客互动卡拉 OK、篝火晚会等。

温都尔塔拉丰情园餐饮部落 位于鄂托克前旗敖昂线 12 千米处，总占地面积 12800 平方米，建筑面积 6400 平方米，营业有大型蒙古包 2 座、小型蒙古包 4 座、1 别墅 1 座，篝火晚会场地 800 平方米，可同时接待游客 260 人。

旅游文化活动项目有草原观光、沙漠越野、骑马、射箭、钓鱼、篝火晚会等；蒙古餐饮以手指羊、手抓肉、全羊宴、羊背子、蒙古套茶为主；民族文化活动由民间艺人提供民族歌舞及乐队伴奏、游客互动卡拉 OK 等。

塞上行生态园 位于鄂托克前旗城川镇新寨子村，总占地面积 33 公顷，建筑面积 3000 平方米。旅游体验活动项目有风景区特色旅游、垂钓、烧烤篝火晚会、骑马、种植等 20 余项。

农牧林

【人人益清真食品】 内蒙古人人益清真食品有限责任公司，位于敖勒召其镇工业园区。注册资本金 1000 万元，总投资 1.5 亿元，是一家集饲草料种植，牛、羊规模化养殖，牛羊屠宰、冷却肉分割、熟肉制品加工、物流配送和销售为一体的肉类食品深加工和销售企业。是自治区级农牧业产业化重点龙头企业，也是“鄂托克前旗羊肉”地理标志证明商标授权使用企业。

公司占地面积 13 公顷，总投资

4880万元，项目一期为建设年产30万只羊、1万头牛的屠宰生产线和班产20吨冷却肉分割生产能力；二期将建设班产10吨熟肉制品生产线、设施一流的食品安全检测中心和科普实验基地。一期牛羊屠宰、分割及5000立方米冷冻储藏项目建成，食品注册商标为“人人益”。公司下属企业鄂前旗亦禾农牧业经济专业合作社拥有农牧场7333公顷、水浇地667公顷，养殖场存栏基础母畜5000多只。公司秉承“携天下之优，厚人人之益”的发展理念，研发生产草原苜蓿牛羊肉产品60多种，打造清真、有机品牌，实施牛羊肉全产业链追溯，为消费者提供健康、安全、放心的牛羊肉食品，产品远销福建、山西、陕西、宁夏及内蒙周边市区，受到广大消费者的一致好评。

公司依托羊肉全产业链追溯体系建设，密切与农牧户利益联结，推行订单农业，走产业化发展道路，形成“龙头企业+合作社+农户”的生产经营模式，建立起“订单+价格保护+市场”型农企利益联结机制，实现农企双赢。2019年，屠宰羊7565只，牛1216头；累计生产牛羊肉系列产品计519吨，其中羊肉系列110类、牛肉系列56类。

【中川三和农林发展】 内蒙古中川三和农林发展有限公司成立于2014年3月，位于城川镇麻黄套村现代农业基地。是一家专业从事马铃薯商品薯种植为主，集农畜产品储运、加工、销售和农业机械作业为一体的综合性现代化农业企业。是市级农牧业产业化经营重点龙头企业。2017年，被宁夏宁鲁石化收购，成为宁鲁石化下属专业从事农牧业发展的子公司。公司注册资本2000万元，秉承“绿色、惠民、兴业、共享”的现代企业经营理念，着力增加农民收入，致力农业产业化、工业化进程。投资1.81亿元，开发利用荒漠荒滩土地近2000公顷，引进新品种和高垄栽培技术、高效节水灌溉、全程机械化作业，发展马铃薯和玉米规模种植。后期工程计划开发荒漠荒滩土地5333公顷，使总面积达到6667公顷，建成现代化的加工包装车间、保鲜库和占地33公顷的农副产品交易市场，形成完整的产业链。

公司通过“农牧户+基地+合作社+公司”的模式，与当地农牧民建立起新型农企互利合作经营机制，促进现代农业规模种植示范园的形成。2017年，公司与鄂前旗总工会、城川镇人民政府达成《麻黄套村“4+1企地共建”精准扶贫行动方案》，确定对7户农牧民实施精准扶贫。通过产业、就业、商贸、捐赠、技术联结与扶贫，先后为当地集体经济增收30多万元、流转土地为每户每人每年增收3万~4万元、工程外包增收近700万元、解决一部分村民就业，使每人每年工资性收入增加超过4万元。

【恒科农牧业开发】 鄂尔多斯市恒科农牧业开发有限责任公司成立于2012年，注册资本金1500万元，位于鄂托克前旗昂素镇。是一家集优质牧草种植、肉牛肉羊养殖、良种繁育、产品研发、牛羊屠宰深加工、销售为一体的全产业链现代农牧业产业化企业，是鄂尔多斯市农牧业产业化重点龙头企业。自有草牧场667公顷。

公司是羊肉全产业链追溯体系建设肉食品加工定点企业，通过ISO 9001质量管理体系认证、HACCP食品安全管理体系认证和有机认证。公司以“将内蒙古建成绿色农畜产品生产加工输出基地”为契机，依托鄂托克前旗羊肉全产业链追溯体系建设，发展“企业+合作社+基地+农牧户”经营方式，探索建立“订单+合同+价格保护”型农企利益联结典型模式，实现农企双赢。以有机、高品质牛羊肉制品满足中高端人群回归自然和追求安全健康的日益增长的需求，以天然牧养为主，适当谷物补饲为辅，从源头保证牛羊肉产品品质。

公司于2014年开始实施10万头肉牛、30万头肉羊养殖屠宰深加工项目，计划总投资2.38亿元。一期项目于2015年底全面建成投产，投资7200万元，引进国内外领先的加工设备，形成集屠宰、排酸、分割、急冻、包装、冷藏于一体，全程采用现代化生产工艺、标准化生产流程、冷链物流配送的生产线。产品销售立足内蒙古，以长江三角洲、珠江三角洲和京津唐地区为销售重点，逐步在北京、上海、西安、深圳等全国主要城市设立经销办事处，以VIP会员制、大客户营销、服务型营销为主要营销模式。

【宏野农牧业开发】 鄂托克前旗宏野农牧业开发有限公司成立于2013年8月，注册资本金520万元，位于敖勒召其镇漫水塘村。总投资1540万元，占地面积44.7公顷，建成高标准生态日光温室14座、拱棚32座、大跨度智能温室大棚1座、5000立方米蔬菜保鲜库1座，是集特色种植、育苗、养殖、农畜产品销售为一体的专业化公司，2019年被评为自治区农牧业产业化重点龙头企业。

公司坚持“科技研发为基础、绿色发展为导向、示范引领为支撑”的经营方针，以生产“绿色、优质、有机”农畜产品为目标，建设“品质三农”，力争通过3～5年的发展，最终使公司成为集绿色农畜产品生产输出、农牧业休闲观光体验、循环生态农牧业于一体的田园综合体示范基地。

公司通过“企业＋合作社＋农户＋基地”的农牧业产业化生产经营模式，形成“技术＋服务＋市场”型农企利益联结机制，充分发挥辐射带动农牧民产业发展和增收的能力，联动漫水塘村、马场井村等周边800余户农户大力发展现代设施农业。租赁贫困户塑料大棚，吸纳贫困户入企就业，形成大棚承包有“租金”、基地就业有“薪金”、勤劳致富有“奖金”的产业带贫机制。实行按市场需求统一种植品种，确保实现产供销平衡；统一育苗供应，建成年育苗500万株基地1处，向合作农户提供优质种苗，为丰产打好基础；统一技术服务，公司聘请3名技术人员深入田间地头进行技术指导、生产监督；统一产品销售，通过农超对接方式供应敖镇镇区及银川蔬菜市场，与重庆、成都等地客商达成收购意向。

公司以“互联网＋”信息化平台为载体，发展智能农牧业，建成设施农业作业监控与指挥调度平台，实现生产环境实时监测，气象数据、土壤数据、设备状态实施精准监测，高清视频动态监控。并通过智能手机APP开展远程视频实时指导，对作物生长状况、农业生产作业进行远程查看；对设备设施进行远程控制，实现自动灌溉、排风、降温等农业操作。

公司将标准化产业化发展作为促进农牧业结构调整的重要基支撑，推进循环生态农牧业建设。计划投资2000万元，建设5000立方米冷库一处、2000立方米中型沼气沼液站一处、农作物土肥加工厂1处、农作物展馆1处，推广测土配方、节水灌溉、水肥一体化、秸秆还田等技术，制定标准化生产技术路线，初步形成“种植—养殖—收贮—销售”的循环农牧业经济模式。

【金润源科技服务】 鄂托克前旗金润源农牧业科技服务有限公司，成立于2014年11月，位于鄂托克前旗城川镇高潮畔村。是一家集节水灌溉管道及设施生产、果蔬育苗、观光农业、设施农业于一体的农牧业科技服务企业。

公司注册资金1500万元，占地14公顷。基础设施建设投资近2000万元，建成节水灌溉加工厂房13980平方米，滴灌带生产线四条，造粒生产线、粉碎清洗生产线、PE软管生产线各一条；村企合署综合服务中心楼3200平方米，员工宿舍780平方米，厂区道路硬化1.26万平方米，绿化6000平方米。建成果蔬育苗基地一处、高标准大跨度的全日光温棚10座、钢架大跨度拱棚8座、塑料拱棚51座、蔬菜保鲜库5200立方米、滴灌加工厂1处。每年可培植各类蔬菜育苗2000万株，平均以低于市场价0.06元/株向农牧民出售，减轻了农牧民生产成本，带动发展以辣椒为主的果蔬产业。年销售额达500万元以上。

公司实施“公司＋基地＋农户”连市场的经营方式，探索建立“技术＋服务＋市场”型农企利益联结典型模式，与自治区农牧科学院，市、旗有关农牧业技术推广部门达成技术合作协议。项目采用国内先进的果蔬高效栽培技术，包括生产设施、土壤基质配比、株型调控、水肥一体化、病虫害防治等技术。

【科兴农牧业】 鄂托克前旗科兴农牧业有限责任公司成立于2010年3月，是一家开发农牧市场和农畜产品研发推广、产、供、销为一体的独立法人资格的私营企业。

公司注册资本金50万元，总资产8860万元。公司下辖4个交易市场，其中城川农畜产品交易市场，占地面积16公顷，总投资2980万元；敖勒召其集贸市场，占地面积2.7公顷，总投资500万元；鄂前旗食品加工物流园，占地面积2.7公顷，总投资4800万元；三段地农副产品交易市场，占地面积2.3公顷，总投资580万元。

【可汗苏力迪乳制品】 鄂托克前旗

可汗苏力迪乳制品有限责任公司成立于 2000 年，注册资本金 500 万元，位于旗文化产业园区，占地面积 4000 多平方米。是一家集乳制品研发、加工、销售为一体的民营企业。公司通过 ISO9001-2015 质量管理体系认证，三大主打产品“可汗苏力迪系列奶制品”“可汗苏力迪鄂尔多斯珍馐·茶点”“苏力迪蒙古奶茶”深受广大消费者的喜爱。

【劲牛现代农牧业】 内蒙古劲牛现代农牧业发展有限公司成立于 2016 年，是一家集饲料种植、牧业养殖、畜产品深加工于一体的全产业链经营为主的现代农牧业企业。成功注册“伊蒙劲牛”品牌商标，并荣获鄂尔多斯市级农牧业龙头企业的称号。

公司养殖基地位于上海庙镇特布德嘎查 3 社，投资 7983 万元建成牛舍、储草棚等基础设施 9 万余平方米，办公场所 1775 平方米。特布德养殖基地有安格斯、海福特和西门特尔品种肉牛、母牛等共计 1500 余头。

公司育苗基地位于敖镇三段地，投资 1605 万元建成占地 3.4 万平方米的育苗大棚。

【蒙港荟农业】 内蒙古蒙港荟农业发展有限公司成立于 2018 年 11 月 6 日，是一家致力于高品质、天然、绿色、有机蔬菜的研发、种植、生产、加工、物流、销售为一体的农业全产业链的现代循环农业企业。

建立“鄂尔多斯高原冷菜”鄂托克前旗示范基地。通过“企业 + 合作社 + 农户” 的利益联结经营模式，延伸产业链、提升价值链、完善利益链，带动当地农牧民增收致富，实现资源高质量配置和蔬菜高质量供给，建设“美丽乡村”田园综合体。发展绿色有机农业，促进红色研学与农业休闲旅游融合发展，做大做强“鄂尔多斯高原冷菜”品牌。

合作社

【阿勒台农牧业专业合作社】 鄂托克前旗阿勒台农牧业专业合作社成立于 2011 年 7 月 6 日，位于上海庙镇阿勒台嘎查，是农牧民专业互助性组织，成员 6 户，户均草牧场 260 公顷、羊 300 多只。主要经营范围为农业种植、牲畜养殖、农畜产品购销。合作社以“合作社 + 基地 + 农牧户”的模式运作，主要以纯天然散养的养殖方式保障羊肉的品质，采取统一规划、统一经营、统一管理、统一销售的方式，带动农牧民从“小生产”走向“大市场”，从分散经营走向专业合作经营。

合作社主要产品有活羊，冷冻、冷鲜羊肉，风干羊肉，羊绒、羊皮，羊粪有机肥等。计划在实有 1500 只基础母羊的基础上扩繁到 3010 只、种公羊 40 只，年繁育肉羊 4966 只，年出栏商品羊 4500 只，羊绒 1220 千克，实现产值 535.83 万元，利润 75.61 万元，投资利润率 28.75%。直接带动 100 户养殖户、每户增收 1 万元，间接带动 150 户，户均增收 0.5 万元。

2019 年出栏销售肉羊 1000 只，实现销售收入 60 万元、盈利 29 万元。

【孟克苏荣格牧业专业合作社】 鄂托克前旗孟克苏荣格牧业专业合作社成立于 2009 年 1 月，位于城川镇阿日勒嘎查。合作社的主导产品是牛羊肉畜产品生产销售，生产牛羊鲜肉、自然风干牛羊肉、土特产等，经营实体店及网络销售覆盖内蒙、宁夏、山西、北京等地。

合作社由 5 户农牧民组成。有草牧场 1200 公顷、配备农牧业机械成套设备，养殖棚圈 830 平方米，大型喷灌 6 套、种植美国产优特西紫花苜蓿草 33 公顷，养殖萨福克、道赛特品种肉羊 300 只，本地肉羊 900 只；西蒙特、黑安格斯、河牛等品种肉牛 80 头，本地肉牛 100 头。2015 年 1 月，成功注册“孟克苏荣格”商标。

积极鼓励周边农牧民参与合作经营，计划发展优良牧草基地 66.7 公顷，新建养殖棚圈 1600 平方米，营销品牌肉羊 1500 只、发展西蒙特、黑安格斯、河牛等 500 头。

2019 年出栏销售肉羊 500 只，实现销售收入 30 万元、盈利 14 万元。

【赛外羊产业专业合作社】 鄂托克前旗赛外羊产业专业合作社成立于 2012 年 6 月 26 日，位于敖勒召其镇三段地社区。主要经营肉羊、肉牛养殖销售，2017 年出栏销售肉牛 60 头、肉羊 5000 只，实现销售收入 300 万元、盈利 82.5 万元。

合作社由 7 户农牧民组成，有饲草料基地 20 公顷，建成标准化养殖圈棚 6 处 6000 平方米，资产总额 652.3 万元。

2019 年出栏销售肉牛 40 头、肉羊 4800 只，实现销售收入 280 万元、盈利 71 万元。

【阿塔尔民族特色食品专业合作社】 鄂托克前旗阿塔尔民族特色专业合作社成立于 2015 年 3 月，养殖基地位于城川镇呼和陶勒盖嘎查，生产加工销售基地位于敖勒召其镇职中规划区，主要经营风干牛羊肉、乳制品、米面熟制品的制作销售和民族用品销售。

合作社有成员 6 户，拥有草牧场 800 公顷，水浇地 53 公顷，建成养殖棚圈 800 平方米、储草棚 300 平方米，青贮窖 400 立方米，冷库及风干肉晾晒场 400 平方米，养殖肉羊 1200 只、肉牛 300 头。

合作社采用合作社 + 基地 + 牧户的运行模式，实行统一规划、统一标准建设、统一管理、统一承包经营、统一加工销售，从品种选育、饲养品质、环境保护、疾病控制等方面按标准对生产技术进行全程控制。

2019 年出栏销售肉牛 50 头、肉羊 400 只，猪肉 50 吨实现销售收入 200 万元、盈利 50 万元。

索　引

说明：

一、本索引采用主题分析索引方法，按标引词第一字汉语拼音（同音字按声调）音序排列；第一字相同，按第二字音序排列，依次类推。

二、标引词后阿拉伯数字表示内容所在页码。数字后的字母 a、b、c 分别表示从左至右第一、二、三栏。

三、本年鉴的“特载”“专题综合”“特辑”“名词解释”“大事记”“重要文献”“附录”等均未作索引。

A

B

C

D

E

F

G

H

I

J

K

L

M

N

P

Q

R

S

T

W

X

Y

Z

丰登嘉苑

业主入住手册

OWNER LIVING MANUAL

宁夏利鑫物业服务有限公司丰登分公司

目 录

一、组织原则

为保障建党100周年网络安全，大力宣传、认真贯彻《网络安全法》等相关法律规定，提升各网络运营单位网络安全防护水平，提升人民群众上网安全感和文明上网意识，自治区网络安全等级保护领导小组办公室决定组织自治区公安厅、自治区党委网信办、自治区教育厅、自治区人力资源和社会保障厅、宁夏通信管理局、自治区国家保密局、自治区密码管理局、中国人民银行银川中心支行、国网宁夏电力有限公司等单位，于2021年6月在宁夏银川举办“宁盾杯”网络攻防大赛。

二、组织架构

为更好的组织本次“宁盾杯”网络安全攻防大赛，让比赛能够有序、安全、顺利进行，特设立组委会，组委会下设裁判委员会和执行委员会，组织架构如下图所示：

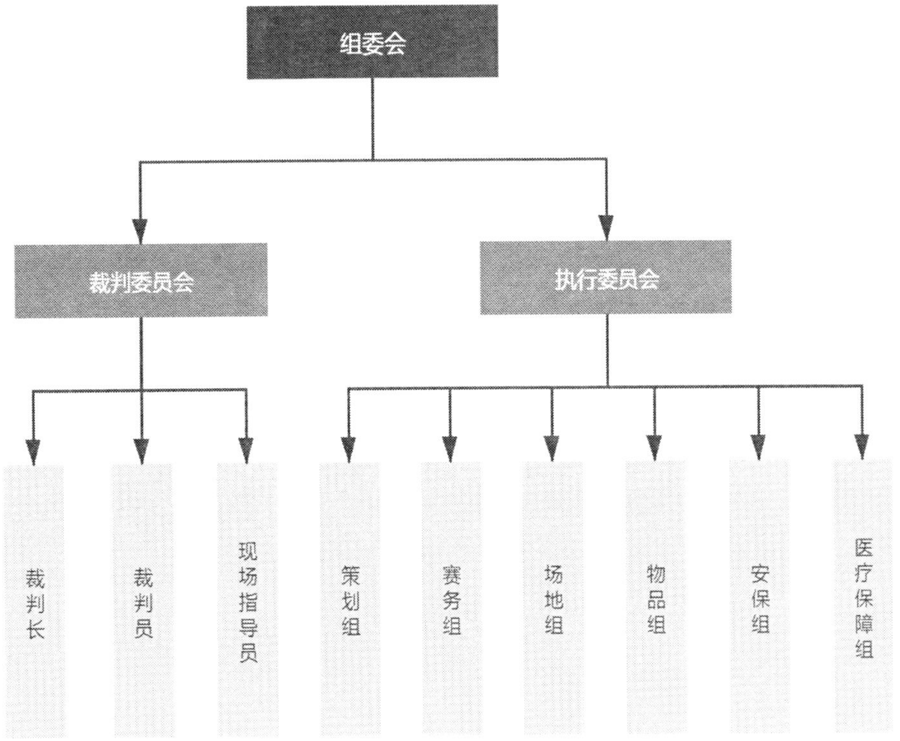

组委会

主　任：自治区公安厅党委副书记、常务副厅长　　徐　耀

副主任：自治区党委网信办副主任　　文建国

自治区教育厅党组成员、副厅长　　王建平

自治区人社厅一级巡视员　　张建瑞

宁夏通信管理局党组成员、副局长　　高　炬

自治区国家保密局总工程师　　赵晓军

自治区密码管理局副局长　　李大苞

中国人民银行银川中心支行党委委员、副行长　　姚景超

国家宁夏电力有限公司总工程师　　贺　文

裁判委员会

裁判长：贺庆辉

裁判员：邱英杰、侯　娜、何鹏翔、马金锁、陈艺斌、马建智、俞博等20人

现场引领员：张景昀、张海琪、杨正龙、黄鑫、董宸浩

执行委员会

策划组：张维国、孙建敏、何鹏翔

赛务组：马金锁、杨　雪、方艳妮、拓冬梅、刘红娟、朱海燕、马　丹、高　婷、庄梦竹、高学红

场地组：杨志艺、田佳源、平台单位、会务公司、综合布线公司

物品组：高　婷、庄梦竹、高学红

安保组：田洪林、麦嘉豪、张　静、杨婷婷、保安公司

医疗保障组：刘　雪